浙江省软科学研究计划重点项目成果

乡村振兴战略下

乡村教师定向培养政策执行研究

任　强 ◎ 著

ZHEJIANG UNIVERSITY PRESS
浙江大学出版社
·杭州·

图书在版编目(CIP)数据

乡村振兴战略下乡村教师定向培养政策执行研究/
任强著. —杭州:浙江大学出版社,2024.5
　　ISBN 978-7-308-24715-3

　　Ⅰ.①乡… Ⅱ.①任… Ⅲ.①农村学校—师资培养—
研究—中国 Ⅳ.①G451.2

　　中国国家版本馆 CIP 数据核字(2024)第 050849 号

乡村振兴战略下乡村教师定向培养政策执行研究
任　强　著

责任编辑	杨　茜
责任校对	许艺涛
封面设计	雷建军
出版发行	浙江大学出版社
	(杭州市天目山路 148 号　邮政编码 310007)
	(网址:http://www.zjupress.com)
排　版	杭州星云光电图文制作有限公司
印　刷	杭州钱江彩色印务有限公司
开　本	710mm×1000mm　1/16
印　张	23.75
字　数	349 千
版印次	2024 年 5 月第 1 版　2024 年 5 月第 1 次印刷
书　号	ISBN 978-7-308-24715-3
定　价	68.00 元

序

追寻更高质量的乡村教师定向培养政策执行

　　乡村教育振兴是乡村振兴战略的重要构成,是教育、科技、人才一体化推进乡村振兴的基础性支撑。乡村教育高质量发展,关键是高素质教师队伍建设。目前,乡村教师队伍依然是制约乡村教育高质量发展的突出短板,在全面实施乡村振兴战略、全力推进高质量发展、全域建设共同富裕示范区的背景下,振兴乡村教育、补齐乡村教师队伍建设短板,已迫在眉睫。在教育部直属师范大学公费师范生政策的基础上,各地因地制宜,创造性地探索出了适合地方经济、社会和文化发展实际的教师队伍建设政策。浙江省从 2012 年开始实施乡村定向师范生培养政策,乡村教师定向培养已成为乡村学校补充师资的重要渠道。政策的出台并不等于问题就迎刃而解了,政策执行过程才是保证政策价值实现的关键环节。教育政策执行是将教育政策理想转化为教育实践效果的动态过程,从政策目标到政策实践是教育政策生命周期的关键环节。政策执行是实现政策目标的关键,决定着政策效果。长期以来,人们认为教育政策一经合法化之后,政策执行就是非常容易的事情,殊不知教育政策执行过程受诸多复杂因素的影响,经常存在政策执行偏差。因此,教育政策执行过程并非单一的过程,而是一个复杂的、多方主体相互作用的过程。

　　伴随着乡村振兴战略的全面实施和浙江省高质量发展建设共同富裕示范区的深入推进,浙江省对乡村教育和乡村师资培养问题越来越重视,乡村教师定向培养已成为发展乡村教育的重要抓手。浙江的乡村教师定向培养政策是在国家教育政策大背景下建构的,既遵循了国家政策,又彰显了浙江经验。教育政策执行是各级各类教育政策执行主体在一定的资源和环境条件下,依据政策目标并借助一定的行动策略,将理想化教育政策转化为现实性教育实践的动态过程。那么,在过去十余年间,浙江乡村教师定向培养政策的执行机制是什么样的,具体成效如何,是否出现过执行偏差,又是如何实现提质增效的? 针对以上重要问题,任强博士在前期调查研究的基础上,聚焦乡村教师定向培养政策的执行过程、执行成效和政策改进,开展了扎实、系统的实证研究。

《乡村振兴战略下乡村教师定向培养政策执行研究》一书以任强的博士学位论文为基础,成功获立浙江省软科学研究计划重点项目"乡村振兴战略下浙江省乡村教师定向培养政策的执行机制、成效评估及优化研究",他几经修改完成书稿并交付浙江大学出版社出版。作者邀我作序,我有了先睹为快的机会。该书以浙江省为对象,对乡村教师定向培养政策执行过程、执行成效和执行改进进行了系统分析。首先,考察了乡村教师定向培养政策的历史变迁、主要内容及价值追求;其次,分析了乡村教师定向培养政策的执行机制,基于对"米特—霍恩"政策执行模型的修正,从目标与定位、主体与方式、资源与环境等结构要素出发分析政策执行过程;再次,采用"质""量"结合的方法,呈现了乡村教师定向培养政策的执行成效,系统分析了政策执行存在的问题及原因;最后,提炼形成了乡村教师定向培养政策执行的改进策略,并立足高校这一政策执行主体,开展了政策改进的行动研究,提升了政策改进策略的实践价值。总体而言,该书具有以下三个特色:

首先,引入政策变迁视角和多主体分析视角。乡村教师定向培养政策是历史的产物,带有特定社会历史时期的观念特征,乡村教师定向培养政策变迁反映了教育实践的社会历史进程。乡村教师定向培养政策是传统教师教育政策的延续延伸,同时又具有鲜明的时代特征,因此既需继承过往优秀经验,又要面向未来开拓创新。乡村教师定向培养政策执行涉及培养高校、省级教育行政机构、县级教育行政机构、学生及家长等多个主体。良好的政策执行既受不同主体政策执行认知、场域矛盾、约束条件的影响,也受各级教育行政机构之间的执行机制与互动方式的制约。面对不同培养高校自主形成的定向师范生培养模式,在读的定向师范生、定向培养的在职乡村教师的评价也会对政策执行产生影响。

其次,用"新乡土性"整合乡村定向师范生育人实践。作者阐释了"新乡土性"的时代意涵,并将"新乡土性"作为培养乡村定向教师质的规定,把"新乡土性"理念融入浙江乡村教师定向培养全过程。"新乡土性"是培养乡村教师的"根",它有助于在未来乡村教师头脑中种下振兴乡村教育思想的种子。"新乡土性"理念不同于"乡土性",它既继承了"乡土性"的合理内涵,又结合时代需要赋予其新的内涵。作者强调教育行政部门应将"新乡土性"融入乡村教师定向培养政策中,培养高校也应把"新乡土性"作为定向师范生新的质性规定。

最后,用行动研究探索乡村教师定向培养政策执行改进策略。传统上,学术界较少关注乡村教师定向培养政策执行改进策略的实践探索,学者得出的改进策略是否有效需要在乡村定向师范生培养实践中加以检验。该书以高校这一培养单位为主体开展政策改进行动研究,以提升政策改进策略的实践价值。作者以 H 高校为行动研究单位,通过对 H 高校教师教育学院小学教育专业定向师范生培养改革的策略性改进实践,在培养方案、培养方式、教育实践、协同培养、教育评价和条件保障等方面持续改进,经过三轮的教育行动实践探究,"新乡土性精神特质""实施单独编班""重视乡村教育实践""建立三方评价机制和多元保障机制"等举措取得了良好的政策执行效果。

总的来看,该书聚焦乡村振兴战略下乡村教师定向培养政策执行这一重要时代命题,力图追寻从"文本的政策"向"行动的政策"的高质量转化,从理论视角分析政策的多重价值追求,从历史维度考察政策的发展变迁历程,从实践维度探索改进的现实转化成效。作者在开展这一实践问题的研究过程中,体现出了严谨的学术态度。

值此出版之际,特向各位读者推荐此书,相信定会对推动乡村教师定向培养政策的高质量执行提供思想和经验的借鉴。同时,也期望任强博士能持续深耕,产出更多高水平的学术成果。

邬志辉

教育部人文社会科学重点研究基地

东北师范大学中国农村教育发展研究院

2024 年 3 月 7 日于长春

目　录

第一章　绪论:传承中的创新

第一节　研究缘起与意义

一、研究缘起

(一)时代际遇:教师定向培养成为乡村教师补充的重要渠道

乡村教育振兴是实施乡村振兴战略和高质量建设共同富裕示范区的重要时代命题,乡村教育的关键是师资队伍建设。2018 年,中共中央、国务院印发的《乡村振兴战略规划(2018—2022 年)》在第三十章"增加农村公共服务供给"的第一节"优先发展农村教育事业"中明确提出:"要落实好乡村教师支持计划,建好建强乡村教师队伍。"[①]发展乡村教育的关键在于优秀师资的引育,长期以来,我国乡村教师队伍建设面临诸多困境,其中乡村教师的补充渠道不畅、职业吸引力低、数量不足、结构不合理、流动性大等矛盾突出。2015 年,国务院颁布的《乡村教师支持计划(2015—2020 年)》旨在解决当时乡村教师队伍建设中出现的突出问题,实施的八项重要举措,目的就是吸引优秀人才到乡村学校任教,稳定乡村教师队伍,带动乡村教师整体素质水平提升,其中在"拓展乡村教师补充

[①] 中共中央、国务院.乡村振兴战略规划(2018—2022 年)[EB/OL].(2018-09-26)[2022-02-01]. http://www.gov.cn/xinwen/2018-09/26/content_5325534.htm.

渠道"中指出,要"鼓励地方政府和师范院校根据当地乡村教育实际需求加强本土化培养,采取多种方式定向培养'一专多能'的乡村教师"[①]。

事实上,乡村教师定向培养是"三支一扶"计划、"特岗教师"计划、国家公费师范生政策"农村教育硕士师资培养"计划、"银龄"计划、"优师专项"计划等多重乡村教师补充渠道中的一项,乡村教师定向培养渠道与其他教师补充渠道相比,既有叠加效应,同时也具有特殊性。乡村教师定向培养政策是对国家公费师范生政策的延伸和补充,乡村教师的定向培养已成为我国当前乡村教师补充的重要渠道。乡村教师定向培养政策成为学术话语中的活跃话题,主要还是在《乡村教师支持计划(2015—2020年)》实施之后。各地在乡村教师支持计划政策落地的过程中创造性地开展乡村教师的定向培养。2020年,教育部等六部门发布《关于加强新时代乡村教师队伍建设的意见》,在"创新教师教育模式,培育符合新时代要求的高质量乡村教师"举措中,要求各地加强乡村教师的定向公费培养,并提出了更为详尽的指导意见,强调"各地要加强面向乡村学校的师范生委托培养院校建设,高校和政府、学生签订三方协议,采取定向招生、定向培养、定向就业等方式,精准培养本土化乡村教师"[②]。

加强新时代乡村教师队伍建设,发展乡村教育,助推乡村振兴,是实现共同富裕的必由之路。乡村教师队伍建设与共同富裕是相互联系、相互促进的关系。一方面,乡村教师队伍建设是有效促进共同富裕的基础条件。乡村教师是乡村教育的基础性支撑,造就一支适农性强、综合素养高、乡土情怀浓的乡村教师队伍,不仅有助于提升乡村教育水平,缩短乡村教育的短板,为乡村少年提供优质的基础教育,而且有助于提升乡村社会治理水平,引导乡村教师参与到乡村治理和乡村文化重塑中,弘扬乡土文化,从而成为真正意义上在地化的乡贤,为乡村振兴提供智力支持,提升乡村治理现代化水平,补齐乡村教育和乡村社

---

① 中华人民共和国教育部. 国务院办公厅关于印发乡村教师支持计划(2015—2020年)的通知[EB/OL]. (2015-06-01)[2022-02-01]. http://www.moe.gov.cn/jyb_xxgk/moe_1777/moe_1778/201506/t20150612_190354.html.

② 教育部,等. 教育部等六部门关于加强新时代乡村教师队伍建设的意见[EB/OL]. (2020-09-04)[2022-02-01]. http://www.moe.gov.cn/srcsite/A10/s3735/202009/t20200903_484941.html.

会发展的短板,实现城乡之间精神生活、物质生活和政治生活的三重共同富裕。另一方面,共同富裕推动乡村教师队伍转型升级和高质量发展。在实现共同富裕的过程中,当城乡差距不断缩小,甚至在部分维度上乡村社会发展赶超城市发展时,乡村教师"下不去、留不住"的困境就会发生质的变化,乡村教师的精神生活、物质生活水平将得到大幅改善,既实现物质共富,也实现精神共富,唯其如此,乡村教师"教得好、有发展"的景象才会早日实现。[①]

(二)历史审思:教师定向培养政策是教师教育体系的制度传承

在现代学制背景下,培养中国乡村教师的主张肇始于1919年,在具体实践中历经百年的实验、改革与发展,形成了定向与非定向两种培养模式。培养教师的非定向模式,在20世纪20年代一度占据主导地位,其余时间均以定向型为主,特别是在新中国成立后,由独立设置的师范院校培养教师的体制空前巩固,持续了近半个世纪。[②] 20世纪20年代,陶行知等发起的师范教育下乡运动对乡村教师培养起到了重要的作用。1926年1月8日,陶行知发表《师范教育下乡运动》,指出当时多数师范学校在城市,不能满足农村孩子的教育需求,况且在城市接受师范教育的学生吃不了乡村的苦,也不愿意投身乡村教育。20世纪30年代,中国乡村教育的推进以陶行知、梁漱溟、黄炎培、雷沛鸿、王拱璧等乡村教育实践者所推行的乡村教育实验为主,在抗日战争、解放战争期间持续。与此同时,中国共产党创建的革命根据地和解放区在艰难的战争环境中也开展了乡村师范教育制度建设和实践的探究。"师范教育下乡"是中国教育中心由城市转向乡村,真正观照乡村、观照乡村教育的重要标志。可以肯定的是,这种对乡村的观照本质上也是对危机四伏的国家前途命运的观照和选择。

新中国成立初期,我国开展了一系列的师范教育改革和建设探究。第一,建立了师范教育机构独立设置的体制,保证定向师范生的稳定输出。第二,建

---

① 袁建涛.乡村教师队伍建设助力共同富裕:理论逻辑与实践路径[J].湖南行政学院学报,2022(2):67-76.

② 马啸风.中国师范教育史(1897—2000)[M].北京:首都师范大学出版社,2003:336.

立了师范学校的规程,以定向培养中小学师资为主要任务。第三,制订了师范教育教学计划。改革开放后,我国师范教育改革在调整中迎来新发展。从新中国成立到 20 世纪末,虽然在政策上呈现出了从"公办"到"公民结合"的变动,但实践中始终是以公立师范教育为主,突出了为本地区的城市和乡村培养专门师资的目标和要求,这也在很大程度上保证了从新中国成立到 20 世纪末,我国师范生培养的免费性和定向性的特质。从师范教育下乡运动到新中国师范教育政策体系的创建,师范教育在培养师资的过程中,肩负发展乡村教育和助力城乡教育共同发展的重大使命,因而,师范教育处于国家教育体系的关键位置,不仅免收学费,还给予师范生生活津贴,这一现象直到 1997 年高校扩招才开始发生转变。1997 年以前,高等师范教育长期免费,但从这一年起,很多师范院校开始收取部分学费。2005 年的数据显示,全国除首都师范大学之外的其他师范院校都相继推行了收费制度,高等教育市场化改革使我国的公费师范教育传统被收费制度所取代。[①] 随之而来的便是高等师范教育过剩所引发的一连串包括师范毕业生质量良莠不齐、师范生技能素养整体下滑、教师社会认可度降低、师范教育的师范性减弱和地位下降等严峻的问题。

免费定向师范生政策的回归是我国特色教师教育体系的制度传承与创新。2007 年 3 月 5 日,时任国务院总理温家宝在第十届全国人大五次会议的《政府工作报告》中提出,在部属师范大学实行师范生公费教育。2018 年 1 月,《中共中央、国务院关于全面深化新时代教师队伍建设改革的意见》指出,以退费、定向等多途径推进部属师范大学师范生公费教育政策,提升师范院校和师范专业的吸引力,将最低从教年限改为 6 年,"免费师范生"转变为"公费师范生",此后,全国各地相继颁行地方乡村教师定向培养政策。乡村定向师范生的培养目标与乡村振兴密切关联,在新的时代背景下赋予了乡村教师定向培养政策新的内涵和意义。一方面,师范生以一般意义上的乡村教师身份服务于乡村基础教育,为乡村带去专业的、高质量的教育服务和确定的、稳定的教师供给;另一方

---

① 朱红.公费师范教育的历史、现状及制度设计[D].长春:东北师范大学,2009:18.

面,师范生也凸显了其助推乡村振兴的关键身份,教师培养的乡村定向特质更为明显,乡村定向师范生的身份特质更为丰富,兼有传统乡贤身份继承者和现代化乡村建设开拓者的身份。

(三)现实触动:国家"示范引领"与地方"精准在地"相得益彰

从教师教育特色制度传承与创新的角度看,国家公费师范生政策的实施意义重大。高等师范教育引入市场机制之后,师范毕业生的就业去向就会从根本上受市场支配,经济利益和经济收益很大程度上影响着甚至决定了师范生的择业。正因为如此,师范生毕业后倾向于首选具有更广阔市场和更高经济收入的大城市及各城市的主城区,会出现城市师资供给过剩与乡村、边远山区师资供给不足的局面。师范毕业生的这种流动趋势显然不利于中国基础教育的均衡与公平发展。2007年,国家公费师范生政策的回归,在当时师范专业报考率低、师范生从教意愿低尤其是到乡村和边远地区从教意愿低等种种现实背景下来看,对于营造全社会尊师重教的社会氛围、鼓励和吸引优秀青年学生报考师范专业、促进城乡教育均衡发展和实现教育公平,具有很好的国家示范和价值引领作用,是对我国传统教师教育公费制度的传承与创新。

随着国家公费师范生政策等多项教师专项补充政策的实施,教师补充渠道逐渐多元化发展,基础教育师资供给的绝对数量有了明显增长,但乡村学校师资队伍建设的短板仍然突出。当前一段时期,我国教师供给侧呈现出三个突出的新特点,分别是:教师招聘的报录比例居高不下,乡村学校教师的供给量远少于城市学校教师的供给量,供给侧的教师所学的学科与乡村学校对教师学科的需求出现明显错位。[1] 东北师范大学中国农村教育发展研究院的课题组根据乡村教师队伍高质量建设的目标,从2020—2035年学龄人口的变化趋势来科学预测乡村教师的数量需求,发现:从学段来看,小学阶段的师资缺口比较大;从年龄结构上看,乡村学校教师队伍老龄化程度比较高,对年轻教师的需求比较

---

[1] 刘佳,方兴. 定向就业师范生面临问题与有关政策探讨[J]. 高校教育管理,2016,10(2):76-81.

大;从学科结构看,小学阶段音乐、美术、体育等学科师资缺口较大,中学阶段科学、体育、综合实践活动等学科师资缺口比较大。①

国家公费师范生政策的实施对我国传统教师教育公费制度传承有着不可替代的作用,尤其是政策所体现出的国家层面的"示范引领"价值;但同时也要看到,我国教师供给尤其是乡村学校教师供给的现状,国家公费师范生政策并不能很好地适应我国新的历史阶段教师的供需变化,难以有效引导师范生到乡村和偏远地区从教,以及从事教师紧缺学科的教学。而且,在国家公费师范生政策的制度设计中,通过定向就业方式强化了公费师范生的义务和责任,以实现区域、城乡、校际的师资均衡。但已有研究发现,受公费师范生报考动机影响,部分国家公费师范生对城乡经济社会发展的认识不足,比较抵触到乡村学校从教,出现了违约等情况,这就使国家公费师范生政策的执行成效降低。② 此外,从基础教育师资队伍建设的实践来看,我国基础教育师资主要来源还是地方师范院校培养的师范生,2021年全国毕业的师范生有74万人,其中地方师范院校的师范生占97%,地方师范院校是基础教育师资供给的主力军和孵化场。③ 在《乡村教师支持计划(2015—2020年)》出台之后,地方政府和地方师范院校为精准培养本土化教师,开始探索实施乡村教师定向培养政策,这成为补充乡村学校师资的一种有益实践。乡村教师定向培养政策是对国家公费师范生政策的延伸与补充,其最大的特色就在于"精准在地化"的培养方式,契合本地乡村学校的师资需要,重点培养乡村学校教师,尤为注重"一专多能"和"全科型"师资的培育,可谓与国家公费师范生政策相得益彰。

(四)变革契机:乡村教师定向培养政策执行是政策系统的关键

乡村教师定向培养政策是一项教育政策,该政策不仅包括一组静态文本表

① 王爽,刘善槐,房婷婷.面向2035的乡村教师队伍需求结构预测与建设规划[J].中国教育学刊,2021(10):1-7.

② 苏尚锋,常越.地方公费师范生政策与乡村教育的"留住机制"[J].河北师范大学学报(教育科学版),2020,22(2):73-79.

③ 王贤德.推进地方师范院校高质量教师教育建设[N].中国社会科学报,2022-06-24(4).

述和价值阐释,诸如规划、通知、意见、方案等,还包括政策执行主体依据一定的政策目标、借助一定的政策资源和环境,将应然的政策文本转化为实然的政策实践,这中间还包括了政策执行主体对政策文本的再阐释与解构,不同政策执行主体之间、政策执行主体与政策目标群体之间的互动调适,以促使政策目标实现的动态过程,这个动态过程就是教育政策的执行。从"文本的政策"到"行动的政策",是政策执行的价值和意义所在。在这个过程中,乡村教师定向培养政策所依据的环境、条件、资源、执行主体、目标群体等因素,都参与到政策执行的场域,不断地对政策文本内容进行改造和再建构。这就是实践中的教育政策,并非事先静态的乡村教师定向培养政策文本中已经明确的,而是基于政策情境和政策执行主体深层互动的动态生成的,这是政策的动态表征。而政策理想能不能转变为政策实践,取决于政策执行的效果,这正体现出乡村教师定向培养政策执行的重要性。可见,乡村教师定向培养政策执行是政策系统中的关键环节。

教育政策各要素相互作用,形成一个教育政策系统,而教育政策系统中还包括决策、咨询、执行、监控等功能不同的子系统,以推动政策系统的运行,从而使教育政策呈现出教育政策制定、执行、检测、评估、终结等环节的动态过程链条,而教育政策执行始终是教育政策目标实现的核心环节,同时也是检验教育政策的基本标准。[1] 乡村教师定向培养的政策空间在政策执行过程中是在不断发生变化的,在地方教育行政部门之间,主要是通过行政手段来执行政策,这个过程主要聚焦于政策本文如何被强制性地转化为政策行动,但政策空间一旦进入比较具体而且微观的学校、学校课程和课堂,这时的政策执行就不能仅仅依靠统一化的制度设计来实现,而是要通过执行主体对具体政策情境的觉知和体认来进行重构,从而执行政策。[2]

乡村教师定向培养政策的政策属性直接决定了政策执行的展开方式。乡

---

① 范国睿,等.教育政策的理论与实践[M].上海:上海教育出版社,2011:40.
② 屠莉娅.从"文本的政策"到"行动的政策":课程政策在实践中的生成与演进[J].教育发展研究,2012,32(18):53-58.

村教师定向培养政策设计是通过制度安排来实现我国基础教育师资的合理配置,最终实现教育公平和城乡教育均衡,实现人的自由全面发展,促进社会和谐。乡村教师定向培养政策具有教育性、公益性、政治性、结构性、文化性和历史性等教育属性和公共属性。[①] 一般认为,教育政策属于公共政策,因此任何一项教育政策都具备公共政策的一般属性,同时也具备一定的教育属性。教育政策的公共政策属性,就是对教育利益分配和利益关系的调整,而这个利益分配和利益关系调整主要是通过国家的教育公权力来实现。国家的教育公权力来源于公众,自然也服务于公众,在诸多利益诉求和博弈的基础上,本质上是为了满足公共利益,实现公共利益的融合,追求最大化的公共利益。乡村教师定向培养政策的教育性是不言而喻的,此类政策是培养乡村教师的制度设计,培养人就离不开以人为目的的教育学视野,以促进人的发展为目的,而教育性也正是教育政策区别于公共政策的核心属性。政治性主要源于政府在乡村教师定向培养政策执行中起到支配性的地位,这是政治性在教育政策中的主要体现。结构性本质上表达了乡村教师定向培养政策受制于经济、社会、文化、科技等发展的影响,同时也反作用于这些因素。历史性强调乡村教师定向培养政策的延续性和传承性,政策的执行既要从过往历史中汲取经验,同时也要面向未来,有历史纵深感和未来方向感。

二、研究意义

(一)理论意义

1. 深化乡村教师定向培养政策研究的学理基础

乡村教师定向培养政策是我国特色教师教育制度体系中的一项制度,考察与梳理乡村教师定向培养政策的制度变迁,分析政策所蕴含的目的性价值和工具性价值,从公共政策分析视角审视从"文本的政策"到"行动的政策"的转移,

---

① 王举.教育政策的价值基础:基于政治哲学的追寻[M].北京:科学出版社,2016:29-30.

探究政策主体的执行方式和机制,在一定程度上可以深化乡村教师定向培养政策研究的学理基础。

2.拓宽乡村教师定向培养政策执行的研究视野

本书立足乡村教师定向培养政策的时代背景和历史变迁,聚焦乡村教师定向培养政策执行的目标与定位,分析定向师范生政策的资源与环境,分析政策执行的主体要素及关系结构,归纳出乡村教师定向培养政策执行方式,检视政策执行成效,形成改进策略并加以实践检验,能够系统化地对乡村教师定向培养政策进行研究。

(二)实践意义

1.把握乡村教师定向培养政策执行中的新样态及新困境

以往对国家公费师范生政策执行中存在的困境、问题的研究较多,2015 年《乡村教师支持计划(2015—2020 年)》实施以来,各地乡村定向教师的培养逐渐形成规模化的扩展。乡村教师定向培养政策在各地执行的过程中,各地对政策目标的认知、所面临的政策资源和环境不同,因此具体的执行力度、范围、方式、机制均有所差异。聚焦浙江在建设共同富裕进程中的乡村教师定向培养政策的执行,有一定的代表性,其中也同样出现了新样态、新困境,这些都值得关注和改进。

2.探索乡村教师定向培养政策执行的改进理路与实践

本书聚焦地方乡村教师定向培养政策执行的整体性研究,从多层面、多角度检视政策执行的现状,从政策目标群体角度出发调查政策执行的成效,提出政策执行的改进策略,尝试以培养高校为主体,对乡村教师定向培养政策的执行策略进行实践性探索,检验部分政策执行改进策略的有效性,将教育政策理论与实践紧密结合,以期为地方高校乡村地方师范生培养、地方教育行政部门乡村教师定向培养政策调整和决策提供证据支撑。

第二节　研究综述

乡村教师定向培养政策执行的相关研究,主要涉及乡村教师定向培养政策的制度变迁、乡村教师定向培养政策的价值分析、乡村教师定向培养政策的执行偏差及改进策略、乡村教师定向培养政策执行的影响因素等方面,因此,本书的文献综述主要从以下几个方面展开。

一、乡村教师定向培养政策的制度变迁研究

乡村教师定向培养政策是中国特色教师教育体系的重要组成部分,政策的形成与发展受我国百余年师范教育历史制度的深刻影响。[①] 学者对乡村教师定向培养政策制度变迁的研究,主要集中在教育史、教师教育研究方面,研究者以时间为线索,聚焦于"定向""公费""乡村"三个核心关键词,考察乡村教师定向培养政策的缘起及嬗变。学界普遍认为,西方师范教育制度肇始于1795年创立的法国巴黎师范学校,而我国近代师范教育则发端于1897年盛宣怀在上海创办的南洋公学,其于1897年4月8日开学,设有师范院,首期招收40名学生,以"明体达用,勤学善诲"为办学宗旨。南洋公学师范院的创办,标志着我国近代师范教育迈出了重要的一步。南洋公学还设有上院、中院和外院,其中上院、中院分别为专科和中学,而外院则是师范院的附属小学。[②] 南洋公学的经费主要来自洋务派企业的商业捐赠,承袭了我国古代官学的"廪膳"和"膏火"制度,全部师范生都享受公费师范教育,同时还有生活补贴。师范院的定向培养目标是为上院和中院培养教员。换言之,我国最早的师范生是公费的且定向培养的。京师大学堂在筹建之初,拟设立师范斋,直到1902年才正式设立师范馆。

---

①　王定华.中国教师教育:观察与研究[M].北京:人民教育出版社,2020:7-10.
②　周洪宇.教师教育论[M].北京:北京师范大学出版社,2010:19-21.

师范馆实行公费,免食宿费且免费提供服装,自此开启我国高等教师教育之先河。[1]

　　20世纪30年代以来,"师范教育"逐渐被"教师教育"替代而成为通用概念。2001年,我国在《国务院关于基础教育改革与发展的决定》中首次使用"教师教育"的概念,取代了长期使用的"师范教育"。从"师范教育"到"教师教育"的调整,既是概念术语的内涵转变,又内蕴着教育观念的变革和教育制度的转型。"师范教育"体现出的封闭性、理论性、职前培养终结性三个主要特点[2],已经难以适应我国教师教育发展的新体系、新形势,而"教师教育"所体现出的专业性、开放性、职前职后一体化则是区别于传统"师范教育"的显著特征。"教师教育"的内涵比"师范教育"更为丰富,从"师范教育"走向"教师教育"成为必然趋势[3]。

　　定向师范生政策在我国百余年的教师教育体制变迁过程中,一方面在"免费—收费"之间摇摆,另一方面在"定向—非定向"之间摇摆,而且两者大致同步,出现免费与定向、收费与非定向的结合。定向主要表现为"三定向",即定向招生、定向培养、定向就业。总体来看,基本态势是从定向教师教育走向非定向教师教育,然后重新回归定向教师教育,再转向非定向与定向混合的教师教育。喻本伐在考察我国师范教育免费传统的发展历程后,直言自我国师范教育发端至今,每当政府更加重视师范教育时,就会强化"定向师范教育",师范生的免费教育政策便会得以确保或教师待遇会提高;反之,师范生的免费教育政策就会被弱化甚至被废弃。[4] 王慧君认为,我国近现代教师教育的发展主要是移植国外教师教育模式的过程,将我国近现代教师教育的模式变迁划分为三个阶段,分别是效仿日本模式阶段、效仿美国模式阶段、效仿苏联模式阶段,主要呈现出"定向—混合—定向"的发展特点。[5] 1904年初,我国政府开始效仿日本的教育模式,颁布《奏定学堂章程》,确立了定向型的师范教育体系。这一模式的建立

①　葛军. 教师教育政策历史考察与有效性研究[D]. 苏州:苏州大学,2004:17-20.
②　钟启泉,王艳玲. 从"师范教育"走向"教师教育"[J]. 全球教育展望,2012,41(6):22-25.
③　潘懋元,吴玫. 从师范教育到教师教育[J]. 中国高教研究,2004(7):14-18.
④　喻本伐. 中国师范教育免费传统的历史考察[J]. 湖北大学学报(哲学社会科学版),2007(3):43-45.
⑤　王慧君. 我国近现代师范教育模式的历史变迁[D]. 福州:福建师范大学,2003:43-52.

便于国家对教师素质培养规则进行厘定和把握,同时可以满足国家对师资的定向使用。这一师范教育体制的建立,一直延续到 1922 年《壬戌学制》颁布,其间并未因政治体制的剧变而调整师范教育体制。在《壬戌学制》推行之后,我国教师教育的模式从效仿日本转向效仿美国,普通大学开始了中等师资的培养,定向型的师范教育体制也产生了变化,出现了非定向与定向共存的混合型师范教育。这种体制一直绵延至新中国成立,其间普通大学下设教育院系与独立设置师范院校并行,但普通大学下设的教育院系未能真正承担起师资培养的重任,师资培养仍然是依托师范院校进行。

新中国成立之后,师范教育免费政策经历了"免费—收费—免费与收费并行"的演进。1949 年至 1996 年,师范教育的免费传统得以坚持并不断强化。师范生在校期间,享受"人民助学金",毕业生由各级政府分配工作,要求至少服务一定年限。尽管在不同时期,助学金的发放标准、发放方式、发放范围有所不同,但总体而言,这一阶段师范教育的免费待遇和定向属性均得到了明显强化。① 1997 年至 2006 年,高校扩招,师范生与非师范生并轨招生,师范院校开始部分收费。2000 年后师范教育开始全额收费,自此,我国师范生免费教育画上了休止符。② 随着师范教育收费政策的延续,其弊端逐渐显现出来——生源质量下滑明显,同时师范生毕业从教的意愿也明显降低,尤其不愿到偏远、经济落后地区从教,更愿意到收入高的地区从教,或者转行从事其他职业。这对我国师范教育的发展产生了严重冲击。③ 面对新的形势,党和国家及时调整政策,从 2007 年秋季开始,在 6 所教育部直属师范大学实施师范生免费教育政策,中央财政承担师范生的学费、住宿费和生活费,省级教育行政部门负责安排师范生的定向就业分配,毕业后在约定的服务年限内到生源省内从教,并鼓励免费师范生终身从教。2018 年,教育部等部门颁布《教师教育振兴行动计划(2018—

---

① 曲铁华,袁媛. 我国师范生免费教育政策的百年历史考察[J]. 社会科学战线,2010(1):213-219.
② 黄小莲. "师范生免费教育"政策的利益与风险[J]. 全球教育展望,2009,38(10):66-71.
③ 李星云. 我国师范教育收费历史与思考[J]. 南京理工大学学报(社会科学版),2008(3):73-78.

2022 年)》,该计划提出改进和完善教育部直属师范大学的师范生免费教育政策,最显著的特征是将"免费师范生"的名称调整为"公费师范生",同时将原来规定的履约服务期由 10 年缩短为 6 年,强调要进一步推动各地积极开展师范生公费教育工作。事实上,早在该计划出台之前,我国部分省份就以教育部直属师范大学的免费师范生政策为导向,纷纷开始探索地方定向师范生的培养,其中以湖南、江苏、山东、浙江等省为代表,进行了各具特色的定向师范生政策的地方探索。

在乡村教师定向培养政策变迁的过程中,不仅呈现出政策所具有的"定向""免费"的特征,还表现出明显的"乡土"属性。我国近代师范教育体制在效仿别国师范教育体制的过程中,很多有识之士逐步意识到了这种照搬和移植的局限性,转而探索师范教育体制的本土化发展,而当时教师教育本土化的主要方式就是师范教育"到乡村去"。苏刚通过研究民国乡村师范教育制度的变迁,提出民国时期师范教育"到乡村去"发展的重要动力主要来自两个方面:一是 20 世纪 30 年代的乡村教育运动,二是同时期的普及教育运动。[①] 乡村教育运动对乡村师范教育的发展产生了重要影响,乡村学校的师资成为制约乡村教育运动发展的重要因素,而如何培养乡村学校的师资则成为当时争论的焦点。一种观点主张在已有的师范学校培养乡村教育的师资,只需增加班级、人数等即可;而另一种观点则坚持要在广袤的乡村独立设置乡村师范学校,就近培养乡村教育的师资,改造乡村、建设乡村。对这一问题的争论,本质上反映了乡村师范教育的内在旨归,即基于乡村、扎根乡村,培养乡村教育师资,改造乡村并建设乡村,这就是乡村师范教育的"乡土"属性,这在乡村师范教育诞生之初,便已根植其中。[②] 已有研究中,对民国时期乡村师范教育的研究成果颇多,其中不乏以山西、江苏、安徽等地为例来探究民国时期乡村师范教育的形成与发展过程。曹彦杰以山西为研究对象,对我国乡村师范教育的萌芽过程进行考察,指出 1919

---

① 苏刚. 民国时期乡村师范教育制度变迁研究[D]. 长春:东北师范大学,2015:79-85.
② 霍东娇,曲铁华. 民国时期乡村师范教育实践探析[J]. 当代教育与文化,2017,9(4):84-89.

年山西国民师范学校在创立时就率先确立了为乡村培养师资的目标任务,招收贫困子弟,明确师范生的去向和服务年限,通过限制生源地和定向服务等方式确立了乡村教师定向培养政策的早期雏形。知识分子对乡村师范教育的探索和实践,加速了师范教育的本土化改造,推动了师范教育到乡村去。余家菊、陶行知、梁漱溟、张宗麟、邹平等乡村师范教育的知识分子成为这一时期的代表。① 吴晓朋和蒋超群以江苏为研究对象,对民国时期乡村师范教育进行了考察,认为江苏省的乡村师范教育在当时走在全国前列。其中,1922 年至 1927 年,江苏省的 5 所师范学校分别在乡村设立分校,成为全国乡村师范教育的发轫地;1927 年,陶行知在南京燕子矶创办了晓庄师范学校,开启了江苏乃至我国乡村师范教育的新征程。他们研究认为,乡村师范学校培养了一批乡村教育的师资,对改造和建设乡村起到了一定积极作用,但总体而言,其尚处于小幅改造和局部发展阶段。② 1928 年,浙江省立师范学校在杭州萧山湘湖定山成立,1933 年更名为浙江省立湘湖师范学校(简称湘湖师范)。湘湖师范仿照晓庄师范的办学模式,部分教员来自晓庄师范学校,两所学校的师资培养定位与课程体系也基本一致。湘湖师范创办于乡村,招收贫困学生,陶行知曾多次指导湘湖师范的办学,湘湖师范曾一度被誉为浙江的晓庄师范,其为浙江的乡村教育培养了大批合格师资。③ 湘湖师范的第六任校长金海观在办学过程中积极推行工学制试验,力图培养适合农村社会的良好师资。为了最大限度地填补乡村教育师资的缺口,他极力拓展师资培养的渠道和方式,探索实施短期师资培训、代课师资培养、音乐科函授培养等,推动了浙江各地乡村师范教育的发展。④

① 曹彦杰.师范为何下乡:民国时期乡村师范教育的兴起[D].上海:华东师范大学,2018:71-72.

② 吴晓朋,蒋超群.民国时期的乡村师范教育——以江苏省为中心的考察[J].南京晓庄学院学报,2010,26(5):110-113.

③ 熊宗武,林洁琼.知识分子下乡与近代中国乡村师范教育——以金海观为例[J].湖州师范学院学报,2020,42(6):79-86.

④ 熊宗武.近代西方劳动教育本土化实践:内容、经验及启示——湘湖师范的探索理路[J].教育学术月刊,2021(3):27-33.

二、乡村教师定向培养政策的价值分析研究

乡村教师定向培养政策是教育政策的一种具体样态,而教育政策又源自公共政策的基本范畴。立足于公共政策,"政策—公共政策—教育政策"就形成了一个从上位到下位的概念体系,尤其是伴随着教育现代化的兴起与发展,教育的公共产品属性、教育问题、教育场域甚至教育研究对象,愈发成为社会公共问题和社会公共议题。[①] 教育政策需要正确的价值引领,教育政策的价值分析有助于把握教育政策静态文本与动态执行,教育政策是价值选择和权威分配的结果,研究教育政策的价值选择与分配,确立教育政策价值,是认识教育政策和研究教育政策的基本内容之一。王培峰按照价值哲学的客体说、主体说、关系说来反思教育政策价值认识论,提出教育政策价值的客体说、主体说、关系说。客体说认为价值是客体自身的属性,强调教育政策客体的效用和功能,突出工具理性,但对政策主体的价值存在及需要未能予以彰显;主体说则认为价值是人的主观需要的反映,强调教育政策价值的主体需要和意志,将主体的标准视为政策的标准,这种观点认为政策主体的能动性有积极作用,但忽视政策的客体属性,会出现政策的独断;关系说将价值理解为对关系的把握,客体属性与主体需要教育政策实践过程中的实现,持有关系说观点的学者居多。[②] 孙绵涛在《中国教育政策前瞻性研究——基于教育政策内容、过程、环境和价值的分析》中,提出"教育政策价值是教育政策的主体需要与客体需要在实践基础上统一起来的一种特定的效应关系"[③]。关于教育政策价值的分类,不同学者也给出了不同的分类方式。刘复兴从马克斯·韦伯对事实和价值的分类引申开来,提出教育政策的目的性价值和工具性价值,认为教育政策的目的性价值是教育政策内容的价值表现,是教育政策的"价值理性",是教育政策主体通过教育政策实践所

---

① 王举.教育政策的价值基础:基于政治哲学的追寻[M].北京:科学出版社,2016:12.

② 王培峰.特殊教育政策:正义及其局限[M].南京:南京大学出版社,2015:89.

③ 孙绵涛.中国教育政策前瞻性研究——基于教育政策内容、过程、环境和价值的分析[M].北京:科学出版社,2018:199.

17

选择、所追求的价值内容；而教育政策的工具性价值则是教育政策过程的价值表现，是教育政策的"工具理性"，主要是教育政策过程中的程序性规定，以此来规范政策主体的政策行为的价值。他认为两者是目的与手段、内容与形式的关系，是教育政策价值的一体两面。① 孙绵涛将教育政策的价值分为两组对应的类型：第一组为教育政策的主观价值与客观价值，这与前文提到的主体说、客体说的内涵基本一致；第二组是教育政策的内在价值和外在价值，前者即目的性价值，后者则为工具性价值②。

我国各地实施的乡村教师定向培养政策的价值与国家公费师范生教育政策的价值、教师教育政策的价值具有高度的内在契合性。教师教育政策的价值主要立足于宏观层面，分析教师培养政策的价值目标和价值体系。公费师范生教育政策价值分析则需要从历史维度来检视公费师范生教育政策变迁和传承过程中所体现的价值。而乡村教师定向培养政策的价值应主要聚焦于地方政府在国家公费师范生政策的创造性发展和体制创新中体现出的价值。曲铁华和崔红洁对我国 1978 年至 2013 年间的教师教育政策文本进行了分析，透视我国教师教育政策价值的变迁路径，解读教师教育政策主体在制定政策时的一贯价值追求，探析其政策目标与标准，寻找、确认、分配、实现及所创造的价值，认为总体上我国教师教育政策的价值从工具本位走向教师本位，重视教师教育的内涵建设，将教师教育的职前与职后教育一体化放在更高的位置，教师教育政策的价值导向体现出"公平优先、兼顾效率""以人为本、和谐发展""均衡化、一体化"和"多元化、开放化"等重要特征。③ 祁占勇指出，教师教育政策的价值取向对教师教育政策的调整和发展具有重要意义。他立足于教师教育政策的工具性价值，分析了我国教师教育政策的基石、法律保障等，并提出教师教育政策的核心是教师教育的免费性，认为国家实行免费教师教育是对教师教育公共属

---

① 刘复兴.教育政策价值分析的三维模式[J].教育研究,2002(4):15-19.

② 孙绵涛.教育政策论:具有中国特色的社会主义教育政策研究[M].武汉:华中师范大学出版社,2002:26-27.

③ 曲铁华,崔红洁.我国教师教育政策价值取向变迁的路径与特点——基于 1978—2013 年政策文本的分析[J].现代大学教育,2014(3):70-76.

性的坚守,同时能够保障一部分贫困学生接受高等教育的权利和机会。[1] 白贝迩和谭苗苗采用实证分析的方法,对教育部直属的 6 所师范大学的免费师范生进行访谈和问卷调查,探讨了免费师范生政策的工具性价值和目的性价值,从目的性价值审视师范生免费教育政策,发现其优化了师资均衡配置,也促进了师范院校对师范教育的重视;从工具性价值检视师范生免费教育政策,发现政策对西部地区的贡献度更高,增加了西部地区贫困学生接受高等师范免费教育的机会,同时促进了西部地区义务教育阶段学生的全面发展。[2] 蒋馨岚在《传统与超越:师范生免费教育制度的价值研究》一书中,对我国师范生免费教育制度的价值体系和价值目标进行了分析,考察了师范生免费教育制度的工具性价值和目的性价值。从工具性价值角度来看,师范生免费教育制度凸显了教师教育的本质属性,促进了基础教育均衡发展;而从目的性价值角度来看,师范生免费教育制度是通过对基础教育师资的合理配置,来实现教育公平和发展。[3] 丁福兴和周琴在梳理师范生免费教育政策价值论辩的基础上,构建了师范生免费教育政策价值论辩的分析框架,分别是传统与创新、效率与公平、增长与发展三组价值范畴,从政策变迁的角度讨论师范生免费教育政策是制度创新抑或制度传承,从利益相关者的角度讨论师范生免费教育政策是倡导公平还是效率,从师范教育产业化与去商品化之间的博弈来讨论免费教育政策的目标应该是促进经济增长还是社会发展。通过梳理不同时期的论辩,研究者认为教育政策价值具有多元性和冲突性,价值论辩有助于决策的民主与科学,而且贯穿政策始终。[4] 叶飞分析了师范生免费教育政策的价值追求,认为政策以促进教育均衡为基本目标,以重塑"尊师重教"的社会风尚为己任,促进新时期教师教育的发

---

① 祁占勇. 中国教师教育政策的价值取向分析[J]. 当代教师教育,2012,5(2):6-12.

② 白贝迩,谭苗苗. 师范生免费教育政策的价值分析——基于利益相关者的实证研究[J]. 教育理论与实践,2017,37(19):25-29.

③ 蒋馨岚. 传统与超越:师范生免费教育制度的价值研究[M].青岛:中国海洋大学出版社,2015:77.

④ 丁福兴,周琴. 师范生免费教育政策的价值论辩:范畴与框架[J]. 黑龙江高教研究,2012,30(1):5-8.

展,倡导对弱势群体的关注。[①] 姜超提出乡村教师定向培养政策旨在改善乡村教师队伍困境,储备乡村教育发展人力资本,平衡教师教育改革政策代价,弥补其他补充渠道缺陷。[②]

三、乡村教师定向培养政策的执行偏差及改进研究

从已有研究文献来看,有关乡村教师定向培养政策的实施成效、存在问题及改进策略的研究成果颇多。总体而言,已有研究立足点大多比较宏观,审视国家免费师范生政策及地方乡村教师定向培养政策的各类问题,既梳理政策实施之后取得的基本成效,又关注政策制定前后的制度性缺陷,更注重检视政策在执行过程中的各类偏差和问题,在此基础上,研究者提炼出相应的完善与优化策略。乡村教师定向培养政策执行中产生的问题及改进策略成为政策执行过程研究的热点,相关政策执行研究依据政策议程的推进也呈现出明显的阶段性特征。2007 年,国家层面开始实施的教育部直属师范大学师范生免费教育政策,与不久之后各地方政府层面探索实施的地方高校乡村教师定向培养政策之间有一定的延伸性,但在政策执行过程中产生的问题及其改进对策还是存在一些差异的。

立足于国家免费师范生政策执行层面检视其存在问题并提出相应策略的研究成果比较广泛,既有从事教师教育研究的专家学者的成果,又有一批硕士、博士学位论文围绕该领域进行了研究,这在一定程度推进了对国家免费师范生政策的优化及改进。容中逵和刘卉将国家免费师范生政策与国防生政策进行比较,认为免费师范生政策指向不够明确、表述不一致,国家层面的免费师范生政策的覆盖范围太小,仅仅面向教育部直属的 6 所师范大学,惠及面不够广,政策执行的配套措施不够完善,实施过程中缺乏过程管理,没有淘汰机制,从而难

---

① 叶飞. 师范生免费教育政策的价值追求及其落实的思考[J]. 国家教育行政学院学报,2008 (11):50-52.

② 姜超.乡村教师定向培养政策:价值、前提与风险[J]. 四川师范大学学报(社会科学版),2022, 49(3):114-121.

以保证培养质量；此外，从政策结果来看，还容易造成诸多不公正，诸如对非部属师范院校不公平；强制回生源地的做法缺乏调配，会对生源地产生不公；等等。他们从改进的角度，提出要明确政策目标，加大招生宣传，增加面试录取环节，对在校学习过程加强监督和激励，实施全过程淘汰制，实施定向委培就业和按需分配就业，促进师范生职后专业成长。① 耿雅璇和刘剑虹从个体道德立场出发，反思国家师范生公费教育政策实践的公正性，认为师范生公费教育政策在强调政策社会属性的同时，忽视了师范生个体的利益诉求，提出政策造成师范生个体的自主反思、自主选择、自主行动等能力受限，强调师范生公费教育政策实践要融入对师范生个体的道德关怀。② 何光全、廖其发和臧娜通过对部属师范大学的教师、免费师范生、教育管理者进行调查，发现免费师范生政策的站位比较高，政策规定不明确、不具体，政策配套不健全，宣传力度不大，地方政府的管理部门协调不足，导致高校培养与地方需求之间不匹配，师范生就业履约面临阻力，师范生职后专业发展权缺乏保障。③ 刘海滨和杨颖秀指出，国家免费师范政策执行过程出现问题的主要原因在于招生机制、退出机制、信息平台等不完善，导致师范生供需难以顺畅对接、因无退出机制而难以顺利毕业、政策执行效率低下。④ 吴东照、王运来和操太圣等认为，2018 年教育部出台新的直属师范大学师范生公费教育政策，从"免费"到"公费"的变化，是实现对免费师范生教育政策的提档升级，对在政策执行过程中发现的问题进行了改进，减少了履约任教服务年限，使培养过程更加灵活，使政策保障愈加完善。不过一些困境还需进一步澄清并继续改进，如教育行政部门合作不顺畅，师范高校过分强调增加指标和经费而忽略对公费师范生的针对性培养，对公费师范生而言过分

---

① 容中逵,刘卉. 免费师范政策及其实施的更进研究——与国防生政策的比较分析[J]. 教育发展研究,2012,32(18):13-16.

② 耿雅璇,刘剑虹. 师范生公费教育政策实践的公正性反思[J]. 教师教育论坛,2021,34(5):24-28.

③ 何光全,廖其发,臧娜. 师范生免费教育政策存在的问题及改进建议——基于实证调查的分析[J]. 教育发展研究,2011(31):39-44.

④ 刘海滨,杨颖秀. 师范生免费教育政策的新问题及改进建议[J]. 教师教育研究,2013,25(3):37-41.

凸显其入学机会、就业保障而忽视其个人从教意愿,在此基础上形成了对政策执行的优化策略。[①]

随着各地纷纷探索实施地方乡村教师定向培养政策,学者对地方定向师范生政策执行中的具体问题及对策的研究也逐步展开,其中部分执行偏差与国家层面免费师范生的政策类似,部分执行偏差也体现出了地方乡村教师定向培养政策的特殊性。湖南、广西、江西、重庆、浙江等地实施乡村教师定向培养政策比较早。2006 年,湖南省开始招收初中毕业生,为乡村小学定向培养五年制大专学历的教师,并于 2010 年启动了六年制本科乡村小学教师定向培养计划。浙江省从 2012 年开始试点定向培养小学全科教师。庞丽娟、金志峰和吕武指出,为乡村学校定向培养本土化全科教师是乡村学校补充师资的重要渠道,而且能够为乡村学校提供稳定、合格的师资队伍,从需求侧来看,乡村学校更期望教师安心稳定地在乡村任教,他们认为乡村学校师资要具备全科教学能力,其突破的路径主要是本土化定向培养和全科化培养。[②] 王智超和杨颖秀认为,地方政府出台的定向师范生政策是国家层面公费师范生免费教育政策的延伸与补充,对各地乡村学校优秀师资的补充会更加精准,但地方定向师范生政策执行的时间还比较短,政策的稳定性和完善性仍有待观察,建议地方政府持续稳定地扩大地方师范院校的定向师范生招生规模,针对省内的特点,有针对性地提高师范生培养质量,加大资源和政策的投入,以保障乡村教师定向培养政策的实施。[③] 江苏省教育厅于 2016 年启动乡村教师的定向培养工作。陈蓓面向江苏省的 3000 名定向师范生进行了问卷调查,对教育行政部门、中小学校长、幼儿园园长进行了访谈,发现江苏省乡村定向师范生的生源质量不均衡,表现为苏北地区考生分数明显高于苏南地区,部分定向师范生的个人素养与教师专业素养还不太匹配,由于定向师范生就业有保障,所以部分学生在读期间学习

---

① 吴东照,王运来,操太圣,等. 师范生公费教育的政策创新与实践检视[J]. 中国教育学刊,2019(11):89-93.

② 庞丽娟,金志峰,吕武. 全科教师本土化定向培养——乡村小学教师补充的现实路径探析[J]. 教师教育研究,2017,29(6):41-46.

③ 王智超,杨颖秀. 地方免费师范生:政策分析及现状调查[J]. 教育研究,2018,39(5):76-82.

动力不强,毕业后到乡村学校任教致使部分学生对未来发展的信心不足。① 重庆市从 2013 年秋季开始试点实施免费师范生政策,主要培养乡村定向小学全科教师。杜姗姗对重庆市免费师范生政策实施状况进行了调查,发现其招生录取机制有待加强,培养质量有待提高,经费投入不足,就业保障还不够完善,建议扩大地方免费师范生招生规模,建立进退机制,加强过程考核评价,加大政府财政经费投入,提高教师待遇以提升岗位吸引力。② 蒲淑萍通过对重庆市前两届小学全科定向师范生进行问卷调查,提出要完善招生录取政策,从小学全科视角着眼,加强对音乐、美术等紧缺学科师资的培养,优化和完善定向师范生的培养方案,加强定向师范生的诚信和责任教育,使其乐于、善于扎根乡村从教。③ 张欣慧通过实地听课、访谈、走访、查阅资料等实证方法,发现部分省份地方高校在定向师范生培养过程中存在以下问题:培养方案同质化,而且脱离定向师范生的培养目标;课程体系庞杂,缺少与乡土文化特色的融合;对定向师范生培养过程和培养质量的评价方式单一,而且评价结果未能与定向师范生的培养质量形成有效关联。④

在地方定向师范生政策执行过程中,引发了学者对“小学全科教师”培养理念与培养模式的再度论辩。⑤ 第一,部分研究认为小学全科教师是乡村教师定向培养政策精准且有效的实施方式,对小学全科教师的培养不应仅站在学理层面对其进行批判,而要关注到其实际效用,尤其是重视其在乡村学校补充师资的多种渠道中的特殊价值。庞丽娟分析了我国当前乡村学校师资队伍情况,认为总体上欠发达地区的乡村学校师资队伍面临着“缺人”的最大困境,指出乡村小学全科教师培养有现实需求,建议以中央财政直达的方式落实专项资金,财

---

① 陈蓓. 乡村教师定向培养现状与问题研究[J]. 江苏第二师范学院学报,2019,35(3):5-8.
② 杜姗姗. 重庆市免费师范生教育政策实施情况调查研究[D]. 重庆:重庆师范大学,2017:31-40.
③ 蒲淑萍. 免费定向农村小学全科教师培养的调查研究[J]. 基础教育,2015,12(3):98-104.
④ 张欣慧. 地方高校定向培养乡村全科教师的动因、困境与策略[J]. 盐城师范学院学报(人文社会科学版),2020,40(3):118-124.
⑤ 徐文彬,缪菲菲. 小学全科教师培养研究的内容、问题与反思[J]. 南京晓庄学院学报,2021,37(5):48-54.

政经费直达县区,保障乡村小学全科教师的培养。① 张虹回顾了我国各地在小学全科教师的培养过程中积累的基本经验,认为其总体呈现出"农村导向、免费教育、多科教学、本土培养"的状况,当前小学全科教师的培养存在四组比较明确的矛盾体,分别是方向上的农村导向与卓越导向论争、素养上的多科教学与全科教学的论争、培养方式上的本土化和开放化的论争、培养起点上的初中起点与高中起点的论争,并提出要明确小学全科教师的培养目标,开展分类培养,加强课程特色与制度建设。② 徐红认为自 2006 年湖南省开始探索乡村定向小学全科教师培养以来,全国各地纷纷效仿,在这个过程中有关的理论思考、政策检视和实践探究不断深化。她通过分析提出,在小学全科教师培养方面仍旧存在 5 个方面的偏差,分别是概念、观念、定位、机制和课程,并在此基础上提出了矫正策略。③

第二,部分研究深刻阐释和反思了小学全科教师培养的理念与培养方向,对"全科"与"分科"之争予以回应,或坚持全科理念并予以辩护,或诘问全科理念而主张分科,或者走向第三条路径。周晔和赵明仁认为,培养乡村小学全科教师是补充乡村学校师资的良方和长远之计,这一培养方式是解决乡村学校师资现实问题的根本举措,符合小学阶段的教育需求,也符合国际经验。小学全科教师主要是指能够任教多门学科且有擅长学科的小学教师,其基本素养结构包括乡村教育情怀、综合性的知识、全面的能力与优秀的心理素养。④ 彭军军和徐红指出,小学全科教学并不符合小学生认知规律,全科教学会弱化儿童的具体学科素养,并明确提出小学全科教学未必能够培养儿童的全面发展素质。⑤ 魏善春认为,不应将全科和分科置于小学本科教师培养的核心位置,全科和分科是两端极化的取向,要从过程哲学的观点出发,立足整合性等思维,思考本科

---

① 庞丽娟. 以中央财政直达机制培养补充乡村小学全科教师[J]. 教育研究,2022,43(3):24-26.
② 张虹. 全科小学教师培养的地方经验及其反思[J]. 教育发展研究,2016,36(10):46-52.
③ 徐红. 我国小学全科教师培养中的偏差及其矫正[J]. 教育发展研究,2021(41):68-74.
④ 周晔,赵明仁. 农村小学全科型教师的素养结构及培养方略[J]. 教师教育研究,2018,30(4):18-23.
⑤ 彭军军,徐红. 关于小学全科教学的冷思考[J]. 宜宾学院学报,2020,20(8):102-109.

小学教师的培养理念与课程体系。[①] 王强反思了当前小学全科教师定位模糊现象,提出了"学科性—社会性—儿童性"三位一体的卓越小学教师培养定位。[②]

第三,部分研究梳理和分析了国外全科教师培养的经验,以期对我国小学全科教师培养有所促进。徐红和龙玉涵梳理了发达国家小学全科教师培养模式的主要特点,包括职业指向的培养目标、凸显实践的培养内容、多元统一的培养形式、严格规范的培养制度及多重有序的培养评价等。[③]

第四,部分研究认为小学全科教师的培养有其合理性和必要性,不仅要长期坚持,还需要走向卓越。苏鹏举和王海福认为,要重视培养乡村小学卓越全科教师的基本趋势,乡村小学卓越全科教师的培养要体现以乡土为核心的人才培养理念,真正将乡土性融入教师教育的职前和职后一体化的全程培养过程中。[④] 江净帆认为,小学全科教师的培养是有生命力的,有关论争的根源在于未能明确小学全科教师培养规格,提出小学全科教师要具备乐教的小学教师专业精神,具备专业知识和能力,具备教学与育人能力、班级管理能力、自我反思能力、协调沟通等能力。[⑤] 郭顺峰、田友谊和郑传芹通过分析近年湖北省义务教育教师招聘和空岗等现状,指出小学全科教师的培养是解决乡村小学教师短缺这一现实问题的最有效方式。但也正是由于深陷"乡村化",使乡村小学全科教师发展遭遇困境,小学全科教师要从困境中突围,从国家政策制定、政府部门执行、教师培养院校、小学等不同角度提出建议,其中针对培养院校要提出高标准制定和实施小学全科教师培养方案,培养大批小学全科教师。[⑥]

---

① 魏善春. 分科抑或全科:本科小学教师培养理念与课程建构省思——基于过程哲学的视角[J]. 教师教育研究,2020,32(3):33-40.

② 王强. 我国卓越小学教师培养中的"全科"定位研究[J]. 教师教育研究,2022,34(2):96-104.

③ 徐红,龙玉涵. 发达国家小学全科教师培养模式的特点及启示[J]. 河北师范大学学报(教育科学版),2020,22(3):67-73.

④ 苏鹏举,王海福. 乡村小学卓越全科教师培养的价值意蕴及素质结构研究[J]. 江苏第二师范学院学报,2021,37(2):82-88.

⑤ 江净帆. 小学全科教师人才培养规格厘定[J]. 中国教育学刊,2021(9):93-97.

⑥ 郭顺峰,田友谊,郑传芹. 小学全科教师的"乡村化"困境与突围[J]. 汉江师范学院学报,2020,40(4):100-108.

四、乡村教师定向培养政策执行过程影响因素研究

乡村教师定向培养政策在执行过程中涉及政策执行主体、目标群体等不同类型的主体。有关主体的研究主要包括三个方面，分别是政策执行主体（即教育行政部门）、培养院校、政策目标群体（即乡村定向师范生）。国内外学者的相关研究主要集中在定向师范生这一政策目标群体上，相关研究成果比较广泛，而对其他政策执行主体的关注度就相对少一些，比如有关各级地方教育行政部门在乡村教师定向培养政策执行过程中的作用机制的研究成果就比较少；对乡村教师定向培养政策执行主体中的重要一环——培养院校在定向师范生培养过程中的有关情况研究，主要是通过对定向师范生的评价而得出结论，对不同院校在定向师范生培养过程中的培养特色及困境等的研究还不够深入。

进一步梳理文献发现，研究者对乡村定向师范生培养的过程普遍比较关注，而乡村定向师范生在校的培养过程实质上也是培养院校执行乡村教师定向培养政策过程的一部分。具体而言，一方面，从师范生个体的角度审视，由于定向师范生定向就业的缘故，不同研究普遍指向定向师范生的教育信仰缺失，而就业有保障等因素导致其在校学习的努力程度与乐教从教的精神动力不足。研究者力图深描定向师范生的学习动力、身份认同、职业认同、乡土文化认同、履约意愿、离职倾向等不同影响因素，并探索对上述变量加以干预的方法，这成为当前优化和改进定向师范生政策执行效能的一种思路。另一方面，从培养院校的层面来审视，由于乡村定向师范生是定向培养的，研究者开始对培养院校政策执行过程中的培养环节进行全面检视，聚焦于培养模式、课程体系、实践教学、技能训练、师德养成、资源保障等不同的影响因素，并力图在政策执行过程中强化定向师范生的学科专业知识和教师教育技能，尤其是探究具备定向区县的人文与乡土情怀的师范生的培养。

（一）乡村定向师范生的教育信仰及职业认同相关研究

教育信仰和职业认同有助于提升乡村定向师范生乐教的精神追求和学习

动力,对乡村定向师范生的专业成长至关重要。田友谊和丁月认为,免费师范生的教育信仰是免费师范生对教育本真追求过程中的心理状态和精神诉求,通过对部属师范大学免费师范生的问卷调查,发现教育信仰所包含的三个结构维度呈现出不同的样态,其中在理性维度上表现出世俗化倾向,在情感维度上则表现出淡漠,在教育意志维度上更是显得不够坚定甚至缺失,可见总体上教育信仰的表现并不乐观。① 张素雅对部属师范大学定向师范生教育信仰的现状、问题及改进策略进行了实证研究,认为免费师范生教育信仰缺失的原因主要包括三个方面,分别是功利主义社会环境的影响、培养院校对免费师范生缺乏教育理性信念的专项教育、免费师范生个人的教育意志不足。② 教师职业认同是乡村定向师范生从事教师职业的心理基础,对教师职业情感的激发和维持具有重要作用,甚至决定着教师从教的教学态度、效果和教师专业成长发展的走向。赵宏玉等从教师内在职业认同、外在职业认同、意志行为认同三个维度建构国家免费师范生的职业认同的结构,通过验证性因素分析,三因素模型拟合性良好。③ 范兴华等从教师职业情感认同、职业价值认同、职业地位认同、职业技能认同四个维度建构地方免费师范生的职业认同结构,四因素模型得到验证。④ 罗丹、俞锦旺和陈彩燕采用赵宏玉等编制的免费师范生职业认同问卷调查发现,广东省公费定向师范生的职业认同总体处于中等偏上水平,其中内在职业认同水平比外在职业认同和意志行为都要高,入学动机和就业忧虑会在一定程度上影响定向师范生的职业认同度。⑤

---

① 田友谊,丁月. 免费师范生教育信仰的现状、影响因素与培育对策[J]. 教育研究与实验,2018(1):31-34.

② 张素雅. 免费师范生教育信仰现状、原因与对策研究[D]. 武汉:华中师范大学,2014:10-12.

③ 赵宏玉,齐婷婷,张晓辉,等. 免费师范生的教师职业认同:结构与特点实证研究[J]. 教师教育研究,2011,23(6):62-66.

④ 范兴华,陈锋菊,刘文,等. 六年制免费师范生的教师职业认同结构及特点[J]. 心理研究,2014,7(2):81-85.

⑤ 罗丹,俞锦旺,陈彩燕. 广东省公费定向师范生的职业认同与影响因素调查研究[J]. 广东第二师范学院学报,2021,41(6):24-35.

（二）乡村定向师范生的乡土文化认同及学习动力相关研究

乡村定向师范生是乡村教师的重要后备力量，乡土文化认同是乡村定向师范生愿意扎根农村的内驱力。乡村定向师范生对乡土文化是否认同及其认同状态等都会深刻影响他们对乡村教育的情感意志与教育行为，也会深刻影响乡村定向师范生的职前培养与职后专业发展，还会深刻影响乡村文化的保护与传承。徐颖选取江苏省乡村定向师范生为调查对象，调查发现乡村定向师范生的乡土文化认同现状不太乐观，表现为对乡土文化不了解也不够热爱，在知行意方面还出现了冲突。在乡土文化认同的教育方面的问题主要是培养目标中教师所应具备的乡土性缺失、课堂教学与实践教学中的乡土元素薄弱、课程设置方面缺少乡土文化认同教育类型的课程，校园文体活动中较少关涉乡土文化特色。[①] 姜子云、刘佳和王聪颖认为，在师范生的培养过程中，要注重教师教育类课程建设中的"乡土表达"，要加强对课程内容和知识体系的重构，将乡村情境、乡土知识、乡土价值、乡土体验与师范生的职业感知和体验结合起来，从乡土文化理论形态走向乡土文化的实践，将地方性知识融入师范生的课堂，尤其是定向地域的地方性知识要成为定向师范生必备的"乡土表达"素养。[②] 肖正德和王振宇指出，由于乡村学校教师所处的文化环境和面临的教学对象都具有"乡村属性"，有必要培养乡村小学教师的"乡村属性"教学能力，这对提高乡村教育质量和乡村小学全科教师教育能力有重要作用，而"乡村属性"的教学能力包括乡村教学情感动力、乡村综合实践活动教学能力和乡土教学资源开发与利用能力等6种能力素养。[③] 定向师范生的学习动机与其从教意愿、适教能力密切相关，直接影响乡村教师定向培养政策执行的成效，倘若其学习动机过低，就难以成长为合格的乡村教师，这从根本上不利于未来高质量乡村教育的建设。李晓娟

---

① 徐颖.乡村教师定向师范生乡村文化认同及其培养研究[D].扬州:扬州大学,2021:61-65.

② 姜子云,刘佳,王聪颖.重构与重建:教师教育公共教育学课程建设的"乡土表达"[J].教育发展研究,2021,41(21):78-84.

③ 肖正德,王振宇.农村小学全科教师"乡村属性"教学能力:价值、结构及培养路径[J].中国教育学刊,2020(12):64-69.

和孙楚航通过问卷调查研究了 6 所部属师范大学免费师范生的学习状况,发现他们总体呈现积极正向的学习状态,但是也发现免费师范生学习动机趋利性强,学习态度还不够积极主动,甚至出现逃课现象。[1] 白贝迩和何菲通过对 4 所部属师范大学免费师范生进行访谈和问卷调查发现,因为就业有保障、读研受约束等,免费师范生的学习动力和学习积极性普遍不高,而且在校期间的管理难度较大。[2] 赵英和李颀对山西省地方公费师范生的学习状态进行抽样调查,发现地方公费师范生总体学习动力处于中等偏上水平,政策合理性和激励属性、各级教育资源配置、教师教育课程体系等是对公费师范生的学习动力产生重要影响的关键因素,因此有必要对上述关键因素进行干预以提升其学习动力。[3] 房玲玲基于美术专业公费师范生学习状态的视角,研究了公费师范生政策的执行情况,将公费师范生与非公费师范生进行对比,发现美术专业公费师范生学习动力不足、学习投入度不高,这些问题在一定程度上影响了政策的执行效果。[4]

(三)乡村定向师范生的就业政策及履约意愿相关研究

乡村定向师范生的就业政策、履约意愿、违约现象等在本质上是乡村教师定向培养政策执行过程中面临的同一类型的问题,就业与履约问题直接关系到乡村定向师范生是否"下得去、留得住",是乡村教师定向培养政策执行过程中最为显性的一个环节,是政策执行短期效应的直接体现。冯婉桢和吴建涛抽取了 3 所部属师范大学的免费师范生进行问卷调查,发现 80% 以上的免费师范生表示毕业之后会如期履约,其中有约五成毕业生很坚定地表示会履约,约三成表示可能会履约,尽管部分免费师范生的读研意愿、工作地意愿与就业政策之

---

[1]　李晓娟,孙楚航. 免费师范生学习状况调查研究[J]. 当代教育科学,2011(7):57-60.

[2]　白贝迩,何菲. 师范生免费教育政策问题调查[J]. 青海师范大学学报(哲学社会科学版),2015,37(5):156-160.

[3]　赵英,李颀. 中部地区省级公费师范生学习动力实证研究——基于 S 校调查数据的分析[J]. 教育理论与实践,2020,40(34):43-47.

[4]　房玲玲. 师范生公费教育政策执行研究[D]. 长春:东北师范大学,2020:72-75.

间存在冲突,但绝大部分师范生倾向于履约。① 李静美认为,乡村教师定向培养政策实施成效直接反映在乡村定向师范生"下得去、留得住"的情况上。她通过对湖南省乡村定向教师培养政策实施成效进行调查,发现乡村定向师范生到岗情况总体较好,主要以乡镇一级的学校居多,契约机制和师范生本土化培养有助于提高定向师范生的到岗和留任比例。② 刘佳和方兴认为定向师范生的就业面临新的形势,出现了新的问题,定向师范生的政策目标应该放在吸引和带动更多的师范生到乡村学校去任教,目前缺乏将定向师范生引导到乡村学校任教的政策工具,也缺乏引导定向师范生到紧缺学科从教的调节机制。③ 商应美对东北师范大学连续五届免费师范毕业生进行了调查,发现免费师范生就业政策总体落实良好,成效明显,因此建议优化免费师范生的就业管理,给予学生适度的自由选择空间,突出免费师范生在本科阶段、研究生阶段、职后培养阶段的培养重点和衔接。④ 杨晓蓉通过对新疆的地方公费师范生履约情况进行研究,发现总体而言公费师范生的履约率会随着履约后时间的推移而下降,但降幅不大,生源地与定向单位地之间越远,履约率越低,定向于生源地的师范生履约率显著高于非生源地,农村生源地定向师范生的履约率高于城市生源地的定向师范生。⑤ 蒋蓉等通过对湖南省乡村小学公费定向师范生进行调研,发现乡村小学公费定向师范生履约率比较高,但任教服务期满之后持续从教的意愿则逐渐下滑,影响公费定向师范生终身从教的主要因素还是职业发展、生活环境和薪资收入等。⑥ 张源源和薛芳芳通过对地方乡村定向师范生进行调查发现,其违约学生人数上升、违约原因多样化,因此建议实施分类精准化补偿,兼顾教师教

① 冯婉桢,吴建涛. 在个人意愿与公共意志之间:免费师范生毕业意愿调查研究[J]. 教师教育研究,2011,23(3):56-60.

② 李静美. 农村公费定向师范生"下得去、留得住"的内在逻辑[J]. 中国教育学刊,2020(12):70-75.

③ 刘佳,方兴. 定向就业师范生面临问题与有关政策探讨[J]. 高校教育管理,2016,10(2):76-81.

④ 商应美. 免费师范生就业政策实施10周年追踪研究——以东北师范大学五届免费师范生为例[J]. 教育研究,2017,38(12):141-146.

⑤ 杨晓蓉. 基于生存分析模型的新疆公费师范生履约状况实证研究[J]. 新疆师范大学学报(自然科学版),2022,41(2):81-89.

⑥ 蒋蓉,李新,黄月胜,等. 地方师范院校公费师范生乡村小学从教意愿调查[J]. 教育研究与实验,2019(6):29-34.

育质量标准与定向师范生的个人需求,将职前补偿与职后激励结合起来,加强持续性激励,尤其是在定向师范生成长的关键节点及时给予激励,增加过程监督机制,以降低定向师范生违约行为的发生率。[①]

(四)乡村定向师范生的培养机制及课程体系相关研究

乡村定向师范生的培养机制、培养模式与课程体系建设是乡村教师定向培养政策执行过程中的重中之重。乡村定向师范生是地方政府委托培养高校进行培养的准教师,地方政府实际上预支了当地三年或四年之后的教师编制,而高校作为政策执行主体,对定向师范生的培养成效如何,关系到定向地区的师资水平。已有研究中,以定向师范生个体视角来检视定向师范生培养成效的研究成果不在少数,如定向师范生的教育信仰、学习动力、职业认同、身份认同、乡土文化认同等,但是从培养高校的视角出发来考察培养高校对定向师范生培养机制和课程体系的成果比较少,面向定向师范生的针对性培养方案、培养模式、培养机制与针对性课程体系建设值得重视。游旭群认为,传统的教师教育培养模式难以精准培养出面向乡村学校的教师,强调要面向乡村教师来重塑培养模式,提出构建全过程定向的师资培养体系,立足乡村教育情怀、乡村通识教育、乡村振兴教学项目、乡村教育课程体系、乡村心理健康教育等板块,有效提高乡村定向师范生的培养成效。[②] 罗碧琼等认为,传统地方高校公费师范生培养模式因循守旧,整体培养模式带有明显的城市化特征,缺乏乡土价值,因此基于地方高校公费师范生培养经验,需重构地方高校公费师范生的培养模式。他们从培养目标层面明确提出爱思想、爱乡村、爱儿童、爱教育的"四爱"培养目标,在课程体系层面探索构建通识课程、教师教育课程、学科课程、技能课程等"四位一体"的课程结构,通过创建以研究性课堂、合作课堂、融合课堂、移动课堂为主导的课堂教学形态,借助院本实习、基地实习、定岗实习、母校实习等不同实习

---

① 张源源,薛芳芳."前补偿"抑或"后激励"?——乡村振兴背景下定向师范生违约问题研究[J].华东师范大学学报(教育科学版),2022,40(6):44-56.
② 游旭群. 重塑教师教育培养体系 着力打造优秀乡村教师[J]. 教育研究,2021,42(6):23-28.

方式,搭建爱智沙龙、寻根沙龙、审美沙龙、爱教沙龙等交流平台,建立智库系统、保障系统、数字系统、评价系统等支撑系统,以期重构地方高校公费师范生的培养模式。[①] 周兴平和程含蓉通过对浙江省全科小学教师定向培养计划实施情况进行问卷调查,发现定向师范生的课程体系与非定向师范生的课程体系几乎没有差别,缺乏开展关于乡村与城市发展关系的价值观教育,定向师范生对乡村的发展状况和特色缺乏认知,这些都必须引起重视,才能真正培养面向乡村社会的教师,重构乡村定向师范生的课程体系,凸显乡土文化和乡土价值。[②] 冯传书对湖南省某高校的公费定向师范生进行了问卷调查,了解公费定向师范生的课程体系,发现公费定向师范生对课程体系总体评价偏低,公费定向师范生重视教师教育类基础课,但对其中的教育哲学、教育思想史等相关课程的兴趣不高,高年级公费定向师范生更加重视教育实践。他建议优化课程体系,加强学科基础课程,包括数学、文学、美术、音乐等学科课程的基础知识教学,增加教师的教育技能训练时间,增加教育实践机会等。[③] 李静美对湖南省农村小学教师定向培养进行实证研究,认为定向培养质量总体较高,表现在定向师范生的学习积极性高、专业技能和综合素养高、职业情意深,定向师范生的总体质量高,优于其他渠道补充的乡村学校教师质量,这主要得益于公费定向师范生的生源质量高、教师教育的科学化与系统化、公费定向师范生退出机制的调节和保障。[④] 刘珊通过对三所培养高校的音乐专业公费定向师范生培养现状进行实证调研,力图构建乡村定向音乐师范生的毕业要求和课程体系,凸显乡村特色、本土教学、音乐学科特点。[⑤] 张琬璐对乡村定向师范生协同培养模式进行了研究,认为乡村定向师范生协同培养是专业性强的人才培养过程,培养高校、中小

[①] 罗碧琼,蒋良富,王日兴,等. 地方高校公费师范生培养模式创新:乡土意蕴与系统方法[J]. 大学教育科学,2019(6):37-44.
[②] 周兴平,程含蓉. 浙江省农村小学全科教师定向培养计划实施调查[J]. 上海教育科研,2018(6):5-8.
[③] 冯传书. 公费定向师范生的课程体系调查分析[J]. 当代教育论坛,2018(4):106-114.
[④] 李静美. 农村小学教师定向培养研究[D]. 长春:东北师范大学,2018:143-162.
[⑤] 刘珊. 农村学校定向音乐师范生培养研究[D]. 长沙:湖南师范大学,2021:26.

学、县级教师发展中心是协同培养中的基本主体,三者的需要一致、资源共享、过程衔接,需要就培养目标和管理制度做好协同工作。[1]

五、教育政策执行的三种基本取向及其特征研究

国内外公共政策学界将公共政策执行研究的发展历程划分为三个阶段。

第一代政策执行研究开始于 20 世纪 70 年代,当时政策执行研究的基础比较薄弱,普遍对公共政策的理解存在偏误,片面地将政策制定视为解决政策问题的关键,从而导致政策执行在政策过程的链条中长期缺失。为了弥补政策目标与政策执行结果之间的鸿沟,1973 年,美国学者普雷斯曼(Pressman)和维尔达夫斯基(Wildavsky)凭借《执行:华盛顿的伟大期望为何在奥克兰破灭》一书,将政策执行从政策科学研究的边缘地带带到了中心地带,引起了公共政策研究者的重视。[2] 第一代政策执行研究受到古典行政模式的深刻影响,以马克斯·韦伯的官僚制为基础,强调行政组织结构的集权、层级体系,主张政治与行政的二分原则,政治即决策,行政即执行,以现代科学管理所追求的技术性效率为目标。在这一阶段,政策执行研究主要采用个案研究,重视政策执行的困境,探索政策执行失败的原因。[3]

第二代政策执行研究从 20 世纪 70 年代末开始,强调政策制定与政策执行之间的互动,尤其是政策制定者与执行者就政策目标的达成而形成的互动机制,而且反对第一代政策执行研究所持有的政策制定与政策执行的二分理念,认为仅仅从高层政策制定者的角度出发研究政策执行不够合理,要注重对政策执行过程中的具体问题进行多元互动。这一阶段的研究提出了不少政策执行的模型,对政策执行的影响因素进行了广泛的探究。不过,无论是对政策执行

---

[1] 张琬璐. 乡村定向师范生师协同培养模式构建研究[D].镇江:江苏大学,2019:35.

[2] A. B. Wildavsky, J. L. Pressman. Implementation: How Great Expectations in Washington Are Dashed in Oakland[M]. Berkley: University of California Press, 1973:xx-xxi.

[3] 丁煌,定明捷. 国外政策执行理论前沿评述[J].公共行政评论,2010,3(1):119-148.

的内涵还是对政策执行影响的关键变量,均未能形成一致的看法。

第三代政策执行研究从 20 世纪 90 年代开始延续至今,在已有研究的基础上,更强调政策执行研究的复杂性和科学性,试图探索各种时空要素、政策资源、政策工具、执行关系等对政策执行的影响,以期能够对未来的政策执行做出科学预测。[①] 面对三代不同的政策执行研究,不能从非此即彼的立场来简单地进行优劣判定,而是要从政策适用的情境出发,全面深入地审视政策执行的发展态势。[②]

教育政策执行研究根植于公共政策执行的研究。公共政策执行研究主要形成三种基本的研究取向,即自上而下的研究取向、自下而上的研究取向及整合型研究取向。

第一,自上而下的政策执行研究取向主要受到古典行政模式的影响,是第一代政策执行研究主要采用的研究取向。其政策执行研究的出发点是政府的决策。此种研究取向认为,上层政府决策形成政策目标,产生政策的偏好,而基层政府的政策执行是做好分工,将政策目标落实,注重上下级之间的指挥、控制、监督、服从关系,以促使政策生效。研究的基点是目标假定,预先设立政策目标,政策目标是政策执行的关键,政策成效的观测主要是从下级对上级的服从、结果与目标之间的一致性来考察,主要立足于高层政策制定者角度来分析政策失败的原因。目标导向下的自上而下的政策执行取向,优点在于清晰的目标为政策执行提供了比较清晰的思路,但是自上而下的政策执行取向被人所诟病的原因在于,其过分关注政策制定的目标,但忽略了政策执行过程中的其他主体,而自上而下的完美政策执行的必要条件在政策实践中难以完全具备,政策制定与政策执行在理论上是能够加以区分的,但在政策实践中,政策执行是反复修正与制定的过程,政策制定与政策执行相互交织,自上而下的政策执行研究取向通常以个案研究为主。[③]

---

①　陈庆云.公共政策分析[M].北京:北京大学出版社,2011:154-157.

②　黄忠敬.教育政策导论[M].北京:北京大学出版社,2011:173.

③　陈庆云.公共政策分析[M].北京:北京大学出版社,2011:157-165.

第二,自下而上的政策研究取向以组织中的政策行动者为中心,聚焦基层的政策执行过程,没有预先设定政策目标,抛弃古典行政模式,放弃行政组织的集权、层级体系,转而关注基层政策执行者之间的多元复杂互动。换言之,政策执行并非高层级的政策制定者所实施的规则或律令控制,而主要是由基层政策执行者在政策执行过程中不断修正。可见,自下而上的政策执行研究取向赋予基层政策执行者更大的自由裁量权,使之足以应对真实的政策执行情境。自下而上的研究途径没有统一的模式,但形成了两种代表性观点:一是从基层执行者的角度,注重探究基础政策执行者的权力观,强调要充分利用政策执行者的自由裁量权,而非科层制的指挥、控制等,政策执行是多元主体复杂互动的结果。二是从政策执行结构的角度,认为政策执行需要相关众多的组织和行动者协同参与从而形成执行结构,执行结构并不完全是一种组织,而是潜在或者实际介入政策执行的官方或非官方结构,执行结构中的行动者或组织,其目标和立场也是多元复杂的,会基于不同的利益考量参与政策执行过程,执行结构内部还存在次级结构,其发挥作用主要是依托专业地位、能力、资源等,而非传统的科层控制体系。对自下而上研究取向的诟病主要集中在,基层政策执行者的自由裁量权与政策执行效率之间的关系并未得到有效的证据支撑,而且自由裁量权过大之后如何约束也未见探讨;自下而上的取向被认为仅适用于分权的政策背景,对于集权的政策背景不太适合。[1]

第三,在自上而下政策执行研究和自下而上政策执行研究的基础上,出现了所谓的第三种政策执行研究取向,即整合性的研究取向。整合性的研究取向采用比较综合的视角来开展政策执行研究,在政策执行研究中既能关注到政策制定者的立场,又能明晰基层政策执行者的自由裁量权及执行机构的作用。[2]

---

① 郭渐强,方放.公共政策分析[M].北京:北京大学出版社,2021:163.

② 周佳.教育政策执行研究——以进城就业农民工子女义务教育政策执行为例[M].北京:教育科学出版社,2007:65-69.

六、文献述评

已有研究聚焦在乡村教师定向培养政策的制度变迁、政策的价值分析、政策执行偏差及改进策略、政策执行过程的影响因素等方面,尤其重视政策执行过程影响因素的研究,诸如定向师范生的教育信仰及职业认同、乡土文化认同及学习动力、就业政策及履约意愿,委托培养高校的培养机制及课程体系等领域,这些研究为本节提供了理论指导和方法支撑。但已有研究还存在以下问题。

(一)研究理念有待更新

在研究理念方面,已有研究普遍重视"文本的政策",对"行动的政策"有所忽略,将教育政策执行看成一个程式化的技术性环节,甚至对教育政策执行研究存在理解上的偏误。从公共政策学的立场看,政策执行是解决政策问题的根本性环节,其决定了政策目标能否实现及实现的程度和范围,如果政策执行只是一个程序化的环节,那么政策执行过程中的阻滞就几乎不可能出现。然而在政策执行实践中,政策执行的阻滞有不同程度的表现,政策执行表面化、局部化、扩大化、异化、停滞等现象都会出现,因此重视乡村教师定向培养政策执行过程中的政策重构与再造就显得很有必要。[①]

(二)研究方式有待拓展

在研究方式方面,已有研究以发现问题式的描述性研究为主,缺少采用解释的方式对政策执行的过程性进行研究,尤其缺少对乡村教师定向培养政策执行主体要素、利益结构、关系结构、互动机制等问题进行探究和解释。当前的研究主要以现状描述为主,对乡村教师定向培养政策执行过程的多重因素的影响,多重主体之间核心性、关联性、边界线等问题还未能深

---

① 丁煌.政策执行阻滞机制及其防治对策:一项基于行为和制度的分析[M].北京:人民教育出版社,2002:35.

入探究,乡村教师定向培养政策执行主体的执行方式、作用机理等还需要进一步探究。

(三)研究视角比较狭窄

在研究视角方面,已有研究注重对乡村教师定向培养政策执行问题的分析,缺少从历史的视角分析乡村教师定向培养政策的历史背景、路径依赖。乡村教师定向培养政策是历史的产物,其制度的生成、演进与具体的社会时期密切相关,带有社会历史观念的特征,乡村教师定向培养政策变迁反映了教育实践的社会历史进程。乡村教师定向培养政策是过往教师教育政策实践的延续、延伸,需要从过往汲取经验,同时乡村教师定向培养政策对未来基础教育教师队伍建设和城乡教育均衡发展具有一定的预见和引导作用。

(四)研究对象不够全面

在研究对象方面,以往研究非常关注对定向师范生培养高校这一主体的研究,也出现仅关注政策目标群体,即定向师范生这个单一主体来开展定向师范生政策的执行,有可能忽略了其他政策主体在政策执行中发挥的作用。就乡村教师定向培养政策执行主体而言,除了培养高校,省级教育行政机构、市县级教育行政机构,各级教育行政机构之间的执行机制、方式,各级教育行政机构与培养高校之间的互动方式,不同培养高校自主形成的定向师范生培养模式,在读定向师范生、已就业的乡村定向培养的教师对政策执行成效的评价等,也会对政策执行产生影响。

(五)策略应用相对较少

在应用研究方面,整体上缺少对乡村教师定向培养政策执行改进策略的实践探索,研究得出的改进策略是否有效,需要在乡村定向师范生培养的教育实践中加以应用和验证。当前研究普遍缺少研究者主动性的政策改进应用或者政策改进试验,缺少从改进对策到应用转化的实践探索,有必要从某一类型政策执行主体角度介入,尝试对政策执行进行实践验证,为有效完善政策及下一轮的政策调整与制定提供实证支撑。

第三节　核心概念界定

一、乡村教师定向培养政策

2007 年 5 月,国务院办公厅转发教育部、财政部、中央编办、人事部《教育部直属师范大学师范生免费教育实施办法(试行)》(国办发〔2007〕34 号),该办法提出了包括定点学校、经费安排、招生方式和对象、协议制度、就业方式、转专业招录、考研办法、高校任务、奖励办法、政府保障等十条办法,这标志着国家层面开始重建免费定向师范生政策,自此由教育部直属的六所师范大学开始培养免费师范生。2018 年,教育部等部门颁布《教师教育振兴行动计划(2018—2022年)》,该计划提出改进和完善教育部直属师范大学的师范生免费教育政策,其中包括将"免费师范生"的名称调整为"公费师范生"。在国家公费师范生政策的基础上,各地相继进行了乡村教师定向培养政策的地方性探索,其中湖南省从 2006 年就开始探索乡村小学全科教师定向培养。国家层面的政策搭建主要始于部属师范大学免费师范生政策建设,省级层面则精准聚焦于乡村定向教师培养进行政策建设,浙江省从 2012 年开始了小学全科定向师范生招生培养。

乡村定向师范生也被称为地方免费师范生、地方公费师范生、乡村教师定向师范生、公费定向师范生、农村公费定向师范生、乡村免费师范生等。我国目前有 30 个省份在推行乡村教师定向培养政策,不同省份开始实施的时间不同,培养规模差异也比较大。湖南、江西、广西、浙江、重庆等省份较早开始实施,江苏、河南、广西等省份每年招生培养规模较大。第一,从培养层次来看,乡村定向师范生的培养层次大多集中在两种类型:高中起点本科层次、初中起点专科层次。对于学前教育而言,部分省份采用初中起点五年制专科层次培养;对于小学教育而言,各地两种培养层次兼而有之;对于初、高中紧缺型学科教师,主要采取本科层次培养;部分省份提出本科起点培养硕士研究生学历层次的高中教师培养计划。第二,从财政投入上看,多数省份的培养经费由省级财政负担,免除定向师范生在校学习期间的学费,免缴住宿费,并补助生活费;部分省份的培养经费由省级与市、县财政共同承担;部分省份的培养经费则由定向就业的县级财政给予全额或部分补助;少数县区对定向师范生无财政经费补助和资助,只提供事业编制的定向就业岗位。第三,在就业分配上,参照教育部直属师范大学公费师范毕业生有编有岗的政策,乡村定向师范生毕业后由定向县区的教育局按照定向培养就业协议,统一调配到具有事业编制的中小学教师岗位任教,定向师范生就业分配与生源户籍挂钩,即毕业后定向到签约县区的乡村学校任教。第四,在任教服务期限上,各地服务期限一般不少于5或6年,如江苏省规定乡村定向师范生毕业后,应在乡村学校任教并连续服务满5年以上;浙江省由乡村定向师范生与县(市、区)教育局签订定向培养就业协议,约定任教服务年限,服务期限不定。[1]

　　基于此,笔者认为,乡村教师定向培养政策是地方政府与地方师范院校立足于国家公费师范生政策,因地制宜、因势利导,创造性地探索适合地方经济、社会和文化发展的特色化乡村定向师范生培养的政策。政策旨在通过高质量乡村定向师范生培养与卓越教师专业成长,使乡村教师"下得去、留得住、教得好、有发展"。从政策覆盖面来看,国家层面公费师范生政策和省级层面乡村教师定向培养政策的建构,都主要包含招生、培养、就业和财政等方面的单行和综合性政策,其中以包含多个方面内容的综合性政策的出台为主,涉及多项通知、意见、方案、规定、答复等政策性文本。乡村教师定向培养政策属于国家教师教育政策体系,是对国家公费师范生政策的有效补充,凸显地方特色,对于精准培养在地化的优秀乡村教师具有明显的针对性和适切性。[2]

---

　　[1] 闫予沨. 乡村小学教师培养创新:全科教师定向免费培养[J]. 全球教师教育发展通讯,2017(1):44-48.
　　[2] 王智超、杨颖秀. 地方免费师范生:政策分析及现状调查[J]. 教育研究,2018,39(5):76-82.

二、教育政策执行

教育政策源于公共政策的范畴,教育政策作为公共政策的基本构成部分,具备公共政策的基本属性与特征。从过程论意义来探讨教育政策系统,可以看出,教育政策并非只是一组静态的文本规则,其生命力源于其动态的发展与变化,也正是由于其动态调整,才使教育政策的分配功能、导向功能、控制功能、协调功能得以持续发挥作用,更加充分有效地保障教育事业。立足于动态的教育政策过程来看,教育政策系统包括教育政策制定、教育政策执行、教育政策评估、教育政策终结。[①] 教育政策执行是将理想化的教育政策内容转化为现实的过程,是从政策目标到政策实践的唯一途径,这是教育政策系统中的第二个环节,也是教育政策生命周期中的最重要环节。政策执行是实现政策目标的关键,决定了政策效果。长期以来,人们认为教育政策的制定一经合法化之后,政策执行就是非常容易的事情,殊不知在教育政策执行的过程中,还存在着"象征性执行""照搬性执行""选择性执行""替代性执行""附加性执行""推脱性执行"等教育政策执行的偏差。因此,教育政策执行过程并非单一的过程,而是一个复杂的、多方主体相互作用的过程。教育政策执行的常见主体之一——地方教育行政部门并不是简单受制于政策,其本身在政策执行过程中,会重新解释、构建政策的内容,成为事实上的政策的再制定者,教育政策执行出现上述偏差时,不能简单地下结论就是政策执行出现了问题,需要以政策行动为核心,解构不同政策执行主体间的互动、探寻其中的关系结构、利益结构、冲突结构,寻找政策执行的运作逻辑,提高政策执行效能。[②]

教育政策执行与教育政策实施之间的差别在于"执行"和"实施"两个术语的区别,国内外学者对执行与实施之间的关系也有不同的理解。第一种观点认

---

① 褚宏启.教育政策学[M].北京:北京师范大学出版社,2011:12-14.

② 孙绵涛,等.中国教育政策前瞻性研究——基于教育政策内容、过程、环境和价值的分析[M].北京:科学出版社,2018:136-141.

为两者含义相同。《辞海》(第六版)中将"执行"解释为"具体实行",《现代汉语词典》(第7版)中对"执行"的解释包括两层,一是实施、实行;二是依法定程序将已经发生法律效力的判决、裁定或行政处罚决定等付诸实施。在教育政策研究领域,国内有学者将两者等同使用,孙科技(2018)在对教育政策执行的概念进行界定时,就将教育政策执行称为教育政策实施、落实、贯彻等。第二种观点则认为"执行""实施"所指的外延不同,仅将政策实施视为政策执行过程的一个阶段,丁煌(2002)、张金马(2004)认为政策执行与政策实施各有所侧重,认为"实施"一词所表达的行为更加微观、具体一些,而"执行"一词所表达的行为更加宏观一些。国内公共政策研究领域主流观点是将"policy implementation"一词译为"政策执行"。从学术惯例、语言习惯和外延来看,本书更加倾向于第二种观点,从广义上来理解教育政策执行。

国内外学者对政策执行的理解,主要表现为"过程说"和"活动说"两种代表性观点。第一种观点即政策执行过程说,本质上将政策执行视为一个动态过程,而且这种观点在国内外都属于主流观点,大多数政策科学领域的学者都支持这一观点。美国政策学界权威学者普雷斯曼和维尔达夫斯基在《执行:华盛顿的伟大期望为何在奥克兰破灭》一书中,将"执行"清晰地界定为"目标的确立与取得这些目标的行动之间的一种相互作用过程"[1]。国内学者丁煌(2002)、张金马(2004)、陈振明(2004)、郭渐强和方放(2021)等对政策执行的概念给出了比较一致的界定:"政策执行者通过建立组织机构,运用各种政策资源,采用解释、宣传、试验、实施、协调与监控等各种行动,将政策观念形态的内容转化为实际效果,从而实现既定政策目标的活动过程。"第二种观点即政策执行活动说,查尔斯·琼斯(Charles Jones)指出:"政策执行就是将政策付诸实施的各种活动,其中组织、解释和应用三种活动最为重要。"[2]

---

① J. L. Pressman & A. B. Wildavsky. Implementation: How Great Expectations in Washington Are Dashed in Oakland[M]. Berkley: University of California Press, 1973: xx-xxi.

② C. O. Jones. An Introduction to the Study of Public Policy[M]. 3rd. ed. Monterey: California: Brooks/Cole Publishing Company, 1984: 166.

我国教育政策学界对教育政策执行界定的表述有所差异，但不同学者普遍认可且立足于"过程说"来探讨教育政策执行的概念。袁振国认为："教育政策执行是指政策的执行者依据政策指示和要求，为实现政策目标、取得预期效果，不断采取积极措施的动态行动过程。"[①]孙绵涛认为："教育政策执行是各级教育行政机构及其行政人员，依据教育政策目标，把教育政策在教育实践中加以贯彻、落实和推行、实施的全过程。"[②]范国睿等认为："教育政策执行是教育政策执行主体在教育政策颁布付诸实施后，借助积极的、具体的、灵活的策略实现教育政策内容，达成教育政策目标的动态复杂过程。"[③]黄忠敬认为："教育政策执行是将政策所规定的内容转化为现实的过程，也就是从计划到实践的过程。"[④]褚宏启认为："教育政策执行是指教育政策的执行主体根据教育政策的目标，通过一定的方式配置教育政策资源，将教育政策方案转化为现实的动态过程。"[⑤]

综合国内外学者对政策执行、教育政策执行的概念界定不难看出，尽管不同学者的立场有诸多差异，但共同之处也非常明显：第一，教育政策执行是从应然的政策文本转化为实然的政策现实的基本途径，也是唯一途径；第二，将教育政策执行作为一个"过程"的观点得到学界的普遍支持；第三，教育政策执行是动态的，而非静态的；第四，教育政策执行必须在政策颁布之后，以一定的政策目标为指引；第五，教育政策执行过程是政策执行主体发挥主观能动性的过程，这不是一个机械刻板的过程，而是需要政策执行主体采用非常具体、灵活的策略才能实现政策目标的过程。基于此，我们认为，教育政策执行是各级各类教育政策执行主体在一定的资源和环境条件下，依据政策目标，借助一定的行动策略，将理想化的教育政策内容转化为现实性教育实践的动态过程。教育政策执行过程要聚焦基本的影响因素：教育政策目标与定

① 袁振国.教育政策学[M].南京：江苏教育出版社，1996：179.
② 孙绵涛.教育政策学[M].北京：中国人民大学出版社，2009：172.
③ 范国睿，等.教育政策的理论与实践[M].上海：上海教育出版社，2011：123.
④ 黄忠敬.教育政策导论[M].北京：北京大学出版社，2011：172.
⑤ 褚宏启.教育政策学[M].北京：北京师范大学出版社，2011：199.

位、教育政策资源、教育政策环境、教育政策执行主体及其关系、教育政策执行方式、教育政策目标群体等。就本书而言，教育政策内容就是浙江省乡村教师定向培养政策及其教育部公费师范生政策通过政策文本与配套制度等所呈现出的内容；乡村教师定向培养政策的执行主体不仅包括地方教育行政部门，即省级教育行政部门、区县级教育行政部门，还包括浙江省内承担定向培养师范生的师范高校，同时包括了定向就业的乡村中小学校；乡村教师定向培养政策的目标群体主要是在读的定向师范生及已毕业入职的定向培养的中小学教师。

第四节　研究思路与方法

一、研究目标

本书在文献综述和概念界定的基础上，进一步明确了研究目标，即立足于乡村教师定向培养政策的执行过程、执行成效和政策改进，主要聚焦于以下研究目标。

第一，探究乡村教师定向培养政策的价值追求，根据政策执行中各种要素（诸如目标与定位、主体与方式、资源与环境等的状况）、执行主体要素及其关系结构，分析不同要素对乡村教师定向培养政策的执行产生的影响。

第二，以政策执行主体、目标群体为研究对象，调查分析乡村教师定向培养政策的执行成效，分析政策执行中产生的问题及原因。

第三，探讨乡村教师定向培养政策执行的改进策略，立足培养高校这一政策执行主体，探索性地开展政策改进的行动研究，加强政策改进策略的实践价值。

二、研究思路

本书依循"政策概述—执行过程（目标与定位、主体与方式、资源与环境）—执行成效—问题透视—改进策略—行动研究"的基本思路。第一，梳理浙江省乡村教师定向培养政策的历史背景、政策内容和价值追求；第二，从目标与定位、主体与方式、资源与环境三组构件来考察浙江省乡村教师定向培养政策执行过程；第三，通过质性研究和问卷调查分别研究政策执行的成效；第四，透视乡村教师定向培养政策执行中存在的问题及原因；第五，提炼出乡村教师定向培养政策执行的改进策略；第六，以 H 高校为中心，采用行动研究的方式开展乡村教师定向培养政策改进的实践探索。

（一）乡村教师定向培养政策的历史变迁与现实考察

本书对浙江省乡村教师定向培养政策历史变迁、基本内容及政策价值进行梳理和论述，为政策执行过程研究奠定基础。乡村教师定向培养政策属于国家教师教育体系，浙江省乡村教师定向培养政策是国家公费师范生政策的配套性制度，政策目标的宏观阐释多于政策执行的操作方法，政策的空间特质大于文化特质。

（二）乡村教师定向培养政策执行过程研究

本书对"米特－霍恩"政策执行模型进行修正和完善，形成乡村教师定向培养政策执行过程分析框架，即目标与定位、主体与方式、资源与环境。首先，从政策目标与定位因素出发，分析乡村教师定向培养政策的基本目标，探讨不同主体对政策目标的认知。其次，从执行主体与执行方式等因素出发，主要研究政策执行的主体要素及其关系结构，以教育行政部门为主线分析政策执行方式。最后，从资源与环境因素出发，对浙江省乡村教师定向培养政策的资源、环境分别展开研究，政策资源方面主要探讨从国家到省级政策的连贯性、经费投入、执行机构、政策工具等因素对乡村教师定向培养政策执行的影响，政策环境方面主要探讨政治、经济、文化等环境因素对乡村教师定向培养政策执行的影响。

(三)乡村教师定向培养政策执行成效的实证研究

本书采用质、量结合的方法,分别以政策执行主体、目标群体为研究对象,分析乡村教师定向培养政策的执行成效。一方面,通过访谈、文本分析等质性研究方法,考察执行主体对政策执行及其成效的认知,政策的有效执行建立在执行主体对政策及其成效正确认知的基础上,在执行乡村教师定向培养政策的过程中,执行主体的认知缺陷和认知分歧会影响政策执行。另一方面,通过问卷调查研究目标群体对政策执行成效的评价。政策目标群体是政策执行过程重要的亲历者、观察者、评价者,本书分别调查了在校定向师范生群体的报考动机、学习动力与培养过程、履约与个人专业发展、对政策认知与评价等内容,以及定向培养的乡村在职教师的工作状况、生活状况、对现状的客观评价、对政策实施的满意度等内容,明晰政策执行成效、问题及成因。

(四)乡村教师定向培养政策执行中的问题透视

本书基于对乡村教师定向培养政策执行过程三组基本构件的考察和对乡村教师定向培养政策执行成效的调查,梳理了浙江省乡村教师定向培养政策执行中存在的问题并分析成因;结合前文研究,主要立足于政策执行目标、政策主体角色、政策执行机制、政策执行资源、政策执行环境等维度,剖析问题并分析成因。

(五)乡村教师定向培养政策执行的改进策略

本书在对乡村教师定向培养政策的理论基础、目标与定位、主体与方式、资源与环境、执行成效、困境溯源等方面进行了系统性分析的基础上,为了提升和优化乡村教师定向培养政策及其政策执行过程,主要从组织搭建、理念统整、政策完善、强化培养、加强评价、保障实施等多个维度提炼出政策执行的改进策略。

（六）乡村教师定向培养政策执行改进的行动研究

为了加强政策改进策略的实践价值，立足于培养高校这一政策执行主体，本书探索性地开展政策改进的行动研究，以浙江省 H 高校为开展行动研究的单位，进行政策改进的实践探索。H 高校是浙江省乡村教师定向培养政策执行主体之一，笔者作为 H 高校教师教育学院小学教育专业定向师范生培养改革工作的负责人，将乡村教师定向培养政策执行作为一项行动研究来开展，以期提升乡村教师定向培养政策执行效能，验证有关改进策略的实践效果。

三、研究方法

（一）文献研究法

本书通过对乡村师范教育、乡村教师政策、教师教育政策、教育政策执行、公共政策执行、国家公费师范生政策、地方定向师范生政策等相关领域文献进行系统的检视和收集，并加以整理和分析，梳理我国乡村教师定向培养政策的历史变迁过程，分析教育政策执行的理论基础、模型等；回顾我国乡村师范教育的发展脉络，分析乡村教师定向培养政策历史变迁主要特征，形成教育政策执行的分析框架和基本构件。

（二）问卷调查法

为了了解浙江省乡村教师定向培养政策的具体执行情况，在前期文献阅读、政策研究、开放式问卷调查和问卷初测的基础上，笔者编制了调查问卷，在确认了问卷的信度和效度后，以浙江省高校正在培养的在校定向培养师范生和定向培养的在职乡村教师为调查对象，分别形成两份自编的调查问卷《浙江省乡村教师定向培养政策执行调查问卷（在校的乡村定向师范生）》和《浙江省乡村教师定向培养政策执行调查问卷（定向培养的在职乡村教师）》。其中《浙江省乡村教师定向培养政策执行调查问卷（在校的乡村定向师范生）》共 5 个维度，遵循报考、招录、培养、履约、成长等逻辑设计，主要调查内容分为个人基本情况、报考动机、学习动力与培养过程、履约与个人专业发展、对政策的认知与评价等维度,全面了解在校乡村定向师范生对政策执行过程的认知与评价。《浙江省乡村教师定向培养政策执行调查问卷(定向培养的在职乡村教师)》,从在职教师的工作状况、生活状况、对现状的客观评价、对政策实施的满意度的主观评价等 4 个维度开展调研,采用单选题和李克特 5 点计分法相结合的方式收集数据,力求真实地反映浙江省乡村教师定向培养政策的目标群体对政策执行结果的评价。调查针对两个群体分别发放问卷,采用分层抽样、随机抽样和整群抽样相结合的方式,并进行相关分析和回归分析,调查数据采用 SPSS 27.0 软件进行统计分析。

(三)访谈调查法

为调查不同政策主体对浙江省乡村教师定向培养政策执行的认知,本书采用目的抽样的方法选取研究对象,根据研究目的有针对性地选取与研究相关程度最高且与政策执行关系最紧密的政策执行主体。首先,对省级、县级教育行政部门的相关负责人进行深度访谈,内容分为两个部分:一部分记录受访者的基本信息;另一部分调查受访者对于浙江省乡村教师定向培养政策执行的理解,包括政策的缘起、实施、保障、效果、困境 5 个维度,每个维度下都包含了1~6个子问题,主要内容包括实行师范生定向培养的原因,选择培养院校的标准,在定向培养中承担的责任,定向培养实施的效果及在实施过程中遇到的困难等。其次,对培养院校的相关负责人进行访谈,针对政策执行过程中所取得的成效和面临的问题,介绍定向师范生的培养情况及对展开定向师范生协同培养机制的构建与设想。最后,从浙江省内的培养院校中随机选取在校乡村定向师范生进行深度访谈,访谈内容包括报考动机、学习情况、履约意愿等,进一步了解各县教育行政部门和培养院校在实际执行中的情况。

(四)文本分析法

本书整理并收集了乡村教师定向培养政策、规划、计划、总结、答复等文本及基础数据,包括招生计划、履约情况、定向培养阶段性总结及阶段性规划,浙江省实施中小学教师定向培养的市、县、区教育局的政策文件及履约教师发展状态数据,定向教师的职称晋升、教学荣誉、教科研项目与获奖,浙江省承担中小学教师定向培养任务的高校定向师范生培养方案、课程设置、定向培养协议、定向师范生的录取工作方案等,分析文本信息,剖析问题,挖掘深层原因。整理并收集乡村定向师范生的个人叙事,通过指导乡村定向师范生撰写个人成长叙事的方式,考察其报考动机、招录细节、培养过程的心路历程、毕业去向、履约意愿、职业发展定位等,以乡村定向师范生的第一视角,检视乡村教师定向培养政策的执行过程。

(五)行动研究法

H高校是浙江省乡村教师定向培养政策执行主体之一,笔者作为H高校教师教育学院小学教育专业乡村定向师范生培养改革专项工作的负责人,将乡村教师定向培养政策执行作为一项行动研究来开展。行动研究从2019年6月开始实施,共分为三个阶段:第一个阶段是探索性实践阶段;第二个阶段是调整改革实践阶段;第三个阶段是规划提升实践阶段。在实践探究中,为了科学揭示问题和成效,逐步提升实践效果,推动实践的深化,基本按照行动研究的范式展开。第一阶段,主要聚焦如何专门化地开展乡村定向师范生的培养;第二阶段,主要聚焦如何调动乡村定向师范生的学习积极性;第三阶段,主要聚焦如何遵循乡村定向师范生的特质进行高质量培养。在研究过程中,笔者在不断地发现问题—解决问题—发现新问题—解决新问题—总结经验,进而启发后续的改革与实践。每一个阶段的研究实施都包括问题的提出及行动目标、关键措施的拟定、行动研究的开展、对行动的反思。

第二章　乡村教师定向培养政策的
历史变迁与现实考察

师范生是现代教育体制下学校教师的重要来源,与现代学制体系相伴而生。师范教育以教师养成为目的,但历史上的教师养成并非全部都是由师范教育而来,教师养成大致有三种路径,分别为:通过"经验—模仿"的古代教师的养成,通过封闭式定向培养的师范教育,通过开放式非定向培养的教师职业资格制。[①] 这在一定程度上呈现了不同时期教师养成的主要路径,也为我们理解当前的师范教育提供了思考的基础。纵观现代学制体系下的中国师范教育发展,定向教师培养制度始终处于重要的位置,被寄予了不同的历史责任和担当。从教育政策角度探索和思考乡村教师定向培养的历史变迁,对于理解乡村教师定向培养政策的时代意涵、明确乡村教师定向培养的时代目标、更好地促进新时代乡村教师定向培养有着重要的理论意义。

第一节 乡村教师定向培养政策的历史变迁

在现代学制背景下,培养中国乡村教师的主张肇始于 1919 年,在具体实践中历经百余年的试验、改革与发展,形成了定向与非定向两种培养模式。非定向培养教师的模式在 20 世纪 20 年代一度占据主导地位,其余时间均以定向培养为主。特别是在新中国成立后,由独立设置的师范院校培养教师的体制空前

---

① 成有信.现代教育论集 [M].北京:人民教育出版社,2002:503.

稳固,持续了近半个世纪。^① 以定向为主的乡村教师培养作为中国师范教育的一道制度风景,根本上取决于农业国家、乡土文化的文化传统,以及不同历史时期中国的乡村政治经济样态和发展需求。从 1919 年至今,我国乡村教师定向培养政策演进基本呈现出四个阶段的发展样态。

一、根植乡土:"师范教育下乡运动"的缘起与乡村师资培养(1919—1948)

19 世纪末 20 世纪初,中国师范教育的建设开始启动。1897 年,上海南洋公学设立的"师范院"开启了中国新式师范教育;1898 年,京师大学堂附设"师范斋"培养"教习之才",创建了中国新式高等师范教育;1902 年,我国首所中等师范学校通州师范学堂由张謇创办。^② 早期的师范学堂不仅开启了我国的师范教育,更是开启了教师的专门化、专业化之路。但由于这些师范学堂主要分布和扎根在城市,城市发展、城市教育与乡村的贫穷、愚昧形成鲜明对比,使城乡发展、城乡教育严重背离。典型的事件如城市重视教育而乡村厌恶教育,城市兴建新式学堂而乡村开展毁学运动。清末十年间,乡村毁学发生事件之多、地域分布之广、发生频率之高、破坏力之大,是中外教育史上所罕见的,这在一定程度上反映出清末民初乡村教育冲突的普遍性、严重性。^③ 在师范学堂中,师范生生源主要来自城市,而少部分来自农村的子弟也渐渐形成浓厚的离农倾向,毕业后选择留在城镇工作。

积贫积弱的乡村发展面貌不仅仅是乡民的生活写照,更是作为以农业为主的中国当时整体发展的真实写照。在 20 世纪 20 年代初,有识之士越来越意识到乡村建设、乡民开化、乡村教育、乡村教师是救国救民的迫切需要。1919 年 2 月,李大钊撰文呼吁年轻人和知识阶层到农村去帮助农民,改变其愚昧贫困的

① 马啸风.中国师范教育史(1897—2000)[M].北京:首都师范大学出版社,2003:336.
② 李华兴.民国教育史[M].上海:上海教育出版社,1997:651.
③ 田正平、陈胜.中国教育早期现代化问题研究——以清末民初乡村教育冲突考察为中心[M].杭州:浙江教育出版社,2009:105.

面貌。① 同年 12 月,余家菊撰文指出,中国乡村教育面临无人愿教的巨大危机,乡村教育破产了。② 1921 年,余家菊再次撰文阐释乡村教育的本质和方向,倡导在师范学校开设与乡村教育相关的学科,培养学生在乡村从教的志向,创建乡村实验学校等。③ 不难看出,彼时建设乡村教育、培养乡村教师的理论和实践探究业已开启。

从乡村教育的制度供给和建设来看,1922 年壬戌学制客观上摧折了我国刚刚建立起来的师范教育制度,其不仅未建立师范教育规程,在对师范生的专业发展、教育及财政支持等方面都缺乏具体规定。④ 因而,在 20 世纪 20 年代,我国乡村师范教育实践主要依托一些爱国教育人士组建团体或以其个人的行动来推动。袁希涛、黄炎培等于 1921 年成立了义务教育期成会,指出中国的广大民众在乡村,我们需重点关注乡村教育、重点培养乡村教师。⑤ 这一时期的乡村师范教育不是国家教育制度下的统一性、全面性的实践,呈现出多样化、多层面的样态,但仍然起到了广泛而深刻的作用和影响。在 20 世纪 20 年代,中华平民教育改进社、中华教育改进社、中华职业教育改进社等团体的相继成立,进一步推动了乡村教育改革运动,1924 年晏阳初的河北定县试验和 1931 年梁漱溟的山东邹平乡村建设均为这一阶段乡村教育改革的典型样例。⑥

在 20 世纪 20 年代,陶行知等发起的师范教育下乡运动对乡村教师培养起到了重要的作用。1926 年 1 月 8 日,陶行知发表《师范教育下乡运动》,指出当时多数师范学校在城市,不能满足农村孩子的教育需求,况且,在城市接受师范教育的学生吃不了乡村的苦,也不愿意去服务乡村教育。即便是从乡村考来的师范生,在接受数年的城市化师范教育之后,也不愿意回到农村了。⑦ 陶行知指

---

① 李大钊.李大钊选集[M].北京:人民出版社,1959:146-149.
② 余子侠,郑刚.中国近代思想家文库:余家菊卷[M].北京:中国人民大学出版社,2013:31.
③ 崔运武.中国师范教育史[M].太原:山西教育出版社,2006:98.
④ 朱红.公费师范教育的历史、现状及制度设计[D].长春:东北师范大学,2009:15.
⑤ 崔运武.中国师范教育史[M].太原:山西教育出版社,2006:98.
⑥ 曹彦杰.师范为何下乡:民国时期乡村师范教育的兴起[D].上海:华东师范大学,2018:90.
⑦ 胡晓风,金成林,张行可,等.陶行知教育文集[M].成都:四川教育出版社,2007:136.

出,若要让所有乡村师范生肩负改造乡村的使命和担当,就需要让他们在接受师范教育的过程中就从事乡村教育实践。[①] 1926 年和 1927 年,陶行知密集性地开展了很多具有标志意义的乡村教育探索:第一,走访乡村,考察教育实践,总结经验。1926 年 3 月,他走访了南京、江宁等地,在此基础上召开乡村教育联合会。第二,为乡村教育呐喊。1926 年 12 月,他撰文:"我们的新使命,是要征集一百万个同志,创设一百万所学校,改造一百万个乡村。"[②]1927 年 9 月,他指出,中国作为著名的农业大国,85% 的人口是农民,有超过 3.4 亿人居住在乡村,因而乡村教育是中国的伟大事业。[③] 第三,创建乡村实验学校。1927 年初,陶行知联合赵叔愚等在南京和平门外创办试验乡村师范学校,目的是培养具有农民的身手、科学的头脑和改造社会的精神的学生。[④] 此举开创了我国乡村师范教育的先河,该校培养了我国第一批乡村教师队伍。1930 年 2 月 1 日,陶行知在《乡村教师》发刊词中呼吁所有的教育人士、知识阶层应当凝心聚力构筑乡村教育大瀑布,启迪农民智慧,帮助农民站起来、翻身做主人,再也不做机器之奴。[⑤]

进入 20 世纪 30 年代,中国乡村教育的推进主要以陶行知、梁漱溟、黄炎培、雷沛鸿、王拱璧等乡村教育实践者所推行的乡村教育实验为主,抗日战争、解放战争期间仍然持续。与此同时,中共革命根据地和解放区在艰难的战争环境中也开展了乡村师范教育制度建设和实践的探究。第一,建设师范学校章程。1927 年,在革命根据地发表的《江西省苏维埃临时政纲》对教育发展提出了"发展农村教育,提高乡村文化"的任务。[⑥] 为了切实提升乡村师范教育、培养乡村教师、建设乡村,20 世纪 30 年代初,中华苏维埃政府在开办列宁师范、各类师资培训班的同时总结经验,创建师范教育新体制、新制度。1934 年 4 月,政府相

① 胡晓风,金成林,张行可,等.陶行知教育文集[M].成都:四川教育出版社,2007:137.
② 胡晓风,金成林,张行可,等.陶行知教育文集[M].成都:四川教育出版社,2007:158.
③ 胡晓风,金成林,张行可,等.陶行知教育文集[M].成都:四川教育出版社,2007:185.
④ 胡晓风,金成林,张行可,等.陶行知教育文集[M].成都:四川教育出版社,2007:189.
⑤ 胡晓风,金成林,张行可,等.陶行知教育文集[M].成都:四川教育出版社,2007:231.
⑥ 江西省档案馆.中国革命根据地史料选编(下册)[M].南昌:江西人民出版社,1982:14.

继颁行《高级师范学校章程》《初级师范学校章程》《短期师范学校章程》和《小学教员训练班章程》等师范教育规程,建立了师范教育分级制度,分别在培养目标、课程设置、修业年限、招生对象等方面做出规定,为根据地的乡村师资培养提供制度保障,并使之走向规范化。[①] 第二,建立边区师范学校。随着抗日战争全面爆发,1937 年 10 月 10 日,《乡村教育十周年》明确指出,当前要努力的第一要事就是统一抗日,统一抗日才是中华民族的出路。[②] 为满足抗战需要,陕甘宁边区持续开展了乡村师范教育的重要实践。陕甘宁边区政府总结了苏区教育的经验,建立了将干部和成人教育置于首位,并考虑群众和儿童教育的工作方针。[③] 为满足抗战时期教育对师资的需求,边区政府进行了师范学校建设。鲁迅师范学校(以下简称鲁师)是陕甘宁边区创办最早的师范学校,1939 年 7 月,鲁师与边区中学合并,成立了边区第一师范学校,学制为 1 年。1940 年,第二师范学校(关中)、第三师范学校(定边)先后开学,招收的学生主要是完全小学毕业生。[④] 第三,将乡村师范教育与革命战争、乡村建设紧密结合。抗日战争时期,各类学校包括师范教育所开设课程所遵循的基本目标是力求培养具有民族情怀、积极觉悟,以及救亡图存和国家建设本领的劳动者和干部队伍。[⑤] 解放战争时期,在《战时教育方案》(1946 年 12 月颁布)的号召下,各师范学校的师生们也积极下乡进行宣传,发动群众,投身于土地改革运动中。为了满足解放区的恢复重建和未来普及国民教育的需要,师资的迅速补给成为当务之急,于是建立了包括三三制师范和短期专修班等在内的中等师范学校。[⑥]

不难发现,1919 年至新中国成立这段时期,乡村师范生培养的兴起和乡村师范教育的发展本质上是对"乡村"这一较之"城市"极度贫弱的且聚集绝大多数国民的空间的真正关照。"师范教育下乡"是数千年来中国教育中心首次由

---

① 马啸风.中国师范教育史(1897—2000)[M].北京:首都师范大学出版社,2003:31-32.
② 胡晓风,金成林,张行可,等.陶行知文集[M].成都:四川教育出版社,2007:422.
③ 马啸风.中国师范教育史(1897—2000)[M].北京:首都师范大学出版社,2003:33.
④ 马啸风.中国师范教育史(1897—2000)[M].北京:首都师范大学出版社,2003:33.
⑤ 马啸风.中国师范教育史(1897—2000)[M].北京:首都师范大学出版社,2003:34.
⑥ 马啸风.中国师范教育史(1897—2000)[M].北京:首都师范大学出版社,2003:36.

城市转向乡村,是真正的关照乡村、关照乡村教育的开始,这种对乡村的关照,本质上也是对危机四伏的国家前途命运的关照和选择。

二、城乡定向:规范化师范教育的政策搭建与定向师资培养 (1949—1996)

新中国成立初期,百废待兴,加快建设完备的国家工业体系是国家发展和振兴的当务之急。作为传统农业国家,发展农村经济、重振农业传统、以农业基础和优势来保证工业产业建设成为必然选择。城乡共同发展与建设是新中国的重要任务。首先,农村孕育着丰富的人力和自然资源,农业发展、农村建设自然离不开有知识的农民和立志服务于农村的知识分子,因而需要重点开展满足农村发展的师范教育。其次,城市建设迫在眉睫,走农村支持城市建设之路也需要城市尽快推进各行各业的自我完善,城市建设及城市教育的恢复和发展首先需要师范教育提供师资保障,因而对我国旧的师范教育进行改造,创建服务于城乡教育、城乡重建的新师范教育,成为师范教育改革的重要任务。

新中国成立初期,我国开展了一系列师范教育改革和建设探究。第一,建立了师范教育机构独立设置的体制,保证定向师范生的稳定输出。1951 年,政务院颁布的《关于学制改革的决定》,将师范学校归入中等专业学校,与普通中学分列;师范大学、师范学院、师范专科学校归入与工矿、农林、医药并列的专门院校。[①] 由此,推进师范学校进入新的建设阶段。1949 年,我国仅有高等师范学校 12 所,经过院系调整,1953 年增至 31 所,1957 年增至 58 所,逐渐确立了师范教育机构独立设置的办学体制。[②] 师范学校在开展免费师范教育的同时,实施定向分配、定向就业政策,重点支持乡村教育的师资需要。第二,建立了师范学校的规程,以定向中小学师资培养为关键任务。1952 年,《关于高等师范学校的规程(草案)》《师范学校暂行规程(草案)》提出建立分层师范教育,其中高等师范学校第一层次是师范学院或师范大学,实行 4 年制学习,服务于培育高中

① 中国教育年鉴(1949—1981)[G].北京:中国大百科全书出版社,1984:686.

② 马啸风.中国师范教育史(1897—2000)[M].北京:首都师范大学出版社,2003:40.

教育或相当程度教育的中等教育教师;第二层次是师范专科学校,实行 2 年制学习,服务于培育初中教育或相当程度教育的中等教育教师。师范学校实行 3 年制学习,服务于培育小学和学前教育的教师。① 在全部师范教育体系中,高等师范教育处于龙头地位,但是在新中国成立后很长一段时间,为了满足开展乡村义务教育的师资需求,"从乡村中来,到乡村中去"的乡村定向师范生的培养成为师范教育的重要任务,于是中等师范教育和师范专科教育处在发展的中心。1953 年,政务院《关于中等专业学校毕业生分配工作的指示》指出,中等师范学校系地方人民政府为培养地方所需师资而设,其毕业生应当由所属地方人民政府的教育部门分配,必要时,要通过上级教育主管部门来调剂。《师范学校暂行规程(草案)》中规定,师范学校在招生中,应对工农子女、工农干部和少数民族青年,在入学年龄、入学资格等方面予以适当照顾;师范学生一律享受人民助学金,毕业后由教育行政机关分配工作。第三,制订师范教育教学计划。1952 年,教育部开始参照苏联相关制度,制订我国的师范教育教学计划;1954 年 4 月,颁发《师范学院暂行教学计划》,10 月颁发《师范专科学院暂行教学计划》,将师范教育的培养由学分制转变为学年制;1956 年 5 月,又颁发《师范学校教学计划》《幼儿师范学校教学计划》《师范学校规程》等,作为中等师范学校的教学计划。教学计划重在确定师范教育的课程。如高师教育课程设置的特质在于注重马列主义公共必修课,而更广泛的通识性课程过少;学科专业课比重大,但过分强调与中学课程对口;注重体现师范性,设置了教育学、教育实习等,但课时偏多。②

　　我国在借鉴苏联师范教育模式的过程中,也出现了脱离我国实际情况的一些问题,主要包括:培养渠道狭窄,忽视生产劳动教育,教学内容相对陈旧,教学方法以灌输为主等。③ 1956 年,随着中共八大会议上"第二个五年计划"的提出,师范教育的发展面临突破苏联教育模式的新挑战。然而 1958 年在《关于教

---

　　①　马啸风.中国师范教育史(1897—2000)[M].北京:首都师范大学出版社,2003:42.
　　②　马啸风.中国师范教育史(1897—2000)[M].北京:首都师范大学出版社,2003:44.
　　③　马啸风.中国师范教育史(1897—2000)[M].北京:首都师范大学出版社,2003:46.

育工作的指示》中提出了不切实际的短期教育扩展工作指向,使师范教育迅速膨胀。资料显示,1957 年至 1958 年,高等师范学校增加了 113 所,1960 年达到 1957 年的 3.9 倍,共有 227 所。1957 年至 1960 年,中等师范学校从 592 所增加到 1964 所,1960 年的数量是 1957 年的 3.3 倍。① 一方面,未能遵循中国师范教育发展的应有规律,使国家高等、中等师范教育整体水平受影响;另一方面,未能遵循中国当时的经济发展现状,与当时国家的经济承受能力不相适应,带来了一定的教育经济负担。1961 年 7—12 月,教育部主持召开了两场推进全国高等学校调整改革的会议,聚焦高等学校、中等专业学校压缩年限、控制规模和数量、科学合理布局和提升教育教学质量水平等问题。② 1964 年,高等师范学校减少至 59 所;1965 年,中等师范学校减少至 394 所。③ 从 1966 年下半年开始,各地高师院校停止招生长达 5 年之久,停派留学生近 7 年,停招研究生 12 年。其间,各级师范院校的教学、科研工作基本停滞。④

改革开放后,我国师范教育在改革调整中迎来新发展。1978 年,邓小平同志在全国教育工作会议上强调,要采取适当措施,鼓励教师终身从教。⑤ 1980 年 6 月,第四次全国师范教育工作会议明确指出师范教育的时代责任。1980 年,教育部颁发《关于办好中等师范教育的意见》等三套文件,对于中等师范教育的恢复和规范办学发挥了重要的作用。同年,教育部《关于加强和发展师范教育的意见》强调,师范教育必须遵循"调整、改革、整顿、提高"的方针。⑥ 1985 年,《中共中央关于教育体制改革的决定》非常重视师范教育,文件中明确指出推进落实义务教育需要进行师范教育体制改革,进而建立一支可靠的教师队伍,从而掀起了以体制改革为重点的教育改革浪潮。1986 年 3 月,国家教委颁布《关于加强和发展师范教育的意见》,鉴于小学和初中所需新师资主要依靠本

---

① 中国教育年鉴(1949—1981)[G].北京:中国大百科全书出版社,1984:965.
② 马啸风.中国师范教育史(1897—2000)[M].北京:首都师范大学出版社,2003:49.
③ 中国教育年鉴(1949—1981)[G].北京:中国大百科全书出版社,1984:981.
④ 马啸风.中国师范教育史(1897—2000)[M].北京:首都师范大学出版社,2003:53.
⑤ 马啸风.中国师范教育史(1897—2000)[M].北京:首都师范大学出版社,2003:59.
⑥ 马啸风.中国师范教育史(1897—2000)[M].北京:首都师范大学出版社,2003:54.

地区培养和输送,设立农村中学所需要的双学科专业,师范生毕业后统一分配。1996 年,全国师范教育第五次工作会议指出,我国师范教育正处于由数量扩展向质量提升的重要转型期,应当把师范教育摆在首位,国家需要承担起办好师范教育的责任。[①] 在这种形势下,无论是师范院校还是综合性大学,各种优质教育资源都可以加入师范教育的办学行列,要集中一切力量办好我国的师范教育。1996 年 12 月,国家教委发布《关于师范教育改革和发展的若干意见》,首次提出扩大师范教育的参与主体,完善师范教育的结构体系。[②] 这也使综合性高校逐渐参与到师范生的培养工作中,共同为城乡教育培养师资。

就师范生培养的机构属性来看,1952 年 7 月,教育部颁行的《师范学校暂行规程(草案)》明确规定师范教育必须"公办",不得设立私立师范教育机构;1987 年,教育委员会颁布《关于社会力量办学的若干暂行规定》,允许社会力量合理参与教师培训,但一直到 20 世纪末,都未创建过民办师范院校。[③] 从新中国成立到 20 世纪末,虽然在政策上呈现出了从"公办"到"公民结合"的变动,但实践中始终是以公立师范教育为主,突出了为本地区的城市和乡村培养专门师资的目标和要求,这也在很大程度上保证了这一时期我国师范生培养的免费性和定向性的特质。

三、去定向化:市场化师范教育的政策调整与自由师资的培养 (1997—2006)

从师范教育下乡运动到新中国师范教育政策体系的创建,师范教育在培养师资的过程中,肩负着发展乡村教育和助力城乡教育共同发展的重大使命,因此,师范教育处于国家教育体系的关键位置,不仅免收学费,还给予师范生生活津贴,这一现象直到 1997 年高校试扩招才发生了转变。1997 年以前,高等师范教育一直是免费的,但从这一年开始,很多师范院校收取部分学费。2005 年的数据显示,全国除首都师范大学之外的其他师范院校都相继开始推行收费制

---

① 马啸风.中国师范教育史(1897—2000)[M].北京:首都师范大学出版社,2003:57.
② 马啸风.中国师范教育史(1897—2000)[M].北京:首都师范大学出版社,2003:57.
③ 马啸风.中国师范教育史(1897—2000)[M].北京:首都师范大学出版社,2003:227.

度,高等教育市场化改革导致我国传统的公费师范教育被收费制度所取代。[①]
从 1997 年开始,中国师范教育发展面临两大问题:一是定向培养师范生政策转
变的问题;二是市场导向下如何保证师范生质量的问题。

长期以来,定向培养师范生政策为城乡师资的供给提供了很好的保障,但
也在一定程度上制约着师资供给的多样化、灵活性,给国家师资队伍建设工作
带来新的挑战。因为新中国成立后,出于优先解决师资数量的需要,大批师范
院校是按单科性、职业性院校的标准建设的,定向招生、定向培养、定向分配
的体制又使其处于封闭状态,从而产生了诸多弊端,因此改革势在必行。可
以肯定的是,在很长一段时间内,现有师范院校仍将保留,继续成为培养师资
的主渠道,因为是否单独设置师范院校体系,最终取决于教师人才市场的供
求关系。[②] 长远来看,教育发展离不开师范教育在基本师资供给上的保障作
用。突飞猛进的市场经济使教育的市场属性渐渐显现,公立学校、私立学校、
教育机构的发展等使教育行业对于师资的需求充满变动,仅仅通过定向师资
的培养很难满足市场化的需求。然而,如何突破师范生定向培养的封闭形
势,开辟师资培养的多元渠道,在满足师资数量的同时又能确保其质量,成为
当时我国师范教育尤其是高等师范教育发展迫切需要解答的问题。

从 20 世纪 90 年代起,我国高校开始扩招,师范教育改革和发展的关键就
落在了高等师范教育领域。一是围绕质量提升,提高师范教育的培养规格和毕
业标准。1997 年,国家教委师范司组织实施"高等师范教育面向 21 世纪教学内
容和课程体系改革计划",提出全面提升高等师范教育的现代化和专业化水平,
培育面向 21 世纪的教师。[③] 二是围绕层次提升,更好地发挥高等师范院校和本
科高校的作用。1999 年 3 月,教育部印发《关于师范院校布局结构调整的几点
意见》,强调要调整结构、提升层次,尤其是缩减中等师范教育的数量,集中优质
资源支持高等师范教育,助推高等师范学校走内涵式发展路径。同年 6 月,中

---

① 朱红.公费师范教育的历史、现状及制度设计[D].长春:东北师范大学,2009:18.

② 马啸风.中国师范教育史(1897—2000)[M].北京:首都师范大学出版社,2003:62.

③ 马啸风.中国师范教育史(1897—2000)[M].北京:首都师范大学出版社,2003:57.

共中央、国务院颁行《关于深化教育改革全面推进素质教育的决定》,要求对师范学校的办学层次进行改革,包括各类大学通过不同路径参与师范教育,扩大师范教育的办学资源,增强师范教育的竞争和活力。三是加快师范教育的一体化建设,提高服务基础教育的能力。2001年,《国务院关于基础教育改革与发展的决定》用"教师教育"取代"师范教育",并提出推进教师教育的明确计划。一方面,"教师教育"取代"师范教育"不仅仅是名称的更改,而是从教师"职前、入职、职后"一体化发展的角度来审视教师专业发展的全过程。"师范教育"只关注教师的职前培养,教师的职前教育与入职、职后教育相互割裂,教师专业成长的衔接性不足。教师教育概念的提出,就是新时代做好教师职业发展规划、改进教师培养质量的关键起点。另一方面,基础教育改革对教师发展提出了更高要求,也表明教师教育改革是对基础教育改革的适应和助推。总体上,重点发展高等师范教育的师范教育转向,尤其是非师范类院校对师范教育的参与,使师范教育在高等教育层次的办学样态越来越多元化,也有利于整体提升师范生的学历层次。

综合来看,师范教育的收费制度和以高等师范教育为主的教师教育政策变革,形成了师范教育的市场化走向。一方面,在师范教育收费的制度下,师范生毕业后在职业选择上就是充分自主的。师范生可以结合自己的兴趣、偏好,与用人单位在双向协商的基础上进行择业,而不是必须到定向地区服务规定的年限。另一方面,较高层次的师范教育也为师范生自主择业提供了学历和专业的保障,让一些师范生有信心、有能力在不同的竞争性择业环境中顺利择业。一些有条件的师范生可以选择进行更高层次的学历提升,攻读硕士学位甚至博士学位。但是,师范教育的市场化同时也带来一些问题,既然师范教育变为非定向就业,还需要在激烈的竞争中择业,加之教师工资待遇并不高,作为"铁饭碗"的师范教育就不再是很多优秀学生的首选,师范生源质量受到冲击。较之于灵活的就业市场,学校教育的调整相对迟缓并存在很大的惯性,尤其是随着高等教育的扩张,师范教育在短期内迅速扩张,导致师范教育的规模远大于市场需求,接受过师范教育的自由择业者越来越多,却没有足够多的教师岗位与之匹配。随之而来的便是高等师范教育过剩所引发的一连串包括师范毕业生质量良莠不齐、师范生技能素养整体下滑、教师社会认可度降低、师范教育的师范性减弱和地位下降等在内的严峻的问题。

四、复归乡土:教师教育振兴乡村的政策回归与乡村教师培养(2007 年至今)

21 世纪初,除了师范教育生源质量下滑、优秀基础教育师资供给不足等问题,与师范生流动相关的一系列教育问题也愈发严峻。高等师范教育市场化之后,师范毕业生的就业去向就会从根本上受市场支配,经济利益和经济收益在很大程度上影响甚至决定了师范生的择业。这样一来,师范生毕业后首选具有更广阔市场和更高经济收益的大城市、主城区,出现城市师资过剩与乡村、边远山区师资不足的冰火两重天局面。师范毕业生的这种流动趋势显然不利于我国基础教育均衡与公平发展。

在经历了市场化的教师教育政策探索之后,国家层面的定向师范生免费教育政策在部属师范大学得以回归,在这一背景下,地方政府和地方院校也相继出台了基于地方特色的乡村教师定向培养政策。2007 年 3 月 5 日,温家宝同志在十届全国人大五次会议的《政府工作报告》中指出,在北京师范大学、华东师范大学等 6 所部属师范大学实行师范生公费教育。2007 年 5 月,国务院办公厅转发教育部等部门颁布的《关于教育部直属师范大学师范生免费教育实施办法(试行)》,正式推行师范生免费教育,规定毕业后的免费师范生需返回生源地从事 10 年以上基础教育工作,如果分配到城镇学校,也需要先在农村中小学工作 2 年。与此同时,除了部属师范大学的免费师范生政策,一些地方师范院校也相继推行该政策。2008 年起,上海、四川和湖南等地的省(市)属师范院校也开始招收免费师范生。

经济发展是教育发展的基础和保障,进入 21 世纪,中国经济发展逐渐步入快车道,随之对教育的投入也越来越大。2012 年,中国的教育投入占 GDP 总量的 4%并逐年提升,向教育要质量、要成效的诉求也越来越强烈。尤其是面对城乡、区域教育之间的差距,对教育均衡、教育公平、公平而有质量的教育追求越发强烈,伴随着基础教育学校硬件设施的配齐配足和更新迭代,人们越来越发现教师才是教育质量的关键。乡村师资的高质量配给和保障是基础教育发展的关键,因此提升教师素质水平、开展教师队伍建设,亟须高度重视师范教育。2015年6月,国务院办公厅印发《乡村教师支持计划(2015—2020年)》,提出针对乡村教师的师德、数量等方面开展支持提升,以培育适宜乡村教育的高水平乡村教师。乡村振兴战略开启了新乡村定向师资的培养。2017年10月18日,习近平总书记在党的十九大报告中首次提出乡村振兴战略;2018年9月,中共中央、国务院印发《乡村振兴战略规划(2018—2022年)》,指出乡村振兴需要热爱乡村、扎根乡村的乡村教师。

2018年1月,中共中央、国务院《关于全面深化新时代教师队伍建设改革的意见》指出,要以退费、定向等多途径推进部属师大师范生公费教育政策,提升师范院校和专业的吸引力,将最低从教年限改为6年,将"免费师范生"调整为"公费师范生",全国各地相继颁行地方公费师范生政策。2019年起,山东省计划三年内招收公费师范生15000名。在2021年公费师范生招生中,河南省共招生3500人,江苏省共招生3434人,浙江省共招生835人,广东省共招生2210人。[①] 为了进一步保证中西部欠发达地区基础教育师资的供给,2021年7月,教育部等9部门印发《中西部欠发达地区优秀教师定向培养计划》,自当年始,部属师范大学和地方师范院校每年为832个脱贫县和中西部陆地边境县学校定向培养1万名左右师范生。2022年4月,教育部等8部门印发《新时代基础教育强师计划》的通知,提出中西部欠发达地区优秀教师定向培养计划提前批次录取,定向师范生在校期间免学费和住宿费,享受生活补助,毕业后由定向区县政府统筹落实就业岗位,确保编制和待遇保障,服务年限至少为6年。与此同时,继续实施农村学校教育硕士师资培养计划。

这一时期的乡村教师定向培养政策的培养目标与乡村振兴密切关联,在新

---

①　王贤德.推进地方师范院校高质量教师教育建设[N].中国社会科学报,2022-06-24(4).

的时代背景下赋予了乡村定向师范生新的内涵和意义。一方面,作为一般意义上的乡村教师,服务于乡村基础教育,为乡村带去专业的、有质量的教育服务和确定的、稳定的教师供给。另一方面,凸显助推乡村振兴的关键身份。第一,乡村定向的特质更为明显。这一时期,乡村定向师范生在乡村定向这一特质上比以往任何时候都要明确、明显,即专门为乡村和边远地区培养基础教育师资,乡村定向师范生要满足乡村教育发展的需求,适应乡村教育,回到家乡、回到乡村学校从事教学工作,实现"下得去、留得住"。第二,乡村定向师范生的身份特质更为丰富。乡村定向师范生毕业后回到乡村,不仅要以学校教师身份进行知识传播,还肩负着助推乡村振兴的重要使命。一是传统乡贤身份的继承者。文化自信是新时代中华民族伟大复兴的基础和关键,乡村文化、乡村教育的振兴是乡村振兴、民族复兴的重要支撑。在农业文明的长期孕育下,中国有着数千年的乡土文化传统,其中蕴含着许多优秀的文化传统。对此,需要依托以乡村教师为代表的乡村知识分子对优秀乡土文化传统进行创造性的传承,不只是在乡村学校里,更是在乡村的每一个角落里。这就要求乡村教师秉持乡贤特质,树立新乡贤身份,助推优秀乡村文化的建设。二是现代化乡村建设的开拓者。这一时期的乡村发展已经不同于以往的农房改造、农业种植、农具更新等。乡村现代化已成为迫切的历史任务,乡民观念的现代化、乡村产业的现代化、乡村生活服务的现代化等是乡村现代化发展愿景下的重要任务。对此,新乡村教师需要通过现代化的知识、科技的传播助推乡村现代性的发展,以对乡村的现代化改造实践引领乡民共同参与建设现代化乡村。

五、乡村教师定向培养政策变迁的主要特征

从 1919 至今的百余年间,乡村教师定向培养政策经历了政策的导入、政策的调整、政策的退出和政策的回归等阶段。1919—1948 年,乡村教师定向培养政策的导入、"师范教育下乡运动"及乡村教育的萌发为乡村教师定向培养奠定了深厚的文化根基和政策基石。1949—1996 年,伴随着国家建设的推进,乡村教师定向培养政策体系逐渐完善,此时培养对象的就业去向,不只是定向面向

乡村,同时也包括城市定向,政策有所调整,定向范围进一步扩展。1997—2006年,伴随着市场机制的引入,扩张后的教师教育既不是乡村定向的,也不是城市定向的,主要取决于市场与师范生之间的互动,此时的教师定向培养政策已基本退出。2007年至今,为了进一步推进教育均衡,提升教育公平和教育质量,新阶段精准化的乡村教师定向培养政策得以复归,在乡村振兴的战略下被赋予了新的内涵和历史使命。

(一)乡村教师定向培养政策作用方式在诱致性与强制性之间

20世纪20年代,早期倡导推进乡村定向师范生的理论和实践主张出自民间爱国人士的自发行为,意在推进教育中心由城市向乡村位移,通过乡村教育来推动国民教育、民族觉醒教育,以实现民族救亡。随后他们在根据地和解放区有目的、有计划地推行了重点培育乡村教师的师范教育。从师范教育下乡运动的开展到根据地、解放区的乡村师范教育政策建设,师范教育意在改善乡村教育弱、乡村文化弱、乡村知识弱的社会面貌。师范教育在助推乡村教师队伍扩大后,收获了更多乡民的国民意识、民族救亡意识的觉醒,对于乡村革命、救国救民有着重要的意义。新中国成立后,城乡教育皆需要恢复和建设,在国家教育行政部门的推动下,面向城乡教育的定向师范生政策纷纷出台并不断细化,推进建设规范的、系统的师范教育机构,在实践中力争向全国各个地区推广。1951年11月,《教育部关于第一次全国师范教育会议的报告》指出,力求在每个专署区和省辖市创建一所师范学校,倘若条件不够,也可创设初等师范学校;在县级行政区中,较大的县独立设置初等师范学校,其他小县可以联合设立一所初等师范学校或师范学校;也力争在师范学校或初等师范学校中设幼儿师范班。[①] 为了确保师范生能够定向就业,要求他们从师范学校毕业后需从教3年,3年内不允许升学或从事其他工作。[②] 从1949年到1996年,面向城乡的师范教育以政策的方式指派定向师范生,具体是师范生在完成免费师范教育后,按照服从分配的原则参加工作。1997年,

---

①　何东昌.中华人民共和国重要教育文献(1949—1975)[M].海口:海南出版社,1998:128.
②　何东昌.中华人民共和国重要教育文献(1949—1975)[M].海口:海南出版社,1998:159.

师范教育引入市场化机制后,对于师范生毕业后的去向不再进行强制要求,而是以市场经济作为手段和方式进行自发调节。然而从现实的结果看,这在很大程度上降低了师范生对乡村的选择。毕竟市场的功能也是有限的,尤其是在制度上的供给减少、无法解决根本性问题等情况下,必将导致市场功能的失灵,这就离不开强有力的政府干预和治理。[①] 2007年开始,我国重建免费定向师范生政策,收费师范教育同时存在,目的是更好地契合地域特质、落实区域定向,鼓励各地推行地方层面的乡村教师定向培养政策。这一时期的师范教育既体现了利用市场的获益性自主调节师范生的择业方向,也体现了"定向生源、定向培养、定向就业"的政策强制性。

(二)乡村教师定向培养政策主体的权力结构呈非对称特质

政策主体指直接或间接地参与政策制定、执行、评估和监控的个人、团体和组织。[②] 一般来看,乡村教师定向培养政策主体主要包括各级教育行政部门、相关培养高校及教师个人。省级及以上教育行政部门统筹乡村教师定向培养政策的制定、执行、评估和监控,其他各级教育行政部门、相关培养高校仅仅作为政策执行、自我监测的主体。教师是乡村定向师范生培养的行动主体和反思主体。因而,作为政策制定主体的省级及以上教育行政部门,其在权力结构上是完的、绝对的。其他各级教育行政部门最大的责任和义务便是政策的具体执行,学校和教师同样是具体的政策执行主体。从权力的分配来看,省级及以上教育行政部门掌握着与乡村教师定向培养政策相关的完全权力,其他各级教育行政部门、培养高校和教师的权力相对单一,政策主体之间的权力不对称,政策相关者就难以很好地挖掘并呈现政策评估和完善层面的价值。换言之,乡村教师定向培养政策在民主决议、公共监督、多方评价等层面有待加强。或许正是因为这样,不同时期的定向师范生政策执行都或多或少伴随着一定的偏差。1997年实行师范教育收费政策之后,优秀教师往城市聚集,导致乡村教师队伍

① 王诗宗.公共政策:理论与方法 [M].杭州:浙江大学出版社,2003:109.
② 战建华.公共政策学 [M].济南:山东人民出版社,2011:47.

在数量和质量上都难以改善。2006 年国务院《政府工作报告》指出,我国约有87%的农村小学教师没有本科学历。在长达 10 年的时间里,未能及时有效地进行政策调整,与政策主体间权力结构的非对称性有着很大的关系。

(三)乡村教师定向培养政策变迁存在明显的路径依赖

乡村教师定向培养政策的关键特质是免费性与乡土性,其在不同历史时期的政策中都有不同程度的体现。1919—1948 年,无论是社会团体推动还是根据地、解放区的乡村定向师范生培养,都实施免费教育;在价值观方面,强调以乡土文化、民族文化培养师范生的民族情感和民族精神。新中国成立以后,师范教育首先秉承了免费性的特质。"在那个年代,师范教育既免学费、食宿费、书籍文具费用,还发放生活补助。相应的,师范生在顺利毕业后需要听从分配从事一定年限的教师工作,工作年限到了才允许其自由择业。"[1]新中国成立以后,城乡恢复重建都需要教育事业的支撑,教育事业的发展则亟需师资的补给,而此时乡村教育成为农村整体改革的关键,中国教育的重点和难点在农村也成为共识,[2]政策安排也体现了对乡村教育的持续关照。1962 年 12 月,《教育部关于有重点地办好一批全日制中、小学校的通知》指出,要通过重点的选定和办好少数农村全日制中学,让条件允许的城市重点中学向农村招生,以保证农村优秀学生有机会进入这批重点中学学习。[3] 1997—2006 年间,我国实行师范教育收费政策,但对此学者们提出了不同的观点。成有信指出,当时我国的义务教育还未普及,在教师数量和质量还未满足需要之前仍需实行完全的公费师范教育。[4] 师范教育取得一定的成效离不开免费教育政策的支持。尤其是师范教育取得成功的根本保证,是将师范院校作为完全公费的教育干部学校来承办。[5] 2007 年以后,乡村教师定向培养政策作为国家教师教育的重要部分,一方面,将免费改为公

① 成有信. 现代教育论集［M］.北京:人民教育出版社,2002:498.
② 苗春德. 中国近代乡村教育史［M］.北京:人民教育出版社,2004:261.
③ 何东昌. 中华人民共和国重要教育文献(1949—1975)［M］.海口:海南出版社,1998:1133.
④ 成有信. 现代教育论集［M］.北京:人民教育出版社,2002:500.
⑤ 成有信. 现代教育论集［M］.北京:人民教育出版社,2002:498.

费,充分保障定向师范生培养经费有来源;另一方面,围绕服务乡村教育、乡村振兴来确立新时代乡村定向的内涵与特质。

除了上述乡村教师定向培养政策变迁的特征,也有学者从教育政策价值导向转变的角度,指出我国师范教育政策发生了从工具主义向人本主义的转变。20 世纪师范教育的创建和变革,无不出于促进社会发展的目的,指向对社会需要的满足,有着明显的工具价值取向。21 世纪以来,受终身教育、教师专业化的驱动,我国师范教育从"为了国家利益"向"为了最大多数教师整体利益"转变。[①]需要强调的是,本书对乡村教师定向培养政策变迁特征进行归纳和分析,不只是进行现象的呈现和特征的表达,而是希望从中发现不同历史时期政策的具体优势和不足。

第二节　浙江省乡村教师定向
培养政策的内容与特点

2007 年,国家层面开始重建乡村教师定向培养政策,随后各地也相继进行了乡村教师定向培养政策的地方化探索。国家层面的政策建设主要开始于部属师范大学免费师范生政策建设,省级层面则精准聚焦乡村教师定向培养政策建设。十几年过去了,国家和地方乡村教师定向培养政策体系基本建成。伴随着国家对于乡村振兴政策的推进、浙江共同富裕示范区建设的提出,浙江省对乡村教育、乡村师资培养越来越重视,乡村定向师范生已成为发展乡村教育的重要抓手。在此背景下,浙江省乡村教师定向培养政策正在不断地深化。毋庸置疑的是,浙江省乡村教师定向培养政策建设是在国家教师教育政策大背景下建构的,不仅遵照执行国家相关教师教育政策,还体现了浙江的特点,因而对浙

[①]　霍东娇.中国百年师范教育制度变迁研究[D].长春:东北师范大学,2018:79.

江省乡村教师定向培养政策的现实考察需要结合国家层面的政策进行综合分析。

　　浙江省从 2012 年起实施乡村教师定向培养政策,旨在通过精准实施乡村教师定向培养政策,解决乡村教师"下不去""留不住""教不好"和城乡间教师资源配置结构性失衡等问题。近年来,浙江省逐渐扩大试点地区和培养院校,截至 2022 年 9 月,共有浙江师范大学、杭州师范大学、温州大学、浙江海洋大学、湖州师范学院、台州学院、丽水学院、衢州学院等 8 所高校承担培养任务,招生规模从 2012 年的 30 人增加至 2022 年的 774 人,共招收了 4685 名乡村定向师范生。浙江省乡村定向教师的培养类别分为小学全科教师、中学紧缺学科教师、高中双学科复合型教师三种,包括小学教育、汉语言文学、数学与应用数学、英语、物理学、科学教育、思想政治教育、地理科学、历史学、生物科学、化学、计算机科学与技术、应用心理学等 13 个师范类专业。乡村定向师范生招生规模逐渐扩大并趋于稳定,2020 年招生 772 人,2021 年招生 818 人,2022 年招生 774 人,近几年招生培养数量基本持平,为乡村学校稳定输送优秀师资。定向师范生的招考分数逐年攀升,如小学教育、汉语言文学、英语、数学与应用数学等师范专业的录取分数线都远超特控线。

一、浙江省乡村教师定向培养政策的主要内容

　　从政策覆盖面来看,国家层面和浙江省级层面的乡村教师定向培养政策建构,主要包含招生、财政、培养和就业等方面的单行和综合性政策,其中以包含多个方面内容的综合性政策的出台为主。

(一)国家层面的政策内容

　　从 2007 年至今,国家层面涉及乡村教师定向培养相关的主要政策有 10 项(见表 2-1)。政策内容涉及:第一,定向师范生政策的试行。2007 年 5 月颁布的《教育部直属师范大学师范生免费教育实施办法(试行)》提出了包括定点学校、经费安排、招生方式和对象、协议制度、就业方式、转专业招录、考研办法、高校任务、奖励办法、政府保障等十条办法。第二,重点发展乡村师资政策。《乡村教师支持

计划（2015—2020 年）《中西部欠发达地区优秀教师定向培养计划》分别从乡村教师队伍建设的目标导向、重点路径、基本原则、支持举措等方面进行了具体的规定，不仅对于明确乡村教师的定向培养方向有着重要的意义，而且对于未来如何更好地创新乡村教师定向培养路径提供了指导意见。第三，就业保障政策。2010年 5 月颁布的《教育部直属师范大学免费师范毕业生就业实施办法》提出了就业工作组建设、编制保障、就业引导、毕业后户口迁移、到农村任教、在职考研、违约行为、就业督察、地方支持等九条办法。第四，经费补贴政策。2009 年 3 月颁布的《高等学校毕业生学费和国家助学贷款代偿暂行办法》提出了代偿对象、代偿标准、代偿方式等 17 条办法。第五，升学政策。2010 年 5 月颁布的《教育部直属师范大学免费师范毕业生在职攻读教育硕士专业学位实施办法（暂行）》从适用对象、培养目的、免试条件、学习方式、违约行为等方面提出实施办法。第六，教育实践指导政策。2016 年 3 月颁布的《教育部关于加强师范生教育实践的意见》从双导师制、完善多方评价、实践基地建设、教师激励机制、实践经费保障等 9 个方面，要求各地制订详细的师范生教育实践方案，以对师范生的教育实践进行规范。第七，教师队伍提质政策。《关于全面深化新时代教师队伍建设改革的意见》《新时代基础教育强师计划》等在战略意义、基本原则、目标任务、重要举措、保障措施、教师待遇等方面对于整体提升国家教师队伍质量、提升教师对职业的投入和认同等方面提出了重要的指导意见。

表 2-1　2007—2022 年国家层面乡村教师定向培养政策统计

时间	政策名称	颁布部门	政策类型
2007 年 5 月	《教育部直属师范大学师范生免费教育实施办法（试行）》	教育部、财政部、人事部、中央编办	综合性政策
2009 年 3 月	《高等学校毕业生学费和国家助学贷款代偿暂行办法》	财政部、教育部	财政政策
2010 年 5 月	《教育部直属师范大学免费师范毕业生就业实施办法》	教育部、人力资源、社会保障部、中央编办、财政部	就业政策

时间	政策名称	颁布部门	政策类型
2010 年 5 月	《教育部直属师范大学免费师范毕业生在职攻读教育硕士专业学位实施办法(暂行)》	教育部	培养政策
2015 年 6 月	《乡村教师支持计划(2015—2020 年)》	国务院办公厅	综合性政策
2016 年 3 月	《教育部关于加强师范生教育实践的意见》	教育部	培养政策
2018 年 1 月	《关于全面深化新时代教师队伍建设改革的意见》	中共中央、国务院	综合性政策
2018 年 2 月	《教师教育振兴行动计划(2018—2022 年)》	教育部等 5 部门	综合性政策
2021 年 7 月	《中西部欠发达地区优秀教师定向培养计划》	教育部等 9 部门	综合性政策
2022 年 4 月	《新时代基础教育强师计划》	教育部等 8 部门	综合性政策

(二)浙江省的政策内容

浙江省依照国家相关政策的指导意见,结合本省实际情况相继出台了 10 余项相关政策(见表 2-2)。政策内容涉及:第一,重点发展乡村师资政策。2016 年 1 月颁布的《浙江省乡村教师支持计划(2015—2020 年)实施办法》提出"努力造就一支数量充足、素质优良、结构合理、甘于奉献、扎根乡村的教师队伍"的工作目标,并提出 9 项举措和组织实施的保障。第二,就业保障政策。2010 年 9 月颁布的《浙江省免费师范生就业实施办法》在加强对就业工作的领导、落实就业岗位和编制、明确就业的有关要求、加强就业管理、加强监督检查等 5 个方面提出了具体的实施办法。第三,经费补贴政策。2017 年 6 月颁布的《浙江省高校毕业生基层就业学费补偿和国家助学贷款代偿暂行办法》建立了"引导和鼓励高校毕业生面向浙江省一类一档地区和海岛县基层单位就业"的学费补偿和助学金代偿办法。第四,教育实践指导政策。2018 年 5 月颁布的《浙江省高校师范生教育实践规程(试行)》从总则、目的、内容、实践学校、实习生、指导教师、考核、经费、附则 9 个方面提出了 32 条规程,并配套给出了浙江省高校中学、小学、学前、中职、特殊教育 5 个教育实践实施指南。第五,招生政策。2019 年至 2022 年,浙江省关于做好中小学教师定向培养招生工作的年度通知分别对需求、申报要求、招生与招聘、培养模式、培养经费、就业政策、组织保障等事项进行了说明。第六,绩效监测政策。2019 年 5 月颁布的《浙江省普通高校师范生培养绩效激励办法(试行)》提出以师范本专科生培养单位为激励对象,以"全面提升师范类人才培养质量,为浙江省基础教育现代化推进提供强有力的人力支撑"为目的,在激励原则、激励内容、计分方法、结果应用等方面提出了具体办法,并附《浙江省普通高校师范生培养绩效激励指标(试行)》。第七,教师队伍提质政策。包括从"十二五"以来的浙江省教师队伍建设的三个"五年规划",分别从规划思想、规划目标、规划任务、规划保障等方面提出了发展和建设的思路。2018 年 8 月颁布的《关于全面深化新时代教师队伍建设改革的实施意见》围绕提升教师思想政治、师德师风、专业素质,推进教师管理改革,让教师成为令人羡慕的职业等方面提出改革意见。2020 年 1 月颁布的《浙江省教师教育攀登计划(2019—2022 年)》在指导思想、目标任务、主要举措、组织实施等 4 个方面分别提出了进一步加强和创新浙江教师教育,造就党和人民满意的高素质专业化创新型教师队伍的规划意见。

表 2-2　2007—2022 年浙江省乡村教师定向培养政策统计

时　间	政策名称	颁布部门	政策类型
2010 年 9 月	《浙江省免费师范生就业实施办法》	浙江省教育厅、浙江省人力社保厅、浙江省编办、浙江省财政厅	就业政策
2012 年 2 月	《浙江省中小学教师队伍建设"十二五"规划(2011—2015 年)》	浙江省教育厅、浙江省人力社保厅、浙江省编办、浙江省财政厅	综合性政策
2016 年 1 月	《浙江省乡村教师支持计划(2015—2020 年)实施办法》	浙江省人民政府办公厅	综合性政策
2016 年 10 月	《浙江省中小学教师队伍建设"十三五"规划》	浙江省教育厅	综合性政策
2017 年 6 月	《浙江省高校毕业生基层就业学费补偿和国家助学贷款代偿暂行办法》	浙江省财政厅、浙江省教育厅	财政政策

时　间	政策名称	颁布部门	政策类型
2018 年 5 月	《浙江省高校师范生教育实践规程(试行)》	浙江省教育厅	培养政策
2018 年 8 月	《关于全面深化新时代教师队伍建设改革的实施意见》	中共浙江省委、浙江省人民政府	综合性政策
2019 年 4 月	《关于做好 2019 年中小学教师定向培养招生工作的通知》	浙江省教育厅办公室	招生政策
2019 年 5 月	《浙江省普通高校师范生培养绩效激励办法(试行)》	浙江省教育厅	绩效监测政策
2020 年 1 月	《浙江省教师教育攀登计划(2019—2022 年)》	浙江省教育厅、浙江省财政厅	综合性政策
2020 年 4 月	《关于做好 2020 年中小学教师定向培养招生工作的通知》	浙江省教育厅办公室	招生政策
2021 年 3 月	《关于做好 2021 年中小学教师定向培养招生工作的通知》	浙江省教育厅办公室	招生政策
2021 年 6 月	《浙江省教师队伍建设"十四五"规划(2021—2025 年)》	浙江省发展和改革委员会、浙江省教育厅	综合性政策
2022 年 3 月	《关于做好 2022 年中小学教师定向培养招生工作的通知》	浙江省教育厅办公室	招生政策

二、浙江省乡村教师定向培养政策的主要特点

总体上,从国家和浙江省层面的政策建构来看,基本上都形成了乡村教师定向培养政策结构体系,既包括目标政策的提出,也包括实施政策的创建、保障政策的完善等,总体涵盖招生、培养、就业等具体工作。就国家政策和浙江政策之间的关系来看,国家政策具有时间的先在性,省级政策在国家政策的框架下进行具体化建构,具有国家政策的配套属性。除此之外,省级政策目标也在国家政策的基础上进行了一定程度的创新。

(一)乡村教师定向培养政策隶属于国家教师教育政策

从政策制定的动因看,乡村教师定向培养政策是以乡村中小学教师队伍建设的短板为出发点,围绕定点和定向选拔生源、输送师资而建立的系列政策,力求实现新时代师范生毕业后面向乡村教育,能够"下得去、留得住、教得

好"的目标。从政策构成来看,乡村教师定向培养政策不是某一项政策或某一次政策,而是围绕这项事业的一个政策群。首先,乡村教师定向培养政策本质上是教师教育政策的重要组成部分。2001年开始用"教师教育"取代"师范教育",明确了针对师范生培养的师范院校教育只是教师职业发展的职前教育阶段,完整的教师教育包含职前、入职及职后三个阶段。因而作为乡村教师定向培养的师范教育只是教师教育的一个阶段、一个部分,与乡村教师定向培养密切相关的政策自然也隶属于教师教育政策,提升乡村教师定向培养质量的政策同时也隶属于提升教师教育培育质量的政策。其次,乡村教师定向培养政策包括专门性和综合性两类政策。从政策关键词来看,有专门以"乡村教师""定向培养"等为主题的与乡村定向师范生关联度比较大的政策,在政策内容的编制上主要聚焦乡村教师定向培养的问题;也有以"师范教育""教师队伍""强师"等统摄范围更大的关键词为主题的,在政策内容的编制上会重点关照乡村教师的培养,但同时也不局限于乡村教师,以更宽阔的视角就教师教育发展问题进行政策建设。

（二）浙江省政策作为国家政策的配套性政策出台

国家层面的乡村教师定向培养政策与浙江省级层面的政策都自成体系,分别建立了面向全国和面向浙江省的乡村定向师范生培养的要求、路径,从政策关系结构看,两个层面的政策之间有着密切的逻辑关联。首先,国家层面政策的出台先于省级层面的政策。乡村教师定向培养由国家层面的免费师范生政策延伸而来,并进一步引导各地结合当地实际情况来开展。在此基础上,包括浙江省在内的全国各地随后相继推出了乡村定向师范生培养政策。其次,省级层面的政策是国家层面政策的重要配套。包括浙江省深化教师队伍建设、师范生定向培养政策、学生学费和贷款代偿、师范生教育实践等方面的政策,都以国家层面的相关政策作为依据,在遵照国家层面有关政策精神和要求的基础上,浙江省结合本地教育发展的实际情况,对有关问题做出了比较明确的政策规划。最后,省级层面的政策有对国家层面政策的超越。总体上不难发现,浙江省乡村教师定向培养政策也不是与国家层面的政策绝对地一一对照的,省级层面的政策多于国家层面的政策,有些是出于在某些问题的政策表达上更具体化、更细化的目的,有些是出于追求更高、更远目标的目的。浙江省乡村教师定向培养的年度计划、师范生培养绩效激励是为了让工作更细化、更有针对性,浙江教师教育攀登计划则是浙江省在教师教育高质量培养上的地域创新,体现了聚焦教师教育的更高追求,目的是建设符合浙江教育发展需要的教师教育。

(三)政策内容具有一定的全面性、规划性和前瞻性

从政策数量看,浙江所颁行的乡村教师定向培养政策文件并不多,但从政策内容构成来看,相关政策文件的内容较为充实,具有全面性、规划性和前瞻性的特质。首先,浙江乡村教师定向培养政策对乡村定向师范生的意义、招生、培养、就业等问题都有关切,在乡村教师定向培养政策缘起、政策目标、政策重点等基本问题上都进行了不同程度的阐释。另外,浙江省乡村教师定向培养政策对招生和培养主体、乡村定向师范生的培养费用、乡村定向师范生的就业等问题均有涉及。其次,浙江乡村教师定向培养政策具有长期的规划视角。遵照教育发展的规律,教育事业的改革和发展并不能一蹴而就,需要一定的时间来积累和沉淀。因而,教育事业发展规划是保证一段时间里集中精力办好一些重大关键事情。乡村师资队伍的全面改善、乡村教师的定向培养不是一项简单的工作,更不是短期工作,对此浙江相继出台了教师队伍建设的三个"五年规划"、教师教育攀登计划等政策,都体现了浙江乡村教师定向培养政策制定对教育规律的遵循及对重大工作的聚焦。浙江省作为经济发达省份,在社会发展的各个方面基本都处于全国较高水平。浙江乡村教师定向培养政策同时也体现了其在这一方面的特质。除了乡村定向师范生的基本招生和培养,2019年开始,浙江省推出了教师教育攀登计划,随之又出台了教师教育攀登计划2.0,不仅从师范教育的层面重视乡村定向师范生的培养,还从职后教育等环节提早进行规划和布局,将乡村定向师范生的全部职业发展纳入工作体制当中,开展前后衔接、相互支撑的教师教育。

(四)政策目标的宏观阐释多于政策执行的操作方法

从政策类型和政策表达来看,浙江省乡村教师定向培养政策中综合性政策占多数,而单行政策较少,这也使政策表达上目标的宏观阐释多于执行的操作方法。从政策类型看,综合性政策占多数,如教师教育规划、乡村教师振兴计划、教师攀登计划、基础教育强师计划等都是比较综合性的政策文件,涵盖对象、培养过程、经费、保障、评价等方面内容,而招生政策、经费政策、培养政策、教育实践政策等主要针对某一具体工作进行政策的专门搭建,总体来看综合性政策明显多于单行政策。正是因为这样,总体上浙江乡村教师定向培养政策在内容上更多地以宏观阐释阶段性目标来表达政策的追求。综合性政策的优点在于政策内容覆盖面广,能够进行比较全面的规划和布置,但受限于政策篇幅,在很多具体问题上,如标准、方法、如何具体操作执行等,就难以详尽和透彻地表达。在培养方面,宏观规划政策对于培养单位选定标准、定向师范生编班、培养方案制订、指导老师遴选标准、阶段性任务要求及目标能力等问题的表述就不及单行的培养政策表述得那么清晰。事实上,浙江乡村教师定向培养政策,不仅在培养方面,还在责任划分、部门合作、过程监督、质量监测、后果承担等方面都缺乏相对具体、明确的政策指引。这在一定程度上体现了省级政府放权给政策执行部门,但由于该政策涉及的执行部门较多,各执行部门并不一定都能够深刻理解政策内在的价值和要求,有可能会影响政策执行的效果。

(五)乡村教师定向培养政策的空间特质大于文化特质

从政策的精神内涵看,贯彻习近平新时代中国特色社会主义思想,对乡村振兴、建设美好乡村、培养扎根乡村的优秀教师等政策追求都在文件中有具体体现。在政策文件中不难发现,"乡村定向"在区位上主要是指与城市、发达地区相对的较为落后、贫困、闭塞的地区。在浙江这类地区的重点是山区 26 县和海岛县,这些地区较之浙江其他地区,自然环境相对闭塞、交通相对不便,经济发展相对落后,对高层次人才的吸引力不够,教育上就相对缺乏优秀师资。与全国其他欠发达地区相类似,这些地区的学生在外出求学之后更愿意留在生活便捷、机遇更多的城市发展,因而不仅是外来人才不足,学成返乡人员同样不足。乡村教师定向培养政策至少保证每年有相对稳定的优质中小学师资的补给。浙江省乡村教育发展的特殊性,决定了其在乡村教师定向培养政策问题上,要结合浙江实际。第一,浙江的乡村和全国其他地方的乡村是否一样,浙江的乡村教育和全国其他地方的乡村教育是否一样,相关判定似乎还不够明确。第二,浙江的乡村与全国其他地区的乡村是否只是通过地理位置、经济、文化等属性就能表达内在意涵,浙江的乡村和乡村教育是否存在区别或者优于城市的特质,是否有值得传承或发扬的地方文化传统,这些还未能有所体现。第三,为何、如何、何以让乡村定向师范生能够扎根乡村、奉献乡村,这不仅是具体政策执行的问题,更是政策的价值内蕴。然而,在精神文化和价值层面,对乡村教师定向培养政策的理论建构还显得非常薄弱。

第三节　乡村教师定向培养政策的比较研究

一、浙江与国家公费师范生政策的比较

2011 年,教育部师范教育司在《师范教育司 2011 年工作要点》中提出实施农村学校薄弱学科教师培养计划,[①]这是我国首次从国家层面提出定向培养农村教师的政策。[②] 此后,我国又相继出台了多项政策,以保障乡村教师定向培养政策的顺利实施(见表 2-3),从中提取出国家级计划的关键词为"师范院校""定向培养""本土化培养""一专多能""全科教师"。整体而言,浙江省在政策目标制定上与国家导向高度一致,两者政策目标都指向推进地方政府和培养院校协同培养,采用本土化定向培养方式,培养"一专多能"的全科乡村教师。而浙江省又基于乡村教育发展状况及经济发展水平做出细微调整,国家公费师范生政

---

① 中华人民共和国教育部. 关于印发《师范教育司 2011 年工作要点》的通知[EB/OL]. (2011-02-09)[2022-02-01]. http://www.moe.gov.cn/s78/A10/tongzhi/201102/t20110210_114835.html.

② 李静美. 农村小学教师定向培养研究[D]. 长春:东北师范大学,2018:5.

策目标侧重教师数量的扩大和质的提升,浙江省的政策目标则偏重在地化的精准定向培养。

表 2-3　全国政策文件中有关乡村定向师范生培养的政策目标

时间	发文机构	政策类型	文件名称	政策目标相关描述
2007 年 5 月	国务院办公厅转发,教育部、财政部、人事部、中央编办	综合性政策	《教育部直属师范大学师范生免费教育实施办法(试行)》(国办发〔2007〕34 号)	以推进和完善师范生免费教育为契机,促进教师教育改革发展
2011 年 2 月	教育部师范教育司	综合性政策	《关于印〈师范教育司2011 年工作要点〉的通知》(教师司〔2011〕3 号)	为农村学校培养"下得去、教得好、留得住"的合格教师
2012 年 11 月	教育部、中央编办、国家发展改革委员会、财政部、人力资源和社会保障部	综合性政策	《关于大力推进农村义务教育教师队伍建设的意见》(教师〔2012〕9 号)	为农村学校定向培养补充"下得去、留得住、干得好"的高素质教师
2015 年 6 月	国务院办公厅	综合性政策	《乡村教师支持计划(2015—2020 年)》(国办发〔2015〕43 号)	鼓励地方政府和师范院校根据当地乡村教育实际需求加强本土化培养,定向培养"一专多能"的乡村教师
2016 年 6 月	国务院办公厅	综合性政策	《关于加快中西部教育发展的指导意见》(国办发〔2016〕37 号)	以地方师范院校为基地,为乡村学校定向培养更多的合格、优秀教师
2016 年 7 月	国务院	综合性政策	《关于统筹推进县域内城乡义务教育一体化改革发展的若干意见》(国发〔2016〕40 号)	定向培养能够承担多门学科教学任务的教师
2017 年 1 月	国务院	综合性政策	《关于印发国家教育事业发展"十三五"规划的通知》(国发〔2017〕4 号)	鼓励地方政府和师范院校加强本土化培养,采取多种方式定向培养"一专多能"的乡村教师

时　间	发文机构	政策类型	文件名称	政策目标相关描述
2018 年 1 月	中共中央、国务院	综合性政策	《关于全面深化新时代教师队伍建设改革的意见》(2018 年 1 月 20 日)	为乡村学校及教学点培养"一专多能"教师,优先满足老少边穷地区教师补充需要
2018 年 3 月	教育部等 6 部门	综合性政策	《教师教育振兴行动计划 (2018—2022 年)》(教师〔2018〕2 号)	面向师资补充困难地区逐步扩大乡村教师公费定向培养规模
2020 年 8 月	教育部等 6 部门	综合性政策	《教育部等六部门关于加强新时代乡村教师队伍建设的意见》(教师〔2020〕5 号)	创新教师教育模式,采用三定向等方式,精准培养本土化乡村教师,促进师范生职业素养提升和乡村教育情怀养成

(一)推进地方政府和培养院校联合培养

国家层面的政策目标和浙江省的政策目标均为积极推进地方政府和培养院校联合培养乡村定向师范生。乡村定向师范生的生源筛选确立、培养过程中的支持和监督、毕业工作的调配与落实离不开地方政府整体性的统筹安排,乡村教师的专业学科素养、教师技能及高尚师德理念的形成则需要培养院校专项化的逐步培养,因此,优秀乡村教师的培养需要发挥地方政府和培养院校双方共同的力量。[①]《乡村教师支持计划(2015—2020 年)》《国务院关于印发国家教育事业发展"十三五"规划的通知》等多个政策文件明确指出,鼓励地方政府和培养院校共同培养乡村教师。浙江省积极落实以县教育局和省内培养院校协同培养的方式定向培养乡村定向师范生,主要采用"县管校聘"的教师队伍管理体制,由各县级教育行政部门对教师资源进行统筹管理,依据各地实际需求分

---

　　①　许红敏,王智秋.乡村教师定向培养的政策执行分析——基于《乡村教师支持计划(2015—2020 年)》实施的考察[J].当代教育论坛,2022(2):116-124.

配各学校教职工的编制和岗位数量,提供财政补助,建设乡村教师队伍,推进优秀教师向乡村学校流动。

(二)采用本土化的定向培养方式

国家层面的政策和浙江省的政策均强调依据各地乡村教育发展水平及乡村教师实际需求进行针对性的培养。国家政策文本中多次提到"加强本土化培养",鼓励各地方政府因地制宜采用"三定向"方式为农村地区输送教师资源,引导各培养高校协同县教育局共同参与师范生实践指导,提升定向师范生培养的精准性及本土化。浙江省整体经济发展水平较高,但城乡之间仍存在一定差距,农村、山区、海岛等地方的学校受地域、交通、经济等多种因素的制约,缺少优质教师资源。浙江省因地制宜地关注薄弱地区的师资短板问题,不断完善紧缺学科教师的定向培养制度,鼓励各县在中小学编制标准下,依据当地生源、学生人数、师资结构等实际情况,确立当年师资编制总量和各岗位编制名额,结合地方文化和当地紧缺学科专业需求对师范生进行定向培养,以便师范生毕业后进入乡村学校定向服务。定向培养方式有针对性地为乡村地区培养教师队伍、输送优质师资,满足了不同地区对教师的不同需要。

(三)关注培养"一专多能"的全科型乡村教师

国家层面的政策目标和浙江省政策目标均指向培养"一专多能"的全科型乡村教师,以缓解乡村小规模学校的多学科教学需求。《乡村教师支持计划(2015—2020年)》等多项国家政策文本都指出,可采取到岗退费、联合培养等多种方式定向培养"一专多能"的乡村教师,为欠发达地区定向补充师资,体现了国家政策目标对乡村教师多学科教学能力的重视。[①] 浙江省各地乡村教师队伍存在着不同程度的"结构性缺失"现象,农村中小学校专业学科教师比例严重失调,体育、音乐、美术等学科教师配备不全,导致美

---

① 中华人民共和国教育部.国务院办公厅关于印发乡村教师支持计划(2015—2020年)的通知[EB/OL].(2015-06-01)[2022-02-01]. http://www.moe.gov.cn/jyb_xxgk/moe_1777/moe_1778/201506/t20150612_190354.html.

育、德育、体育、劳育缺位。浙江省充分吸收国家政策指导意见,坚持立足"一专多能"的培养原则,开展本土化定向培养,依据乡村教师需求类型,全面落实乡村学校小学全科教师培养模式,并持续推进高中"双学科"复合型教师培养试点,从而满足农村地区教师紧缺的需求,建设高素质专业化的中小学教师队伍。

(四)对乡村教师队伍的要求从保障供需转向实现优质

国家层面的政策目标偏重扩大乡村教师队伍规模,满足欠发达地区教师补充的需要,浙江省的政策目标更注重教师队伍在地化的精准定向培养,优化乡村教师结构。全国政策目标的指向范围更广,以全国乡村教育发展总体水平为基点,推动师资困难地区逐步扩大培养规模。《关于大力推进农村义务教育教师队伍建设的意见》等多个政策文件都提出,优先面向师资补充困难地区,逐步扩大乡村教师公费定向培养规模,满足欠发达地区补充教师的需要。浙江省在保证乡村教师数量的同时,重视对乡村教师教学能力、专业水平的提升。浙江乡村教师队伍规模基本稳定,但教师年龄结构不合理,现有的乡村教师多为年轻教师或老龄教师,缺乏青年骨干,且教师成长缺乏有效培养机制,成长生态不佳,教学质量较低。因此,浙江省优先将全省教师培训经费用于保障乡村教师培训的需要,重点加强培养农村骨干教师,鼓励乡村教师通过在职学习、自学考试等多种途径提高学历水平,并加大对山区 26 县和海岛县教师的帮扶力度,组织"百人千场"名师送教活动,选派专家开展组团式帮扶,提升乡村学校师资水平。①

二、浙江与其他省份乡村教师定向培养政策的比较

湖南省和江苏省分别于 2006 年和 2016 年开始招收乡村定向师范生,其

---

① 中华人民共和国教育部.浙江省乡村教师支持计划(2015—2020 年)实施办法[EB/OL].(2016-01-12)[2022-02-01]. http://www. moe. gov. cn/jyb_xwfb/xw_zt/moe_357/jyzt_2015nztzl/2015_zt17/15zt17_gdssbf/gdssbf_zj/201601/t20160112_227648.html.

中,湖南省作为实施乡村定向师范生计划的先行省份,在全国范围内较早开始培养定向师范生,"湖南大力加强农村教师公费定向培养"曾入选全国乡村教师队伍建设优秀工作案例,其乡村教师定向培养政策的实施在全国范围具有引领作用。江苏省与浙江省同处长三角地区,经济、文化、社会发展水平比较接近,江苏省开展乡村定向师范生培养比较规范,其政策执行过程具有借鉴意义。将湘、苏两省的乡村教师定向培养政策目标与浙江省比较:在目标表述上,浙江省更注重定性描述,湘、苏两省更注重定量描述;在目标起点上,浙江省的培养对象多为高中起点,湘、苏两省为本科、专科多层次,初中、高中多起点;在目标学段上,浙江省的乡村教师定向培养涵盖小中高阶段,湘、苏两省则覆盖基础教育全阶段;在补助经费上,浙江省由县级政府承担财政支出,并未实现全额补助,而湘、苏两省由省、市县财政多级分担财政支出,已实现全额补助;在目标能力上,浙江省着重突出对小学全科教师的培养,而湘、苏两省则强化各学段乡村教师的"一专多能"及实践能力的培养。

(一)目标表述上,浙江省重定性表述,湘、苏两省重定量表述

定性的表述方式有利于在宏观上把握改革方向,定量的表述方式有利于准确细化任务目标。浙江省在描述政策目标时,主要采用定性的表述方式,仅对教师的目标培养类别进行划分,具体的定向培养招生计划及方案则由各县教育局根据当地发展需求、教师队伍建设规划制订,最后再由省教育厅收集各地需求,确定该年度的定向培养招生计划;湖南省和江苏省主要采用定量的表述方式,在落实培养目标的同时,明确各类教师的目标规模,尤其是湖南省,由于湖南省采用的是省、市、县多级培养模式,政策目标中对省级项目计划、市州项目计划、县级项目计划的目标规模都做出了明确的规定,有利于后续工作的专项对接和持续推进。三省的乡村教师定向培养政策的培养目标表述见表 2-4。

表 2-4　2021 年省域间乡村教师定向培养政策的培养目标

省份	政策目标表述
浙江	采用定向培养模式,面向全省应届高中毕业生培养小学全科教师及高中双学科复合型教师,面向 26 个山区县和 5 个海岛县(市、区)培养中学紧缺学科教师
湖南	分 4 种模式面向全省应届初中、高中毕业生培养幼儿园教师、小学教师、特殊教育教师、初中教师、中职专业课教师、高中教师。其中,全省初中起点乡村教师公费定向培养招生计划为 8628 人,具体包括初中教师公费定向培养招生计划共 1001 人,小学教师公费定向培养招生计划共 6721 人,幼儿园教师公费定向培养招生计划共 874 人,特殊教育教师公费定向培养招生计划共 32 人。全省高中(中职)起点本科层次乡村教师公费定向培养招生计划为 6068 人,包括本科层次高中教师公费定向培养招生计划 2348 人,本科层次初中教师公费定向培养招生计划 3536 人,本科层次中职专业课教师公费定向培养招生计划 184 人
江苏	采用定向培养模式面向全省应届初中、高中毕业生培养幼儿园教师、小学教师、初中教师、高中教师、特殊教师共 3434 人,涉及 12 个设区市、59 个县(市、区),其中本科 3075 人,5 年制专科 359 人(含 7 年贯通培养试点)

（二）目标起点上,浙江省以高中起点为主,湘、苏两省为多层次多起点

浙江省的定向师范生起点主要为应届高中毕业生,目标层次为本科层次;湖南省和江苏省的目标培养起点分为初中和高中,目标培养层次分为专科和本科,培养定向师范生的目标范围更广,针对性更强(见表 2-5)。湖南省从 2006 年开始实施乡村教师定向培养政策,已形成一套较完整的包含四种模式的培养体系:第一种是二四分段模式,培养初中起点、本科层次的公费定向师范生;第二种是五年一贯制专科模式,培养初中起点、专科层次的公费定向师范生;第三种是四年制本科模式,培养高中起点、本科层次的中小学教师公费定向师范生;第四种是四年制本科模式,培养中职起点本科层次的中职专业课教师公费定向师范生。[①] 湖南省的公费定向培养体系为当地乡村教育输送了大批教师,并在一定程度上保障了定向师范生的培养质量,深受社会各界的广泛好评。

---

① 湖南省教育厅.湖南省师范生公费教育实施办法[EB/OL].(2021-01-08)[2022-02-01].http://jyt.hunan.gov.cn/jyt/sjyt/xxgk/zcfg/gfxwj/202103/t20210319_1034623.html.

表 2-5　2021 年省域间乡村教师定向培养政策的目标起点与层次比较

省份	目标起点	目标层次
浙江	2021 年应届普通高中毕业生	本科层次
湖南	2021 年应届初中毕业生	专科层次
	2021 年应届普通高中毕业生	本科层次
江苏	2021 年应届初中毕业生	专科层次
	2021 年应届普通高中毕业生	本科层次

（三）目标学段上，浙江省政策覆盖面比较集中，湘、苏两省覆盖较为广泛

浙江省乡村定向师范生规模比江苏、湖南两省小，培养目标学段仅限于小学、中学及高中，专业类别及各学段教师覆盖范围较小（见表 2-6）。第一，湘、苏两省定向师范生招生名额持续递增，规模较大。2016 年，江苏第一届乡村定向师范生人数为 2076 人，2018 年为 2653 人，2021 年达到 3434 人，规模持续扩大。2021 年，湖南省仅初中起点招生计划便达到 8628 人，高中（中职）起点招生计划达到 6068 人，招生规模在全国处于领先位置。浙江省 2021 年招生 818 人，2022 年招生 774 人，定向师范生培养规模还不稳定。第二，湘、苏两省定向师范生的目标专业类别多样化，人才培养多元化。湖南省和江苏省的招生专业均多于浙江省，尤其是湖南省，招生包含机械工艺技术、视觉传达设计、控制工程等专业。第三，湘、苏两省基础教育学段教师培养覆盖面较广。除了培养面向小学、初中、高中学段的定向教师之外，江苏省的定向师范生招生计划还包括学前教育教师及特殊教育教师，湖南省的定向师范生招生计划包括幼儿园教师、特殊教育教师、中职专业课教师，任教学段包括学前至中学，整体覆盖面较广，乡村教师队伍学科储备更为多元。

表 2-6　2021 年省域间乡村教师定向培养政策的目标学段与专业比较

省份	目标学段	目标专业	招生总数/人
浙江	小学全科教师 中学紧缺学科教师 高中双学科复合型教师	小学教育、汉语言文学、英语、思想政治教育、计算机科学与技术等 13 个专业	818
湖南	幼儿园教师 小学教师 初中教师 高中教师 中职专业课教师 特殊教育教师	英语、心理学、教育技术学、体育教育、特殊教育、汉语言文学、物理学、地理科学等 28 个专业	14696
江苏	幼儿园老师 小学教师 初中教师 高中教师 特殊教育教师	小学教育、汉语言文学、数学与应用数学、英语等 15 个专业	3434

（四）补助经费上，浙江省未实现全额补助，湘、苏两省均设立专项资金全额补助

浙江省乡村教师定向培养的财政投入主要由县级政府承担，省级财政未设立专项的补助资金，县级补助金额未实现全覆盖，湘、苏两省均由省与县财政按比例对师范生进行全额补助，且设有专项补助资金（见表 2-7）。第一，湘、苏两省均为乡村教师定向培养设立了专项资金。湖南省曾设立音、体、美学科师资定向培养专项资金；江苏省为幼儿师范生划拨专项奖助学金，以此为定向师范生的培养提供财政支持；浙江省省级财政未安排乡村定向师范生培养的专项资金，经费投入以县市区财政经费为主。第二，湘、苏两省均实现了学费全额补助。湖南省定向师范生在校期间的学费、住宿费全免，并发放生活补贴，江苏省定向师范生的学费将在就业以后全部返还，浙江省内部分县区无补助资金。第三，湘、苏两省的培养经费采用多级承担的方式。湖南省的培养经费由省和市县财政按比例承担，其中省级计划由省与市县财政按 7∶3 比例支出，市州计划

由市县财政全额承担。江苏省的省属学校培养经费由省财政全额承担,市县属学校培养经费由省财政和市县财政按比例分摊。浙江省乡村教师定向培养的经费投入均由县级财政承担。

表 2-7 2021 年省域间乡村教师定向培养政策的补助经费情况比较

省份	补助经费情况
浙江	县(市、区)财政应对定向师范生在校期间的学费、住宿费和生活费给予全额或部分补助
湖南	符合条件的省内公费定向师范生优先纳入国家助学金资助范围,优秀公费师范生可享受其他非义务性奖学金。省级项目计划所需培养经费由省与市县财政按 7∶3 比例分担,市州项目计划所需培养经费由市县财政全额承担
江苏	乡村教师定向师范生在读期间,学费、住宿费和国家助学金发放办法及标准与其他大学生相同。就业后,对于符合条件的乡村教师定向生,返还其在学期间所缴的学费

（五）目标能力上,浙江省重全科培养,湘、苏两省强化一专多能及实践能力

浙江省、湖南省和江苏省对乡村定向师范生的能力要求基本一致,都关注乡村教师多学科教学能力、乡土情怀的培养,相比之下浙江省对小学全科教师的需求更大,侧重小学全科教师的培养,湖南省、江苏省则强调小学及中学教师的一专多能及实践能力的培养（见表 2-8）。第一,湘、苏两省皆实行"主辅修制",强化定向师范生多方面专业素养的提升。江苏省小学教育专业采用主辅修制度,保证定向师范生至少能任教 2 门学科。湖南省在初中起点、本科层次的小学教育专业设置主辅修制度,要求师范生具备 2 至 3 门课程的教学能力。第二,湘、苏两省落实全方位、全过程的实践活动,发展定向师范生教学实践能力。江苏省的培养方案着重强调定向师范生课程设置的教学实践取向,地方教育行政部门和中小学共同参与定向师范生的培养,选任中小学优秀教师作为定

向师范生的兼职导师。[①] 湖南省实行"双导师"制,为定向师范生配备专业的在职名师,以三位一体的实践教学模式提升定向师范生的教师岗位适应能力。[②]

表 2-8　省域间乡村教师定向培养政策的目标能力比较

省份	目标能力
浙江	培养小学全科和中学紧缺学科教师,促进乡村学校教师队伍专业发展,注重定向师范生乡土情怀和时代使命感的养成,造就一批乐教善教、有家国情怀、热爱乡村、扎根乡村的优秀教师
湖南	按照德才兼备、一专多能、面向乡村的原则,根据基础教育发展和课程改革的要求,加强省内公费定向师范生师德教育,引导公费定向师范生树立先进的教育理念,热爱教育事业,坚定长期从教的职业理想,为将来成为优秀教师和教育专家打下牢固根基
江苏	培养一批"下得去、留得住、一专多能、素质全面"的本土化乡村教师

第四节　浙江省乡村教师定向培养政策的价值分析

马克斯·韦伯的社会学方法论将价值与事实进行了区分,由此进一步把人类的理性分为价值理性和工具理性,或实体理性与形式理性。[③] 教育政策活动上的工具理性或形式理性指向重点追求教育政策的工具性价值。因而,教育政策的工具性价值是指教育政策活动过程中的每一个环节都要遵循的一系列确定的程序或原则,是规范教育政策价值主体在控制教育资源和获得自身利益的过程中的活动顺序、范围和方式等的一系列不以人的意志为转移的程序性价值要求。工具性价值是确认和实现教育政策价值内容的价值形式所具有的中介

---

① 江苏省教育厅. 我省首届乡村教师定向师范生顺利入学[EB/OL]. (2016-09-22)[2022-02-01]. http://jyt. jiangsu. gov. cn/art/2016/9/22/art_58378_7505611. html.

② 李茂平,刘志敏. 初中起点六年制小学教育专业课程体系的构建及其特色[J]. 湖南第一师范学院学报,2012,12(1):29-32.

③ 李楯. 法律社会学[M]. 北京:中国政法大学出版社,1999:84-88.

性和工具性意义。[①] 工具性价值体现的是教育政策作为一种手段和路径实现教育发展的结果,尤其是通过对薄弱问题的应对来进行正义原则的构建。教育政策活动上的价值理性、实体理性指向重点追求教育政策的目的性价值。教育政策的目的性价值是指教育政策所选择和追求的,并在政策活动中时时处处体现出来的价值意蕴;目的性价值是政策价值主体通过教育政策活动所追求和实现的一种主体性目的状态,它表征着教育政策过程结束以后可能产生的结果。[②]目的性价值指向政策中人的发展,教育政策的目的关键指向便是教育者和受教育者的利益,实现教育者和受教育者的发展。基于此,本书从工具性价值和目的性价值两个维度剖析乡村教师定向培养政策的价值。

一、乡村教师定向培养政策的工具性价值

浙江作为我国的经济发达省份,在实施"教师工资不得低于当地公务员薪资"的要求上力度较大,保障了基础教育教师的收入水平。笔者通过访谈调查发现,浙江中小教师工资水平整体高于全国绝大多数省份,很大程度上为浙江的基础教育师资招聘吸引了大批的应聘者。即便如此,浙江乡村地区基础教育发展和城市相比明显较弱,乡村基础教育师资队伍和城市相比明显较弱。关键问题在于长期存在的乡村基础教育师资招聘中面临的困境,包括师资来源、质量、扎根乡村意愿等问题。浙江省乡村教师定向培养政策正是针对这些关键问题,通过改善乡村师资来源、提高乡村师资质量、厚植乡村情感来实现乡村师资的改善和乡村教育的发展。

(一)弥补乡村师资的"缺口短板"

因乡村较城市相对偏远,在人才引进上缺乏城市名片的加持和保障,在基础教育师资招聘上就不太具有吸引力,这在全国各地都有不同程度的体现,即便是在经济较为发达的浙江省也是如此。在与浙江 A 县教育局分管人事的副

---

① 刘复兴. 教育政策价值分析的三维模式[J]. 教育研究,2002(4):15-19.
② 刘复兴. 教育政策价值分析的三维模式[J]. 教育研究,2002(4):15-19.

局长的访谈中,他谈道:"我们的编制配给有点紧张,目前主要用在语文、数学这两个专业上,还有个问题就是音、体、美、科学等对口专业的师资很难招到。"浙江乡村的基础教育中存在缺编和师资不足的问题。一方面,不少地区普遍反映乡村基础教育中在职在岗教师已经超编,因此在师资招聘中可用的教师事业编制数量很少。尤其是在乡村的小规模学校,教师的编制配置并不能匹配各科教学的需要,一位教师承担多门课的教学任务,教师的教学管理等各项负担较重,出现"超编缺人"的问题。另一方面,乡村学校在一些学段、一些专业上的师资招聘比较困难。受编制不足的影响,教育主管部门分配的编制主要用于语文、数学等学科教师的招聘上,音、体、美、科学等学科教师的招聘会受到指标的影响。不止于此,音、体、美、科学等学科教师和中学段的乡村教师来源也非常有限。

面对乡村师资"缺口短板"问题,浙江乡村教师定向培养政策很大程度上拓展和保障了师资的来源。《浙江省教师队伍建设"十四五"规划"》指出,要"实施面向农村学校教师和紧缺学科教师定向招生培养计划"[①]。乡村教师定向培养政策确立预先培养计划,突破了乡村学校在师资引进上"等、靠、要"的局面,使乡村教师招聘变被动为主动,变"靠天吃饭"为"多元保障",保障每年有一定数量的定向师范生毕业后补充到乡村学校中,避免了因年度招聘的不确定性造成师资引进的障碍,持续地为乡村教育补充新鲜血液。从长期来看,即便出现乡村老年教师密集退休的情况,该政策也能比较持续性地有效保障一定数量乡村师资的及时补充。

(二)弥补乡村师资的"质量短板"

同全国多数乡村一样,与城市基础教育师资相比较,浙江乡村师资也存在"质量短板"。浙江省乡村教师的本科率比较高,但硕士及以上学历教师的占比非常低,平均学历不高的问题也同样存在。在与衢州 L 县教育局分管人事的副

---

① 浙江省教师队伍建设"十四五"规划[EB/OL].（2021-07-02）[2022-05-06]. https://new. qq. com/omn/20210702/20210702A060WU00. html.

局长的访谈中,谈到师资招聘中出现的问题时,他感慨道:"几乎每年都会出现在提前批师资招聘中招不到师范毕业生、在第一批次招聘中很多师范毕业生放弃录用的问题,当然,也不乏本科非师范专业的部分毕业生入职。"在教师技能竞赛、教研竞赛等活动的参与上,乡村学校教师大都处于陪跑或者不参与的状况,表现出色者较少,专业发展的积极性和效果都不太好。

面对乡村师资"质量短板"问题,浙江乡村教师定向培养政策在很大程度上拓展和确保了优质师资的来源。中共中央、国务院印发《中国教育现代化2035》,指出要"推进城乡义务教育均衡发展""建设高素质专业化创新型教师队伍"①。《浙江省教师队伍建设"十四五"规划"》更具体地指出,要"振兴教师教育,提高卓越教师培养能力"。浙江省依托浙江师范大学、杭州师范大学、湖州师范学院等一批地方师范院校,实施乡村教师的订单式培养,在生源、培养等重要层面都有着一定的质量保证。第一,吸引优质乡村生源选报定向师范生。以2022年小学教育定向师范生为例,浙江师范大学最低录取分约为630分、杭州师范大学最低录取分约为620分、湖州师范学院最低录取分约为600分,历年该专业的学生录取分数均位居学校高分梯队。第二,选取优质师范院校开展定向师范生培养保证了定向师范生强烈的师范属性。作为定向师范生培养的师范院校具有长期的师范办学传统,有着优良的师范教育经验和水平,能够聚集师范教育的优质师资,集中精力开展定向师范生的培养,在师范生的教育教学技能、教育教学观察和实践、教学研究、教学改革等方面保证了专业化、前沿性的培养,保证了定向师范生的基本技能水平和专业视野。第三,定制化培养和训练保证了定向师范生毕业后的专业水平。乡村教师定向培养作为一种师范生培养模式,各学校都对培养方案进行了专门设计,充分体现出了高质量培养定向师范生的积极态度。

---

① 中华人民共和国中央人民政府. 中共中央、国务院印发《中国教育现代化2035》[EB/OL]. (2019-02-23)[2022-05-06]. http://www.gov.cn/zhengce/2019－02/23/content_5367987.htm.

（三）应对乡村师资"离职短板"

为提升乡村教师的专业能力,拓展乡村教师的专业视野,支持乡村教师发展,2014 年教育部、财政部、人力资源和社会保障部联合颁布《关于推进县(区)域内义务教育学校校长教师交流轮岗的意见》,以推进"县管校聘"的教师管理制度来突破教师交流轮岗壁垒。这对于乡村教师与城市教师在城乡之间的互补性流动有着重要的价值。然而就"县管校聘"的实施成效来看,县域内流动机制仍然存在不完善之处,尤其表现在城市对乡村教师的遴选机制、乡村教师的支持机制等,使短期内城市教师流向乡村多,但长期来看,乡村教师流向城市多,乡村教师队伍很难得到有效改善。虽然乡村教师的待遇水平有所改善,但是从生活环境、服务环境、专业环境、晋升环境等各个层面的对比来看,城乡之间仍然存在较大的差距。城市较优越的环境样态使不少乡村教师会萌生离乡愿景。乡村教师"离职短板"主要表现为转岗到城市和升学后离职,较之后一类,前一类中的优秀教师流动到城市的较多,乡村学校在一定程度上成了为城市教育培育优秀教师的孵化场。相反,除了教师的行政职务调整带来的流动之外,很少有城市优秀普通教师主动选择转岗到农村,这样乡村教师队伍就很难形成与城市相均衡的结构和质量。

面对乡村师资"离职短板"问题,浙江乡村教师定向培养政策很大程度上保证和强化了教师去乡村从教的意愿。《浙江省乡村教师支持计划(2015—2020年)实施办法》提出"拓宽乡村教师补充渠道",建立健全"越往基层、越在偏远、越是艰苦,地位待遇越高"的激励机制,努力打造结构良、数量足、质量高、乐奉献、有情怀的师资团队。[①] 一方面,乡村定向师范生的减免学费机制和对乡村教师发展的支持机制,使乡村定向师范生首先明确从教乡村的意向,从情感上认同并把到乡村任教视为一种职业责任;同时,确立一种公平的职业观,即乡村教

---

① 中华人民共和国教育部.浙江省乡村教师支持计划(2015—2020 年)实施办法[EB/OL].(2016-01-12)[2022-05-06]. http://www.moe.gov.cn/jyb_xwfb/xw_zt/moe_357/jyzt_2015nztzl/2015_zt17/15zt17_gdssbf/gdssbf_zj/201601/t20160112_227648.html.

育的整体环境不一定比城市好,但是乡村教师的职业发展前景不比城市教师差。另一方面,通过乡村教师定向培养政策的实施,帮助乡村定向师范生树立扎根乡村教育的职业愿景和信心。新时代的乡村不同于以往的乡村,时代赋予了其新的内涵。逆城市化是城市发展到一定程度的普遍选择和趋势,乡村有着巨大的发展潜力,乡村教育的发展是这一代人的责任和使命。

二、乡村教师定向培养政策的目的性价值

浙江乡村教师定向培养政策作为一种政策工具,在弥补了乡村师资短板的基础上,对服务于作为乡村师资的定向师范生的发展、服务于乡村学生的成长、服务于乡村教育进步等层面都有着重要的内在价值。

(一)有利于师范生在沟通合作的学习环境中全面发展

竞争与合作是学校教育中学生学习的主要样态,两者相较,当前竞争性学习在学校教育中的存在更为明显。基础教育中的升学竞争、高等教育中的择业竞争,使同学之间缺乏深度合作,学业发展成为个人的事情、个体的独享,这也在很大程度上影响着基于合作学习的交往能力、管理能力、创新能力的发展。"内卷化"是当前学校教育中的常见词,反映的正是当前我国学生在校学习的竞争性状态和关系。竞争性学习有利于学生奋发图强、超越别人、超越自己、不断进步,却不利于个体进行有效的合作交流、管理及凝聚众人的力量,因而,竞争性学习、竞争性实践在人的全面发展等层面存在一定的缺憾。20 世纪 70 年代初,合作学习(cooperative learning)兴起于美国,并在之后的近 20 年取得了实质性进展,是一种富有创意和实效的教学理论与策略。[①] 合作学习的提出具有一定的价值依据。实验研究表明,合作学习比竞争性学习、个体性学习更能促

---

① 王坦. 论合作学习的基本理念[J]. 教育研究,2002(2):68-72.

进学习者的逻辑推理能力、学习迁移能力的发展。① 合作学习的开展需要大环境的支持及学生自觉合作的意识和意愿,当前各级各类学校教育中不缺乏竞争,缺乏的是合作教育实践的组织与开展。

浙江乡村教师定向培养政策作为一种招生培养政策,同时也是一种就业政策。该政策明确了乡村定向师范生的就业方向,保障其就业,免去了毕业后择业的苦恼和担忧。在择业负担降低的情况下,一定程度上跳出了"唯分数""唯绩点"论的强竞争性学业评价的桎梏,除了打好专业基础,定向师范生更有条件去拓展专业兴趣。定向师范生的培养就可以围绕实践、研究等方面能力的提升发力,促进定向师范生拓展专业视野,实现全面发展。总体来看,一方面,浙江乡村教师定向培养政策为师范生创造了宽松的学习氛围,提供了合作学习的环境;另一方面,使同学们在宽松的学习环境中获得了更多的合作学习的机会。乡村定向师范生教育作为一种培养方式,来自不同地区的生源虽然未来就业的区域不一样,但就业的方向是一致的、明确的,因此在情感上他们更容易形成信任感,将有利于彼此之间共同话语体系和合作学习关系的建构,有利于彼此主动分享经验和理想,甚至是提早确立同学间关于专业发展的合作意向与愿景,进而助推同伴间的相互支持、全面发展。

(二)有利于师范生养成乡村教师的品质,适应乡村教育

从教师专业化的角度来看,乡村教师与城市教师不只是基于工作环境的差异而形成的称谓。乡村教师与城市教师在教育对象、文化环境、社会功能和社会责任等层面都存在不同,乡村教师应该有其独特的身份特质、文化特质、职业理想、社会功能,也需要有与之相匹配的文化基础、职业素养和理想等专业品质。然而从当前乡村教师专业和发展样态来看,有学者指出:"乡村教师的专业发展完全局限于主体外部的技术力量设计的范畴之中,其责任、权利、义务、意

---

① D. W. Johnson, R. Johnson, A. Ortiz et al. Impact of positive goal and resource interdependence on achievement, interaction, and attitudes [J]. Journal of General Psychology, 1991 (4): 341-347.

识与行动被局限在与专业性有关的事件上，具有浓烈的强制与规训的意味，这使得他们放弃了自身生存环境的根基和作为知识分子所应有的自由、独立与标新立异的机会。对此，乡村教师需要回归内心世界、回归生活、回归乡土。"①事实上，这种现象广泛存在于既有的乡村教师群体当中，在这种情况下，试问如何发挥乡村教师在乡村教育中该有的作用，如何保证外来的乡村教师适应乡村教育、乡村生活，如何使新一代的乡村教师扎根乡村去创造宁静而独特的乡村教育？其必然是很难保证的。乡村教育因其实践主体乡土品格的缺失，使之离乡土性越来越远。

浙江省乡村教师定向培养政策作为一种订单式的培养政策，以乡村优秀教师的培育为主要目的，其本身就隐含师范生对乡村教育、乡村教育环境的适应性、适切性。对此，无疑需要培养单位立足乡村教育发展的特点、需要、困难、愿景进行乡村定向师范生的培养。因而，反映在培养高校的乡村定向师范生培养定位上，就体现出专门的、专业的、专项的针对性培养。作为对乡村教育的储备军或者乡村准教师的培养，为了培养能够"下得去、教得好、留得住"的乡村教师，培养院校自然不能忽视对定向师范生进行乡村文化、乡土性理解和乡土情怀培植的教育。这种根植于师范生专业成长过程中的乡村教师品质的教育，作为教师职业道德培养的重要内容，将深刻影响师范生对乡村教师身份形象的认知和未来形塑。一方面，有利于师范生确立以乡村教师为目的的职业人格，努力成为一名合格的当代乡村教师。另一方面，有利于师范生进一步深刻理解乡村教师的身份属性和责任使命，理解乡村教师的当代使命，使他们愿意扎根乡村，扎根乡村教育。

（三）有利于为乡村义务教育阶段学生全面发展奠定基础

在多数乡村小规模学校中，小班教学可以对学生进行更个体化的关注，但往往被认为缺乏"人气"，多科教学增加了教师与学生连续接触的机会与课程整

---

① 唐松林，丁璐.论乡村教师作为乡村知识分子身份的式微[J].湖南师范大学教育科学学报，2013(1):52-56.

合的可能性,但往往人们把更多精力放在教师的专业对口问题上。① 因而,在乡村学校尤其是乡村小规模学校中,一些教师兼任好几门课程的教学任务,但是受知识能力的限制,这些教师并不能上好每一门课。如在音、体、美、科学等课程的教学上,这些老师对于这些课程基本教学目标的把握、教学方法的运用、知识技能的传授等方面都存在不少问题。除了课程教学的问题,学生同伴交流也存在问题。小班教学虽有利于教师与学生进行深度对话,有利于教师深入了解学生,但在班级规模特别小的情况下,学生在同伴交流、合作、对话、游戏等层面也会受到制约。在教师难以很好地进行环境创设和引导的情况下,乡村学生的语言情感表达、组织管理、合作创新等方面的能力发展就会受限。在这种情况下,乡村学校学生就很难在学校中获得全面而充分的发展,较之于城市学校学生,乡村学校学生会在智力性因素和非智力因素等层面处于发展不充分状态。

浙江省乡村教师定向培养政策开展乡村定制化优质师资的培养,尤其以"小学全科"或"一专多能"为基本要求,确立了师范生的知识技能基础和能力前提,确立了师范生全面发展的标准和追求。在此基础上培养的乡村教师对于应对当前乡村教育中教师知识能力不足、课程教学能力不足的问题,以及对于促进乡村学生的全面发展,有着重要的意义。一方面,全面发展的教师将以更加专业的教育实践促进学生全面发展。乡村小学定向师范生在接受师范院校教育之后,除了要掌握语数外这些主干学科知识和教学原理,还需掌握音、体、美、科学等学科知识和教学原理,能够有效开展小学各科教学。全科型教师掌握的不仅仅是形式上的知识和技能的传递,更重要的是懂得各科教学的素养目标,实现学生在各科学习上所追求的真正成长。将这种教学实践在乡村学校付诸实施,将大大改进乡村教育教学的专业化水平,帮助学生在每一门课程中都有真正的收获,实现学生的全面发展。另一方面,全面发展的教师将以自身的教育生活引领学生全面发展。定向培养的乡村教师进入乡村学校后,除了以其专

---

① 秦玉友,邬志辉.中国农村教育发展状况与未来发展思路[J].东北师大学报(哲学社会科学版),2017(3):1-8.

业知识和技能支撑乡村学校教学之外,还将以其专业的视野、动力与实践为学校教学生活注入新鲜血液,激发乡村学校教育生活的活力,甚至使乡村学校的教育生活改头换面。定向培养的乡村教师将打造具有教育意义的多样化的学校生活,帮助学生在学校生活中获得广泛的教育,为其全面发展奠定基础。

(四)有利于师范生充分发挥价值,助力乡村振兴和共同富裕

2018 年 9 月,中共中央、国务院印发了《乡村振兴战略规划(2018—2022年)》,明确了乡村振兴的关键任务;2021 年 5 月,中共中央、国务院印发的《关于支持浙江高质量发展建设共同富裕示范区的意见》,确立了打造推进共同富裕的浙江示范。在现代化背景下,乡村振兴不仅需要借助现代产业技术,还需要传统优秀精神文化的支持。在中国乡土社会中,传统的重要性比现代社会更甚。[1] 乡村振兴尤其是以精神文明为核心的乡村文化振兴、乡村文化自信来源于传统,这是中国文化的特质。中国文化内向型的气质使中华民族形成了极富尊严的自我意识,这种意识又是中国人强烈的民族自尊心和自豪感的精神源泉。[2] 在乡村,我们发现蕴含着中华文明基因的农耕文化是一个复杂体系,是一个由诸多因素组成的有机生命体:天地信仰、耕读传统、仁善为本、慈孝治家、家国天下……传统文化中这些重要的价值观念在中国历史悠久的乡村中以丰富多样的生产、生活方式承载着,在断壁残垣中遗存着,守护与传递着民族的文化基因。[3] 因而,乡村中蕴含着乡村振兴的文化基因,是推进文化共富的历史宝藏。乡村优秀传统文化的挖掘与传承离不开"新乡贤"的作用,历史上乡村教师群体就是传统乡贤的主要代表。然而,当前乡村教师在新乡贤角色中日益式微,一方面在传统文化的挖掘和传承上能力不足,另一方面在传统与现代相结合上的能力也有所不足。乡村教师对乡村政治表达、乡村文化传承、乡村伦理道德示范和乡村生态环境保护等乡村振兴事业有重要的作用,而乡村振兴急需

---

① 费孝通.乡土中国[M].武汉:长江文艺出版社,2019:52.
② 王会昌.中国文化地理[M].武汉:华中师范大学出版社,2010:166.
③ 叶培红.文化乡村[M].石家庄:河北人民出版社,2019:5.

补充大量优秀乡村人才,乡村教师是乡村人才的重要组成部分。[①]

当全世界都为中国的快速现代化而惊叹之余,很少人能意识到"三农"在背后所做的贡献与牺牲。[②] 振兴乡村、城市反哺农村应是新的发展面向。浙江乡村教师定向培养政策对于乡村优秀教师的培养,尤其是对于师范生进行适应乡村生活、乡村文化的品格的锻造,将为乡村输入大批真正符合乡村建设需要的高层次人才,对于乡村教育的改善、乡村振兴、共同富裕都有着重要的现实意义。首先,乡村师资的改善对于乡村教育的改善有着重要的价值。其次,乡村定向师范生将作为新时代乡村教育振兴的旗手,以乡村教育振兴推进乡村振兴。教育贫困经常会导致经济贫困,教育不平等也会造成收入和非收入的不平等,而教育发展则有益于经济社会发展。[③] 经济合作与发展组织(OECD)2012年国际学生评价项目(PISA)的结果也表明,低收入家庭的学生学习成绩较差,包括数学成绩。[④] 因而,定向师范生对乡村教育的改善便是对乡村智力、生产力的改善。最后,乡村定向师范生将充当新乡贤角色,扎根乡村、奉献乡村,助推挖掘和弘扬乡村优秀传统文化,扎牢乡村精神文明,使乡村在富强路上不断增强文化自信,使乡村建设有根有魂、行稳致远。

---

① 姜超.乡村教师定向培养政策:价值、前提与风险[J].四川师范大学学报(社会科学版),2022(5):114-121.

② 陆超.读懂乡村振兴:战略与实践[M].上海:上海社会科学院出版社,2020:17.

③ 阚阅.以教育促进共同富裕:国际组织推动包容性增长的视角[J].教育发展研究,2022(7):11-20.

④ OECD. Innovation Policies for Inclusive Growth [M]. Paris: OECD Publishing,2015:38.

第三章 乡村教师定向培养政策
执行过程研究

　　在公共政策的研究中,为了深入探讨政策执行的主要影响因素,学者们提出了诸多的代表性的政策执行模式,政策执行模式得到公共政策研究者的普遍重视。毕正宇在其博士学位论文《教育政策执行模式》中提出:"政策执行模式是一种关于影响政策执行的各种因素之间相互作用而形成的动态组织结构。""教育政策执行模式主要是由人、执行机构和制度三种主要因素相互作用而构成的动态结构。"[①]邓凡在其博士学位论文《教育政策执行的网络模式研究》中提出:"教育政策执行是教育政策执行研究的思维方式和教育政策执行实践的基本路径。"[②]

　　本章在形成乡村教师定向培养政策执行过程的分析框架时,在借鉴"米特－霍恩"政策执行模型的基础上,对已有研究共识度最高的重要变量予以关注,并完善部分影响因素的内涵,尝试建立三组基本的分析构件,以此来全面地探究浙江乡村教师定向培养政策执行的过程,这三组基本构件分别是政策的目标与定位、政策的主体与方式、政策的资源与环境,其中政策的目标与定位对应于"政策本身",政策的主体与方式对应于"人的问题",政策的资源与环境对应于"环境因素"。

---

①　毕正宇.教育政策执行模式研究[D].武汉:华中师范大学,2006:64.
②　邓凡.教育政策执行的网络模式研究[D].长春:东北师范大学,2011:33.

第一节　政策执行过程研究的分析框架

一、"米特－霍恩"政策执行模型概述及其应用

政策执行模式也常被称为政策执行模型,在政策科学研究中,模型化的研究过程本质上是对政策执行影响因素进行抽象分析的过程,而模型的建构也可以看成对现实世界化繁就简的过程,在这个过程中分析事物的主要矛盾,聚焦原型的核心特征。1975 年,范·米特和范·霍恩在《政策执行过程:概念性框架》一文中提出"米特－霍恩"政策执行模型,该模型采取了典型的自上而下的研究取向。系统模型认为政策执行受到系统本身、系统环境等诸多因素的影响,具体来看,该模型主张政策执行过程中存在一些重要影响因素:(1)政策目标与标准;(2)政策资源,包括财务资源、信息资源、权威资源等;(3)执行者属性,包括执行人员的价值取向、行为能力及执行机关的特征;(4)执行方式,包括执行者之间、执行者与目标群体之间的互动方式;(5)政策环境,包括政治、经济、社会、文化等条件。[①] 范国睿等在其著作《教育政策的理论与实践》中、毕正宇在其博士学位论文《教育政策执行模式》中都将执行人员的价值取向和执行机关的特征并入了执行者的属性因素中。[②] 米特和霍恩认为,从政策执行效果来看,政策目标的共识度对政策的影响程度要大于政策变动对政策的影响程度,强调政策执行过程中的政治、经济等政策环境对政策执行产生的影响。"米特－霍恩"政策执行模型的特点在于,政策执行受到若干重要变量的影响,不同变量之间的联系、各影响因素及其之间的关系如图 3-1 所示。

---

① 毕正宇.教育政策执行模式研究[D].武汉:华中师范大学,2006:85.
② 范国睿,等.教育政策的理论与实践[M].上海:上海教育出版社,2011:129.

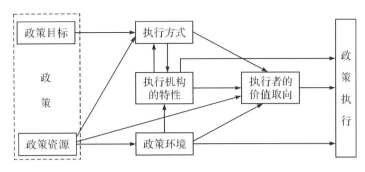

图 3-1　"米特－霍恩"政策执行模型

　　米特和霍恩所提出的政策执行模型是自上而下政策研究取向的代表性理论模型之一,在国内外的公共政策执行研究中被广泛运用和完善。自上而下的政策执行途径,强调行政组织的层级原则和自上而下的管理控制。米特和霍恩是政策执行理论的行动学派的代表人物,重视政策目标与政策行动,指出政策执行就是个体和团体为了实现政策目标而采取的各类行动。"米特－霍恩"政策执行模型具有较强的解释力和适用性,在国内外公共政策执行研究领域被广泛验证,尤其是在自上而下的公共政策执行问题研究中得到应用。从公共政策所属领域来看,主要集中在社会、文化、教育领域,包括了农村人居环境整治、农村土地流转、信息安全监管、县域医共体、旅游产业、精准扶贫、社会治理智能化、分级诊疗制度、互联网医疗、家庭医生政策、义务教育教师绩效工资、高校人才引进政策、青少年体质健康等多项具体政策。从政策涉及的政策执行主体的层级来看,既有中央统一制定和推动的公共政策,也有省、市、县等各级地方政府所执行的公共政策。颜海娜借助"米特－霍恩"政策执行模型对某省农村危房改造政策执行过程进行分析,[1]杨成伟等运用该模型分析了我国青少年体质健康政策执行的有关影响因素,[2]周君佐和咸春龙采用该模型对我国高等教育

---

　　[1]　颜海娜.农村危房改造政策执行的影响因素分析——基于米特尔－霍恩模型的一个解释[J].学术研究,2017(6):56-62.

　　[2]　杨成伟,唐炎,张赫,等.青少年体质健康政策的有效执行路径研究——基于米特－霍恩政策执行系统模型的视角[J].体育科学,2014,34(8):56-63.

一流本科专业建设"双万计划"政策执行的困境进行了分析,①赵春文等基于该模型分析了我国家庭医生签约服务政策执行中的障碍因素。②

二、乡村教师定向培养政策执行过程的分析框架

本书在形成乡村教师定向培养政策执行的分析框架过程中,既基于西方政策执行理论和模型,也重视我国公共政策执行研究的本土特质,还考量了国内教育政策研究者的基本共识,同时关注已有研究对西方政策执行模型的修正和完善。

(一)"米特一霍恩"政策执行模型在教育政策执行研究中具有一定的解释力和适用性

在我国教育政策研究领域,不同学者借助"米特一霍恩"政策执行模型讨论和分析了具体教育政策的执行,该模型表现出一定的解释力和应用性。付昌奎和邬志辉借助该模型分析教育扶贫政策的执行过程,立足我国教育扶贫政策的实际,对该模型的变量内涵做了部分优化,并将部分变量内容进行整合,主要从政策目标、执行机制、执行资源、执行角色、外部环境5个变量分析政策执行偏差,并提出矫正策略。③ 许红敏和王智秋基于对《乡村教师支持计划(2015—2022年)》实施现状的考察,分析了4省乡村教师定向培养政策执行情况,主要从政策标准和目标、政策资源和执行环境、各级政府与培养院校的协同、培养院校的特性、政策处置策略等方面进行梳理和反思。④ 周强基于"米特一霍恩"政策执行模型,采用访谈和问卷调查法,分析了河南省汝南县"农村义务教育阶段

① 周君佐,咸春龙."双万计划"执行的现实困境及其突破路径——基于米特一霍恩模型的分析框架[J].高教探索,2021(11):25-33.

② 赵春文,李子鑫,柳松艺,等.基于霍恩一米特模型的家庭医生签约服务政策执行障碍因素分析[J].中国卫生事业管理,2020,37(12):884-887.

③ 付昌奎,邬志辉.教育扶贫政策执行何以偏差——基于政策执行系统模型的考量[J].教育与经济,2018(3):75-81.

④ 许红敏,王智秋.乡村教师定向培养的政策执行分析——基于《乡村教师支持计划(2015—2020年)》实施的考察[J].当代教育论坛,2022(2):116-124.

学校教师特设岗位计划"政策执行现状及问题。[①]

（二）在西方公共政策执行理论和模型基础上凸显中国意识及其本土化改造

"米特－霍恩"政策执行模型作为第一代政策执行研究的成果,受到西方古典行政模式的影响,坚持自上而下的研究取向,主张政治与行政二分的原则。但是,中国政策过程的显著特点就是政治决策与行政体系具有融合性,甚至有学者认为两者是水乳交融、无法区分的,政治决策关注政策目标,而行政机构拥有广泛的剩余决策权。[②] 尽管西方公共政策研究的理论走在世界前列,但在公共政策执行研究中加强中国意识也很有必要。在尊重西方公共政策研究理论与成果的同时,考虑到西方研究成果的应用范围,对西方公共政策科学和政策执行理论开展本土化研究,探讨中国制度情境下的政策执行行为,成为当前我国公共政策研究的重要趋势。我国学者在探索中国政策执行的本土特质时,形成了"基层共谋""压力型体制""共生关系""层级性与多属性治理"等颇具启发性的学术观点,呈现出有别于西方话语体系的政策执行研究中国图景。周雪光从组织学的角度,分析中国基层上下级政府行为的"共谋"行为,明确所指"共谋"是中性意义的表述,意指基层政府间的一种制度化的非正式行为,"共谋"的稳定存在和重复再生是政府组织结构和制度环境的产物,是决策过程与执行过程分离的结果。[③] 贺东航和孔繁斌聚焦公共政策执行途径在纵向上的"自上而下"和横向级别的互动,提出"高位推动—层级性治理—多属性治理"的政策执行研究的方式,从而反映出中国公共政策执行中"条条块块"特征的实然状态。[④] 吴少微和杨忠通过识别中国公共政策执行过程中存在的"压力型体制"和"集体主义文化"两种独特情境,认为西方政策模型和理论未必能精准描述中国政策

[①] 周强. 霍恩－米特模型视角下我国特岗计划政策执行问题研究[D]. 大连:辽宁师范大学,2022:40-45.

[②] 杨宏山. 情境与模式:中国政策执行的行动逻辑[J]. 学海,2016(3):12-17.

[③] 周雪光. 基层政府间的"共谋现象"——一个政府行为的制度逻辑[J]. 开放时代,2009(12):40-55.

[④] 贺东航,孔繁斌. 公共政策执行的中国经验[J]. 中国社会科学,2011(5):61-79.

执行的具体情境,并对西方政策执行模型进行了修正,形成了应对中国问题的策略。[①]

(三)我国教育政策研究学者对教育政策执行过程的重要变量达成较高共识

袁振国提出,教育政策执行是诸多要素相互影响、相互作用的复杂过程,并提出教育政策执行活动至少包括教育政策、政策执行者、执行计划和行动措施、目标群体、环境因素等 5 个方面的重要因素,[②]其中教育政策主要强调的是教育政策的目标。范国睿等也指出,教育政策执行是一个多种因素相互作用的复杂过程,明确提出影响教育政策执行的重要因素包括教育政策本身及其性质、教育政策环境、教育政策资源、教育政策执行者素质、教育政策执行组织等,他们认为,分析上述因素对政策执行的影响方式和作用结果,有助于解决政策执行的问题。[③] 冯锋和李庆均提出,公共政策执行受到公共政策问题本身、公共政策资源条件、政策执行主体、政策作用对象、政策执行环境的影响。[④] 总体来看,教育政策目标、政策资源、政策环境、执行主体、政策执行方式是研究者普遍高度重视的影响因素。

(四)我国公共政策学者对模型的修正更契合中国情境下具体的政策执行研究

吴会会探讨了校园欺凌政策文本与校园欺凌治理实践之间的落差,以"米特-霍恩"政策执行系统模型为分析框架,但是对该模型的因素做了进一步合并和压缩,调整为政策文本、执行主体、执行工具和执行环境 4 个基本维度,分析政策执行的问题并提出对策建议。[⑤] 柴宝勇和周君玉以"米特-霍恩"政策执行模型为基础,全面考察农村网格化的政策执行,但对该模型的运用进行了适

① 吴少微,杨忠. 中国情境下的政策执行问题研究[J]. 管理世界,2017(2):85-96.
② 袁振国.教育政策学[M].南京:江苏教育出版社,1996:180.
③ 范国睿,等.教育政策的理论与实践[M].上海:上海教育出版社,2011:123.
④ 冯锋,李庆均.公共政策分析:理论与方法[M].合肥:中国科学技术大学出版社,2008:130-137.
⑤ 吴会会. 文本与实践的落差:探解校园欺凌治理之难——基于政策执行的视角[J]. 教育发展研究,2020,40(22):77-84.

当调整,从静态分析转向动态考察,选取政策标准和目标、政策资源和执行机构的特性三大因素作为起点,以某县为样本,通过田野调查,动态分析农村网格化的政策执行过程。[1] 智耀徵和陈平水借助"米特-霍恩"政策执行模型,分析义务教育阶段教师绩效工资政策执行中出现的问题,从政策目标、政策资源、执行方式、执行机构、执行人员认知等维度分析政策执行过程中令人不满意的地方,并提出改进路径。[2]

综上所述,本书在形成乡村教师定向培养政策执行分析框架的时候,主要从上述四个角度进行考量。"米特-霍恩"政策执行模型具有一定的解释力和适用性,但我们在西方公共政策执行理论和模型的基础上,要加强中国意识并进行本土化修正,我国教育政策研究专家学者对教育政策执行过程的重要变量达成了较高共识,我国公共政策学者已经对"米特-霍恩"政策执行模型进行了修正和完善。黄忠敬在分析教育政策执行的影响因素时,进行了比较精练、简洁的概括,他认为影响教育政策执行的主要因素有三类,分别是政策本身、人的问题、环境因素,其中政策本身主要包含政策目标、政策资源,人的问题包括政策执行主体的能力、态度和价值,环境因素包含机构层级、监督体制、政治经济因素、文化背景、民众态度等。[3] 基于此,我们在借鉴"米特-霍恩"政策执行模型的基础上,对已有研究共识度最高的重要变量均予以关注,并调整部分影响因素的内涵,尝试建立三组基本的分析构件,以此来全景敞视式地探究浙江乡村教师定向培养政策执行的过程,这三组基本构件分别是政策的目标与定位、政策的主体与方式、政策的资源与环境,其中政策的目标与定位对应于政策本身,政策的主体与方式对应于人的问题,政策的资源与环境对应于环境因素。

第一,政策的目标与定位:指向政策本身。政策目标是政策执行的根本指向,乡村教师定向培养政策的目标与定位是对"培养什么样的乡村定向师范生"

① 柴宝勇,周君玉. 农村网格化管理政策执行研究——基于政策执行系统理论的实证分析[J]. 中国行政管理,2020(1):114-120.

② 智耀徵,陈平水. 我国义务教育教师绩效工资政策执行研究——基于霍恩-米特模型的分析[J]. 教育理论与实践,2019,39(1):26-30.

③ 黄忠敬. 教育政策导论[M]. 北京:北京大学出版社,2011:193.

的回答,是乡村教师定向培养政策执行的价值指向,国家层面公费师范生政策目标提出了改革目标、方向和部分执行方式,省级层面的乡村教师定向培养政策目标既有对国家层面政策的沿袭,也体现出了省级政府的政策诉求,具有一定的自主空间,是基于国家层面公费师范生政策的再规划、再地方化。已有研究根据省级政府是否将政策议程纳入省级议程、介入政策实施还是介入政策内容、政策中省级财政的安排程度,将省级政府的角色界定为"转包者""压力制作者""政策设计者""合作提供者""完全提供者"。[①] 乡村教师定向培养政策的制定主体主要是省级政府,省级政府在一定程度上兼有政策设计者和合作提供者的角色。乡村教师定向培养政策是根据国家层面的公费师范生发展而来的,既带有国家公费师范生政策的部分属性,也融入了地方性知识、特殊性和地区性,乡村教师定向培养政策是各地为解决当地乡村教育中师资的补充问题所做的有益探索。

第二,政策的主体与方式:指向"人的问题"。一方面,政策执行主体既包括政策执行人员,也包括政策执行组织。在政策执行人员方面主要考察政策执行人员的政策态度和认知、价值取向、执行能力等;而政策执行组织方面则主要关注政策执行组织的层级和幅度,政策执行组织的纵横关系结构、利益结构等特征。另一方面,政策执行方式则聚焦于政策执行组织之间的沟通、互动、命令、控制等。政策执行主体与方式是执行过程的重心所在。省级教育行政部门在乡村教师定向培养政策上兼具政策设计者和合作提供者的角色,而县级教育行政部门则是乡村教师定向培养政策的基层执行主体,其兼有上级政府的代理人和追求本级利益的行动者角色,因此县级教育行政部门在乡村教师定向培养政策执行过程中会根据与自身利益的契合度和上级传导的执行压力,对政策采取不同的执行方式,呈现出"相机执行"的现象。[②] 政策执行过程难免受到相关因

---

① 楼苏萍,白雪婷. 社会政策层级实施中的省级政府:一个类型学分析[J]. 公共管理评论,2022,4(1):5-25.

② 徐建牛,施高键. 相机执行:一个基于情境理性的基层政府政策执行分析框架[J]. 公共行政评论,2021,14(6):104-123.

素影响,使主体间产生不可避免的冲突甚至利益纠纷,因此学者们分析了政策执行主体间的冲突、利益构成、关系结构、互动机制,调查政策执行主体的执行方式,在此基础上进一步考察政策执行主体对政策的态度和认知、价值取向等,探索优化乡村教师定向培养政策的执行。

第三,政策的资源与环境:指向"环境因素"。政策资源、政策环境是两个因素,但都是影响政策执行成效的外部因素,故而将它们视为同一类型的影响因素。充足的资源是乡村教师定向培养政策得到有效执行的重要保障,涉及政策执行经费、信息资源、权威资源、政策工具等,只有具备稳定良好的外部环境,为政策执行提供各项必要资源,才能促使乡村教师定向培养政策取得实效。良好的环境是乡村教师定向培养政策顺利展开的必要前提,政治、经济及文化环境会对乡村教师定向培养政策的制定及执行产生一定的影响。

第二节　乡村教师定向培养政策执行的目标与定位

乡村教师定向培养政策的目标与定位是对"培养什么样的乡村定向师范生"的回答,也是乡村教师定向培养政策执行的价值诉求。乡村教师定向培养政策由《教育部直属师范大学师范生免费教育实施办法》发展而来,是各省为解决乡村教育中的师资问题所做的积极探索。综合分析已有的乡村教师定向培养政策,乡村教师定向培养政策目标与定位指向使培养的乡村定向师范生能"下得去、留得住、教得好、有发展",能回归"乡土性",成为"一专多能型"或"全科型"的乡村教师。在政策执行过程中,要实施好"三定向"(即定向招生、定向培养及定向就业)。

一、乡村教师定向培养政策执行的目标与定位分析

政策目标和定位是政策执行预期达到的效果,是政策方案执行的指导方针。① 政策目标与定位的具体明确性、前瞻性、可行性、协调性,是政策是否能够有效执行的关键因素。乡村教师定向培养政策是地方政府与地方培养院校立足于国家免费师范生政策,因地制宜、因势利导,创造性地探索出适合地方经济、社会和文化发展的特色化政策路径。学者通过综合分析各地的乡村教师定向培养政策,发现其为了培养高质量的乡村定向师范生并促使其专业成长,以真正实现乡村教师"下得去、留得住、教得好、有发展"的愿景,其政策目标与定位指向乡村定向师范生要回归"乡土性",在政策执行过程中实施好"三定向"(即定向招生、定向培养及定向就业),重视乡村定向师范生的"在地化",以及要立足将乡村定向师范生培养成一专多能型或全科型的乡村教师。

(一)落实"下得去、留得住、教得好、有发展"

2015 年,国务院办公厅印发《乡村教师支持计划(2015—2020 年)》,文件提出:"到 2017 年,力争使乡村学校优质教师来源得到多渠道扩充,乡村教师资源配置得到改善,教育教学能力水平稳步提升,各方面合理待遇依法得到较好保障,职业吸引力明显增强,逐步形成'下得去、留得住、教得好'的局面。"随后不同省份在该计划的指导下均出台了乡村教师定向培养政策,将"下得去、留得住、教得好"作为乡村教师定向培养政策的培养目标与定位。随着乡村教师培养工作的深化,各地对乡村教师定向培养政策的目标与定位也不断丰富。江苏省要求乡村教师不仅要"下得去、留得住、教得好",更要"有发展"。从顶层设计层面来说,乡村教师定向培养政策需紧紧围绕住"下得去、留得住、教得好、有发展"这一政策标准与目标,根治乡村教育面临的教师队伍建设的痛点,为未来的卓越乡村教师队伍塑造打下坚实的基础。

---

① 李静美.农村公费定向师范生"下得去、留得住"的内在逻辑[J].中国教育学刊,2020(12):70-75.

1."下得去、留得住"是基于乡村教师数量短缺所提出的培养目标与定位

乡村教师数量短缺是乡村教师队伍发展面临的首要问题。[1] 自《乡村教师支持计划(2015—2020年)》《关于全面深化新时代教师队伍建设改革的意见》《关于加强新时代乡村教师队伍建设的意见》《深度贫困地区教育脱贫攻坚实施方案(2018—2020)年》等政策陆续出台,乡村教师队伍建设取得了比较明显的成效,乡村教师的供给与输入得到了一定的保障。从理论上来看,培养足够数量的乡村教师会解决乡村教师短缺的问题,但是在现实层面,乡村依然存在教师短缺的现象,造成这一现象的主要原因是乡村教师队伍建设中乡村教师"下不去、留不住"。"下不去"主要指的是师范类毕业生、即将步入教师队伍的准教师及优秀教师等,不愿或不能主动到乡村学校任教。[2] 新教师"下不去"有诸多原因,最关键的一点与城乡发展的二元化造成的城乡差距大有关,从乡村教师的个体层面来说,城市相比乡村有更完善的基础设施与更优质的生活资源。从乡村教师工作的场域来说,城市学校相比乡村学校有更优质的生源、更先进的硬件设备,城镇教育水平普遍高于乡村教育水平,城镇也有更专业和优秀的教师队伍。可以说,现阶段城乡发展的差距、城乡教育水平的差异等是造成新教师"下不去"的根本原因所在,因而在乡村定向政策的目标与定位中才明确将"下得去"提出来。

乡村教师"留不住"主要是指教师队伍的稳定性差,教师流失现象严重。"留不住"的主要原因,一方面是仍受到城乡二元结构下滋生的"离农性"的影响,另一方面是乡村教师个体在乡村教育场域的地位低,在乡村教育中感受到的价值感和获得感不高。与城市教师相比,乡村教师在个体专业发展的过程中,因受乡村的客观条件所限,他们难以获得与城市教师相同水平的支持与帮助,缺乏强劲师资

①　高慧斌.短板下的聚焦:乡村教师政策演变分析——基于《国家中长期教育改革和发展规划纲要(2010—2020年)》实施十年的思考[J].河北师范大学学报(教育科学版),2021,23(2):72-79.
②　姜俐冰,焦岩岩,王琦琪.供给侧结构性改革视野下乡村教师队伍基本结构优化实证研究[J].宁夏大学学报(人文社会科学版),2019,41(5):163-171.

团队的帮扶支持,缺少学科教学改革的硬件支持,甚至在荣誉评选及职称评聘中也处于不利或少数地位。乡村学校本身存在的生源质量一般、教学科研氛围不浓、办学规模小、硬件设施支持缺乏等问题,致使乡村教师在"大展宏图"时也难免"捉襟见肘",最终使其在职称评聘、表彰奖励、专业发展等方面与城市教师相比存在难以逾越的鸿沟,因而他们向往各方面条件更好、机会更多的城市学校,由此造成了乡村教师"留不住"的局面。总之,为了破解乡村教师短缺的问题,必须从源头上解决乡村教师"下不去"及"留不住"的问题,要在乡村定向师范生的政策中确定"留得住"与"下得去"的目标与定位。

2."教得好、有发展"是基于乡村教师的质量提升所提出的培养目标与定位

"留得住"与"下得去"回应的是乡村教师队伍建设中的数量问题,而"教得好"与"有发展"回应的则是乡村教师队伍建设中的质量问题,更具有指向未来的导向性。乡村教育的质量问题非常复杂,解决这一难题的基本办法是培养一批能"教得好"的乡村教师,提升乡村教育的质量。"教得好"是乡村教师质量最直接和最显性的表征,对于乡村教师的"教得好",在传统的观点中常常与学生的学业成绩相关联,学生学习成绩优秀率高、班级升学率高被视为一个教师"教得好"的重要标准。而在素质教育的背景下,仅仅将学生的学业成绩作为评判教师"教得好"的标准显然是窄化了"教得好"的内涵,是狭隘的。当下的乡村教师的"教得好"不仅是指提升乡村教育的质量,让乡村学校的学生能够和城市学校的学生享有同样优质均衡的教育,还在于能引导乡村学童充分认识、体察、经验其所置身的乡村社区,能够承担乡土性知识的传承,能够引导乡村少年儿童认识乡土、熟悉乡土、认同乡土。[①] 因而在新时代乡村教师定向培养政策中,需要重新厘清"教得好"的内涵,将"教得好"落地。

"有发展"指的是乡村教师有专业发展的通道与平台,能实现自我的专业成

---

① 罗云.乡村教师如何"教得好":从理念到实践的探索[J].中国人民大学教育学刊,2021(2):98-107.

长与发展。党的十九大提出了乡村振兴战略,发展乡村教育是乡村振兴战略中至关重要的一步,而乡村教师的发展又是乡村教育发展的关键所在。在一定程度上,乡村教师的专业化发展程度决定了乡村教育的发展及乡村振兴的未来。[①]只有让乡村教师"有发展",将其专业发展摆在重要的地位,才能使其在乡村教育发展和乡村振兴中发挥"中坚力量"的作用。乡村教师的专业发展是乡村教师经由专业教育体系的培养,逐渐在培养过程中掌握乡村教师所需的专业知识及专业能力,不断内化乡村教师的专业情意,并通过专业实践,不断从合格教师发展为优秀乡村教师的过程。[②] 让乡村教师"有发展"是乡村教育质量提升的不竭动力,因而在乡村教师的职前培养过程即乡村定向师范生的培养中,应该让其牢固树立"有发展"的愿景,培养乡村定向师范生的专业知识、专业情意和专业能力,提升其专业发展的内驱力。乡村教师的"有发展"与教师的个体专业素养有关,通过乡村师范生的培养可以补齐短板,但仅凭个人难以全面实现乡村教师的专业发展,乡村教师个体的不断完善和成长离不开乡村教育的实践场域,也需要各政策主体对乡村教师的专业发展予以支持和保障,如果在乡村教师专业发展过程中欠缺发展机会、上升通道狭窄,那么势必对乡村教师的专业发展产生影响。总之,为促进乡村教师队伍质量的提升,需要从乡村定向师范生的培养环节入手,确立好"教得好""有发展"的政策目标与定位,保证其有过硬的专业知识、专业能力及专业信念,最终实现乡村教师的专业发展。

(二)回归"乡土性"

"乡土性"是乡村教师的内在属性,也是他们区别于城市教师的显著特质。促使乡村教师定向培养回归乡土性不仅是乡村定向师范生作为准乡村教师的必然要求,也是改善乡村文化"空心化"、化解"逃离乡土"问题的有效举措。各地政策执行主体需充分认识乡土性对乡村教师、乡村教育的重要性,在各地政

[①]　吴云鹏.乡村振兴视野下乡村教师专业发展的困境与突围[J].华南师范大学学报(社会科学版),2021(1):81-89.

[②]　朱沛雨.基于《专业标准》视角的乡村教师专业发展路径研究[J].教育理论与实践,2016,36(8):34-36.

策目标与定位中将回归乡土性、热爱乡村教育的乡村教师专业特质凸显出来。

1.涵养乡村定向师范生的"乡土性"是对乡土社会内在属性的根本遵循

"从基层上讲,中国社会是乡土性的。"①费孝通在《乡土中国》一书中开宗明义地指出,乡土性是中国社会的典型特征。纵然时过境迁,中国乡村已发生了诸多变化,但是乡土性依然是当下乡村社会的主要特征。所谓乡土社会,它不仅是一个地域所指,而且是乡村教育的承载场域,也是乡村教师的生命场域。若乡村定向师范生无法回归并扎根乡村,那么他们就缺失了从事农村教育工作的价值导引和动力系统,丧失了乡村教师专业特质的核心与灵魂。作为准乡村教师的乡村定向师范生在日后必然将踏入乡土社会这一空间地域,那么涵养其"乡土性"也是必然要求,是解决乡村教师"下不去、留不住"问题的关键所在。培养乡村定向师范生的"乡土性"包含丰富其乡土知识,培植其乡土情感及乡土认同,最终促使其投身建设乡村教育的积极行动中。乡村定向师范生是未来乡村教师队伍的力量,不仅仅要拥有丰富的知识与教学经验,更重要和关键的是培养其对乡村的热爱与理解。帮助他们了解和认知当地风土人情、自然景物、历史地理和民俗文化等是必修课,适应乡村的文化及生活并对乡村产生情感是关键点,只有让其有了对乡土社会的认识、理解和共情,并对乡村社会生活和乡村教育形成积极的价值认知与内在自信,形成内化于心、外化于行的乡土认同,他们才能主动"浸润"乡土习性,②才能承担乡村教育的未来使命,作为乡村教育、乡村发展的共同建设者,与乡村一起成长。

2.回归师范教育的"乡土性"是破解乡村教育"离农倾向"的关键举措

自师范教育下乡运动以来,我国师范教育逐渐形成显著的乡土特性,这不仅是乡村教师的内在属性,也是师范教育的历史属性。20世纪20年代以来,一批具有家国情怀的知识分子就对城市师范教育培养的教师脱离乡村教育实践

---

① 费孝通.乡土中国[M].北京:北京大学出版社,2012:15.
② 李锋.乡村教师怎样真正回归乡土[N].中国教育报,2019-05-23(6).

进行了强烈批判,并指出了师范教育脱离乡村的弊端。以陶行知为代表的教育家身体力行,创办乡村师范学校,推动了全国范围内乡村教育的普及和乡村社会教育的开展,为中国乡村教育培养了一批服务乡村的优秀教师。之后更是涌现了一大批有志之士,以"师范下乡"为口号,推动了师范教育下乡运动的发展。① 回顾历史,乡土性是镌刻在师范教育发展中的历史属性。时过境迁,从《教育部直属师范大学师范生免费教育实施办法》,再到各地的乡村教师定向培养政策,某种程度上都是对乡村师范教育模式的复归。

　　尽管在百年前陶行知先生就对中国乡村及乡村教育的"离土"现象进行了深刻的分析,并一针见血地指出其弊端,但时至今日,乡村及乡村教育的"离土"倾向并未得到完全扭转。乡村教育在现代化进程中的"离农"现象加剧,现代化导向下的人们对城乡的价值判断有了前所未有的明晰感,原本自然朴素、安宁祥和的乡土社会的生活场域在城乡发展二元分化下却成了在整个现代化的价值序列中落后的他者,导致人们正以一种走出乡村社会的姿态逃离乡村。② 乡村社会不断复演着逃离乡土的场景,生长在此的乡村少年不仅处在逃离的氛围之中,也在乡村学校中受到"离农""离土"的价值观教育。原本作为乡土文化与乡村教育纽带的乡村教师,一方面因其本身接受的是城市化师范教育,缺乏对乡土文化的重要性的认识;另一方面其本身也是"城市化教育"的受益者,一步步在逃离乡土中成了"城里人",因而直接导致了在教育活动中不重视或者忽视对学生的乡土教育,甚至会用"离开穷乡僻壤"鼓励学生,让学生像他们一样跳出"农门",逃离农村,成为"城里人",由此进一步加剧了乡村儿童少年与乡土的疏离。③ 乡村儿童少年身处乡村学校,在乡村土地上生活,却接受着背离乡土的教育,使他们纵然身在乡土中,也是"无根"的漂泊者。乡村定向师范生的"乡土性"回归,要求其日后成为一名优秀的乡村教师,一方面能够通过教育让乡村少

---

① 曹彦杰.师范为何下乡:民国时期乡村师范教育的兴起[D].上海:华东师范大学,2018:28.
② 范会敏.乡村民族小学教师社会角色冲突的乡土化弥合——基于黑龙江省一所乡村鄂伦春民族小学的田野研究[J].教育理论与实践,2020,40(28):28-32.
③ 任强.逆天与顺天:农村教育文化的阙失与复归[J].中国教育学刊,2020(3):81-86.

年在乡土中全方面发展,另一方面能够让他们真正地理解乡村,能对自己的生长环境、生活境遇感同身受,重新搭建起乡土与乡村新生代之间的桥梁,引导乡村少年获得乡土身份,唤醒乡土的归属感,增强对乡土的认同感[①];个体自身又能扎根乡村、认同乡村,为乡村文化的传播与重建,为乡村教育和乡村振兴发展贡献力量。

3.回归师范教育的"乡土性"是对乡村教师改造乡村历史使命的传承创新

陶行知先生主张办乡村师范教育与改造乡村社会应合二为一,乡村师范教育应承担改造乡村社会的使命,并将改造乡村社会作为乡村师范教育办学的重要宗旨。[②] 20世纪20年代,乡村教育运动力图通过改变乡村教育的境遇来实现民族复兴。当时中国社会乡村体量庞大,乡民占据了中国人口的7/10,作为中国人口的大多数,乡民的素养决定了未来中国的发展,因而乡村教育运动的奠基者们期望以乡村师范教育来实现救国,通过乡村师范教育培养一大批乡村教师来改造乡村传统教育,使乡村儿童从小接受现代文明,并努力建设民主国家。[③] 斗转星移,处在当下民族复兴、乡村振兴的时代背景下,重申乡村教育的重要性,通过乡村教育的发展实现乡村振兴,意义深远而重大。乡村教师不仅以发展乡村教育的身份助力乡村振兴,乡村教师在乡村文化中的作用也不容小觑。乡村文化是乡村发展中的重要议题,乡村教师是乡村文化的主要担当,乡村教师通过"乡土性"的教育发展乡土文化,因而在乡村定向师范生培养过程中呼唤"乡土性"的回归,旨在唤醒乡村定向师范生树立改造乡村教育、发展乡村文化、助力乡村振兴的责任感与使命感。

"乡土"不仅是一个地域概念,也代表了一种区别于城市的生活方式和文化观念。乡村教育与城市教育也不仅有物理空间上的差异,还有精神文化上的不

① 刘铁芳.乡土的逃离与回归:乡村教育的人文重建[M].福州:福建教育出版社,2008:20,23-25,53-54.
② 李锋,史东芳.陶行知乡村教师本土化培养思想及现实价值[J].教育学术月刊,2020(2):3-9.
③ 曹彦杰.师范为何下乡:民国时期乡村师范教育的兴起[D].上海:华东师范大学,2018:7.

同。乡村学校曾是乡土文化的承载和传播高地，一度以独有的方式作用于乡土文化和乡村建设。乡村教师也曾以"乡贤"的角色承担乡村文化发展建设的责任，他们传授乡土知识，传承乡土文化，甚至引导着乡村文化的走向。但时至今日，乡村社会及乡村文化在现代化发展中发生了明显的变化，经济飞速发展带来了城市文化的强势发展，也造成了乡土文化的式微。加之乡村人口不断涌向城市，乡村文化逐渐失去了学习、传播的主体，乡村文化因主体流失而不断地"空心化"。乡村学校在现代化进程中遭受的冲击也加剧了乡村文化的"空心化"问题。一方面，作为乡村文化高地的乡村中小学在农村学校撤点并校的布局调整中受到较大影响。曾经的乡村"一村一校"局面被打破，取而代之的是"数村一校"，甚至是"一乡一校""一镇一校"，乡村学校数量锐减。[①] 随着乡村学校的大量消失，乡村的文化高地也不复存在。另一方面，现代的乡村学校的"城市化"教育体系使乡村学校与乡土越来越疏离，乡土意蕴在乡村教育中的融入度越来越低，越来越被教育主体所漠视，乡土性在乡村教育中的消解使乡村教育也越来越难以承担传承和发展乡土文化的责任。化解乡村发展中文化的"空心化"问题亟须在新一代乡村教师的乡村定向师范生培养中回归"乡土性"，通过在招生、培养和就业过程中，增强对其乡土意蕴的教育，唤醒乡村定向师范生的乡土情怀与认同，使其能维系好乡村文化与乡村教育的纽带，再担乡村文化传承和发展的责任，赓续乡土文化的活力，重建乡土文化。

（三）实施"三定向"

所谓"三定向"，即乡村定向师范生定向招生、定向培养、定向就业。"三定向"是我国师范教育长期形成的特色模式，有助于造就一支具有乡村情怀、教师教育专业化、教师教学风格化且"下得去、留得住、教得好、有发展"的乡村教师队伍。为了补齐乡村教师队伍建设的短板，各地正力图通过实施"三定向"来锻造出一支高素质、专业化的乡村教师队伍。

---

① 汪明帅，郑秋香.从"边缘人"走向"传承者"——回归乡土的乡村教师发展研究[J].教育发展研究，2016，36(8)：13-19.

1.定向招生从生源上保证乡村教师的质量

乡村定向师范生的招生环节是乡村教师的"入口关",生源质量是影响乡村教师队伍质量的关键因素,高质量的生源对于实现乡村教师高质量发展意义重大。定向招生对生源把关是关键的一步,它直接决定了乡村教师队伍的质量起点。考生的高考成绩是生源质量最直观的评判标准,从近几年的乡村定向师范生的招录情况来看,乡村教师定向培养政策吸引了一大批高分考生报考,甚至有部分学子放弃"双一流"高校而选择地方师范院校的乡村教师定向师范专业,乡村定向师范生的录取分数持续攀升,如在浙江超出了浙江省的高考特控分数线,说明考生对乡村教师定向培养政策的认同与肯定,在这样的背景下,乡村定向师范生的生源日趋优质化。除了考生的高考成绩之外,定向县区在招生环节也设置了面试环节来考查考生的岗位匹配性,了解考生的语言表达能力、综合能力、心理健康状态、对乡村教育的认知、教学潜质等。考生参加定向师范生招生选拔的过程也是自主选择的过程,在乡村从教意愿的层面保证了乡村教师队伍建设的持续性。定向招生从生源层面优化了教师队伍的结构,县区教育局会在每年高考之前梳理区域内教师编制缺额情况,并做好区域教师编制规划,向省教育厅申报所需招考的乡村定向师范生人数,经省教育厅核准后进行乡村定向师范生招生工作,县区教育局在招生时公布招生人数及相关要求,乡村教师队伍存在的部分结构性问题,如教师队伍的学科结构比例前移至定向招生的环节来进行调整优化,进一步促进了乡村教师队伍的均衡、高质量发展。

2.定向培养在过程中提高乡村教师的素养

传统的师范生培养模式主要以师范高校培养为主,师范高校自主确定师范专业的课程体系、教学内容及培养模式,这样培养出来的师范毕业生经过双向选择进入各中小学校,而乡村教师定向培养政策则强调定向培养和多方协同培养,或称为"订单式"培养。首先,县区教育局选择乡村定向师范生的培养单位,保证乡村定向师范生的培养质量。乡村定向师范生培养单位的自主选择权在县区教育局,培养院校的办学水平、培养师范生的成效和口碑都是县区教育局的重要考量标准,培养院校高质量的师范生培养是保证乡村教师质量的基础,也是定向培养的第一步。其次,做好培养方案研制工作,确保准乡村教师的能力达成。与传统的师范生培养不同,乡村教师定向培养模式下的课程体系设置与专业课时安排,是由培养高校和县区教育局合作完成的,县区教育局提出人才培养目标需求,培养高校按需培养,因而课程设置和安排更具针对性和适切性。最后,整合校内外实践教学资源和条件,做好定向县区、培养高校的协同培养。一般来说,乡村定向师范生用三年的时间完成本科的专业学习,在此过程中,县区教育局与培养院校及学生保持密切联系,了解其学习情况。在第四年,乡村定向师范生基于前三年的理论学习与教育见习、研习,进入定向县区的乡村学校进行教育实习,以提前适应乡村教师工作岗位并在教育实践中完成毕业论文。乡村教师定向培养的过程强化了定向县区教育局与培养院校的联系,实现了因需定制、合力培养,保证了乡村定向师范生的质量,也缩短了其适应岗位的时间,助推并加快其入职定向县区乡村学校后的专业成长和发展。

3.定向就业从去向上保障乡村教师队伍的稳定性

定向就业是师范生毕业后回定向县区的乡村学校工作,他们在大学录取前和县区教育局签订定向就业协议书,承诺在大学毕业后到定向县区的乡村中小学服务规定的年限。[①] 乡村定向师范生的定向就业通过条款协议约束,一定程度上解决了教育薄弱地区师资不足的问题。乡村定向师范生群体的主要就业方向面向乡村,教育部直属师范大学公费师范生政策的定向就业去向仅是师范生回到定向省份即可,并未明确规定师范生必须到乡村学校从教,由此培养的师范生最终可能并没有到农村从教,由于缺乏约束,他们更倾向于到城市或经济较发达的县区从教,而原本由于经济欠发达而教育薄弱的县区,很可能并未通过部属师范大学的公费师范生政策渠道补充师资,从而可能出现经济欠发达县区多年招不到一个部属师范大学公费师范生的尴尬境遇。而地方乡村教师

---

　　① 张欣慧.地方高校定向培养乡村全科教师的动因、困境与策略[J].盐城师范学院学报(人文社会科学版),2020,40(3):118-124.

定向培养政策与部属师范大学公费师范生政策的最显著的区别在于定向就业的确定性和对农村地区教育事业的支持性。此外,乡村教师定向培养政策的定向就业利用条款协议解决了乡村教师"留不住""留不长"的问题。市场化教师招聘的不足在于留不住乡村教师,教师不受服务期的制约,因而当出现去城市学校任教的机会时,他们就会毫不犹豫地选择去往城市而舍弃乡村学校。而乡村定向师范生因享受定向就业分配及定向培养中的费用补贴支持,在协议中明确规定了在定向就业地的基本服务年限和定向地区,推动定向师范生到真正需要的地方,实现乡村教师定向培养政策的基本培养目标。此外,乡村教师定向培养政策的目标与定位还应涉及定向师范生的职后发展,加强职后规划并拓宽教师的专业发展通道,让其真正在乡村教育场域中乐教从教、长期从教,保障乡村教师队伍的稳定性。

(四)重视"在地化"

乡村定向师范生"在地化"是指乡村教师定向培养强调招录本地生源并由省内院校培养,最后输送到本地县区乡村学校任教。"在地化"能提升乡村定向师范生的培养效度,抓住乡村定向师范生对农村的认知到位、岗位适应性强及拥有更强的家乡教育建设使命感和责任感的优势,促进乡村定向师范生"下得去""留得住"。

1. "在地化"的乡村定向师范生对乡村社会认同度较高

"在地化"的乡村定向师范生能从源头上降低因师范生对乡村的认知与设想之间偏差大而导致的入职后"留不住"问题的发生率。在乡村教师定向培养政策执行过程中,部分地区也发现乡村定向师范生存在因乡村认知偏差而出现"留不住"的问题,这直接地导致了履约到岗和留任意愿低。因而在乡村教师定向培养政策中,各地都将"在地化"作为一个重要目标来提出,"在地化"的乡村定向师范生能有效规避因对农村认知偏差而导致的履约和留任意愿低的问题。"在地化"的乡村定向师范生来自当地,出生在那片土地上,呼吸着乡村的空气,接受着乡土的滋养,他们在与乡土的互动中成长。他们了解乡土的一草一木、一景一物、一人一事,他们对乡村的了解不是平面的,而是具象的、立体的、有深度的。当乡村少年成为乡村定向师范生,再成为当地的乡村教师,他们能够正确认识乡村,也能够留乡任教,而且与异地化的乡村定向师范生相比,"在地化"的乡村定向师范生更能够看到所在农村的诸多有利条件,对农村的认识更加深入到位,对于后期教学中的乡土文化课程开发等也更具有当地人的独特优势。

2."在地化"的乡村定向师范生对乡村生活的适应性强

"在地化"的乡村定向师范生能有效地提升乡村教师融入乡土社会的程度。尽管不同学者对乡土的理解有所差异,但是其基本内涵还是比较明确的,"乡"是指由血缘和地缘构建起来的人与人的关系及由此形成的社会关系网络;"土"便是人们赖以生存、用来谋生的命根——土地。[①] 从对"乡土"内涵的阐释中可以归结出两个特征:第一,乡土是一个"生于斯,长于斯"的社会,人在这片土地上出生,并在此成长;第二,乡土是一个"熟悉"的社会,乡村里的人在这个地域范围内扎根,对周围的人和物自然都是熟知的。乡村教师定向培养的"在地化"符合以上两个特征,也能很好地化解乡村教师与乡土的疏离问题。"在地化"的乡村定向师范生熟悉乡村的风土人情,掌握当地方言,接纳乡村生活,较少存在文化和生活环境上的"水土不服",能有效避免重新适应的问题,以便快速地投入教学工作。"在地化"的乡村定向师范生的家多在当地,也方便他们与家庭联系,从而具备安心从事乡村教育的基础。"在地化"的乡村定向师范生从小到大生活在当地,不会有文化陌生感,可以避免孤独感,亲人朋友会帮助其更好地扎根当地,相似的生活经历也能帮助其更好地理解乡村学生的学习环境及生活境遇,了解乡村学生的发展共性与特点。"在地化"的身份能拉近乡村定向师范生与学生家长的沟通距离,帮助其赢得当地家长、学生的信任,"从根本上通过乡村这种以血缘关系为基础的社会组织代替以个人为基础的机械组织,教师与村民生活和谐相处,赢得村民的信任"[②]。"在地化"的这种熟人社会的身份,不仅

---

① 泮梦婷.回归乡土[D].安庆:安庆师范大学,2018:38.
② 梁漱溟.梁漱溟教育论著选[M].北京:人民教育出版社,1994:98.

能保障乡村定向师范生在乡村社会中深度融合,不断汲取乡土社会的文化养分和社会支持,滋养个体生命,重估乡村教师的生命意义感,还能帮助他们在家校沟通互动中更加自如和深入,助力乡村少年的成长,体验到更多的职业幸福感。

3."在地化"的乡村定向师范生对振兴乡村教育的使命感更高

使命感是个体对所担任的社会角色表现出的身份认同和热爱,并在利他倾向的驱动下愿意为之付出,以实现自身价值并从中获得价值感和意义感的积极主观体验。使命感也是维持和驱动个体行为的动力之一。[①] "在地化"能激发乡村定向师范生建设家乡教育的使命感。个体在乡村成长的过程中对乡村形成了天然的感情,长期受到乡土文化、乡土风俗的浸润与涵养,使个体对乡土文化产生了难以割舍的情感,并形成乡土认同。"在地化"的乡村定向师范生因生长在这片土地上,有服务乡村教育、助推乡村发展的驱动力,通过适当的教育引导能激发他们对乡村教育的使命感和建设家乡的责任感,会更加认同成为乡村教师、助力乡村教育发展这个具有社会意义和价值的选择,怀揣着职业理想而返乡,具有更高的专业情感,这是"异地化"的教师不太具备的情感基础。当他们回归乡村开展教育工作时,会感受到自己被家乡所需要,在面对与他们在相同环境出生、成长的乡村少年儿童时,他们会乐于帮助学生,也更容易将乡村少年的命运、家乡教育未来和家乡的发展与自身相联系,能够合理构建自己的角色使命,并在乡村教师的岗位上表现出更积极的教学行动,逐渐成长为优秀乡村教师,投身乡村教育,进一步实现自己的人生价值和意义,这种情感境界是促使乡村教师"教得好""有发展"的内在动力。

(五)立足"一专多能"与"全科"

乡村教师定向培养政策聚焦培养全科型的小学教师与一专多能型的中学教师,主要基于乡村教育的实际需求,各地乡村教师队伍都不同程度地呈现出总量短缺、学科"结构性缺编"现象。为了化解这一问题,乡村教师定向培养政

---

① 植凤英,王璐.乡村振兴战略背景下乡村教师使命感的内涵结构、价值及培育[J].教育理论与实践,2021,41(13):46-50.

策对培养对象的学科及专业能力提出一专多能与全科培养的目标与定位。此外,一专多能与全科培养不仅是乡村定向师范生服务乡村的导向,更是对其成为优秀、卓越教师的定位,小学全科教师兼具服务乡村和面向未来卓越引领的双重角色定位,这一标准能助力乡村定向师范生在乡村教育中"教得好""有发展"。

1. 一专多能与全科培养的基本含义

一专多能与全科培养模式是对中等师范教育培养模式的复归。20世纪70年代至90年代,为了缓解乡村教师紧缺的问题,我国在中等师范教育采用全科教师的培养模式。小学全科教师是指由经由专门的教师教育机构培养,能够掌握小学教育教学基础知识和基本技能,能承担国家所规定的小学阶段各门课程教学工作,具备从事小学教育教学研究和管理能力的教师。[①] 中等师范教育所培养的教师就是一专多能与全科的典型代表。当前,在振兴乡村教育的背景下,定向培养一专多能与全科型教师再度被提出,这既符合乡村教师定向培养政策的实际需要,也很好地契合了乡村学校对教师素养的现实需求。[②] 乡村教师定向培养政策一专多能与全科的政策目标与定位被赋予了新的时代意义,主要表现在对一专多能和全科的内涵诠释。一专多能的"一专"是指具备一门主要学科教学的专业能力,"多能"是指具备多门其他学科的教学能力或者指导其他学科活动的教学能力。[③] 此外,一专多能也包括具备教学的专业能力兼具多种其他诸如教学管理、教学研究等能力。关于全科的内涵阐释,尽管在教师教育政策中关于全科的提法比较常见,但其指向却不够清晰,诸如"知识广博、能力全面""素养全面、专长发展""卓越教师"等,在不同指向上都有所体现。学界对全科内涵的界定也存在分歧,对全科内涵的解读主要有四种代表性观点:第

---

①　周德义,李纪武,邓士煌,等.关于全科型小学教师培养的思考[J].当代教育论坛(学科教育研究),2007(9):55-59.

②　苏尚锋,常越.地方公费师范生政策与乡村教育的"留住机制"[J].河北师范大学学报(教育科学版),2020,22(2):73-79.

③　李静美.农村公费定向师范生"下得去、留得住"的内在逻辑[J].中国教育学刊,2020(12):70-75.

一种观点认为全科指所有学科,即教师需要系统掌握小学教育所有学科的教育基本知识与基本技能,能够实现小学缺什么,学科教师就能教什么学科的理想状态。第二种观点认为全科指多学科,认为小学全科教师是能承担两门及两门以上学科的教学工作的教师,兼顾学科教学的精通与广博。第三种观点认为全科指个性化教育,认为全科教师所具备的综合能力和素养能够对学生进行因材施教、因需施教,教师能够依据学生的个性特点与需求,通过课程开发与整合,对学生进行个性化教育。① 第四种观点认为全科指向融合教育,该观点摒弃了全科需要掌握全部的学科知识的观点,主张打破学科分科界限,认为教师应该具备跨学科教学与整合的综合能力,能实现学科间的有机融合与教学。② 专家学者对全科的内涵理解有所差异,但仍存在一些共性,一方面是在教学上强调胜任科目数量"多与全",其价值在于解决欠发达地区农村师资数量不足和质量不高的问题;另一方面是在能力上强调专业和全面,具有整合多门课程的知识与技能、进行综合教学的能力及必要的德育与班级管理能力。③ 关于一专多能和全科教师的定位,学者们达成了一定共识,即全科教师是农村中小学教育的坚守者、农村中小学教育师资的主力军、农村中小学教育发展的未来指引者,其价值主要是为了提升农村中小学的教育质量和解决农村中小学师资紧缺问题。④

2.培养一专多能型与全科型乡村定向师范生是乡村教育的现实需求

从乡村学校实践情况来看,一专多能型与全科型的教师素养结构比较契合乡村学校现阶段对师资的实际需要。一方面,乡村教师队伍的结构不够合理。在城镇化进程中,随着生源的流失,学生数急剧减少,乡村学校的规模也急剧缩小,成班率普遍较低,这些现象导致乡村小学被撤点并校,乡村小规模学校比较

---

① 陶青,卢俊勇.免费定向农村小学全科教师培养的必要性分析[J].教师教育研究,2014,26(6):11-15.

② 黄欢,王媛.小学全科教师研究十年回溯及问题前瞻[J].教学与管理,2019(21):62-65.

③ 徐红.我国小学全科教师培养中的偏差及其矫正[J].教育发展研究,2021,41(Z2):68-74.

④ 郭顺峰,田友谊,郑传芹.乡村振兴背景下小学全科教师角色和功能的重新定位[J].当代教育科学,2019(8):52-56.

多,部分优秀教师和紧缺学科的乡村教师也在此过程中流失,直接造成了乡村教师总数上的减少,也使农村学校教师结构性缺编情况更加凸显。总体上,各地中小学的编制接近饱和,但主要以语文、数学等学科教师为主,音乐、体育、美术、科学等学科教师的编制短缺,这种学科结构性失衡影响了正常的教学。另一方面,受条件所限,乡村教师"教非所学""被全科"的现象普遍存在。乡村教师总数上的短缺及学科分布的不合理,直接影响学校正常教学工作的开展。但为了保证学生学习,乡村学校不得不采取临时的举措来应急,比如聘请代课老师来临时教授相关学科,让乡村教师承担缺乏系统学习的学科教学任务,因而就出现了乡村教师"教非所学""被全科"的现象,这些现象一方面显示出乡村师资数量的短缺及结构的不合理,另一方面凸显了教师的跨学科能力不足,乡村教师在"教非所学""被全科"的情况下教学积极性低,小学全科型和中学一专多能型教师是乡村中小学的稀缺资源。因此,为解决农村中小学的教学困境及师资问题,培养小学全科型和中学一专多能型乡村教师是着眼于满足现阶段乡村中小学教育教学实际的迫切需要。

3. 一专多能型和全科型培养促使乡村定向师范生向卓越教师发展

小学全科型和中学一专多能型乡村教师的培养定位,既是为破解当前我国乡村教育的师资问题,同时也是面向未来基础教育、教师教育改革发展,对卓越教师培养模式的创新探索。[①] 一专多能型和全科型教师素养结构的培养会让乡村定向师范生获得综合知识、综合能力和综合的教育理念,而这些是成为卓越教师的必要条件。在小学全科型和中学一专多能型培养标准下,乡村定向师范生具备扎实的通识知识、教育基本理论知识、学科知识、教育实践知识和乡土知识,这些不仅是他们必备的技能知识,也是他们开展教育教学活动的基础素养。而良好的师德师风、扎实的专业知识、精湛的专业技能是乡村定向师范生立足之本。小学全科型和中学一专多能型培养标准下的先进的教育理念、敬业爱岗的专业态度和无私奉献的育人精神是乡村定向师范

---

① 江净帆. 小学全科教师人才培养规格厘定[J]. 中国教育学刊,2021(9):93-97.

生卓越发展的动力源泉。综合的教育理念、综合的知识素养和综合能力素质三者相互作用,促进乡村教师的专业化水平提升并持续驱动其向卓越教师迈进。此外,乡村定向师范生的"乡土性"发展是乡村教师未来卓越发展的重要特质。"乡土性"的培养是全科型和一专多能型教师培养标准的重要内容,也是乡村定向师范生的突出特色。在乡村教师专业发展过程中,最显著的"乡土性"特质在其专业发展中将会成为最显著的特色与能力,从而与城镇教师区别开来,一定程度上来说,具备明显的"乡土性"的乡村教师将在专业发展中将取得更大的优势,他们在乡土知识挖掘、乡村教育发展中的各方面能力都能得到更好的发展,乡土性的特质促使他们能更坚实地成长为卓越教师。

二、不同主体对政策执行目标与定位的认知分析

完整的基础教育政策生态系统由基础教育政策生态环境和基础教育政策生态主体两部分组成,应将基础教育政策生态主体中的基础教育政策制定者、基础教育政策执行者和基础教育政策受用者对应至浙江省的乡村教师定向培养政策生态系统。浙江省教育厅既是浙江省乡村教师定向培养政策的制定者,也是政策执行者,而其他执行主体还包括各县教育局、培养高校和中小学,中小学在其中的参与度相对比较低。[1] 本书着重分析浙江省教育厅、县教育局和培养高校对政策执行目标与定位的认知,三方对政策目标认知体现了不同主体的价值追求。

(一)浙江省教育厅对乡村教师定向培养政策目标与定位的认知

政策制定过程中的价值取向是多元的,需经过科学的价值竞争、价值选择和价值平衡,因此,教育政策的价值取向需涵盖各方利益群体的利益,呈现政策价值和利益的最大化。浙江省教育厅作为政策的制定者,对教育政策的价值选择在很大程度上决定了将政策目标转化为政策结果的可能性。

第一,浙江省教育厅的目标偏向优先支持山区 26 县,助力城乡共同富裕。共同富裕目标对浙江省的教育改革提出了更高要求,需引领全体人民共享社会成果,走向共同富裕。该政策的推行可缓解浙江省乡村教师数量不足、质量不优的问题,优先为教师资源紧缺地区定向培养师范生。在调查研究过程中,浙江省教育厅教师工作处负责人表达了下述观点:

> 实际上在今年的计划制订过程中,有一些调整,各县 2022 年一共报了 845 个计划需求,最后批准的是 774 个,为什么减掉? 我们就是落实优先支持山区 26 县的这么一个指导思想,有些地方,比如说杭州市临平区和富阳区,包括宁波也有报,我们就觉得像这些发达的地区直接从人才市场或者直接从高校都可以招聘一些优秀的师资。

浙江省基于优先支持山区 26 县的指导思想,将更多定向师资的培养资源投放到欠发达地区,以解决城乡教育发展的不均衡不充分问题。通过定向培养小学全科教师、中学紧缺教师和高中双学科教师补充乡村教师队伍,吸收优质生源、本土化定向培养和鼓励在职学习,以提升乡村教师队伍的质量,缩小城乡教育差距,助力共同富裕目标的实现。

第二,浙江省教育厅对政策目标的未来设计在于引导乡村教师深造,提高教师队伍整体素质。《浙江省教育事业发展“十四五”规划》要求打造高素质的教师队伍,“十四五”末研究生学历教师占比达到 22%,就全省层面而言,浙江省中小学教师的研究生学历教师比例偏低,目前尚未达到目标要求。乡村定向师范生作为浙江省教师队伍中的重要力量,师资水平总体偏低,省教育厅支持乡村定向师范生毕业后继续攻读教育硕士,提升学历水平。省教育厅教师工作处负责人谈道:

> 各地可以考虑支持定向师范生进一步深造,攻读研究生,如果是定向师范生提出来有意愿继续深造,教育局也可以允许他签订补充协议。
>
> 另外一个就是在职教师的学历提升问题。对已经在岗的有潜力、有能力的这些老师来说,我们建议可以组织参加同等学力的研究生学习,如果当地有一定规模的生源,可以组织教师专门来给这批在职教师上课,组成

研究生班,这样老师可以很方便地在当地进修。

浙江省教育厅不仅关注在读定向师范生的深造问题,建议县区教育局支持优秀的乡村定向师范生攻读硕士学位,还关注在职教师的学历提升,鼓励各地推选优秀教师参加同等学力研究生在职学习,为打造高质量乡村教师队伍奠定良好基础。

(二)县教育局对乡村教师定向培养政策目标与定位的认知

政策执行是一个系统性较强的过程,它既需要贯彻落实政策制定者制定政策目标时的价值取向,又需要维护自身的价值取向及利益,还需要考虑政策受用者的接受程度。县教育局作为政策的执行者,需要制定符合当地需求且切实可行的实施方案,以保证政策目标的实现。

第一,县教育局的目标偏向于培养一专多能型全科教师,补充乡村教师缺口。乡村教师结构性缺编问题严重,为满足教学需要,一名教师需具备教学多个学科的能力。访谈过程中,多位县教育局副局长均表示了对乡村教师多学科教学能力的重视:

> 小学全科更加重要,如果把音、体、美的老师都配齐,学校肯定是超编的,所以只能是语文老师兼任其他学科教师,比如音乐、体育、美术,这样教师总量就不会超,而且各个学科都能开得起来,否则音、体、美学科全部按照专任老师比例配备的话,教师总量会超编的。

> 我们希望定向培养最好是跟我们地方紧缺的学科老师结合起来。

各县教育局依据当地师资需求确立培养名额和专业,定向培养教师补充教师缺口,多次强调小学全科教师的重要性,希望乡村定向师范生能够具备多门学科的教学能力,便于在全县范围内进行师资调配,部分县区还要维持乡村小规模学校的正常教学。

第二,县教育局对政策目标的未来设想在于提升定向师范生学业积极性,加强实践技能训练。因乡村定向师范生认为入学之后实际上就取得了稳定编制,在校期间缺少有效的淘汰机制,乡村定向师范生的学习积极性普遍不高,培养质量面临下行风险。多地县教育局都提及：

> 怎么样让我们招录的乡村定向师范生，不要变成"躺平"生，觉得反正我4年后肯定是有工作的，然后在校学生在学习过程中就不积极，只要60分及格能毕业就可以了。

> 我们最担忧的是什么？就是他们进来（大学）的时候成绩都蛮好的，因为他们这个工作岗位是早就明确了，工作已经找好了，过程不努力，最终培养出来，也许他们是倒数几名。

乡村定向师范生毕业后即需上岗从教，这对师范生的专业实践能力要求较高，但部分定向师范生学习动力不强，降低了对自身的学业要求，专业能力未达乡村教师培养的合格标准，无法快速适应教学生活。多地县教育局均指出希望加强定向师范生教师教育技能、实践能力的培养：

> 我们县教育局希望乡村定向师范生在毕业前，在大四时能回到县里的学校来实习。我们是有自己的管理方式的，县教育局组织成立了新苗班；针对乡村定向师范生的教育实习，我们县也在开展规范化培养。

> 希望师范学院的领导要重视在教师教育技能方面的培养，而且要用考试的方式来加以培养，用像过去培养八九十年代中等师范生那样的教育模式去培养，那个时候教师教育技能抓得很紧，"三字一话"等这些都抓得很好。

通过加强乡村定向师范生"三字一话"等师范生技能的训练，可以调动乡村定向师范生的学习积极性，保证师范生的培养质量。由各县教育局引导乡村定向师范生回到乡村学校参加教育实习，有利于师范生充分了解当地教学现状及教育需求，快速适应岗位，增强定向培养的针对性。

（三）培养高校对乡村教师定向培养政策目标与定位的认知

培养高校是乡村教师定向培养政策执行的重要主体，省教育厅、县教育局主要是以政策的行政性手段和方式来执行乡村教师定向培养政策，而培养高校执行乡村教师定向培养政策，则主要是通过对师范生在校的培养过程来执行该项政策;换言之,高校执行乡村教师定向培养政策的方式并非科层制的行政手段,而是以乡村教师的培养为目的的教育过程,培养高校拥有结构和运行的相对独立性,在政策执行主体与制定者发生教育价值取向冲突时,培养高校一般将教育性价值取向作为学校的主要价值取向。①

第一,培养高校的目标偏向于吸引优质生源,培养卓越教师。在乡村振兴战略下,如何提高乡村学校师资质量成了基础教育和教师教育改革的重要命题,乡村教师定向培养政策的出台,彰显了省级政府对师范教育的重视,提升了教师职业的吸引力,有利于培养高校吸引优质生源,提升办学质量。某培养高校的副校长提出:

> 我们的师范教育发展到今天,发生了一个革命性的变革,那就是从数量不足到数量充足,那么在数量充足的前提下,我们还是仅满足于数量吗?显然不是这样了,我们的要求也从数量转向了质量。

浙江省乡村定向师范生的录取分数线逐年升高,大量优秀毕业生被稳定编制及政策补贴吸引并报考,培养高校拥有更多的选择权来挑选生源,将定向生源区别于普通学生进行专项培养,不断探索卓越教师的培养路径。

第二,培养高校对政策目标的未来设想在于聚焦协同培养,凸显培养特色。部分培养高校对定向师范生和普通师范生的培养方案区分度不大,课程设置、专业实践无明显差异,导致定向培养的优势、特色被逐渐消解,定向师范生的培养效果不突出。某县教育局副局长指出:

> 定向培养的新老师跟普通新招进来的老师差别不大,大家水平差不多,就没有体现出我们招录乡村定向师范生是要培养新优秀教师的目的。

强化定向师范生培养的特殊性不仅要靠培养高校,也需要县教育局的大力支持,需聚焦协同培养的优势,增强各方的沟通联系,在传授传统师范生专业知识技能的同时融入各地基础教育特色、优势,达到普遍性和特殊性的统一,为协同各方力量为做好乡村定向师范生的培养工作而努力。某培养高校副校长及

---

① 杨志成.新中国基础教育政策价值取向流变[M].北京:教育科学出版社,2015:178.

多地县教育局均表示：

> 要聚焦协同培养的优势,我们研究如何把协同培养的优势发挥好,要以不同的方式保持一种常态化的交流合作机制,确立管理工作的体制机制,做好协同培养的任务清单。

> 实际上我们现在急需各方确定工作责任主体,双方定期进行沟通。我们也非常想知道定向师范生在学校里面的学习情况怎么样,寒暑假学生回去了,我们安排他们参与一些参观、座谈活动等。到了大四的时候,我们希望学校能安排定向师范生回家乡实习。

高校和县教育局双方需保持常态化的联系,定期沟通乡村定向师范生在校期间的学业状况和学业需求,确立高校和县教育局协同的体制机制,共同制订培养方案,开发专项课程,开展专门教学,加强实践培训,形成校内外教育合力,推进乡村教师定向培养一体化。

第三节　乡村教师定向培养政策
执行的主体与方式研究

政策执行在本质上就是相关政策主体之间基于利益得失的考量而进行的一种利益博弈过程,地方教育行政部门、培养院校、乡村学校是乡村教师定向培养政策的基本执行主体。在政策执行研究中,利益分析是一种最基本的研究方法论,利益问题是公共政策多种分析视角的内在焦点,政策执行成效的好坏在很大程度上取决于政策对政策主体的利益分配是否得当。[①] 利益分析首要的问题在于明确政策利益主体及主体间的关系和结构,而乡村教师定向培养政策的不同执行主体实质上也代表了不同的利益主体。笔者通过分析乡村教师定向培养政策执行主体的关系结构和利益构成,试图为政策执行的优化提供更为明

---

① 丁煌. 利益分析:研究政策执行问题的基本方法论原则[J]. 广东行政学院学报,2004(3):27-30.

确的指向。浙江省乡村教师定向培养政策执行过程基本形成了"自上而下,县级自主"的执行方式,这种执行方式更具"省直管县"的体制特色,表现出强制性、区域特色性、动态变化性的主要特征。

一、乡村教师定向培养政策执行主体要素及关系结构研究

政策执行主体是政策执行过程中的能动要素,在政策执行中,执行主体若能合理沟通、协调利益,将促进政策执行质量的提升。[①] 在乡村定向师范生培养过程中,政策执行主体主要有地方教育行政部门、培养院校、乡村中小学,执行主体间的执行结构是各主体选择交往方式、开展利益协调时呈现出的结构特征。因此,在分析政策执行主体要素所承担角色的基础上,还需阐述其行动偏好,进一步分析各执行主体的利益立场及主体间的利益博弈。

(一)乡村教师定向培养政策执行主体要素及利益分析

1.政策执行的主体要素分析

为了吸引更多优秀毕业生到农村长期任教,解决当前乡村教师补充的核心问题,2012 年,浙江省开始首批乡村定向师范生的招生培养。[②] 自 2015 年国务院办公厅印发《乡村教师支持计划(2015—2020 年)》以来,各地都围绕该计划的核心要义制定了定向师范生培养政策,政策执行主体主要包含地方教育行政部门、培养院校及中小学,它们相互协作,共同努力提高教师教育质量。

(1)政策执行的主体要素

乡村教师定向培养政策执行主体是由地方教育行政部门、培养院校、中小学三方组建的共同体,在这一共同体中各个执行主体承担着自己的责任,履行着自己的义务,发挥着组织功能,最终实现合作效能。

第一,地方教育行政部门应统筹协调乡村定向师范生的各类工作。

---

① 姜超. 教师交流政策执行机制研究[D]. 长春:东北师范大学,2017:115.

② 李静美.农村公费定向师范生"下得去、留得住"的内在逻辑[J].中国教育学刊,2020(12):70-75.

浙江省在乡村教师定向培养政策执行过程中,教育行政部门主要包括省级和县级教育行政部门,市级教育行政部门一般没有作为执行主体参与其中,仅部分市辖区的教育行政部门参与其中,本书将县、县级市、市辖区的教育行政部门统一视为县级教育行政部门,所聚焦的地方教育行政部门主要为省级与县级的,两者在政策执行过程中都发挥着重要作用。在乡村教师定向培养政策执行过程中,浙江省教育厅会对国家层面的公费师范生政策进行解读,一方面是"国家代理人"的角色,积极抓住国家教师教育改革的机会,传达国家政策和执行的有关职能;另一方面则是"社会代理人"的角色,汇集地方经济社会发展的基层需求,引导鼓励各县教育局加入定向师范生培养改革队伍,在这一过程中,逐渐形成省级层面的乡村教师定向培养政策。在具体的政策执行过程中,浙江省教育厅将更多的权力下放到县教育局,这样既有利也有弊,有利的一面在于县教育局可以结合本县实际情况制定乡村定向师范生招录、培养和就业等环节的地方性规则,不利的一面是省教育厅难以更好地发挥统筹规划和协调职能,并且缺乏省级财政经费的支持作用,增加了县级政府的财政负担。

县教育局按照省教育厅规定来执行政策,调查本县教师编制的缺额情况,及时向省教育厅申报县乡村定向师范生招生计划;同时做好资源的合理配置,为乡村定向师范生提供实践基地,加强乡村定向师范生实践过程管理,解决乡村定向师范生在基地实践期间的基本教育见习、研习和实习。乡村定向师范生在培养期间,县教育局定时召集所有在读乡村定向师范生进行教师教育技能考核,若偏离预期目标,应及时加以调整。同时,从浙江省乡村教师定向培养政策执行来看,县教育局承担全部财政资金支持的职责,支持着乡村教师定向培养政策的顺利执行。

第二,培养院校应承担乡村定向师范生培养的主体工作。

培养院校具有丰富的师范生培养经验,在师资力量、培养模式等方面都具有较强的优势,能够结合最新教师教育研究成果,追踪当前基础教育动态,有效开展教育研究,并将成果转化至教育实践。培养院校承担着保障与提高乡村定向师范生培养质量的责任,同时加强与县教育局、定向县区中小学的联系。

乡村定向师范生培养方案是培养院校落实定向师资培养总体要求,开展教学活动、组织教学任务的规范性文件。在制订乡村定向师范生的培养方案时,应以优秀乡村教师作为培养目标,重视在地化培养,为乡村定向补充紧缺师资。培养院校在开设教育基础理论课程、学科课程、通识课程之外,还要重视乡村定向师范生的独特属性。培养院校要优化学科专业课程,加强学科间的横向联系,搭建跨学科的学习平台,培养"一专多能"的综合教学能力。培养院校还需提升乡村定向师范生的实践教学能力,加强实践教学环节,开展教育见习、实习、研习连贯的实践活动,不断优化实践教学的目标、内容、过程。

第三,中小学应支持乡村定向师范生的实践学习。

定向区县的中小学是培养乡村定向师范生的主要实践阵地。一方面,乡村定向师范生可以参与中小学的教学活动,将教育理论应用于实践,在实践中锻炼和提升自己的教学能力。另一方面,中小学也为乡村定向师范生提供了教学科研所需的场域,帮助师范生体验和感知中小学教学最基本的现实形态,发现问题并解决问题,提高自身的教学科研能力。因此,定向区县的中小学承担的是对定向师范生实践教学能力进行提升的责任,引导师范生补齐短板,提升乡村定向师范生的实践能力。

定向区县的中小学作为乡村定向师范生培养的重要参与者,在师范生的教师教育技能方面最具话语权,它们应配合县教育局与培养高校,及时、真实地反馈乡村定向师范生的教育实践状况,以便及时调整培养方案来保障乡村定向师范生的质量,便于培养高校调整教学计划,更有针对性地提升乡村定向师范生的任教能力。

(2)政策执行主体之间的冲突

浙江省乡村教师定向培养政策作为浙江省的一项地方性教育政策,属于公共政策的范畴,因此,该政策的执行也与其他公共政策执行有类似之处,会受到执行过程中各种因素的影响,从而使政策并不一定能完全按照政策预期的目标和方向发展。就浙江省乡村教师定向培养政策而言,执行主体间的立场差异会在一定程度上影响其政策执行的具体行动,政策主体间的可能冲突主要表现在招生、培养、就业、发展等四个基本环节。

第一,招生环节:订单式培养需求逐年递增与高校拟缩减招生计划之间的冲突;县教育局的考生准入标准模糊与高校期望录取"乐教适教"的师范生之间的偏差。

乡村教师定向培养政策主要是由省教育厅、县教育局、培养院校等机构负责政策执行。首先是由省教育厅发布定向招生通知,再由各县区教育行政部门会同相关职能部门,根据当地教育事业发展规划、教师队伍建设规划及近年来的教师补充情况,制订科学合理、符合当地实际的乡村定向师范生培养需求计划,然后上报省教育厅,最后由省教育厅下达文件。在这一过程中,由于权利的非对称性,各主体对决策的控制程度并不相同,省级、县级教育行政部门相对于培养院校占据着重要的地位。在招生名额分配方面,部分培养院校立足于研究型大学的发展定位,希望培养更多的研究型人才,所以计划压缩本校乡村定向师范生招生名额,但由于浙江省乡村教师定向培养的体量逐渐增大,乡村定向师范生招生数量占各高校在校师范生总人数的比例也开始增加,在这个过程中会与培养院校的人才培养定位产生冲突。在政策宣传方面,由于宣传内容不够具体、全面,部分乡村定向师范生的报考动机偏离了县教育局的选拔初衷。一位乡村定向师范生在访谈中这样说道:

> 定向师范生的种类有很多,包含医学、农业、师范等,我妈妈想定向师范生能解决工作问题,务必要我报一个,就算上不了还有普通志愿兜底。在顺利报考定向师范生后,教育局按照公务员标准对我们进行了体检,还进行了面试,面试就是大致问"为什么选这个专业"等问题。结束后教育局举行了签约仪式,地点就在教育局的会议厅,大致流程是宣读合同内容,确认无误后就签上自己和家长的名字,教育局和学生各存一份。此时的我,可以说对定向师范生毫无了解,只知道去上学,拿到毕业证和教师资格证,不需要考编制就可以上岗进编教书了。

从对乡村定向师范生的访谈中可以看出,作为一名乡村定向师范生,刚开始他并不是抱着对乡村教育事业的热爱而选择报考的,甚至在不太了解政策的情况下,为了家长心目中的稳定工作而签订了乡村教师定向培养的

协议,这与县教育局的招录选拔初衷发生了偏离。在访谈的最后,这位定向师范生表示:

> 总体来说,在师范学院的前三年中我收获颇丰,虽然前三年的大学生活伴随着三年的疫情,带来了诸多不便,大大减少了我们教学实践的机会,但是我仍然感觉到学院对我们定向班是非常上心的,为我们制订了更具有针对性的培养计划及相对完善的小班化教育制度。就我个人而言,我觉得定向师范生这条道路是比较适合我的,所以我也决定在完成学业后,回到家乡履行合同。

从当初为了获得稳定的事业编制,到产生对教师职业的喜爱,并有信心返乡从教,可以看出培养院校的培养模式有值得肯定的地方,通过培养院校对师范生的培养,最终使定向师范的这种偏误得以化解。

第二,培养环节:省教育厅与培养高校在培养模式方面的权责冲突;县教育局与培养院校在课程设计方面的诉求偏差。

在培养模式方面,政策执行主体拥有政策权利,也需要承担相应的责任与义务。乡村定向师范生培养政策涉及多个执行主体,每一个主体都承担着不同的责任,但教师培养的责任是一个整体,只是分解到不同主体、不同部分的责任性质有所差别,所以不能简单将责任进行量化分配。[①] 在无法明确各项权利、量化各项责任义务的情况下,容易出现交叉现象。浙江省教育厅和财政厅多次在文件中提出,要加强山区、海岛等薄弱地区小学全科教师及中学紧缺学科教师的培养,但部分经济较为发达的县区更希望有硕士学位层次的定向培养教师,这必然会影响到培养院校招生与培养计划的定位与调整,一定程度上这将导致教育行政部门的诉求与培养院校的人才培养定位出现不一致。

在课程设计方面,在对海岛县区教育局相关负责人进行访谈时,他们反映,由于所在县区的小规模学校较多,如果将音、体、美等学科教师配备齐全,则县

---

① 姜超.教师交流政策执行机制研究[D].长春:东北师范大学,2017:115-116.

区教师总额一定会超编,所以他们希望培养院校在乡村定向师范生的培养过程中,更加注重音、体、美技能的培养,而不仅仅停留于艺术理论知识层面。他们发现目前培养院校在小学全科教师培养过程中,实际上还做不到真正提升师范生的音乐和美术等艺术学科的技能。县区教育局对小学全科教师艺术技能的诉求与培养院校现有课程设置存在一定的冲突,为了促进乡村定向师范生综合能力的提高,还需双方通过商讨来优化人才培养方案。

除此之外,在对培养院校所在地区之外的乡村定向师范生乡土情怀培养的针对性不是很强。浙江省乡村定向师范生的培养任务主要是由浙江师范大学、杭州师范大学、温州大学、浙江海洋大学、湖州师范学院、丽水学院、衢州学院、台州学院等8所院校承担,这些高校分布在不同的地级市,包括杭州市、湖州市、丽水市、台州市等,它们比较熟悉本地及周边的乡村教育、历史底蕴及教育发展状况,了解当地的思想观念、民风民俗,这些本土化的特征赋予了培养院校在培养本地基础教育师资方面的独特优势,所以将当地乡村定向师范生委托给当地师范院校进行培养,或许更有助于乡村定向师范生的乡土情怀培育。[①] 但是,在对一位定向师范生访谈中,他这样说道:

> 本来我也想报考当地的师范院校,于是查了以前的录取情况,这些学校的门槛相对较高,我觉得自己的竞争力还达不到这个水平,但又想拥有一份稳定的工作,所以为了考上的概率大些,我选择离开家乡的学校。后来我遇到一位高中同学,他选择的就是一所当地的师范院校,在交流中我发现,他们的课程中涉及乡土文化内容的比重比我们的更大,也感受到他对于乡村教育的向往。

来自不同县区的乡村定向师范生在同一所师范院校进行委托培养,但培养院校难以根据不同地区的学生精准制定出完善的适合定向师范生所在县区的乡土文化课程。从上述访谈中可以发现,定向师范生乡土情怀培养不足,一定程度上将会影响政策执行的效果。

---

① 李婷婷.广西地方公费师范生教育政策执行问题研究[D].南宁:南宁师范大学,2020:20.

第三,就业环节:定向师范生定向履约就业与理想化的政策目标产生冲突。

就业环节是乡村教师定向培养政策执行过程中十分重要的环节,不仅关乎政策的有效性,同时也关乎定向师范生的个人利益。乡村定向师范生招生计划是各个县按照各自的师资需求来制订的,这将保障每一个定向师范生毕业后顺利就业、有编有岗。在访谈时,某教育局副局长指出:

> 本县的定向师范生违约情况约为20%,平均10个人里面可能有2个人违约,有违约情况也是比较正常的。比如说毕业的时候考虑到男女朋友的就业情况,然后有些在杭州读书的可能想留在更好的城市,是有这种情况。

从这位副局长的阐述中可以看出,乡村定向师范生的就业选择去向与当初的政策协议内容会产生冲突。考虑到个人今后发展的问题,部分师范生会选择继续读研深造,或到更发达的城市去发展。当然,乡村定向师范生的培养更多是为了乡村学校师资队伍的建设,目的是使师范生"下得去",提高乡村教育质量。一位定向师范生在访谈中这样说道:

> 定向师范生为我这种希望进入县城教师编制的学生提供了就业的机会,但听说现在小学评职称一定要有"下乡"的经历,如果未来评职称的话,下乡是必然的。所以既然迟早要下乡,这也是一举两得的事。

从这位师范生的访谈中可以看出,他并未想真正投入乡村教育事业,而是将此作为一个去城区学校发展的跳板,他认为初次就业考取县城教师编制的竞争压力相对较大,而定向师范生政策不仅能够给自己提供一份稳定的工作,同时还能在任教服务期满之后有机会争取进城从教。这与乡村教师定向培养政策中让乡村教师"留得住"这一目标产生了冲突。

第四,发展环节:助推乡村教育变革的信心与乡村中小学现教学生态产生冲突;职业规划与乡村定向师范生的专业发展产生冲突。

已有调查研究发现,22.7%的免费师范生对毕业后是否愿意从事教师行业表达了否定意愿。[①] 在访谈中笔者发现,部分已入职的定向培养的乡村教师长期从教意愿并不强烈,与所在乡村中小学教学观念存在冲突是其中一个非常重要的原因。在访谈中,一位已入职的定向培养的乡村教师这样说道:

> 在这个偏远的山村里,教师的年龄相对较大,他们都有着自己的一套传统的教育思想,再加上学校对教师的培训相对较少,即使有相关的培训,那些年龄偏大的教师也不愿参加,所以他们的教育理念相对落后,这就导致了整个学校的教学生态很难有变化,甚至和我们掌握的一些理念产生冲突,这让我倍感受挫。领导经常会将安排不下去的学习讲座分配给我们这些刚入职的年轻教师,并告诉我们不要只去签名报个到,不要当作一种负担。

从这位已入职的定向培养的乡村教师访谈中可以看出,即使当初怀揣对教育的热爱,渴望改变乡村教育的质量,入职后也容易被封闭的教学理念挫伤信心。同时,乡村中小学对教师的职后培训可能并未做到合理安排,而是在部分老教师不愿意参加在职培训的情况下,将各种在职培训以摊派的方式分配给年轻教师,教师的在职培训学习似乎变成了一种成长的"负担",专业成长环境可能会限制乡村定向师范生的长远发展,使其自身专业成长规划与异化了的教师培训安排方式发生冲突。

2. 政策执行主体的利益分析

在政策执行过程中,追求自身利益最大化是各个主体最基本的行为特征。丁煌认为,即便是在公共选择活动中,首先追求的也是个人利益,只不过追求利益的过程相对隐蔽,但绝不是像传统政治学理论所阐述的那样,为了公共利益而放弃个人利益。[②] 这种行为特征恰好与理性选择制度主义理论中的有限理性假设模型相符,该理论认为行动者采取行动的主要目的是追求自身利益最大

---

① 岳奎,王鹃.免费师范生的就业冲突及其规避——基于一项关于免费师范生就业意向调查的分析[J].教育研究与实验,2011(2):32-35.

② 丁煌.利益分析:研究政策执行问题的基本方法论原则[J].广东行政学院学报,2004(3):27-30.

化,且这一利益追求过程中所表现出的是有限理性。在理性选择制度主义的理论基础上,美国学者埃莉诺·奥斯特罗姆(Elinor Ostrom)建立了"制度性的理性选择与发展框架",此框架所要阐述的核心观点是行动舞台的确立。所谓的行动舞台,指的是行动者之间相互沟通、相互交流、相互作用、相互碰撞的社会空间,可以通过行动者所表现出的行动偏好来分析和解释此项政策情境下的行动者行为,甚至价值利益取向。

在乡村教师定向培养政策系统的行动舞台上,存在四类基本行动者,即地方教育行政部门、培养院校、中小学、乡村定向师范生,无论是单一的个体还是共同行动的群体,他们都会针对不同的政策环境采取不同的行动,展现出实现自身利益最大化的行动偏好。因此,通过行动者的偏好来分析其利益所在具有一定的合理性。

首先,地方教育行政部门的偏好。省教育厅的偏好更多地表现为促进师资配置均衡,提高整体教师教育质量。县教育局作为省教育厅的下级教育部门,其行动偏好主要表现为:为教育事业选拔高质量的优秀人才,拓宽教师补充渠道;完善招生录取机制,吸引更多人才,实现"下得去、留得住、教得好、有发展"的目标;提高定向培养师范生招生质量,优化当地的教师队伍结构,提升乡村小学的办学水平。

为了促进省教育厅、县教育局政策偏好的达成,保证定向师范生政策制定的科学化、培养的专业化,省教育厅、县教育局对乡村教师定向培养政策不断进行完善。从 2012 年开始培养小学全科定向师范生,浙江省的乡村教师定向培养政策定位也在逐渐具体化。2016 年,《浙江省乡村教师支持计划(2015—2020年)实施办法》提出要拓宽乡村教师补充渠道,及时补充乡村教师数量,提高乡村教师总体质量,改善教师队伍结构。2019 年出台文件《浙江省教师教育攀登计划(2019—2022)》,提出建立健全乡村教师培养与发展支持服务体系,为山区、海岛薄弱地区的农村学校培养定向师范生,促进乡村教师队伍发展。2020年,全面创新优化教师培养模式,给予师范教育更多政策倾斜和支持。其中重点强调要加大中小学教师定向培养计划,师范生在校期间的学费、住宿费和生活费等予以补助。

其次,培养院校的偏好。一方面,在乡村定向师范生培养政策执行过程中,为了提高各个执行主体培养的积极性,地方政府会为地方培养院校提供适当的财政补助并为其提供更多的教育资源。[①] 另一方面,培养院校招录与自身办学理念相符合的优质生源,突出办学特色,并且在与中小学进行合作的过程中,能够在实践中发现问题、解决问题,做到真正意义上的理论与实践相结合,以此提升办学水平。近年来,许多培养院校为了能够招收到优秀的乡村定向师范生以提高生源质量,建立了专业的准入机制,并且不断宣传培养院校融入地方特色的办学理念、培养模式等,吸引更多县区教育局将乡村教师定向培养的招生指标投放到本校来培养。

再次,乡村中小学的偏好。第一,乡村教师定向培养政策有助于为乡村中小学输送相对固定的师资,有利于学校师资队伍的建设。第二,全科教师与一专多能乡村教师的培养使乡村学校师资队伍的调配更加灵活。第三,中小学作为乡村定向师范生培养的主要实践基地,与培养院校有着密切的联系,有助于乡村学校教育教学具体问题的解决。调研发现,乡村小规模学校急需全科教师,因为学校生源数量较少,若将每门学科的教师全部配备齐全,则会出现超编情况,所以这些学校更需要具有全科素养的教师来承担多学科的教学任务,以满足正常的教学运行需要。

最后,乡村定向师范生的偏好。乡村定向师范生作为政策执行中的目标对象,其行为偏好主要表现为:进入培养高校后不断提高自身能力和素养,激发自身潜能,为未来投身于乡村教育打下坚实的基础;缓解家庭经济困难,获得免费入学的机会;毕业后便可进入体制内,缓解就业的压力;满足自身对于教育事业的热爱。

访谈发现,应届高中毕业生中的部分学生的行动偏好带有功利主义色彩。

---

① 崔玉汝,杜晓燕.师范生公费教育政策分析——基于理性选择制度主义的视角[J].煤炭高等教育,2021,39(2):10-17.

一位在读乡村定向师范生坦言,当初他选择定向师范生时,对政策本身并不是十分了解,也不是出于对教师行业的热爱,而是被政策中提到的减免学费所吸引。实际上,其他的乡村定向师范生也存在着同样的问题。一位县教育局局长在访谈时说,乡村定向师范生的分数越来越高,最高的甚至超过了 640 分,所以分数较高的学生觉得自己有实力去更好的大学深造、更好的地方就业,于是出现毕业后违约的现象。

政策执行的过程是行动者在行动舞台中受行动情境所影响而采取行动的过程。浙江省乡村教师定向培养过程中的行动集合具体如下:乡村定向师范生培养在提前批填报志愿;省教育厅发布定向招生方案;各县区教育局会同相关职能部门,根据当地教育事业发展规划、教师队伍建设规划及近年来教师的补充情况,制订科学合理、符合当地实际的定向培养需求方案;然后将方案上报当地县级人民政府同意,以县区级政府名义向省教育厅书面申报;省教育厅组织培养高校根据教育部下达的高校招生计划、各校培养总量、区域关系等因素,统筹落实各地申报需求;省教育厅在征求申报县级政府的意见后,确定定向培养招生计划;各县教育局、人力社保部门在高考成绩公布前,发布定向乡村教师定向培养的招生公告;考生入学前与县教育局签订定向培养协议,并将名单上报至相关高校;在校期间,部分县区按年发放补贴,有县区在学生在校期间补贴 60%,到岗后按照绩效考核成绩再补助剩下的 40%,也有县区存在定向培养前后无经费补助的情况;乡村定向师范生毕业后由县教育局统一分配到具有事业编制且专业对口的中小学教师岗位任教,服务期不少于 6 年。若未能按照协议从事中小学教育工作,要按照协议规定缴纳违约金。

(1)政策执行过程中的利益构成

公共政策执行过程中面临的困境是当前中国公共政策亟须解决的问题之一,这在较大程度上降低了政策执行效果。[1] 乡村教师定向培养政策作为教育

---

[1] 班建武,余海婴.教育政策执行难的利益分析——以北京市流动儿童义务教育政策实施为例[J].教育科学,2006(3):10-13.

政策,属于公共政策范畴,同样也面临着执行困难的问题。究其原因,主要是不同行为主体间价值立场不同,产生了利益上的博弈,而行动者的行动偏好表现出各执行主体针对不同的制度情形所采取的策略,以此使自身利益得以实现。[①] 换言之,通过行动情境中行动者的偏好可以分析出各主体的利益所在。由于乡村教师定向培养政策的利益分布或表现在不同部门和个人身上有所不同,将从部门归属、利益性质两个维度对利益结构进行分析。

首先,教育公共利益指的是乡村教师定向培养政策的预期目标实现所带来的教育方面公共利益的改善。如果能够达到预期设计目标,实现扩大乡村师资总量与提高总体层次的目标,这应该是教育行政部门最期望的公共利益。如果乡村定向师范生的培养只是简单将考生招录到培养高校,却无针对性的培养方案,毕业后按照约束性的协议回到乡村任教,那么将很难从根本上保证"留得住""教得好"。对于县区级政府的教育行政部门来说,如果没有实现提高乡村教育质量的总体目标,反而增加了地方财政支出,那么便失去了最初的动力。

其次,培养院校的利益主要是指培养院校通过培养乡村定向师范生所实现的教育利益。培养院校在乡村教师定向培养政策执行过程中的主要任务就是培养人才,通过培养人才实现其利益,使乡村定向师范生能够增长知识、提升综合素养、增强教育研究和教育实践能力、养成师德情操和乡土情怀、胜任乡村中小学的教育教学和管理,这样培养院校的利益便得到了很好的体现和维护。在政策执行过程中,培养院校实现了教育利益之后,也会得到地方政府部门的更多支持。由于对乡村定向师范生的培养不仅要提升理论素养,同时还需要提升实践能力,那么必然会对乡村定向师范生所流向的乡村学校产生影响。如果一名乡村定向师范生进入定向县区的乡村学校实习,并且在毕业以后愿意到乡村学校长期任教,就能够补充乡村学校紧缺学科的教师空缺,这是乡村学校在该政策执行过程中最核心的政策利益。在与各县教育局的访谈中笔者了解到,部

---

① 马雪松.理性选择制度主义的发生路径、内在逻辑及意义评析[J].社会科学战线,2020(6):216-227.

分县区教育局非常希望培养出更多中学紧缺学科的教师和小学全科型教师。某县的教育局副局长在访谈中提到：

> 我们县非常缺小学语文老师，我问了我们县的乡村定向师范生，到大三的时候，学生自主选择专业方向，但目前我们了解到，同学们选小学数学方向的比较多。此外，现在我们县在贵学院的定向培养师范生仅限于小学教育，能不能扩展到其他的学段、其他的学科？比如初中的社会学科、高中的政史地学科非常缺老师，很难招到，希望贵学院的定向教师培养在学段、学科专业方面再进行一些拓展。

可以看出，乡村中小学对紧缺学科的教师需求量较大，若定向师范生自主选择的任教学科方向不能满足地方教育行政部门对紧缺学科的教师要求，那么对解决定向县区乡村学校师资匮乏问题的意义和价值就不大，反而占用其他学科的编制名额。

最后，乡村教师定向培养政策执行过程中涉及了较多个体，所以必然应考虑不同个体的得失及个人利益。对于乡村中小学校长而言，教师层次的提高、师资队伍的扩大都会对教育教学质量产生一定的积极影响，从而影响到他们的管理绩效及职业发展。对于乡村中小学在职教师而言，对乡村定向师范生的教育实践指导工作，必然会增加在职乡村教师的工作负担，这就意味着他们需要重新调整和平衡好工作与生活之间的关系。对于乡村定向师范生而言，其个人利益主要是充分了解乡村教师定向培养政策、定向协议的内容，得到相应的教师教育技能、综合能力提升和经费支持，获得教师准入资格，并且在入职后也能定期接受有关专业发展培训。一位乡村定向师范生在访谈中谈道：

> 在我看来，现在最重要的就是要提升自己的师范生技能，成为优秀的高考生。作为优秀的乡村定向师范生，成为优秀的未来小学教师，我要严格要求自己，不能因为已经有了就业去向和岗位编制就放弃培养期间的努力。定向培养是一种针对性培养，是为了提高定向生的教师教育技能，为乡村学校的教育提供有力的支持。因此，我们要在多方面锻炼提升自己，提升自己的综合素养。

从上述访谈内容可以看出乡村定向师范生对教育行业的热爱、对教师教育技能提高的重视及对未来职业发展的信心。所以,无论职前还是职后,努力实现乡村定向师范生高质量的培养都是定向师范生对自身利益的核心诉求。

(2)政策执行过程中的利益关系分析

乡村教师定向培养政策中涉及较为直接的利益范畴包括教育公共利益、培养院校和乡村中小学的学校利益及个人利益。当学校利益、个人利益与教育公共利益较为一致时,乡村教师定向培养政策执行将有助于教育公共利益的实现。若不同主体之间产生利益冲突,则会给乡村教师定向培养政策的执行带来一定的阻碍。

首先,乡村教师定向培养政策执行过程中的教育公共利益与乡村中小学利益的关系分析。乡村中小学的利益指的是政策执行对中小学的影响。由于乡村定向师范生的综合素质水平有所差异,所以对乡村中小学利益的分析应从两个角度切入。当综合素质水平较高、适教乐教的定向师范生毕业入职乡村中小学时,将有助于乡村中小学教学质量的提升,不仅可以减轻现有乡村中小学教师的工作负担,同时也能提升教学科研的质量,促进乡村中小学教师队伍质量的提高。反之,当综合素质水平较低或不愿从事乡村教育的乡村定向师范生入职乡村中小学时,不仅难以实现乡村教师定向培养政策的预期成效,反而成为影响乡村中小学学校日常教学的不稳定因素。上述乡村中小学的利益在何种情况条件下才能真正实现,需要分析利益实现的前提。综合能力素质较高的师范生进入中小学,能促进学校教师队伍水平的提高。第一,培养出的乡村定向师范生所学的学科专业方向符合乡村中小学的需求;第二,乡村定向师范生有着对教师职业最本真的热爱;第三,中小学应有留得住定向师范生的相关政策。

其次,乡村教师定向培养政策执行过程中的公共教育利益与部门利益的关系分析。部门利益指的是行政部门的部分行为偏离政策公共利益方向,通过选择性地执行某些政策,以追求部门利益来掩盖对个人利益的追求。[①] 在政策执行过程中,省教育厅作为维护教育公共利益的主要代表,与县教育局之间存在一定的利益冲突。从级别上来看,省教育厅作为上级部门,其制定政策的意图在于通过对社会整体利益结构的维护,进行资源的合理配置,以期促进社会的健康发展。[②] 在实践层面,省教育厅所下发的文件并不完全适用于各个县教育局,因此,作为上级政府部门的省教育厅与作为下级政府部门的县教育局之间便会产生利益的不一致,即省教育厅代表着整体公共利益,县教育局代表着本县的部分利益甚至个人利益。在乡村教师定向培养政策执行过程中,由于同师范生直接利益关联的权限分散于多个部门,各个部门都有着自己的工作原则和工作要求,当具体政策的实施涉及多个部门时,若每个部门都按照自己的利益行事,再加之省教育厅的协调统筹相对不足,部门利益与政策主张的利益就会产生冲突。具体来看,乡村教师定向培养政策执行过程中培养费用全部由县级财政承担,这样便加重了县级财政的负担,县级政府在安排财政经费的过程中会遇到一定阻力。

再次,乡村教师定向培养政策执行过程中的公共利益与乡村定向师范生的利益关系分析。教育公共利益的实现需要定向师范生主动参与其中,两者在相互作用的条件下得以实现,定向师范生的利益也在更高的公共利益中得以提升。在政策执行过程中,教育公共利益的实现可能会有滞后性,且并非直接、单独作用于乡村定向师范生,即便在奖惩等激励政策之下,乡村定向师范生也并不见得都会主动参与到教育公共利益的目标实现之中,这在一定程度上会阻碍教育公共利益的实现。对于乡村定向师范生而言,在履行服务这一阶段,若乡村定向师范生的预期经济收入与实际收入不匹配,自身利益未受到保障,会比较容易产生违约行为。在访谈过程中,有培养高校反映,现在乡村定向师范生继续深造读研的意向非常强烈,这些学生更容易产生违约行为。能力相对一般

---

① 休斯.公共管理导论[M].3版.张成福,王学栋,等译.北京:中国人民大学出版社,2007:37.
② 丁煌.利益分析:研究政策执行问题的基本方法论原则[J].广东行政学院学报,2004(3):27-30,34.

的乡村定向师范生也处于观察阶段，一旦服务期满便会选择去条件更好的城区学校任教。无论哪种情况，乡村定向师范生的离职行为都会给公共教育利益带来一定的影响。在 2020 年浙江省教育厅出台的《关于省政协十二届三次会议542 号提案的答复》中提出，"完善专业拨款系数，乡村定向师范生在校期间的费用，原则上由县财政给予全额或部分补助"。调查发现，浙江省的部分县区只提供事业编制，不提供补助资金。尽管无补助政策能够减少地方财政投入，但损害了那些为减轻家庭经济负担而选择乡村教师定向培养政策的乡村定向师范生的个人利益。

最后，乡村教师定向培养政策执行过程中县教育局利益与师范生利益的关系分析。县教育局在与师范生签订协议的过程中，常处于信息不对称的状况。乡村定向师范生在招考面试及签订协议的过程中，主要是由县教育局人事部门组织实施，在高考招录过程中，因为时间紧，所以采用的面试程序极为简略，面试组成员结构也不合理，未能真正考查考生是否适合从事教师职业；所签署的协议内容也相对固定，这就导致县区教育局对乡村定向师范生的认知和考察很不全面。在访谈中，部分县区教育局负责人反映，通过信息填报与简单的交流，无法了解到乡村定向师范生是否真正热爱教师岗位，若只是为了工作稳定有保障，而在日后的学习过程中缺乏主动性，这将给县区教育局带来一定的压力。某县教育局负责人在访谈中这样说道：

> 我们现在组织的乡村定向师范生招生面试只是一个很浅层次的面试，做一个简单的交流，如果外形没有特别的缺陷，交流的时候没有特别的缺陷，我们都是按照分数排序，都让他们通过面试的，但实际上这个人到底适合不适合当老师，我们也不知道。

这种面试方式无法让县教育局掌握真正有价值的信息，一定程度上只是为了快速完成提前批次面试从而完成录取环节，却为日后带来了隐患。在乡村定向师范生履行协议的过程中，县教育局将投入更多的财政经费，部分县区在中小学教师职称评定名额中优先考虑定向师范生。如果乡村定向师范生能够严格按照培养目标来提升自我，投身乡村教育事业，则会实现县教育局利益与师范生利益的双赢。反之，虽然政策倾向于乡村定向师范生，但乡村定向师范生仍然选择继续深造或者离职，那么县教育局的部门利益会在一定程度上受到损害。

（二）乡村教师定向培养政策执行主体的关系结构

乡村教师定向培养政策执行系统是一个复杂、开放且存在大量非线性活动的系统。培养院校、地方教育行政部门、中小学作为政策执行的三大主体，从政策执行实践来看，以地方教育行政部门和培养院校为核心，相互联系、相互依赖，同时也存在一定的边界。

1. 政策执行主体间的核心性："核心—边缘"程度

由于各个政策执行主体的职能不同，所以在政策制定、政策执行过程中所占据的地位也不同。在乡村教师定向培养政策执行的不同环节，不同主体的核心程度则有不同的体现。在乡村教师定向培养政策执行的前端和后端，县教育局处于核心地位；在乡村教师定向培养政策执行的中端，培养院校处于核心位置。从浙江省的政策执行实践来看，由于主客观方面的原因，乡村中小学的参与程度较低，一直处于边缘位置。

浙江省乡村教师定向培养政策执行整体上呈现出"自上而下，县级自主"的特点。"自上而下，县级自主"的政策执行方式反映出县教育局的重要角色地位，不仅要向省教育厅主动申报，同时也要联合培养院校及乡村中小学部署安排、落地实施，一旦离开了县教育局的大力协助，政策执行的阻力将会加大，因此县教育局的核心位置不可替代。此外，培养院校也处在政策执行中端的核心位置。乡村定向师范生的培养是为了更好地促进城乡教育均衡发展，发挥培养院校在乡村师资培养的主体作用，全面落实国家乡村振兴战略，积极落实浙江省进一步深化教师队伍建设的政策，为浙江省振兴乡村教育和共同富裕目标的实现提供优质师资。共同目标的实现是各个主体间合作的基石，培养院校作为目标的制定者之一与实施者，其地位是非常重要的。培养院校和定向县区的乡村中小学由于对乡村教师定向培养政策的理解不同，所形成的人才培养理念也会不同,因此在乡村定向师范生人才培养方案、课程体系、理论研究、教研活动等方面存在一定的差异。县教育局及其教师培训中心将发挥重要的协调工作,使两者达成共识,促进乡村定向师范生培养工作顺利进行。由于培养院校对理论研究较为注重,关注教育改革新方向,所以在制定培养目标时也同样处于重要地位。而定向县区乡村中小学的核心程度相对于县教育局及培养院校较低,主要是由于实践指导教师的参与度较低。从乡村中小学教师的主观方面来讲,缺乏切实的奖励政策,且在指导师范生的过程中,在职乡村教师自我提升的空间相对较少,就很难激发乡村中小学教师参与其中的主动性;从客观方面来讲,乡村定向师范生实习的考核评价制度缺乏一定的奖惩措施,少数乡村定向师范生在实习时会出现散漫的状态,给实践学校和指导老师留下较差的印象,致使指导老师缺乏参与培养的动力。

2.政策执行主体间的关联性:"强—弱"程度

关于政策执行主体关联程度的观点主要分为两类,一类是以格兰诺维特和林南为代表,认为群体间的弱关系更有利于信息扩散。他们提出区分关系强弱的四个指标:一是互动频率,是指人与人之间互动的次数,或者人与人之间关系的维持需要花费多少时间进行互动;二是情感强度,是指人际关系的深浅程度;三是亲密程度,是指判断人与人之间关系的熟悉度和信任度;四是互惠互换,是指人与人之间交换与互惠的空间范围。[1] 这四个指标越高,关系越强;反之,指标越低,关系越弱,且群体之间的弱关系更有利于双方资源的获取。[2]另一类是强关系理论,认为人与人之间的强关系比弱关系更有用,区分人与人之间关系强度的指标是信任和义务。[3] 在乡村教师定向培养政策执行过程中,培养院校、地方教育行政部门、中小学这三大主体在互动频率、情感强度、亲密程度及互惠

① M. S. Granovetter. The Strength of Weak Ties[J]. American Journal of Sociology,1973,78 (6):1360-1380.

② 林南.社会资本:关于社会结构与行动的理论[M].张磊,译.上海:上海人民出版社,2005:67-68.

③ Y. J. Bian, Bringing Strong Ties Back in: Indirect Connection, Bridges and Job Search in China [J]. American Sociological Review,1997,62(3):363-385.

互换这四个方面的关系强弱并不相同。政策制定过程中县教育局与培养院校及省教育厅的关联性较强,政策实施过程中培养院校与中小学的关联性较强。除了三大执行主体以外,乡村定向师范生作为政策执行过程中的目标群体,在政策实施过程中与其关联性最强的是培养院校及中小学。

在政策制定过程中,由于乡村定向师范生的培养院校具有基础教育改革与发展、乡村教育、课程与教学、教育理论与政策等方面的理论优势,同时积累了丰富的师范生培养经验,所以县教育局在政策制定过程中与培养院校的联系相对紧密。县教育局在制定政策前,会与当地各乡村中小学进行联系,了解各个乡村学校的师资需求,统筹安排教育资源,相对于培养院校而言,县教育局与乡村中小学的关系更紧密。除此以外,从浙江省乡村教师定向培养政策实施流程来看,县教育局与省教育厅交流频繁,两者反复协调招生计划,具有较强的关联性。在政策执行过程中,培养院校与乡村中小学之间的关联性相对较强。

一是师范生实践课程的构建。培养院校与定向县区乡村中小学共同建立教师实践课程研究小组,规划指导师范生实践课程设计与实施。一位教育局副局长在访谈中这样说道:

> 培养小学全科型教师是非常有必要的,我很了解乡村小学的音乐教学情况,我也了解了一下部分定向师范生,大一的时候他们学过简笔画,大一下的时候学过软笔书法,音乐只学了理论,我问有没有考试,他们说没有,只是修了一下课程。我问他们有没有弹过钢琴,他们回答没有。如果音乐只学了一点理论,没有学习弹奏技能,我认为这还是非常欠缺的,所以我希望师范院校的领导要重视师范生全科技能的培养,而且要从技能考核的角度来加以培养,我们的乡村学校需要这样的全科型教师。

针对目前乡村中小学的现实诉求,培养院校可根据县区教育局和乡村学校诉求,探索调整乡村定向师范生培养中的课程体系。

二是教育实践基地的建设。教育实践基地的建设要通过培养院校的协调和推动,满足乡村定向师范生实践能力培养的需要,同时发挥协同作用,为乡村定向师范生提供良好的实践教学环境。在这一环节中,县教育局虽然与两者的关联性较弱,但其发挥着纽带作用,在培养院校与中小学之间利益相左时进行协调。

3.政策执行主体间的边界性:"封闭—开放"程度

乡村教师定向培养政策执行是多主体相互协作的过程,在这个过程培养院校打破了以往的封闭状态,走向开放,积极寻求与各定向区县的教育局、教师培训中心、乡村中小学之间的交流与合作。从权利、制度文化等方面来看,执行主体间并不完全开放。

在政策执行过程中,省教育厅对各县基础教育师资及乡村教育师资状况的了解,主要依靠各个县教育局上报,然后统筹制订全省乡村定向师范生招生计划,由县教育局进行自主上报,各个县因地制宜制订适合本县区定向师范生的计划及方案,自由的空间相对较少,同时也存在计划与方案被省教育厅驳回的风险。从政策执行过程可以看出,在这个过程中,省教育厅处于一个相对封闭的状态,难以借鉴吸收其他省市的经验与案例。在招生计划确定过程中,县教育局选择定向师范生委托培养的院校,再通过多种形式进行沟通交流,合力解决乡村定向师范生在招生数量和培养质量上存在的问题。

(三)乡村教师定向培养政策执行主体的互动机制

培养院校在乡村定向师范生培养过程中扮演着重要的角色,为师范生积极搭建培养平台,促进各方功能的实现,力求为政策执行过程中的主体谋取最大利益。在"目标一致、责任共担、资源共享、互利共赢"的协作原则下,各方共同就人才培养、组织运行、互动合作、质量监控四个方面实现有效运行。

1.人才培养机制:"四年一体,双师指导"的教育模式

"四年一体"的全程化教育实践指的是对乡村定向师范生在本科四年间进行全程化、递进化的师德养成培养,同时以回访乡村学校及乡村教师、参加教育见习和实习等多种形式,抓重点、分阶段地进行实践。乡村中小学配合乡村定向师范生的培养工作,搭建实践平台、提高优质资源,并起到全程对师范生进行严格管理的作用。为了留得住乡村定向师范生,培养院校和定向县区教育行政部门要对乡

村定向师范生进行乡土教育情怀的培养。定向师范生乡村教育情怀养成教育分为三个阶段:大一暑假回访乡村学校、乡村教师,初步建立乡村教育情怀;大二暑假深入所在县区乡村进行调研,并撰写调研报告,深入了解家乡教育文化;大三提早参与县区教育局组织的暑期师德师风教育,尽早融入当地教育,增进本土教育情怀。各县区教育局为定向师范生确定实习、研习学校与师范生成长实践基地,培养院校为实践基地建设提供指导和帮助。在正式进入实习基地实习之前,除了对乡村定向师范生进行乡土情怀培养,培养院校也为学生提供全程覆盖的实践课程、螺旋上升式的递进体验,让他们熟悉教育现场、深度观察课堂、初次"试教"、扮演"准教师"参与教学研究,为进入实习基地做好充足准备。为了检验乡村定向师范生的专业技能,以便后期积极改进,培养院校定期举办"三字一话"、演课、说课等比赛。

"双师指导"的教育模式指的是乡村定向师范生不仅在高校中有教师指导,在实习基地、乡村学校实习时同样配备优秀中小学教师对其进行指导。为了更好地培养符合乡村教育特色的本土师资,县区教育局从本地区学校及教研机构遴选优秀师资作为乡村定向师范生的实践导师。实践导师由学科导师、班主任导师、教研导师构成,可一对一配备导师,也可以采用导师组等方式。导师的主要职责是加强乡村定向师范生的师德教育,指导学生提升教育教学技能,为乡村定向师范生毕业后尽快融入地方教育提供帮助。高校导师负责对乡村定向师范生进行专业理论知识方面的指导,并积极与乡村中小学实践导师沟通了解乡村定向师范生的实践情况,不断调整与优化培养方式。

2.组织运行机制:以培养院校为核心,成立教研、培养互助组织

以培养院校为核心成立主管机构,主要是联合其他培养院校及中小学、县教育局形成一个共同体,在这个共同体中将核心培养院校作为主要机构,依托本校的师资力量推进共同体的运行,并成立基础教育发展中心,积极开展人才培养模式改革。联合教研指的是在乡村定向师范生的培养过程中,培养院校与各县教育局建立乡村定向师范生培养互助制度。教育局遴选的优秀教师可以参与培养院校乡村定向师范生相关课程的讲授,培养院校教师可以参与县教育局的教研活动,共同研讨教育教学问题、共同研制乡村定向师范生培养方案、共

同开发课程、共同开展教学。在共同研制乡村定向师范生培养方案方面,可以根据各地区需求,培养小学全科型教师及中学一专多能型教师。在课程开发方面,根据乡村定向师范生培养需要,双方协同开展课程与教学案例的研发,研发成果由双方共享。在开展教学方面,"不同教师虽然承担的教学内容不同,但都是整个卓越教师课程培养体系的有机组成部分","教什么"与"如何教"需要各位教师互相协同,进行整体的教学设计。[①] 在协同培养过程中,培养院校打破传统的封闭状态,更加关心与了解基础教育改革动态及乡村定向师范生职前培养与职后发展,对教学内容进行整体性规划。

3.互动合作机制:双向支撑、互动协调、协同创新

(1)县教育局与培养院校的互动合作。县教育局和培养院校是双向支撑的合作关系。[②] 首先,县教育局作为政策执行的具体引导者,积极主动与多方协同合作来保证乡村教师定向培养政策的长效性与及时性,并对合作中出现的问题予以解决。培养院校对师范生的培养有着丰富的经验,在乡村定向师范生培养的过程中可以为政策的制定、执行、改进提供可行性方案。其次,县教育局支持培养院校在定向县区建立实习基地,达成符合双方意愿的联盟。

(2)县教育局与中小学的互动合作。县教育局与乡村中小学形成互动协调的合作关系。首先,各县教育局在了解到各乡村中小学师资状况、教师素质、课程安排与设计等情况下,对各个中小学进行遴选,选出符合实习基地标准的高水平、高质量的学校。其次,乡村中小学在接受乡村定向师范生培养任务的同时也应承担相应的责任,对乡村定向师范生进行全程指导和评价,在培养中出现问题时应及时向双方负责人反馈。

(3)培养院校与中小学的互动合作。培养院校和中小学是协同创新的合作关系。培养院校与中小学是乡村定向师范生培养过程中的主要受益者,是政策

---

①　闫丽霞.UGS协同视野下卓越教师培养的教学与技能训练改革研究[J].教育理论与实践,2017,37(11):30-32.

②　刘薇.黑龙江省G－U－S教师教育联盟运行机制研究[D].哈尔滨:哈尔滨师范大学,2016:32.

执行主体不可或缺的部分,双方的互动关系与运行状况影响着乡村定向师范生的培养质量。培养院校只有与中小学紧密合作,才能切实了解教学常态,及时把握乡村教育、师资水平及基础教育改革的发展方向,乡村定向师范生培养也才能够真正践行"以人为本"的教学理念。[①] 双方之间相互配合,县教育局根据需要,聘请培养院校教师为在职中小学教师的导师,指导他们的专业发展或学校改进等工作,协同发展。

4.质量监控机制:"U-G-I-S"四位一体质量监控

乡村教师定向培养政策执行主体需要形成合力,聚焦师范生培养的质量。"U-G-I-S"四位一体的政策主体互动模式,要求加强师范生培养质量管理,其质量监控主要是将教师培养质量监控贯穿于四位一体协同的全过程,保障乡村定向师范生的培养质量(见图3-2)。

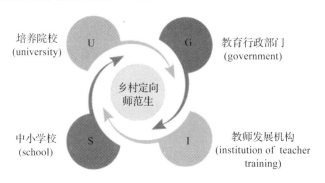

图 3-2 "U-G-I-S"四位一体的质量监控机制

乡村教师定向培养政策执行的"U-G-I-S"四位一体质量监控模式主要表现出"培养院校主导、教育行政部门协调、乡村中小学校深度参与、教师发展机构依托"的特征。第一,县级教育行政部门、培养院校、中小学、教师发展机构之间相互独立又互相联动,确立乡村定向师范生培养的质量标准,发挥各自的权利并承担相应的责任义务,使乡村定向师范生培养过程得到有效保障。第二,县级教育

① 刘益春,李广,高夯."U-G-S"教师教育模式建构研究——基于教师教育创新东北实验区建设的实践与思考[J].教师教育研究,2013,25(1):61-64,54.

行政部门发挥协调作用,能够为其他各方提供信息反馈。第三,乡村中小学不仅要将乡村定向师范生的发展情况反馈给师范生,以便其进行自我提高与调整,还要与培养院校沟通合作,提升在读乡村定向师范生的培养质量,以便进行培养方案的调整与修改,并积极联络县级教育行政部门,为后续的政策制定提供方向。第四,各级地方教师研训机构和教师发展机构在乡村定向师范生的质量管理过程中发挥着独特的作用。县域内在职教师的职后培养主要依托县级教师发展机构,而乡村定向师范生在进入培养高校之前,就已经与县教育行政部门签订了培养协议,定向师范生属于定向县区的准教师,县级教师发展机构利用假期对在读定向师范生进行专业能力素养指导,并掌握不同培养院校的乡村定向师范生实际培养成效,及时反馈给相关培养院校,有助于乡村定向师范生培养质量的提升。第五,培养院校需要对乡村定向师范生培养质量的过程加以监控。对师范生的质量监控,不局限于在读期间,也延续到师范生实习期间甚至扩展到师范生入职后,以此保证乡村定向师范生的培养质量。

二、"自上而下,县级自主"的定向生政策执行方式研究

乡村教师定向培养政策执行主体主要由省教育厅、县教育局、培养院校、乡村中小学构成,在政策执行过程中形成了"自上而下、县级自主"的执行方式,即作为下级的县(市、区)教育局在上级教育厅的指导下执行乡村教师定向培养政策,接受上级对乡村教师定向培养政策执行情况的监控,呈现"自上而下"的特征;同时,在定向县域范围内,乡村教师定向培养政策的执行过程相对完整,县级政府及其教育行政部门的政策执行覆盖了在定向县域范围内乡村教师定向培养政策的再制定、执行、评估等所有的政策过程环节,呈现出典型的"县级自主"的特点。乡村教师定向培养政策"自上而下,县级自主"的执行方式是在浙江省"省直管县"的行政管理模式基础上发展而来的。乡村教师定向培养政策"自上而下,县级自主"的政策执行方式具有强制性、区域特色性和动态变化性等特点。

（一）"自上而下，县级自主"政策执行方式的内涵

1."自上而下，县级自主"的政策执行方式的含义

长期以来，我国基础教育政策的执行实行党中央集中统一领导、省级领导市级、市级领导县级的"自上而下、以县为主"的执行体制。① 浙江省的乡村教师定向培养政策执行亦整体呈现"自上而下、县级自主"的特点。浙江省乡村教师定向培养政策"自上而下，县级自主"的执行方式主要是作为下级的县教育局在上级省教育厅指导和推动下执行乡村教师定向培养政策，接受省教育厅对乡村教师定向培养政策执行情况的监控；同时，在县域范围内，乡村教师定向培养政策的执行过程相对完整，县级政府及其教育行政部门的政策执行涉及县域范围内乡村教师定向培养政策的再制定、执行、评估等政策环节。尽管浙江省并未明确出台乡村教师定向培养的单行性政策文本，但此项工作主要以省级教育行政部门的行政手段来推动，省教育厅发布乡村定向师范生的招生及实施通知，县级教育局根据政策文件和省级实施意见，制定具体实施办法。从具体的执行过程中可以发现，浙江省乡村教师定向培养政策的执行遵循自上而下的政策执行方式，且在县级层面有较大的自主权，在县一级呈现出相对完整的政策执行过程。

2."自上而下，县级自主"的政策执行方式的机理

分析乡村教师定向培养政策执行机理，需要从政策执行的流程来审视。浙江省的乡村教师定向培养政策实施主要经过了以下环节：省教育厅先向县教育局发布乡村定向师范生招生需求上报通知；县教育局调查统计本地农村小学教师的实际缺额，并结合本地区农村基础教育师资队伍的建设需要，制订出本地区定向培养师资招生需求计划并上报省教育厅；省教育厅汇总全省具体的招生指标及方案并联合培养院校最终确定招生计划，再由县级政府在县域范围内发布地方乡村定向师范生招生公告。在高考结束之后，省教育厅开放高考志愿填报系统，考生填报提前批志愿，汇总考生报名情况并按照1：1.2的比例初选确定面试名单，然后

---

① 李孔珍.我国基础教育政策执行：整体推进模式[J].中国教育学刊，2010(11)：14-17.

将名单下达至县教育局,县教育局进行考生的户籍审核、面试、体检等招录工作,确定录取名单并予以公示,公示后与考生签订定向就业协议,并将最终名单上报至省考试院,省考试院对乡村定向师范生进行投档录取。乡村定向师范生被录取之后由培养院校进行培养,其对应的定向县区的县教育局需要做好协同培养及培养跟踪工作,在乡村定向师范生毕业前,再次调查统计当地教师编制情况,对乡村定向师范生进行教师入职体检、考察等,并签订劳动合同予以录用(见图3-3)。

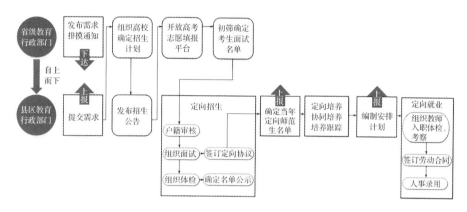

图 3-3　乡村教师定向培养政策"自上而下,县级自主"执行方式

　　浙江省乡村教师定向培养政策执行方式可以概括为"自上而下、县级自主"的执行方式。首先,"自上而下"的执行方式是政策有效推进的基本保障。长期以来,我国的行政体系导致教育行政组织对自上而下的、驱动式的、垂直式的教育政策执行方式形成了路径依赖。[①] 教育政策的制定与执行基本上是由政府主导并发起,并进行统一的部署及安排,再经由各级政府或地方政府的教育行政部门执行。若政策离开了各级地方政府的统筹安排,往往难以有效执行。本质上看,乡村教师定向培养政策依靠"自上而下"的行政效力,减少了政策执行的阻力。乡村教师定向培养政策是省委、省政府支持乡村教育发展和乡村教师队伍建设的重要举措,省教育厅不仅是政策的执行者,也是政策的设计者,对于政

①　叶姗姗,何杰.教育政策县域执行的传统路径分析与路径创新[J].当代教育科学,2017(11):26-29.

策的推行起到整体性的引领作用,对县区实施乡村教师定向培养政策起到指导作用。在政策执行过程中,省教育厅组织地方培养高校作为定向师范生的委培单位,依托省内高考志愿填报平台,以提前批的形式进行乡村定向师范生的招录,推动各县区调配教师编制岗位等,上述政策实施行为依托省级政府及其教育行政部门才能得以实现,若缺乏省教育厅层面的统筹和支持,乡村教师定向培养政策难以有效开展。其次,"县级自主"是乡村教师定向培养政策执行的重要过程。"县级自主"主要体现在县级教育局在乡村教师定向培养政策执行过程中的相对完整性,实现了招生数量自主、招生过程自主、生源培养经费自主等。县级政府及其教育局在政策执行中发挥着承上启下、协调沟通的作用。县级教育局既要承担承接上级政策的基本职责,也要负责本区域的乡村教师定向培养实施方案的再制订;既要梳理本区域内各中小学的教师需求,形成规划方案并向省教育厅提交,也要与师范院校协同培养乡村定向师范生,组织乡村定向师范生进入乡村中小学参加教育实践,完成乡村定向师范生的定向就业分配。这种自主申报乡村教师需求数量、自主面试、自主承担培养经费、自主分配等一系列过程都表明,县级教育局在政策执行过程中处于极其关键的位置。

浙江省乡村教师定向培养政策形成"自上而下,县级自主"执行方式的主要原因与浙江省"省直管县"的体制改革模式密切相关。"省直管县"是指省直管县级行政单位,将"省—市—县"的三级管理模式调整为"省—县"两级管理模式,由省级行政区直接管理县级行政单位的各项事务。广义上其涉及对县的各类行政管理,包括人事、行政审批、财政等,狭义上它主要指的是财政管理。"省直管县"一般涉及两个方面内容,分别是行政省直管和财政省直管。行政省直管主要表现为省级政府跨过地市级政府直接管辖县级政府,包括社会和政治、经济等管理权限,其中县级政府主要领导也直接由省委组织部门任命。财政省直管主要表现为省级财政和县级财政以收支划分为基础,省级财政在预决算、转移支付、债务等方面直接与县级财政联系,中间不与地市级财政发生财政结算关系。在行政省直管县和财政省直管县的基础上,才构成全面的省直管县模式。在实践中,全面的省直管县包括三个方面核心内容:一是事权下放至县,扩大县级社会管理权限;二是省直管县级财政,激活县级财政活力;三是县级主要领导的管理权限上调至省级,弱化地市级的干部权限。① 浙江省是全国"省直管县"改革的先行者,从 1953 年起浙江省建立了市级、县级财政且实行省直管县级财政的做法,并沿用至今。1992 年,其他省级政府进行分税制改革,转变为"市管县"体制,而浙江省基于本省的现实情况,依旧沿用了"省直管县"的体制,并基于执行成效进行了四次经济强县扩权改革,最终形成了浙江省特色的"省直管县"模式。浙江省的"省直管县"表现在三个方面:财政上的省直管县体制;县级党委、政府负责人由省级党委、政府任免及管理;在浙江省四轮"强县扩权"后,县级政府拥有了较大的社会经济管理权限。② 尽管"省直管县"被认为是典型的财政分权模式,但是我国的财政分权具有中国化的"行政集权、经济分权"特色,这与西方国家的行政分权、经济分权不同,因此其"自上而下"特征尤为显著。此外,长期以来,我国义务教育的管理及财政投入实行"以县为主",在义务教育"以县为主"的财政管理体制和浙江省"省直管县"的财政体制改革的双重作用下,浙江省乡村教师定向培养政策执行过程凸显出"县级自主"的特征,尤其表现在财政性经费支出上。浙江的省级财政部门不安排列支乡村定向师范生的培养经费,县级财政层面承担了各自县域内的乡村定向师范生培养成本,每年此项目的预算及列支经费均由县级政府自主决定,部分县区不安排财政经费投入。不可否认,浙江省的"省直管县"财政体制改革确实提高了县级经济社会自主管理权限,增加了县级财政收入,减少了行政层级并提高了效率,但是在"以县为主"的基础教育财政政策下,县级政府并没有因为财政省直管县带来的县级财政自主权扩大而增加县级层面的教育财政经费支出,反而优先将财政经费投入与经济建设更加密切的公共事业中去,甚至在一定程度上降低了教育事业的财政支出比重,自然而然也会影响到乡村教师定向培养中的财政经费

---

① 龚斌磊,张启正,袁菱苒,等. 财政分权、定向激励与农业增长——以"省直管县"财政体制改革为例[J]. 管理世界,2023,39(7):30-46.

② 王文龙. 省直管县改革:县域差异、政策选择与目标耦合[J]. 湖北社会科学,2023(4):33-40.

投入。①

(二)"自上而下,县级自主"政策执行方式的特征

1. 乡村教师定向培养政策执行具有强制性

浙江省乡村教师定向培养政策"自上而下"的执行方式体现了政策执行的强制性。首先,强制性体现在政策目标的一致性上。乡村教师定向培养政策制定的出发点是促进乡村教师队伍的建设,支持乡村教育的发展,这个政策目标在执行过程中是一以贯之的,因而各个县在执行中是无法偏离目标的,若部分县区没有充分理解政策的精神,使乡村定向师范生在培养结束后没有进入乡村学校任教,自始至终一直在中心城区学校任教,那么其实是背离乡村定向师范生的政策要求的。其次,强制性的特点还体现在执行各环节中。虽然各个县可以因地制宜地制订本区域内的乡村定向师范生实施方案,但是必须基于省教育厅的政策要求,充分理解政策的目标与定位,依据县区的实际情况,制定具体的实施办法并保质保量地执行政策,而且要在执行过程中及时向省教育厅报告相关情况,接受上级部门的监督和评价。尽管各县在具体执行方案中规定的乡村定向师范生任教服务年限不同,但是基本都在 6 年以上,这是乡村教师定向培养政策中明确规定的服务年限。如果乡村定向师范生在此过程中要退出,政策中相应的违约赔偿规定也体现了强制性的特点。此外,从乡村教师定向培养政策执行的时间节点及进程安排上看,各县区制订的乡村定向师范生的执行方案有所差别,不过其执行时间起点比较统一,进程安排大体一致。

2. 乡村教师定向培养政策执行具有县域特色性

浙江省乡村教师定向培养政策执行的"县级自主"方式突出体现了区域特色性。虽然县级政府在执行乡村教师定向培养政策的过程中都有着大致相同的政策行为,如定向招生、定向培养、定向就业等,并形成了"县级自主"的方式,但是不同的县之间又有所差别,各具特色。各县区在落实乡村教师定向培养政

---

① 董俊燕,宗晓华."省直管县"财政改革与县级财政教育支出[J].教育经济评论,2021,6(1):38-55.

策的"三定向"工作前,会根据本地区的区域特征制订相关方案,各县区对乡村教师定向培养的经费投入和保障力度不一。宁波市象山县、鄞州区、慈溪市、杭州淳安县等县区经济水平较高,城乡居民收入倍差比较小,城乡社会文化环境总体发展比较高,县区教育局认为补助学费、生活费已经不是对本地考生最具吸引力的政策,当地考生及家长更加看重中小学教师的岗位和事业编制,因此,这些县区对乡村定向师范生只提供定向就业的事业单位编制,对乡村定向师范生的培养没有财政经费补助。浙江省内经济水平整体上比较靠后的地区,特别是省内 26 个欠发达县(市、区)和 5 个海岛县,如丽水市青田县,温州市洞头区、苍南县,舟山市岱山县等县区,对本地考生的学费、生活费补助仍是吸引考生的重要因素,因而在这些县区的乡村教师定向培养政策执行中的经费支持也是非常重要的内容。此外,根据各县区对乡村教师的需求量和教师编制紧张程度,各地对乡村定向师范生的服务年限规定及要求也有不同,各县区的方案中乡村定向师范生任教服务年限基本上不少于 6 年,部分乡村教师紧缺的县区,如桐庐县、奉化区、定海区、嵊泗县、岱山县、三门县、天台县、仙居县等规定的任教服务年限为 10 年,普陀区规定的任教服务年限为 12 年,洞头区规定的任教服务年限为 15 年。从县级政府在乡村教师定向培养政策执行方式上的差异,可见各地的"县级自主"执行方式具有区域特色性,各县区因地制宜地探索本区域的乡村教师定向培养政策执行方案。

3. 乡村教师定向培养政策执行具有动态变化性

县级政府执行乡村教师定向培养政策的过程是一个调整、优化和发展的动态过程。省教育厅发布的有关教育政策的变化,以及区域经济、社会等因素的变化会引起乡村教师定向培养政策执行过程的动态调整,影响县级层面乡村教师定向培养政策实施办法的完善。《浙江省教师队伍建设"十四五"规划》提出要提高教师队伍的学历,鼓励在职教师攻读硕士学位,直接影响了县级层面乡村教师定向培养政策的执行。部分乡村定向师范生已经入职乡村教师岗位并服务乡村教育,其想进一步提升学历从而提出攻读硕士学位的需求,但这一需求与乡村定向师范生任教服务的最低年限产生了冲突。定向培养在职乡村教师提升学历的要求，也是地方师资队伍建设的政策意涵，而服务年限也是乡村教师定向培养政策的基本要求，因而县级教育行政部门需进一步修改相关规定或者出台补充实施办法来解决这一矛盾。尽管浙江省乡村教师定向培养政策执行已有 10 年，但目前乡村教师定向培养政策执行状态尚未成熟，大多县区仍处在"摸着石头过河"的阶段。"摸着石头过河"是公共政策执行中一种常见的方式，主要指的是执行人员因受条件所限，在执行过程中多以现实目标做出有限度的、稳妥的决策，并在执行过程中保留随时调整既定决策的余地。[①] 由此可见，县级层面的乡村教师定向培养政策执行还处于不同水平的执行阶段，对政策执行效果也缺乏一定的整体认知和判断。随着时间的推移及政策的推进，政策制定也会依据现实反馈而进行调整，执行路径也将发生变化，因而整体的政策执行也就具有动态变化性。

第四节　乡村教师定向培养政策
执行的资源与环境分析

资源和环境是影响政策执行成效的外部因素，充足的资源是乡村教师定向培养政策得到有效执行的重要保障，良好的环境是乡村教师定向培养政策顺利展开的必要前提。政策资源因素包括政策及制度资源、财政资源、人力资源和政策工具资源，政策环境因素具体包括政策执行所处的政治环境是否稳定、经济发展水平是否能够满足政策执行的所有物质需求、社会心理是否认可并支持乡村定向师范生培养、文化教育环境和科研环境是否能为政策执行主体提供保障。只有具备稳定良好的外部环境，为政策执行提供所需的各项必要资源，才能促使乡村教师定向培养政策取得实效。

---

① 李孔珍,李鑫.新时代教育政策执行研究新思考[J].河北大学学报(哲学社会科学版),2021,46(4):99-106.

一、乡村教师定向培养政策执行的资源分析

政策的有效执行离不开必要的制度和资源保障,浙江乡村教师定向培养政策执行所需的资源主要包括四个方面:政策及制度资源、财政资源、人力资源和政策工具资源。明确的政策规定及配套制度是方向,若政策指向不明确,执行机构在执行的过程中就犹如无帆之船,难以达到政策的预期效果。财政资源是保障,政策的落地需要依托充足的经费。人力资源是主体,政策的实施与执行要依靠人,高素质及能力强的执行者是合理分配经费,推动政策制定、政策落地及政策效果反思的主体。① 政策工具是动力,有效的政策工具有助于强化定向师范生的学习动力,激发乡村定向师范生的从教热情,提升政策执行主体的积极性,从而达到制定乡村教师定向培养政策的初衷。在浙江乡村教师定向培养政策的执行过程中,只有合理配置资源,才能达到良好的政策预期效果。

(一)乡村教师定向培养政策叠加效应显著

要造就一支素质全面、乐于奉献、扎根乡村的教师队伍,要有完备且合适的政策及配套制度的支持。乡村教师是乡村教育发展的关键力量,而乡村定向师范生培养是补充乡村教师队伍的重要途径,乡村教师定向培养政策对于乡村教育振兴有着重要意义。在国家层面公费师范生政策的影响下,浙江省逐渐重视乡村定向教师的培养并产生了"政策叠加"效应。2010 至 2022 年间,浙江省出台的 14 份政策文件及多项提案答复均涉及乡村教师定向培养,建立了一定的配套制度体系,形成"政策组合拳",为乡村教师定向培养政策的落实提供了制度保障。省教育厅出台的政策文件,为各县级政府及部门执行政策提供了导向,鼓励各县区级政府依据实际情况制订乡村定向师范生培养方案。通过收集整理浙江省的政策文件,依据政策目标、实现途径和实现条件,将政策内容对应划分为宏观规划、定向培养计划和激励机制三个部分,每一部分中包含若干分

---

① 闫妍.地方免费师范生政策执行研究[D].石家庄:河北师范大学,2015:36.

支,构成了分析框架(见表 3-1)。[①]

表 3-1 政策文本分析框架

政策内容分类	具体政策规定条目
宏观规划	政策定位、总体目标、执行单位、工作原则、管理体制、保障机制
定向培养计划	招生生源、定向培养、定向就业
激励机制	生活补助、职称评定、考核方式

通过分析政策文本发现,浙江省乡村教师定向培养政策的叠加效应主要表现为三个方面:一是由省教育厅,或是由省教育厅、省财政厅等部门联合发布的综合性文件,对政策目标做出了宏观规划,主要有《浙江省中小学教师队伍建设"十二五"规划(2011—2015 年)》《浙江省乡村教师支持计划(2015—2020 年)实施办法》《浙江省中小学教师队伍建设"十三五"规划》《关于全面深化新时代教师队伍建设改革的实施意见》《浙江省教师教育攀登计划(2019—2022 年)》和《浙江省教师队伍建设"十四五"规划(2021—2025 年)》。经整理分析发现,这 6 份综合性政策文件均强调要培养乡村定向师范生,旨在扩充乡村教师队伍。二是省教育厅针对定向师范生的招生、培养或就业做出整体规划,特别是近 5 年,浙江省发布的有关乡村教师定向培养招生工作的通知,主要有《关于做好 2019 年中小学教师定向培养招生工作的通知》《关于做好 2020 年中小学教师定向培养招生工作的通知》《关于做好 2021 年中小学教师定向培养招生工作的通知》《关于做好 2022 年中小学教师定向培养招生工作的通知》,这些文件为县级教育行政部门的招生计划提供了指南,有助于定向师范生招生工作的顺利进行,如《浙江省免费师范生就业实施办法》和《浙江省高校师范教育实践规程(试行)》为定向师范生的培养和就业提供了制度保障。三是省教育厅和省财政厅针对乡村定向师范生培养工作制定激励措施,主要有《浙江省高校毕业生基层就业学费补偿和国家助学贷款代偿暂行办法》和《浙江省普通高校师范生培养绩效激励办法(试行)》两份文件,为当地获得

---

① 李梦琢,刘善槐,房婷婷.县域教师交流政策的场域脱嵌与优化路径——基于全国 13 省 50 县的政策文本计量分析[J].教师教育研究,2021,33(3):50-56.

164

优质乡村定向师范生生源、开展乡村教师定向培养工作提供了保障。

(二)乡村教师定向培养的经费投入以县为主

教育政策执行需要一定的经费支持,充足的经费是政策落地取得实效的重要保障。一直以来,国家都很重视教育经费投入。2007—2011 年,中央财政投入经费约为 19.8 亿元,主要针对国家免费师范生生活及实习支教补助,补助范围惠及约 4.6 万名师范生;[①]2012—2016 年,全国教育经费总投入累计约 17 万亿元,国家财政性教育经费不断增加;[②]2019 年,全国教育经费总投入为 50178.12 亿元,比上年的 46143.00 亿元增长了 8.74%;[③]2020 年,全国教育经费总投入为 53033.87 亿元,较上年有所增加。[④] 近年来,浙江省也在不断加大财政教育经费投入,为教育事业的发展保驾护航。2019 年,浙江省财政性教育经费总投入为 2035.37 亿元,比上年增加了 259.27 亿元,增长 14.60%。[⑤] 浙江省教育厅提出乡村定向师范生在校期间的学费、住宿费和生活费等,原则上应由市、县(市、区)财政给予全额或部分补助,可采用一次性付清,以及入学时由学生缴纳、毕业到岗后补偿等形式落实。[⑥] 浙江省乡村教师定向培养经费主要来源于各县的财政拨款,省级教育行政部门与财政部门未安排专项经费投入。由于市管县的财政体制更适合中心城市规模较大并且辐射带动作用较强的地区,而浙江省的县域经济相对发达,县域经济实力雄厚,并且中心城市的数量

---

① 教育部,国家统计局,财政部.4.6 万免费师范生获中央财政支持[N].中国财经报,2011-09-09(1).

② 新华社.五年来全国教育经费总投入累计接近 17 万亿元[EB/OL].(2017-12-23)[2022-08-05].https://www.gov.cn/xinwen/2017/12/23/content_5249822.htm.

③ 教育部,国家统计局,财政部.关于 2019 年全国教育经费执行情况统计公告[EB/OL].(2020-11-03)[2022-08-05].http://www.moe.gov.cn/srcsite/A05/s3040/202011/t20201103_497961.html.

④ 教育部,国家统计局,财政部.关于 2020 年全国教育经费执行情况统计公告[EB/OL].(2021-11-30)[2022-08-05].http://www.moe.gov.cn/srcsite/A05/s3040/202111/t20211130_583343.html.

⑤ 浙江省教育厅,浙江省统计局,浙江省财政厅.关于 2019 年全省教育经费执行情况统计公告[EB/OL].(2021-03-12)[2022-08-05].http://jyt.zj.gov.cn/art/2021/3/12/art_1229266336_4531708.html.

⑥ 浙江省教育厅,浙江省教育厅办公室关于做好 2021 年中小学教师定向培养招生工作的通知[EB/OL].(2021-03-30)[2022-08-05].http://jyt.zj.gov.cn/art/2021/3/30/art_1532971_58916860.html.

少、规模小、辐射带动作用不是很明显,因此实行"省直管县"财政体制改革。①"省直管县"财政体制改革使浙江省各县域拥有充分的财政自主权,因此对于定向师范生的经费补助主要由各县域财政承担。调查发现,浙江省各县域对于定向师范生的经费补助额度、范围和形式有所差异,部分县区无财政经费补助,只提供事业编制。

1.浙江省各县区定向师范生的补助金额不等

浙江省各县区对乡村定向师范生补助金额不等,部分县区存在无财政经费补助情况。由于不同县域的经济发展水平不一、报考定向师范生的人数多少不均、就业压力大小不等等因素,各县对于定向师范生的补助金额有所差异,缙云县对于定向师范生的补助金额为 1 万元,舟山市定海区对定向师范生 4 年共补助 8 万元,多数县域对定向师范生的补助数额一般在 1.2 万~4 万元。调查各县乡村教师定向培养的财政经费补助情况,发现部分地区未安排县级财政经费补助,如宁波市鄞州区、象山县、慈溪市和舟山市等地区,只为乡村定向师范生提供事业编制岗位而不提供经费补助,虽然这些地区对于定向师范生培养无财政经费补助,但报考定向师范生的人数仍有增无减,这主要是由于当前师范专业为热门专业,浙江省整体上经济发展水平较高,不少考生及家长为了让考生在毕业后获得稳定的工作而报考定向师范生。

2.浙江省各县区定向师范生补助的范围有所区别

定向师范生在校期间产生的费用主要包括学费、住宿费和生活费,浙江省各县区对定向师范生补助的范围有所不同,依据补助费用范围主要分为三种类型:一是全额补助乡村定向师范生的学费,在校期间的学费由定向县(区、市)教育局给予全额补助,采用入学时由学生缴纳、毕业到岗后补偿的形式落实,其他费用自理,如嵊州市、兰溪市、龙游县、临平区等地。二是补助学费和住宿费,部分地区采用学生预缴学费、住宿费,毕业到岗后补偿的形式,乡村定向师范生凭

---

① 吴金群,廖超超.嵌入、脱嵌与引领:浙江的省市县府际关系改革及理论贡献——改革开放 40 年的回顾与反思[J].浙江社会科学,2018(11):22-30.

发票报销 4 年的学费和校内住宿费,如温岭市。三是部分地区对乡村定向师范生在校期间的学费、住宿费和生活费进行补助。松阳县对培养期间学习成绩优秀的乡村定向师范生每月进行生活补助,补助金额为 1000～2000 元。洞头区补助乡村定向师范生在校期间的学费、住宿费和生活费等,其中,定向师范生的学费和住宿费在其上岗后凭发票按实报销,生活费按 1 万元/年标准落实,全部补助额度不超过 10 万元。

3. 浙江省各县区定向师范生补助的形式存在差异

浙江省各县区对于乡村定向师范生的具体补助形式不同,主要可分为按学年补助、按比例补助和毕业上岗后补助三种类型。第一,按学年补助,即对乡村定向师范生的补助按学年进行,在定向培养就业协议中约定当地县区教育局每年补助乡村定向师范生的额度,如嵊泗县对定向师范生的补助是按每学年全额发放的。第二,按比例补助,即对乡村定向师范生的补助分为在校期间补助和毕业上岗后补助两部分,按比例进行补助,如桐庐县、富阳区等地区对定向师范生在校期间的学费、住宿费和生活费予以每人每学年 12000 元的经费补助,在校期间支付补助总额的 60%,其余 40% 待毕业到岗后一次性发放。第三,毕业上岗后补助,其有两种补助形式:一是毕业上岗后给予一次性补助,苍南县、乐清市、常山县、开化县等地在定向师范生岗位见习期满后按照定向就业协议书中的约定补助数额一次性支付补助。二是在定向师范生毕业上岗后以一定比例发放补助的形式落实,海盐县、平湖市等地区采用毕业到岗后逐年补偿的形式落实,乡村定向师范生先自行缴纳上学费用,在其入职后补助 40%,另外 60% 若年度考核为合格及以上,则分 3 年完成支付。

(三)基本配备了乡村教师定向培养政策的执行机构

教育政策执行的人力资源及机构设置直接影响着政策的成效。教育政策执行的人力资源指该政策的执行者,政策执行者对政策持有认真严谨的态度、能深入理解并高效率执行是政策顺利实施的关键。政策执行者的态度指执行人员积极执行政策并怀有高度的责任感;政策执行者的理解能力是指执行人员对于政策的了解及认同的程度;政策执行者的执行力指执行人员为了使政策取得预期成效,所具有的宣传政策、制订具体的实施计划及协调处理各方面关系的能力。①

1.各地普遍重视教师定向培养政策执行的人力及机构配备

从全国范围来看,各地方政府都比较重视乡村教师定向培养政策执行的人力及机构配备,力图调动多方政策执行主体的积极性,共同推动政策有效执行。由教育部等9部门出台的《中西部欠发达地区优秀教师定向培养计划》中对政策执行的机构做出了详细的职能分工,教育部门负责优师计划的招生、培养、就业指导和履约管理等工作,财政部门为计划进行提供经费保障,人力资源和社会保障部门负责人事工作,机构编制部门负责师范生到用人单位的编制安排工作。② 山东省威海市定向公费师范生政策的执行机构主要分为五大主体,分别是威海市教育局,威海市委机构编制委员会办公室,威海市财政局,威海市人力资源和社会保障局,各县区教育、机构编制、人力资源和社会保障部门,并对每个执行主体所承担的工作职责做出较为详细的阐述,执行机构的明确分工为其有效执行提供了人力资源保障。③ 江苏省将乡村定向师范生招生宣传和信息审核工作落实到县(市、区)教育部门和培养院校,设立专门人员进行电话服务,以便考生和家长咨询。④《江西省定向师范生教育培养和管理办法(试行)》中提及,各地要积极成立以党委或政府分管领导任组长,教育、人社、编制、财政等部门为成员单位的议事机构,每年商定本地定向师范生培养计划,做好新招录定向师范生协议签订工作,要做好如期毕业的定向师范生的就业安置工作并确保

① 范国睿.教育政策的理论与实践[M].上海:上海教育出版社,2011:152-154.
② 教育部,中央宣传部,中央编办等九部门.中西部欠发达地区优秀教师定向培养计划[EB/OL].(2021-08-03)[2022-08-07].http://www.moe.gov.cn/srcsite/A10/s7011/202108/t20210803_548644.html.
③ 威海市教育局,中共威海市委机构编制委员会,威海市财政局,威海市人力资源和社会保障.山东省公费师范生(定向威海)管理办法(试行)[EB/OL].(2020-6-5)[2022-08-07].https://www.weihai.gov.cn/art/2020/6/5/art_59355_2333366.html.
④ 江苏省教育厅,省发展和改革委员会,省人力资源和社会保障厅,省编制委员会办公室.关于做好2018年全省乡村教师定向培养工作的通知[EB/OL].(2018-5-28)[2022-08-07].https://jste.net.cn/cmsplus/cmscustom/xcjs/detail.jsp?relationId=4ac0cfbc-3bd3-4c34-9b56-c9c77135e030.

有编有岗。① 综合各地的政策来看,各地都为乡村教师定向培养政策执行设置了专门机构,并对各机构职能做出了比较明确的分工。

2.浙江省乡村教师定向培养政策执行的机构设置

浙江省乡村教师定向培养政策执行的人力资源配置包括省教育厅及职能部门、县级政府及教育行政部门的管理者、培养院校的管理者及教师、定向县区的乡村中小学等。定向师范生政策主要以县级政府为执行主体,先由浙江省教育厅发布乡村定向师范生培养的工作通知,接着各县区教育局在省教育厅文件的基础上,面向全县学校摸排学科教师的短缺情况,依据本地实际情况与需求发布定向师范生招生通知。高考结束后,县教育局人事科组织定向师范生的招生考核工作,由县教育局与定向师范生签订定向培养和就业协议书,委托培养院校进行培养。乡村定向师范生在校的培养过程形成了以培养院校为主、定向县区乡村中小学协同培养的模式,由培养院校制订乡村定向师范生差异化培养方案,乡村定向师范生每学年到定向县区的乡村中小学进行见习或实习,毕业后定向就业。定向师范生定向就业的情况有所不同,部分县区直接分配定向师范生到乡村中小学校就业,也有县区先将定向师范生分配到城镇学校,工作三年后再回到乡村学校,该举措是为了提高定向师范生的教育教学水平,提高乡村教师的质量。

(三)乡村教师定向培养政策工具运用综合化

教育政策执行的过程也是实施政策内容和实现政策目标的过程,需要合理运用资源与技术,教育政策执行的最终目的是实现教育资源的公正与合理分配,促进教育公平。② 政策工具是实现政策目标的手段,是政策目标与政策结果之间的桥梁。③ 关于政策工具的研究,西方学术界已走过40多年的历程,政策工具研究最初集中于政治、经济、环境等社会公共管理领域,我国对于政策工具

---

① 江西省教育厅.江西省定向师范生教育培养和管理办法(试行)[EB/OL].(2021-02-20)[2022-08-07].http://jyt.jiangxi.gov.cn/art/2021/2/20/art_25653_3197213.html? eqid=f8f4c82c0014cd7d00000004642a37c2.

② 毕进杰.从工具走向价值:教育政策执行的理性回归[J].现代教育管理,2019(10):71-76.

③ 黄忠敬.教育政策工具的分类与选择策略[J].国家教育行政学院学报,2008(8):47-50.

的研究起步较晚,仍处于萌芽阶段。^① 由于分类依据不同,学者对于政策工具的分类也有所区别,主要有 4 种分类:一是依据所采用的政府资源,分为 4 种政策工具,即权威、信息、财力和可利用的正式组织;二是依据实施的强制程度,分为志愿性、强制性和混合性 3 种工具;三是依据政府及机构的干预程度,分为政府部门直接提供服务、委托其他部门提供服务和贩售特定服务 3 种类型;四是依据对政策目标人群的影响程度,分为 5 种类型,即命令工具、激励工具、规劝性工具、能力建设工具和系统变革工具。^② 综合观之,浙江省乡村教师定向培养政策体现了对多种政策工具的综合运用,对于浙江省乡村教师定向培养政策工具的分析主要采用麦克唐纳尔和艾莫尔的分类,即从政策对目标人群影响的角度,将浙江省乡村教师定向培养政策工具分为 5 种类型,即命令性工具、激励性工具、规劝性工具、能力建设工具及系统变革工具。

1.各项政策工具的内涵及效用

各类政策工具都有其内涵及适用范围,在制定政策时需合理选择。命令是指规范目标群体的行动以让其服从规则,命令性工具,指政府通过下达指令来要求个体和机构执行政策,^③带有一定的强制性,伴有相应的惩罚措施,其优势是政府无须付出额外成本就能促进目标的实现,具有低成本且迅速的特点。^④激励性工具,指给予目标群体货币、实物或服务的支持,激发其产生预期的目标行为。激励性工具,是指政府通过资金、物质或是荣誉对目标群体做出"补偿"或"奖赏",促使其预期行为的发生,优势是能够调动政策执行主体的积极性,但使用所需的经济成本较高。^⑤ 规劝性工具,即劝告或劝诱工具,指政府将政策目标或政策成效告知目标群体,鼓励或劝说其按政府的意图采取行动,^⑥其特点是

---

① 李津石.教育政策工具研究的发展趋势与展望[J].国家教育行政学院学报,2013(5):45-49.
② 豪利特,拉米什.公共政策研究:政策循环与政策子系统[M].庞诗,等译.北京:生活·读书·新知三联书店,2006:143-144.
③ 黄忠敬.教育政策工具的分类与选择策略[J].国家教育行政学院学报,2008(8):47-50.
④ 李津石.教育政策工具研究的发展趋势与展望[J].国家教育行政学院学报,2013(5):45-49.
⑤ 福勒.教育政策学导论(第二版)[M].许庆豫,译.南京:江苏教育出版社,2007:230.
⑥ 王艳玲.稳定乡村教师队伍的政策工具改进:以云南省为例[J].教育发展研究,2018,38(2):28-34.

论说性,对事物运用象征或比喻手段赋予价值以便鼓励民众以这些价值为依据来表现自己的行为,与激励性工具的不同之处在于,它不涉及奖励和惩罚。① 能力建设工具,指政府为个体、群体或机构提供必要的财政、信息和人力等资源,目的在于提升其执行政策的能力。与激励性工具相比,能力建设工具的缺点是时效长,这一政策工具的目的在于促进目标群体的长期发展,实现政策目标的长期效果。② 系统变革工具,又称权威重组工具,指政府在个体、群体或执行机构间进行权威的重新分配或权力转移,使其承担起一定的责任并完成相应的政策任务,进而促进政策目标的达成。③ 每种政策工具均有其独特的属性和使用范围,因此各类政策工具之间不能相互替代。

2. 浙江省乡村教师定向培养政策中综合运用多种工具类型

在政策执行过程中,选择政策工具需与任务匹配,不存在一种工具能够适应所有的政策环境,每种政策工具的使用又会在一定程度上改变政策环境,通常政府在制定一项政策时会综合使用多种政策工具,以此推动政策执行主体有效地执行政策。④ 经研究发现,浙江省乡村教师定向培养政策中体现了多种政策工具类型。

第一,命令性工具在乡村教师定向培养政策中得到了充分体现。浙江省乡村教师定向培养政策中多次使用了命令性工具:在培养经费方面,提出乡村定向师范生培养经费原则上应由市、县(市、区)财政给予全额或部分补助;在就业政策方面,提出乡村定向师范生毕业后要确保有编有岗;此外,一般各县域在定向就业协议书中会对乡村定向师范生做出要求,提出乡村定向师范生在校学习期间须按照有关协议约定,按时取得毕业证并考取教师资格证等,并到定向县区的乡村学校任教一定的年限,如果乡村定向师范生违约则需要缴纳违约金,承担相应的违约责任。这些都属于命令性政策工具的范畴,命令性工具的强制性要求教育机构及

---

① A. P. Leslie. Public Policy Analysis:An Introduction[M]. Toronto:Methuen,1987:148.

② 王艳玲.稳定乡村教师队伍的政策工具改进:以云南省为例[J].教育发展研究,2018,38(2):28-34.

③ 赖秀龙.义务教育是均衡配置的政策分析[J].教育发展研究,2010(23):42-47.

④ 张振改.从政府治理工具的视角分析我国幼儿园转制的合理性与正当性[J].学前教育研究,2008(7):3-6.

政策对象必须执行,有助于促进乡村教师定向培养工作的顺利进行。

第二,乡村教师定向培养政策中的激励性工具多样化。浙江省乡村教师定向培养的相关通知、"意见"或"答复"中均体现了激励性工具的使用,其使用主要可分为三个方面:一是对定向师范生进行物质激励,如提出定向师范生在校期间产生的费用,由政府财政给予补助或实行上岗退费政策;部分地区提出对优秀教师给予每人每年 2 万元的工作经费。二是从荣誉方面激励定向师范生,如对于在乡村学校任教时间较长的教师,在其评聘职称或职务时对课题和发表论文原则上不做刚性要求;对同时担任多门学科教学任务的乡村教师,在其申报晋升职称时予以政策倾斜。[①] 三是为定向师范生的生活服务提供物质保障,加大教师住房保障力度,把符合条件的教师纳入住房保障范围,同时鼓励地方政府探索实施人才专用房政策。[②] 激励性工具的使用有助于激发政策执行主体的热情,促使政策取得良好成效。

第三,规劝性工具在乡村教师定向培养政策中得到了体现。国务院办公厅出台的《中西部欠发达地区优秀教师定向培养计划》指出,乡村教师定向培养对于造就一批"四有"好老师、从根本上提升中西部欠发达地区学校的教师队伍质量、培养更多优秀教师有着重要意义。浙江省的文件中也使用了规劝性工具,乡村教师定向培养政策中一般会指出乡村教师定向培养的重要性,规劝各县区重视乡村定向师范生培养工作,要依托互联网等信息技术优势,推动城乡学校优质教育资源共建共享,提高乡村教师队伍质量,这是实现乡村教育振兴的有效途径和必经之路。[③] 规劝性工具的使用主要是通过阐述乡村教师定向培养政策的重要意义,以期引起目标群体重视政策并能认真遵从和执行政策。

---

① 浙江省人民政府.浙江省人民政府办公厅关于印发浙江省乡村教师支持计划(2015—2020 年)实施办法的通知[EB/OL].(2016-01-14)[2022-08-09].https://www.zj.gov.cn/art/2016/1/14/art_1229591320_56368.html.

② 中共浙江省委,浙江省人民政府.关于全面深化新时代教师队伍建设改革的实施意见[EB/OL].(2018-08-09)[2022-08-09].https://zjnews.zjol.com.cn/zjnews/zjxw/201901/t20190124_9320182.shtml.

③ 浙江省教育厅.关于省政协十二届二次会议 19 号提案的答复[EB/OL].(2020-01-10)[2022-08-09].http://jyt.zj.gov.cn/art/2020/1/10/art_1229266358_2386066.html.

第四,能力建设工具在乡村教师定向培养政策中的作用一直受到重视。国务院办公厅出台的《乡村教师支持计划(2015—2020年)》中提出要整合各项优质资源,支持乡村教师和校长专业成长,重视乡村教师的师德培训。浙江省的相关政策中典型的能力建设工具主要体现在对教师的培训,《浙江省教师教育攀登计划(2019—2022年)》提出要重视薄弱地区教师的能力培训,支持乡村学校教师的专业发展;①要定向培养乡村中小学年轻教师,并扩大全科教师定向培养工作;要开展名师网络工作室对乡村教师进行定向培养,通过"线上+线下"的方式促进乡村教师专业成长。② 这些都属于"能力建设工具"的范畴,有助于提升乡村教师的教育教学能力和专业发展水平,为乡村教师事业发展提供强大的动力,推动乡村教师定向培养政策的可持续发展。

第五,系统变革工具在乡村教师定向培养政策中有所体现。系统变革工具实际上是一种权利的让渡或者分割,目的在于调动各执行主体执行政策的积极性,《浙江省乡村教师支持计划(2015—2020年)实施办法》提出教育行政主管部门要统筹管理并指导乡村教师队伍建设,政策执行的各个部门要严格按照职责分工切实主动履职;《浙江省教师教育攀登计划(2019—2022年)》提出浙江省有关部门要组织开展实施,进行政策执行过程的专项督检和第三方评估,对措施不得力、工作不落实或是敷衍塞责的,应予以通报批评并追究相关部门和学校负责人的领导责任。乡村教师定向培养政策中系统变革工具的使用有助于压实执行机构的责任,从而督促政策主体有效执行政策。

二、乡村教师定向培养政策执行的环境分析

政策环境是政策制定的基础,更是影响政策执行成效的重要因素。③ 政策

---

① 浙江省教育厅,浙江省财政厅.关于印发《浙江省教师教育攀登计划(2019—2022年)》的通知[EB/OL].(2019-12-31)[2022-08-09].http://jwc.usx.edu.cn/info/1211/13592.htm.

② 浙江省教育厅.关于省政协十二届二次会议19号提案的答复[EB/OL].(2020-1-10)[2022-08-09].http://jyt.zj.gov.cn/art/2020/1/10/art_1229266358_2386066.html.

③ 褚宏启.教育政策学[M].北京:北京师范大学出版社,2011:108-109.

环境主要涵盖政治、经济、社会、文化、地理等方面,分别以不同的途径和作用,不同程度地影响着政策执行。① 浙江省的经济及文化环境对乡村教师定向培养政策的制定及执行产生了一定的影响。总体来看,良好的政治环境、高质量发展的经济环境及与崇文重教的文化环境为乡村教师定向培养政策执行提供了比较理想的环境条件,但受历史发展及财政管理模式等所限,政策环境中也存在一些阻碍乡村教师定向培养政策执行的因素。

（一）政治环境:国家战略与地方政策助力乡村教师定向培养政策执行

教育政策执行的政治环境是执行特定的教育政策时所面对的总体政治状况。② 2018 年,中共中央、国务院印发《乡村振兴战略规划(2018—2022 年)》,在第三十章"增加农村公共服务供给"的第一节"优先发展农村教育事业"中明确提出:"要落实好乡村教师支持计划,建好建强乡村教师队伍。"2021 年 5 月,中共中央、国务院印发《关于支持浙江高质量发展建设共同富裕示范区的意见》;2022 年 2 月,中共浙江省委、浙江省人民政府印发《关于 2022 年高质量推进乡村全面振兴的实施意见》,国家战略重视和地方政策支持为浙江省乡村教师定向培养政策执行营造了积极的政治环境。

1. 实施乡村教师定向培养以加强乡村教师队伍建设,是乡村振兴战略的关键内容

乡村振兴战略是党的十九大做出的重大决策部署,《乡村振兴战略规划(2018—2022 年)》明确提出,要把农村教育作为优先发展的重点,保证农村义务教育阶段的优质教育。通过对农村教育的深度推进,可以为农村的产业发展、农村社会治理的改革提供强有力的人才支持。③ 乡村振兴的关键在于"人",而

---

① 王智超. 教育政策执行的滞后问题研究[D]. 长春:东北师范大学,2009:67-72.

② 吕银芳,王志远,祁占勇. 生态链视域下职业教育产教深度融合的政策环境及其创设[J]. 职业技术教育,2019,40(19):61-66.

③ 李锋,李传武. 乡村振兴背景下地方高校定向师范生协同培养机制研究[J]. 盐城师范学院学报(人文社会科学版),2021,41(4):111-117.

要实现乡村振兴和乡村教育的发展，必须强化教师队伍。

在乡村振兴战略指引下，要增加乡村教师数量，扩充乡村教师的学科和梯度。推动乡村振兴战略实施，需要人才支持，在教育层面表现为对于乡村教师数量的需求。乡村教育振兴要求培养更多乡村教师，促使其积极地参与农村的建设和发展，有效提高农村的文化素质。要从战略高度认识到教师工作的重要性，要把加强教师队伍建设看作基本工作。乡村振兴的战略环境推动乡村教师定向培养政策深化，为政策执行提供动力。越来越多的高中毕业生有意向填报省内的乡村定向师范专业，经过培养院校和定向县区共同培养，毕业后回到户籍所在县区的乡村学校任教，投入振兴乡村教育的事业中。

在乡村振兴战略指引下，要提高乡村教师质量，提升乡村教师内涵与素养。乡村振兴战略对乡村教师队伍建设提出新的要求，以乡村振兴战略为指导，构建新型农村治理领域，要求重塑乡村教师的治理角色。乡村教师须通过强化自我修养，树立乡村振兴的责任感，不断积累文化资本以实现农村教师的治理。[①]乡村振兴战略对乡村教师角色提出新的要求，启发培养院校在培养乡村定向师范生期间，要注重塑造符合时代发展与乡村振兴的乡村教师角色，开展相应讲座、课程促使定向师范生了解乡村振兴语境下乡村教师作为新乡贤应积极参与乡村社会治理的具体情况，不仅培养乡村定向师范生作为未来乡村教师的教师教学技能，还应培养其社会治理的责任感与乡村振兴的历史使命感。可见，乡村振兴战略能够为乡村教师定向培养政策执行提供重要支撑，乡村振兴战略推动各地加快乡村教师队伍建设，不断提高乡村教师数量与质量，为浙江省乡村教师定向培养政策执行提供了有利条件。

2.实施乡村教师定向培养以推动乡村教育高质量发展，是实现共同富裕的应有之义

浙江高质量发展建设共同富裕示范区的政治环境为浙江省乡村教师定向培养政策执行提供了有力的政治环境支持。2021年，中共中央、国务院在《关于支持

---

① 李广海，杨慧.乡村振兴背景下乡村教师治理角色的重塑[J].中国教育学刊，2020(5)：75-79.

浙江高质量发展建设共同富裕示范区的意见》中鼓励浙江省先行探索高质量发展建设共同富裕示范区,打造新时代全面展示中国特色社会主义制度优越性的重要窗口,标志着高质量发展建设共同富裕示范区成为浙江省发展的新使命与新征程。在这一背景下,城乡共同富裕、教育优质均衡发展均是共同富裕的重要内容,在实现共同富裕的过程中有效推动了浙江省乡村教师定向培养政策的执行。

共同富裕所强调的城乡共同富裕包含了城乡教育共富,这一政策背景为乡村教师定向培养政策营造了良好的政策环境。在实现共同富裕的进程中,为促进人的全面发展,需要构建一个公正、优质的教育体系,其中包括城乡教育资源的优质均衡发展。① 城乡教育资源均衡发展意味着乡村中小学布局得到进一步调整,教育资源配置得以优化,可以有效解决当前农村中小学师资短缺、师资质量不高的问题,而乡村教师定向培养政策正是契合这一发展要求的重要举措,因而共同富裕的发展新征程,有利于浙江省乡村教师定向培养政策的执行。

在共同富裕政策下,城乡发展的差距将进一步缩小,城乡教育环境及教育投入将进一步得到优化与提升,城市和农村地区教育共同发展机制逐渐形成。城乡教育共同发展机制包括教育均衡充分发展与教育公共服务均等化,其中教育平衡充分发展指的是均衡区域、城乡、学校、家庭多方教育资源,促进教育公平与社会经济发展。② 而教育公共服务均等化要求完善教育公共服务体系,全面提高教育质量,提高相对贫穷地区的教育资源配置,构建全方位的教育发展体系。③ 基于此,城乡教育共富的局面将得以形成,乡村公共服务体系、教育质量、资源配置能够明显提高,影响着乡村定向师范生的招生数量的提升与入职后乡村定向师范生的职后发展。将有更多高考考生愿意填报乡村定向师范生的志愿,更多师范生愿意下乡,更多乡村教师愿意扎根乡村,为乡村教育发展贡献力量。总之,浙江省高质量发展建设共同富裕示范区,积极推行共同富裕,为

---

① 杜育红,赵冉,李立国,等.教育与共同富裕笔谈[J].教育经济评论,2022,7(3):3-22.
② 马凤岐,谢爱磊.教育平衡充分发展与共同富裕[J].教育研究,2022,43(6):148-159.
③ 祁峰,高策.教育公共服务均等化推动共同富裕研究[J].北京航空航天大学学报(社会科学版),2022(8):1-8.

浙江省乡村教师定向培养政策营造了良好政治环境。

3.实施教师定向培养助推教育优质均衡,是长三角教育高质量一体化发展的重要举措

长三角教育高质量一体化是长三角地区沪苏浙皖一市三省在完善教育一体化发展协同机制、推进优质教育资源共建共享、创新高质量人才培养模式、推动干部教师队伍交流等方面展开的积极合作,其中包括长三角基础教育与高等教育的高质量一体化建设。[①]

长三角基础教育高质量一体化为浙江乡村教师定向培养政策执行奠定了基础。长三角义务教育优质均衡发展是长三角基础教育高质量一体化的核心,包含两个"三步走":第一个"三步走"依据区域来划分,从"县域均衡"到"省域均衡",再到"长三角平衡",其中"县域均衡"主要解决城乡间、校际不均衡问题,需要进一步提高乡村教师的数量和质量,缩小城乡教育教师资源差距;第二个"三步走"依据发展质量来划分,由"非均衡平衡"到"基本均衡",再到"优质均衡",其中"优质均衡"是一种既注重教育资源,又注重教育品质的高品质均衡发展模式。[②] 深入分析发现,浙江省乡村教师定向培养政策目标与长三角基础教育高质量一体化的目标在本质上高度契合。此外,长三角基础教育高质量一体化能够促进区域内优质教师的联合培养及合理流动,使乡村定向师范生在校期间能够接受更多优秀在职教师的指导和培养。

长三角高等教育高质量一体化为浙江定向师范生的培养提供了优质的条件。高等教育一体化的目标定位为区域高等教育活跃增长极、区域高等教育一体化高质量发展样板区和示范区、区域高等教育协同发展的综合改革先行区。[③] 高等教育一体化发展的目的在于实现高等教育在大范围内的资源配置,打破教

① 李宜江,王一澜.长三角教育一体化发展:成就、挑战及应对[J].江苏第二师范学院学报,2021,37(4):1-7.
② 任强.促进长三角基础教育高质量一体化[N].中国社会科学报,2021-03-08(5).
③ 李宜江.长三角高等教育一体化高质量发展目标与行动路径[J].苏州大学学报(教育科学版),2020,8(4):37-45.

育生产要素、教育产出在各地区之间的流通壁垒,从而提升地区高等教育的整体发展和综合竞争力,形成高等教育的强势增长区和先行示范区。[①] 目前江苏省、上海市的高等教育在长三角地区乃至全国都有明显的竞争优势,而浙江省的高等教育发展则处于长三角区域的底部。[②] 长三角高等教育高质量一体化推动了浙江省加快高等教育办学水平的提升,促进了浙江省高校有效提升,尤其是省内师范院校的办学质量提升,为培养定向师范生提供更优质的师资与教学条件。乡村定向师范生在高校的培养是整个浙江省乡村教师定向培养政策执行的重点与关键,在长三角高等教育高质量一体化的背景下,各培养高校在实践过程中探索乡村教师定向培养机制,有利于抓住新机遇,提高乡村教师定向培养政策执行的质量。长三角基础教育高质量一体化与高等教育高质量一体化为浙江省乡村教师定向培养政策执行创造了有利条件。

(二)经济环境:城乡经济社会发展水平影响乡村教师定向培养政策执行

经济环境是实现政策目标的重要基础,也是政策执行的必要条件。[③] 教育政策执行所需要的资源与具体的经济条件,如经济结构、经济运行状况等密切相关。[④] 乡村教师定向培养政策的制定受浙江省经济环境的直接影响,经济环境的不断发展也影响着政策的再决策与实施等多个环节。浙江省经济发展总体经济水平较高,但区域发展仍不平衡;城乡一体化统筹发展,城乡经济水平差距小;省直管县、以县为主的特征显著,这使浙江省乡村教师定向培养政策执行较大地受制于地域经济发展水平和城乡发展差距。

1.城乡经济发展差距较小有助于提高乡村教师定向培养政策覆盖面

由于城乡经济发展水平差距较小,浙江省乡村教师定向培养政策执行阻力

① 崔玉平,陆昱江.长三角高等教育区域化发展态势与行动路径[J].苏州大学学报(教育科学版),2022,10(1):44-56.
② 张万朋,沈怡秋."区域化":长三角高等教育高质量发展的基础、瓶颈与路径[J].江苏高教,2022(1):8-18.
③ 吕银芳,王志远,祁占勇.生态链视域下职业教育产教深度融合的政策环境及其创设[J].职业技术教育,2019,40(19):61-66.
④ 褚宏启.教育政策学[M].北京:北京师范大学出版社,2011:107-109.

也相对较小。城乡经济差距较小促使人们对乡村生产生活的认可度提高,促进了乡村定向师范生毕业后回乡任教,降低了定向师范生的违约比例,减少了浙江乡村教师定向培养政策的执行阻力。近年来,浙江深入实施乡村振兴战略,推动一、二、三产业融合发展与新时代美丽乡村建设,乡村经济振兴有效缩小了城乡经济差距,为乡村教师定向培养政策执行减少了客观条件上的阻碍。

浙江省在共同富裕建设中加快补齐短板。其一,加速推进基本公共服务均等化。2020 年,全省新增和改扩建 193 所农村普惠性幼儿园,新增 5 万多个学位,一乡镇一公立中心园全部建成。实施"互联网＋义务教育"的城乡中小学结对帮扶民生实事工作,实现乡村小规模学校受援全覆盖。其二,多措并举促进农民增收。2021 年,全省农村居民人均可支配收入达 35247 元,城乡居民收入比为 1.94,比全国城乡居民收入比低 0.56,且连续 9 年呈缩小态势。① 浙江省广泛推动城乡教育、医疗、社会保障等公共服务均等化,推动网络、交通等城乡基础设施一体化,提高了农民收入,缩小了城乡居民收入差距,缩小了城乡经济差距,在很大程度上吸引了乡村定向师范生回乡履约任教,有效减少了政策执行阻力。

2022 年 1 月,浙江统计局发布《浙江不同区域城乡居民收入差距比较》,报告显示浙江省内各地市仍存在一定的城乡收入差距,其中浙东北和浙东南的差异明显,且浙西南城乡差距整体上要明显高于浙东北,县域城乡居民收入差距空间集聚明显,低值区主要集中在浙东北,且呈连片状,高值区主要集中在浙中部、西南部。浙江省内城乡居民收入仍存在地域上的差距,城乡经济差距仍客观存在,除收入差距外,城乡公共服务、基础设施也仍存在差距。

2. 浙江省乡村教师定向培养政策的执行受到县域经济发展的影响

浙江省总体经济发展水平较高,但仍存在省内县域发展不平衡的问题。省内总体经济水平为乡村教师定向培养政策执行提供了良好的经济大环境,但省内县域间也存在发展不平衡的问题,主要集中在浙江省欠发达的 26 个县(市、

---

① 胡永芳,胡娉婷.浙江省第十四次党代会以来经济社会发展成就之乡村振兴篇[J].统计科学与实践,2022(5):25-28.

区)和5个海岛县,而乡村教师定向培养政策定位则主要是面向经济欠发达的山区和海岛地区,这些县区的经济发展水平在一定程度上影响了乡村教师定向培养政策的执行过程。整体上高位运行的经济发展水平为乡村教师定向培养政策执行奠定了良好经济环境。2021年,浙江省经济生产总值突破7万亿元,稳居全国第四名;人均地区生产总值超过11万元,已接近高收入国家的水平。除此之外,全省形成了14个千亿元级产业集群,3个万亿元级产业集群[1],良好的经济环境为浙江省各项政策的执行提供了有力的支撑。

浙江省经济发展存在地域不平衡,山区、海岛经济相对落后。浙江省地形以山区、盆地、平原、丘陵、沿海岛屿为主,山地和丘陵占70.4%,水网占6.4%,平原和盆地占23.2%,耕地面积为208.17万公顷。[2] 在浙江省"七山二水一分田"的地理环境条件下,平原地区与山区、海岛地区存在一定程度上的经济发展差异,这是省内经济社会发展不平衡的原因之一。[3] 浙江省经济地域发展不平衡易引起教育资源不均衡、山区县及海岛县的教师数量不足及教师流失等问题。浙江山区26县、海岛5县的经济发展相对落后,影响乡村教师定向培养政策的执行。山区和海岛县的县级财政承担了乡村定向师范生培养的学费、生活费补助及毕业后乡村教师的入职补助等。从政策定位上看,省教育厅强调乡村教师定向培养政策重在面向浙江省经济地域落后的山区26县、海岛5县,因乡村定向师范生的经费保障却全部由县区自行承担,而山区和海岛县保障了定向师范生培养的财政经费,不过这些县区财政能力相比于经济发达县区仍显不足,这在一定程度上阻碍了浙江省乡村教师定向培养政策的执行。

3.浙江县级政府承担乡村定向师范生培养的财政性经费支出

浙江的乡村教师定向培养政策财政经费支出主要由县级政府承担,以县为

---

① 金梁.浙江经济综合实力迈上新台阶[N].浙江日报,2022-06-14(3).

② 周膺,吴晶."恰当自然审美"与乡村理性改造——对浙江大花园的价值认知与反思[J].浙江社会科学,2020(5):83-89.

③ 周隽,王志强,沈月琴,等.浙江山区县域经济社会协调发展评价[J].浙江农林大学学报,2014,31(6):965-973.

主的财政经费模式对浙江省乡村教师定向培养政策执行有着双重影响。县级政府是国家治理现代化的一个重要组成部分,浙江在近 30 年来通过县政扩权改革,形成了一套行之有效的县级政府激励体系。[①]　其主要内容为:利用"省直管县"财政体制改革,拓展县级政府职能;大力推进强县扩权,扩大强县经济管理职能,推进人事体制改革。[②]　强县政扩权改革不仅促进了浙江经济快速发展,增加了财政收入,间接推动了教育变革,还直接影响了教育体制变革。在教育层面,受县政扩权的影响,"以县为主"的基础教育管理体系逐步凸显,这一体系直接要求县级政府担负起教育发展的主要职责。[③]

　　在"省直管县"财政体制下,县级政府具有较高的财政自主权,因此,县域内乡村定向师范生培养的预算及金额均由县区级政府自主决定,且不同县区之间乡村定向师范生的经费保障具有不同的执行特点。"以县为主"的基础教育财政机制使县域经济与政策执行过程密切相关,县区财政收入的变化很可能会影响政策执行的稳定性,对浙江省乡村教师定向培养政策执行可能会产生不利影响。第一,县域经济的变化会直接影响政策执行过程。县域经济的发展水平制约着当地乡村教师定向培养工作的开展,若县域经济增速放缓,政策执行过程就极易产生偏差。[④]　第二,将农村义务教育纳入县级财政预算后,并未从根本上解决农村基础教育的投入问题,全县教育需求仍未有充分供给,受县级财政束缚,曾出现大范围撤并农村中小学校现象,给乡村学校生存和发展带来挑战。[⑤]　乡村定向师范生培养经费由县级政府财政承担,这虽然有利于发挥县级政府的财政自主权,形成适应当地县情的乡村教师定向培养政策执行方式,但同时也不可避免地加大了县级财政压力,影响乡村定向师范生培养规模,一定程度降低了政策的覆盖面。

---

①　伍嘉冀.行政区划扁平化与新型县域治理:基于"省直管县"的经验证据[J].华东理工大学学报(社会科学版),2022,37(1):111-119.

②　李金珊,叶托.县域经济发展的激励结构及其代价——透视浙江县政扩权的新视角[J].浙江大学学报(人文社会科学版),2010,40(3):107-115.

③　徐军伟.县域办学:浙江省高等教育第三次布局调整研究[D].厦门:厦门大学,2018:10-12.

④　寇倩倩.我国县级市中小学教师培训政策环境的分析[D].沈阳:沈阳师范大学,2011:17-19.

⑤　程颖慧,段铸.地方财政压力下的农村基础教育发展[J].商场现代化,2005(15):73-74.

（三）文化环境：地方性文化为乡村教师定向培养政策执行营造良好氛围

教育政策执行的文化环境是指在教育政策执行过程中所面对的文化条件，如社会精神财富、意识形态状况等。[①] 浙江作为文化大省，丰富多元的社会文化、乡土文化及精神文化为乡村教师定向培养政策的执行营造了良好的文化环境，其中"尊师重教"的社会风气提升了民众对教师职业及乡村教师定向培养政策的认可度；乡土情怀与乡土文化认同感滋养下的乡土文化建设减少了乡村定向师范生"下得去、留得住"的阻力；以"浙江精神"为引领的精神文化建设提高了定向师范生"教得好、有发展"的时代使命感与责任感，进一步推动了浙江省乡村教师定向培养政策执行。

1. 尊师重教的社会文化风气提高乡村教师定向培养政策的社会认可度

崇文重教的江南文化是浙江尊师重教社会良好文化风气的重要来源。运河文化、良渚文化、江南文化等文化都是浙江优秀传统文化的典型代表，体现了中华传统文化的核心价值和地域特色。其中江南文化从春秋吴越时期开始，经过多次重组，至隋唐时期其内涵基本趋于稳固；到了明清时期，江南文化进入了成熟阶段。中国史学会副会长熊月之先生把江南文化归纳为：择善守正、务实创新、精益求精、崇文重教等。[②] 尊师重教的良好社会风气源于崇文重教的优秀传统美德及丰厚的文化底蕴，深刻影响了一代又一代浙江人，为浙江省乡村教师定向培养政策执行创造了良好、稳定的社会文化环境。

尊师重教的良好社会文化风气增加了人们对教师的职业认可度，提升了浙江省乡村教师定向培养政策执行效能。[③] 各地持续加强营造"尊师重教"的社会氛围，宣传农村模范教师与农村暖心教育故事，充分运用网络新媒体，将尊师重教的思想全面融入网络平台。在社会组织、舆论媒体、公众等多元社会主体的积极参

---

① 褚宏启. 教育政策学[M]. 北京：北京师范大学出版社，2011：117-120.
② 任强. 促进长三角基础教育高质量一体化[N]. 中国社会科学报，2021-03-08(5).
③ 刘义兵，李月. 重塑"尊师重教"：当代意义及其路径[J]. 当代教育科学，2022(5)：56-62.

与下,各地都在营造感恩、奉献、尊师重教的良好社会文化环境。教师社会地位不断提升,浙江省内考生对师范专业的认可度不断提高,师范专业录取分数逐年递增。乡村教师定向培养政策为毕业后的定向师范生提供乡村教师编制岗位,吸引了众多社会关注。在当下尊师重教的良好风气影响下,一批又一批优秀的乡村定向师生奔赴岗位,政策目标得以进一步落实。尊师重教的社会良好文化风气提高了教师的社会地位,也有效提升了各界对乡村教师定向培养政策执行的认可度。

2.乡土文化建设为乡村教师定向培养政策执行提供文化源泉

浙江各地重视乡土文化建设,积极开展乡土文化发展工作。乡村教育之源在乡土文化,儿童成长教育不应只局限于知识和文化的层面,更要从精神和情感等方面来进行。[①] 有效培养乡村儿童文化传承的意识与行为,才能推动乡土文化教育发展,其核心在于传承优秀乡土文化。[②] 实现乡土文化与农村学校课程的深度融合,有助于乡村定向师范生在就职后开发具有乡土情怀的课程体系与教育模式,逐渐形成地方性的教学风格与优势。[③] 此外,浙江在乡土文化建设中坚持农民主体原则与保护好村落原则,培养文明乡风、良好家风、淳朴民风,改善农民精神风貌,提高农村社会文明程度,焕发乡村文明新气象,皆为浙江省乡村教师定向培养政策执行提供了精神力量。

乡土情怀与乡土文化认同有助于树立乡土文化自信,吸引更多乡村定向师范生投身乡村教育。乡土情怀包含对乡村社会发展、乡村儿童生存发展状况等方面的关怀,是乡村教师投身乡村教育的动力源泉。[④] 乡土文化认同则是对乡土情怀与文化的理解、接纳、赞同与融入。乡土情怀与乡土文化认同促使乡村定向师范生与乡村少年产生乡土文化共鸣,他们将生活经历融入日常教学之中,切身了解乡村少年的生存处境,引导乡村儿童健康发展。[⑤] 乡土情怀有助于

---

①　盘寒梅.乡村少年的乡土文化认同与教育支持研究[D].西安:陕西师范大学,2018:20-21.

②　纪德奎,赵晓丹.文化认同视域下乡土文化教育的失落与重建[J].教育发展研究,2018,38(2):22-27.

③　任强.逆天与顺天:农村教育文化的阙失与复归[J].中国教育学刊,2020(3):81-86.

④　马多秀.乡村教师的乡土情怀及其生成[J].教育理论与实践,2017,37(13):42-45.

⑤　陶青,卢俊勇.免费定向农村小学全科教师培养的必要性分析[J].教师教育研究,2014,26(6):11-15,21.

提升乡村定向师范生入职后的专业发展动力,降低新教师的流失率,吸引更多师范生投身乡村教育,为乡村定向师范生培养充盈的精神力量,树立更基础、更广泛、更深厚的文化自信。[①] 浙江积极开展乡土文化发展工作,传承与弘扬乡土文化,良好乡土文化环境为乡村教师定向培养政策的执行带来了便利。

3.勇于创新的浙江精神为乡村教师定向培养政策执行提供支持

浙江的优秀文化精神,包含勇于创新、刚柔并济的文化性格,工商文化传统与义利相结合的人文特征,崇文厚道、宽容仁爱的文化特色等。浙江精神中勇于创新的进取精神为乡村教师定向培养政策执行提供了强有力的精神文化支持。

浙江人民敢于克服恶劣的地理环境,积极进取的创新精神帮助浙江人民找到一条本土化的教育人才培养道路,推动浙江乡村教师定向培养政策的变革。为克服自然环境的劣势,浙江人民积极创新创业,凝聚创业精神,在地域范围内表现为勤奋、机遇、事业心等。[②] 宁波商帮的创业精神强调,创新不是盲目冒进,而是稳扎稳打地开拓进取。温州商帮凭借不怕吃苦、敢于冒险、勇于创新、重视合作的创业精神,逐渐形成独特的创业优势。[③] 面对多山区、海岛的自然环境,当地政府和群众不断克服环境困难,逐渐凝结成宝贵创新创业精神,这一精神在乡村教师定向培养政策发展中也发挥了积极作用。舟山作为海岛市,和陆地之间交通长期受限,在舟山跨海大桥建成之前,返岛从教的师范生动力不足,导致当地比较缺乏中小学教师。为了增加教师数量并减少教师的流失,舟山市在浙江省实施乡村定向师范生培养之初,就对该项政策格外重视,探索出一条适合舟山的特色化本土教师培养模式,为乡村教师定向培养政策广泛开展奠定了经验基础。[④]

---

① 陈立旭.从文化大省到文化浙江:实践与经验[J].观察与思考,2020(12):5-15.

② 徐建平,土重鸣.创业精神的区域文化特征:基于浙江的实证研究[J].科学学与科学技术管理,2008,29(12):141-145.

③ 谢志远.大学生创业教育的本土化实践——以温州大学为例[J].教育发展研究,2009,29(4):81-83.

④ 胡璇琪,秦维泽.关于海岛定向师范生的教学质量探究——以浙江省舟山市海岛定向师范生为例[J].教育现代化,2019,6(80):33-35.

第四章　乡村教师定向培养
政策执行成效研究

乡村教师定向培养政策执行是系统性的工程,要取得预期的政策执行成效,不仅需要政策制定者和执行者共同参与,也需要目标群体充分支持。本章采用质、量结合的方法,分别以政策执行主体、目标群体为调研对象,调查分析乡村教师定向培养政策的执行成效。一方面,政策执行主体对政策的认知是确保政策有效执行的首要前提,在政策执行过程中,政策执行主体只有对乡村教师定向培养政策形成正确、全面的认知,才能够充分体现出政策所蕴含的价值,才有可能取得预期的政策成效。因此本章采用访谈法等质性研究方法,从政策执行主体角度对乡村教师定向培养政策执行成效进行研究。另一方面,目标群体对政策的理解、接受程度同样会直接影响政策执行的效果,在读的定向师范生和定向培养的在职乡村教师作为该项政策的主要目标群体,其从事教师职业的初始动机、对教师职业的认同度、长期从教的坚定程度都会影响乡村教师定向培养政策目标的实现。因此本章采用问卷调查法,分析政策目标群体对乡村教师定向培养政策执行成效的评价情况,剖析政策执行存在的问题及原因,便于进一步调整和完善该项政策。

第一节　乡村教师定向培养
政策执行成效的质性研究

一、问题提出

乡村教育振兴是乡村振兴战略的重要内容,高质量的乡村教师队伍建设是培养乡村人才和发展乡村教育的重要前提。为推动乡村教育发展，浙江省自2012年起实施面向农村学校教师和紧缺学科教师的定向招生培养计划，旨在通过高质量乡村定向师范生的培养，有效解决乡村教师"下不去""留不住""教不好"和城乡间师资配置结构性失衡等问题。城乡教育资源均衡发展是高质量全面推进教育共同富裕的基础，乡村定向师范生培养作为乡村优质教师资源的重要补充渠道，是缩小城乡教育发展差距的有效路径之一。在共同富裕背景下，浙江省推动资源优化配置，乡村教师队伍建设已从量的增长迈向质的提升。浙江省乡村教师定向培养政策以省教育厅、县教育局和培养院校作为政策执行主体，由各县教育局在省教育厅的政策指导下，自主探索和制订符合当地发展需求的实施方案，协同培养院校做好定向师范生的培养工作。浙江省乡村教师定向培养政策的执行主体在政策执行过程中起着至关重要的作用，执行主体对政策的认知水平会对政策的执行效果产生直接影响，不充分、不全面的政策认知会使政策成效受到抑制，甚至会导致政策执行过程有悖于政策制定的初衷。①

政策执行主体对政策执行成效的认知准确性为政策的有效执行提供前提性保障，但执行主体受主观因素影响，往往难以形成准确的认知判断。丁煌认为，完整的政策认知包括反应、选择、整合及理解这四个阶段，这个过程是政策主体对作为认知客体的政策文本信息进行加工处理后反映到大脑中的复杂认知活动，它带有显著的主体性特征，而认知主观局限性引发的认知缺陷则会妨碍政策的有效执行。② 在此基础上，王国红研究了政策执行中的政策规避问题，进一步探索和阐述了认知缺陷产生的原因，主要包括认知的选择性和自主性、认知主体知识素质偏低及政策文本所载有的信息具有不确定性，只有政策执行主体对政策文本的内容和所蕴含的本质要求形成了正确认知，政策主体才能够了解和掌握政策制定者的初衷，进而为政策执行指明正确的方向，保证政策获

① 周国雄.论公共政策执行力[J].探索与争鸣，2007(6)：34-37.
② 丁煌.浅析妨碍政策有效执行的主体认知缺陷及其完善途径[J].中共长春市委党校学报，2004(3)：47-51.

得预期执行效果;反之,便会形成政策认知缺陷。[①] 由此可见,政策主体对政策认知和理解的准确性是公共政策有效执行之根本。吴锦旗等认为,政策执行主体倘若不能够正确理解政策本质上的价值意涵,便会使政策执行偏离、变形,使该公共政策难以获得预期的结果。[②] 张玉强认为,当前对政策执行产生偏差的研究方向大多基于政策执行主体本身,正是因为政策的执行和先前的制定程序是分开的,政策制定者的政策意图和目标与执行者对政策实际理解自然有存在差距的可能。[③] 从政策执行主体的角度出发,申喜连归纳了我国公共政策执行中产生的教育政策执行偏离可能存在的类型,主要有替代性执行、象征性执行、选择性执行等,尽管政策执行失真是由多种因素造成的,但政策主体的认知水平高低直接影响了政策执行的效果。[④] 本书就乡村教师定向培养政策主体认知现状进行访谈调查,以探究政策执行中取得的成效和面临的问题,从而完善或消除主体间的认知缺陷和分歧,提高政策的执行效能。

二、研究设计

(一)研究对象

为调查不同政策主体对浙江省乡村教师定向培养政策执行及其成效的认知,本书采用目的抽样的方法选取研究对象,根据研究目的,有针对性地选取与研究相关程度最高且与政策执行关系最紧密的政策执行主体。一方面以执行主体访谈为主,对浙江省教育厅、省内县级教育行政部门、培养院校的相关负责人进行个别访谈,共计有 24 位受访者(见表 4-1),按访谈顺序将其编号为 T1 至 T24,每位受访者的访谈时间在 60 分钟左右。另一方面调查政策的实际执行情

---

① 王国红. 政策执行中的政策规避研究[D]. 北京:中共中央党校,2004:35-49.
② 吴锦旗,陆秋林,秦广东. 公共政策执行过程中的障碍性因素分析[J]. 湖北社会科学,2008(3):26-29.
③ 张玉强. 公共政策执行偏差的再思考——以政策制定主体为视角[J]. 宁夏党校学报,2010,12(5):56-59.
④ 申喜连. 论公共政策的执行力:问题与对策[J]. 中国行政管理,2009(11):41-44.

况，以目标群体访谈为主，对培养院校的在读乡村定向师范生进行个别访谈，共计有 16 位受访者（见表 4-2），按访谈顺序将其编号为 S1 至 S16，每位受访者的访谈时间为 30～40 分钟。访谈过程在征得受访者同意后全程录音，并遵循调查伦理原则匿名个人信息，不暴露受访者的个人隐私。在对浙江省教育厅、县教育局及培养院校的相关负责人进行访谈时，依照扎根理论的饱和原则，当受访者不能够再提供更多对本研究有用的信息时便结束访谈。

表 4-1　浙江省乡村教师定向培养政策主体受访者基本信息

政策主体类别	编号	性别	职务
省教育厅	T1	男	Z 省教育厅教师工作处副处长
	T2	男	Z 省教育厅教师工作处副处长
	T3	女	Z 省教育厅教师工作处主任科员
县教育行政部门	T4	男	D 县教育局副书记、副局长
	T5	男	A 县教育局副局长
	T6	男	J 市教育局副局长
	T7	男	J 市教育局组织人事科科长
	T8	男	L 县教育局副局长
	T9	男	S 县教育局副书记
	T10	男	N 县教育局副局长
	T11	男	H 区教育局组织人事科原副科长
	T12	女	H 区教育局机关党支部书记、组织人事科副科长
	T13	女	W 市教育局组织人事科干部
	T14	男	C 县教育局人事科科长
	T15	男	F 县教育局人事科科长
培养院校	T16	男	X 师范学院副校长
	T17	男	X 师范学院教师教育学院副院长
	T18	女	X 师范学院小学教育学系主任
	T19	男	Y 师范大学教育学院副院长
	T20	男	Y 师范大学教育学院副院长
	T21	男	M 大学教师教育学院副院长
	T22	男	M 大学教师教育学院副院长
	T23	男	N 学院教师教育学院副院长
	T24	男	N 学院教师教育学院副院长

表 4-2　浙江省乡村定向师范生受访者基本信息

所属县区	编号	性别	培养专业	高考录取分数
S 县定向师范生	S1	女	小学教育（师范）	588
	S2	女	汉语言文学（师范）	608
T 县定向师范生	S3	男	小学教育（师范）	610
	S4	女	历史学（师范）	620
W 市定向师范生	S5	女	小学教育（师范）	615
	S6	男	地理科学（与思想政治复合）（师范）	638
F 区定向师范生	S7	男	小学教育（师范）	607
L 县定向师范生	S8	男	思想政治教育（师范）	625
	S9	女	小学教育（师范）	608
H 区定向师范生	S10	女	小学教育（师范）	612
	S11	男	科学教育（师范）	625
A 县定向师范生	S12	女	小学教育（师范）	621
D 县定向师范生	S13	女	小学教育（师范）	611
N 县定向师范生	S14	男	小学教育（师范）	593
	S15	女	历史学（师范）	620
	S16	男	地理科学（与思想政治复合）（师范）	609

（二）访谈内容

首先,对省级、县级教育行政部门的相关负责人进行个别访谈,内容分为两个部分:一是记录受访者的基本信息,如年龄、岗位、所处县区及分管工作等;二是调查受访者对于浙江省乡村教师定向培养政策执行的理解,包括政策的缘起、实施、保障、效果、困境 5 个维度,每个维度下都包含了 1 到 6 个子问题,主要内容包括实行师范生定向培养的原因、选择培养院校的标准、在定向培养中所承担的责任、定向培养实施的效果及在实施过程中遇到的困难等。其次,对培养院校的相关负责人进行个别访谈,针对政策执行过程中当前所取得的成效和面临的问题,介绍定向师范生的培养情况及对展开定向师范生协同培养机制的构建与设想。最后,从浙江省内的 4 所培养院校中随机选取 16 名在读师范生进行个别访谈,访谈内容包括报考动机、学习情况、履约意愿等,进一步了解各县教育行政部门和培养院校在实际执行中的情况。

（三）研究工具

在访谈结束后，研究者先将访谈录音转换为文本，随后对所获取的访谈内容和文稿进行梳理，形成规范的文本资料。对整理后所得到的访谈资料和信息，本研究采用定性分析软件 Nvivo 11.0，从最原始的录音和文本资料中归纳和总结出有关的研究概念，分析和建立各概念之间的逻辑联系。研究基于扎根理论，对受访者的访谈文本逐行逐句地进行选择性编码、主轴性编码、开放性编码，得到政策主体对乡村教师定向培养政策认知的编码体系；编码之后，对访谈资料进行归类分析，并撰写研究报告。

三、研究结果

教育政策执行是一个动态的过程，它是以主体的认识和实践活动为主要内容的一个具体运作的进程，政策执行效果的优劣直接反映出执行主体对政策文本认知水平的高低。[①] 政策主体的认知最终应当指向政策的有效落地，执行主体只有对政策文本的内容和所蕴含的本质要求有了全面而正确的认知，才能够秉持着正向的政策态度，进而发挥政策的积极效能。[②] 因而，通过调查乡村教师定向培养政策主体对其政策执行的认知情况，能够了解政策执行过程中出现的问题和引发的矛盾，对修正执行主体的认知偏差和进一步增强政策执行效能具有重要价值和意义。

（一）浙江省教育厅对政策执行的认知

自 2012 年实行乡村教师定向培养政策以来，浙江省结合当地教育发展实际情况持续推陈出新，为乡村教育补充了一大批优质师资。为了解省教育厅对乡村教师定向培养政策执行中的认知定位，更加清晰地展现政策执行的成效、困境及对未来的展望，笔者分别就乡村定向师范生的招生、培养、就业、职后专业发展 4 个环节进行了访谈数据整理（见表 4-3）。

---

① 刘复兴. 教育政策的四重视角[J]. 清华大学教育研究，2002(4)：13-19.
② 宁国良，邓瑞芬. 执行主体选择性执行公共政策的心理因素分析[J]. 湖北社会科学，2009(7)：28-30.

表 4-3　浙江省乡村教师定向培养政策主体访谈三级编码的具体过程

选择性编码	主轴性编码	开放性编码	原始资料内容归纳
定向招生	招生名额	调整地方计划需求	发达地区可以直接从人才市场或学校获得一些优质师资,应该把更多的定向师资的培养资源投放山区县和海岛县
	招生分数	提高学生招收质量	部分专业录取的高考成绩须达到浙江省特殊类型招生控制线
定向培养	培养方案	设置乡村教育课程	培养过程面向农村的特点不明显,定向培养为山区服务、为农村学校为服务,但是整个培养方案里没有体现出这个特点
	思想指引	增强学生服务意识	基层服务意愿不高,只要有机会都喜欢留在大城市或者是经济发达的地区
定向就业	就业分配	优先到岗乡村学校	虽然我们没有明确说一定要到农村,但是各地在分配的时候,还是优先把他们安排在农村学校锻炼
	违约问题	提高学生违约成本	学生违约成本过低,很多县区没有做很好的研究,甚至从别的县照搬违约处理办法
专业发展	学历层次	支持深造提升学历	浙江省初中、高中教师的研究生学历比例是偏低的,如果学生有意愿继续深造,是否可以支持定向学生进一步深造

注:本表是对浙江省教育厅相关负责人的访谈的总结。

1.成效:定向补充乡村优质师资,促进城乡教育共同富裕

高质量发展建设共同富裕示范区是党中央、国务院赋予浙江的重要示范改革任务。《浙江高质量发展建设共同富裕示范区实施方案(2021—2025 年)》指出,在高质量发展过程中稳步推进城乡共同富裕,补齐农村短板,加快城乡一体化发展进程。[①] 为实现城乡共同富裕的目标,浙江省不断攻克和解决乡村经济发展落后的问题,实现城乡优质教育资源均衡亦是浙江省的奋斗目标。乡村既是达成教育

---

① 浙江高质量发展建设共同富裕示范区实施方案(2021—2025 年)[EB/OL]. (2022-06-28)[2023-02-01]. http://www.hzsc.gov.cn/art/2022/6/28/art_1229660150_58973053.html.

共同富裕的短板,也是着力点。在培养乡村定向师范生的 10 年里,浙江省以定向补充乡村优质师范生的方式使乡村教师队伍日益得到完善和优化。定向师范生作为乡村教师的补充渠道,取得了较好成效,但相较于山东省、江苏省等经济发展水平比较接近的省份,浙江省招生规模并不大。浙江省教育厅教师工作处负责人表示:

> 实际上在今年的计划制订过程中有一些调整,我不知道大家有没有关注,我们今年一共报了 845 个计划需求,最后批准了 774 个,为什么减掉一些?我们就是落实优先支持山区 26 县的这么一个指导思想,有些地方比如说杭州市临平区、富阳区,包括宁波也有上报需求,我们觉得像这些发达的地区可以直接从人才市场补充一些好的师资,应该把更多的定向师资的培养资源投放到 26 个山区县及海岛县。(T1)

评价浙江省的教育现代化发展水平不是只看发达县区的状况,更应该关注欠发达地区及落后地区的教育质量。对此,浙江省教育厅把教育政策资源更多地向农村和薄弱学校倾斜。在高质量共同富裕的背景下,为教育发展薄弱的乡村定向补充师资是确保城乡教育公平的有效举措。乡村要振兴,教育要先行,浙江省没有扩大定向师范生的招生范围,而是把培养的目标群体集中在山区和海岛地区,优先满足欠发达县区的教育资源需求,有效保障了浙江省教育现代化整体水平的提高。浙江省通过定向补充师资有效解决基础教育教师资源配置不均衡问题,缩小县域间教育差距,实现城乡教育事业上的共同富裕。

2.困境:学生基层服务意识薄弱,在地化发展稳定性不足

乡村定向师范生作为乡村教师队伍建设的源头活水,有效补充了乡村学校师资,是乡村教育振兴不可忽视的力量。① 在乡村教师定向培养政策实施的 10 年间,乡村教育发展取得了一定成效,但定向师范生乡土情怀缺失、基层服务意识淡薄等问题依然不容忽视。定向师范生缺乏基层服务精神不仅会降低日后乡村教育的质量,更会妨碍全面实现城乡教育共同富裕的进程。为此,浙江省

---

① 陈峰.共同富裕背景下的浙江教育政策取向[J].人民教育,2022(2):18-20.

教育厅教师工作处负责人表示,乡村教师流失率较高的问题始终是乡村定向师范生培养工作和乡村教师队伍建设的绊脚石。

> 定向师范生培养的过程更多涉及培养高校,当然也涉及教育局的对接,目前面向农村的特点不太明显,定向培养是为山区和农村学校服务,但在定向师范生的培养方案里面没有体现出这个特点。另外一个普遍存在的问题是学生服务基层的意愿不是太高,可能很多学生只要有机会,都喜欢留在城市或者经济发达的地区。(T1)

培养一批专业能力强、综合素养高、热爱乡村教育事业、具有奉献精神的师范生是浙江省实施乡村教师定向培养政策的本质追求,定向师范生应到乡村去,但当前乡村定向师范生在培养过程中却没有凸显面向乡村教育的特点。[①] 浙江省实施乡村教师定向培养政策的初衷是造就一批乐教善教、热爱乡村、扎根乡村的优秀教师,但在实际政策执行中却忽视了对定向师范生乡土文化的教育和乡土认同的培育,在地化发展稳定性不足。浙江省教育厅教师工作处负责人认为,一方面培养院校在定向师范生培养方案和课程设置上没有体现乡土性,没有为乡村定向师范生创造解乡村教育的机会;另一方面县教育局未向师范生提供正确的价值引导,乡土文化认同和乡土回归性的缺失,导致他们服务农村教育的意愿较低。

3.展望:多方加强互动优化机制,推进高质量师范生培养

受传统师范生培养模式影响,以往定向师范生的培养工作由培养院校负责,几乎以"闭门造车"的方式开展定向师范生培养,浙江省教育厅、县区教育局、培养院校及中小学之间实质上是割裂、脱节的,这样单向式的培养模式不仅弱化了人才培养的成效,更造成了各执行主体间教育资源的虚置与浪费。浙江省教育厅教师工作处负责人在访谈中表示,过去县区教育局不清楚在定向师范生培养过程中应该做些什么事情,也没有参与到培养工作中去,近几年大部分教育局的观念都有所转变,也开始主动和培养院校对接,这为更好地达成多方

---

① 陈荣,任卓,冯传书.乡村振兴背景下地方院校公费定向师范生培养的现实挑战与路径选择[J].教师,2019(31):22-24.

协同合作提供了契机。为加强乡村教师定向培养政策执行效果,浙江省教育厅相关负责人提出通过多方互动优化培养机制的建议:

> 今年浙江省教育厅重点调研课题就有如何加强全省中小学定向培养的工作,因为中小学教师定向培养已经有10年了,在现在决策推进高质量培养定向生的背景下,这项工作又提高到更加重要的一个层面。我们厅在研究这样的工作,这个工作看起来不是太复杂,定向培养是基层提需求,高校来培养,培养工作涉及教育局和高校,通过研究,看看是否需要,或者说有没有必要对这个政策去做进一步调整,对重点范围做一些优化。(T1)

乡村定向师范生将来会成为乡村教师,而乡村教师作为提高乡村教育教学质量的最具能动性的力量,其质量会影响今后乡村教育的质量。因此,定向师范生的培养需要借助多方合力,整合多主体的教育力量,推进高质量师范生培养。一方面,浙江省教育厅希望县教育局能够在定向师范生培养过程中发挥地方优势,体现地方培养特色,与培养院校共同优化和完善培养机制;另一方面,省教育厅十分关注定向师范生的专业成长,鼓励他们提高学历层次,省教育厅正致力于加强多方合作探讨,希望条件成熟之后,通过与定向师范生签订补充协议,支持其进一步深造攻读研究生,优化人才培养结构。

(二)县教育局对政策执行的认知

我国义务教育主要实行"以县为主"的管理体制,县级政府对本地区义务教育发展负主要责任,只有将县域作为推进我国义务教育均衡发展的突破口,才能进一步提高农村基础教育工作水平。① 县级政府根据本县社会经济、文化和历史等方面的特点,在浙江省发布的乡村教师定向培养政策的基础上,因地制宜地制订符合县情的执行方案。为了解各县教育局对该政策执行的认知情况,我们对浙江省内12个县教育局的相关负责人进行了访谈,分析归纳了其对政策执行的成效、困境和对未来的期望,以期更好地推进政策的执行。

---

① 齐亭亭.我国县域义务教育均衡发展的现实困境与路径选择[D].大庆:东北石油大学,2019:36.

1.成效：提高乡村教师质量，满足乡村学校发展需求

乡村教师定向培养其实是采用一种订单式的培养方式，能够有效解决乡村教师供需不匹配和乡村教师教育教学素质偏低的问题。与传统的师范生培养模式相比，浙江省实施的乡村定向师范生培养更符合浙江省基础教育师资的实际发展情况，定向师资培养模式的针对性和目的性更强，有助于达成定向师范生培养与农村中小学师资需求的定向匹配。① 从对浙江省 12 个县的访谈结果中可以得知，各教育局对已就业的定向师范生的能力和素质整体上都比较满意，特别是 N 县高度认可定向师范生的培养工作：

> 这几年 N 县的教育质量在整个 LS 市属于第一梯队，教学质量的提升及整个学段的提升跟我们定向生的培养是分不开的。因为我们是一个经济小县，又是偏远山区，因此我们一直认为招老师一定要招本地生源的教师，而定向师范生就是师资补充的定心丸。因此我们对定向生的培养思路是很清晰的，我们的思路就是"十年磨一剑，畬雁归巢"定向生培养计划，这几年定向生出来的起点很高、素质很高，学校很喜欢。(T10)

N 县之所以对定向师范生的培养质量赞不绝口，正是因为其选择了适合的培养院校，选择高质量的培养院校是保证乡村教师质量的关键。某县教育局相关负责人提到，教育局在每个寒暑假都会把在读的定向师范生召集在一起进行学习成果自述和技能考核，在考查的过程中不同培养院校的培养模式一目了然。高质量培养院校所培养的学生具备多学科教学能力，具有饱满的教学热情，在日后能够更好地扎根乡村，服务乡村教育。一方面，定向师范生按"一专多能"或"全科"的标准培养，满足农村中小学教育的现实需要。当前多数农村中小学规模较小，教师学科结构失衡现象较为严重，一位老师需要担任多门学科的教学任务，基于现实情况，高质量的全能型教师更能满足农村中小学的需求。另一方面，定向师范生培养更注重在地化培养，通过返乡教育实习和开展

---

① 李锋，李传武.乡村振兴背景下地方高校定向师范生协同培养机制研究[J].盐城师范学院学报（人文社会科学版），2021，41(4)：111-117.

教学实践活动等加强师范生与定向县区乡村学校的联系,有针对性地培养学生的服务意识,能够有效提升学生从事乡村基础教育的情怀。

2.困境:缺乏全面的考核标准,管理和退出机制不完善

乡村教师是一支特殊的教师队伍,乡村学校教育质量低、教师流动性大、岗位缺口较大,亟须一群有能力、有情怀、乐于奉献的教师扎根乡村,发展乡村教育事业。定向师范生的培养为乡村补充了优质师资,但由于各教育局缺乏全面考核师范生的标准,在招生、培养、就业及专业发展环节中问题频发,甚至会产生人才流失的风险。

第一,招生环节中选拔标准有所缺失。招生环节是政策执行的首要环节,应以教师选拔的标准制定遴选机制,否则无法为乡村筛选出真正乐教、善教的优质师资。定向师范生的招生由当地县教育局负责,而教育局实质上对选拔教师的标准并不清晰,主要考察语言表达和个人仪表,未能全过程、全方面地对考生的职业认知、综合分析能力、思维品质、心理健康等教师基本素养和教学潜质进行考察,那些不合格的师范生在入职之后可能会出现就业适岗性差的问题。对此,J市教育局人事科相关负责人指出,面试环节存在专业性不足的问题:

> 目前对乡村定向生的录取面试太肤浅,的确存在问题,我也是师范毕业生,当年是我的班主任带着我到师范院校参加非常正规的面试。接下来我们可以请师范院校的教师担任面试评委,因为培养院校更专业,而且采用这种方法也更加公正、公平。(T7)

第二,培养环节中学业考核标准有所缺失。当前师范院校对定向师范生的培养模式采用"全科基础+方向选择"的课程模块,以达到全科培养、全面发展、全程实践的培养目标。据县教育局反馈,全科培养的师范生能基本适应和满足乡村学校的教学,但对音、体、美等学科的技能发展尚有欠缺,培养院校对这些技能没有进行持续的考核。在谈到县教育局自身是否制定了对师范生技能考核的标准时,S县教育局表示,他们在对师范生进行学业考核时,一般只涉及学业绩点、师范生技能、实践活动成果这三个方面,但没有具体的考核标准。可见,培养院校和县教育局对学生的学业考核标准仍不完备,缺乏对专业技能学

习的监督,师范生岗位适应能力有待进一步加强。

第三,就业及专业成长环节中管理和退出机制不完善。在就业方面,定向师范生在入学前就同县教育局签订了就业协议,毕业后需要回到乡村学校就业,但县教育局从培养院校了解到,个别定向师范生并不适合当老师,在学习的过程中也有学生表露出了不愿意从教的想法,这些与地方签订了定向培养协议的定向生面临违约问题。在专业成长方面,许多定向师范生表露出自己想要提升学历的意愿,但部分地区的定向培养协议规定,定向生不能报考脱产研究生,若是以协议条款制约定向生的专业成长,既不利于教师质量的提升,也不利于教师学历层次的优化。对此A县教育局表示:

> 定向师范生最可能的违约原因是什么呢? 是考研。考研的话最好跟我们县区教育局申报,经过我们教育局同意,并签订补充协议,这样的话考研我们也支持,然后毕业回来之后继续到乡村学校任教。(T5)

A县教育局有意向与定向师范生签订补充协议来满足学生专业成长的需求,但具体的协议内容和细则制定仍不明确,对学生的管理和退出机制有待进一步完善。定向师范生是作为一名准乡村教师来培养的,部分县教育局更应该关注其对岗位的胜任力,满足其专业发展的愿望。倘若忽视定向师范生的个人专业发展,处理不好师范生在服务期内的稳定与发展问题,就可能导致契约执行过程中教师存在机会主义心理,寻求门路和机会调离,或者违约,影响政策实施效果。[①]

3. 展望:校地合作平台缺失,人才培养方案亟待优化

乡村定向师范生通过培养能够掌握基本的教学技能,他们身份特殊,肩负着补充乡村紧缺学科教学岗位、提高乡村教育教学质量的重任。H区教育局组织人事科副科长在访谈中提到,H区所在的海岛人口数量不多,存在不少小规模学校,这些小规模学的教师数量仍然有一定缺口,一位教师往往需要兼任多门学科的老师。对于当地教师需求,海岛小学和城市小学在很大程度上是不同的,基础的教学技能并不能满足这些特别的海岛小学的需求,因此采用因地制宜、因势利导的

---

① 李静美.农村小学教师定向培养研究[D].长春:东北师范大学,2018:204.

培养方式也很重要。① 当前培养院校在培养模式上以学生自主选科为主,学生通常只能掌握一门主要学科的教学,弱化了乡村紧缺教师的补充效果。

> 在培养过程中尽量让定向师范生能掌握多门学科的教学能力,比如某位师范生在高校学习时选择小学数学方向,但是毕业时,如果我们县小学语文老师比较紧缺,有可能就要调配他去教小学语文学科,农村学校老师还是紧缺的,如果说他只会一门学科的教学的话,全县的教育调配就会比较困难。(T9)

S县教育局副书记指出,当前乡村定向师范生"兼科"能力弱,一些学科无人任教的结构性缺编问题仍然困扰着县教育局,这正是当前培养院校的师范生培养模式的问题所在。乡村定向师范生应当满足地方的培养需求,对此J市教育局提出了四方协同制定培养手册的建议:

> 面向每一个乡村定向师范生,都需要省厅、县教育局、师范学院和县研训中心联合起来培养,共同精心制定培养手册,这个非常重要。我建议下次邀请省教育厅领导和相关的专家来J市开会,比如说我们X师范学院能不能把培养手册起草起来,提前发给教育局,然后请师范学院到我们县指导交流,一起把培养手册审定。(T6)

过去师范生由高校单向培养,县教育局缺少与培养院校的交流与合作,这样的培养模式可能会导致培养的定向生与县教育局的师资需求不匹配。在访谈过程中,许多县教育局对培养院校提出了更多个性化的培养要求,但各县教育局的建议零散而不成系统,不同县域的建议也不尽相同,培养院校很难将这些建议一一落实。当前,县教育局意识到了单向培养过程中存在的问题,希望能够搭建校地双方的合作平台,共同制订培养方案,满足乡村学校紧缺教师的需求。

---

① 胡璇琪,秦维泽.关于海岛定向师范生的教学质量探究——以浙江省舟山市海岛定向师范生为例[J].教育现代化,2019,6(80):33-35.

（三）培养院校对政策执行的认知

培养院校在政策执行过程中承担定向师范生的培养工作,定向师范生的培养质量影响着政策执行的成效。定向师范生的培养是政策目标达成的关键所在,对浙江省 4 所培养院校的相关负责人进行访谈,能够了解目前定向师范生的培养成效,发现在培养过程中存在的问题,探索定向师范生培养新路径。

1.成效:推动生源结构优化,职业发展稳定化

浙江省定向师范生政策的出台,彰显了省教育厅对师范教育的重视,营造了尊师重教的良好氛围,推动了教育事业高质量发展。定向师范生政策为补充乡村教师优质师资,将教育资源适度向教育发展薄弱地区倾斜,以稳定编制和政策补贴吸引优秀生源报考,部分专业录取的高考成绩已达到浙江省特殊类型招生控制线,优质的生源质量为培养质量奠定了良好基础,也为乡村教育发展提供了保障。笔者从各培养院校了解到,定向师范生专业技能强、综合素质高,获得了校方的认可,X 师范学院教师教育学院的副院长还总结了近 5 年来师范生培养的成效:

> 近 5 年来,我们学校培养的乡村定向师范生教师资格考试通过率均在 98％以上,初次就业率在 97％以上,考编率近 80％;主持大学生国家创新项目 14 项、省新苗人才创新项目 20 项;在师范生教学技能、中华经典诵读、挑战杯、长三角师范生教学基本功大赛等 A 类学科竞赛中,获省级二等奖以上 20 余项。(T17)

X 师范学院对定向师范生在校期间的表现给予了认可,学校也通过编班方式、教学方式及实践方式的改革,努力探索适合定向师资培养的最佳方式。定向师范生与非定向师范生不同,他们的培养目标是成为优秀的乡村教师,而地方培养院校在招生要求、培养模式、就业去向等方面都具有得天独厚的优势,人才培养目标与生源情况较为吻合,学生定位准确,就业期望会更接近乡村基础教育。① X 师范院校为了使学生有更好的职业发展,积极开展教师教育研究,以

---

① 周挥辉,付卫东.鼓励和支持地方实施师范生免费教育政策的理性思考[J].中国大学教学,2015(6):62-66.

期从理论上和实证上为教师培养提供新观点和经验性证据。

> 秉承我校师范文化传统,强化教师教育实践能力,积极探索把区域优秀文化资源融入师范生培养全过程,形成"以文化人"的师德养成教育体系。长期以来,我校已经为各地输送优秀教师8000余人,有200余名毕业生成长为中小学名校长、特级教师等。(T17)

可见,乡村定向师范生培养已经逐步成为最符合浙江省乡村教育发展需求的优秀教师资源补充方式,能够更好地促进地方教育均衡发展,使培养院校与乡村教育紧密联系在一起,成为协助乡村学校和教师发挥文化教育功能的重要力量,这是新时期地方师范院校变革与发展的重要机遇和方向。[①]

2. 困境:乡土文化特色不足,培养方案同质化

乡村定向师范生的培养目标是成为乡村教师,积极发展乡村教育和乡村建设,服务乡村振兴战略。新时代乡村振兴需要乡村教师在完成乡村学校教书育人工作的同时积极发挥新乡贤的示范引领作用。[②] 担当新乡贤角色必须具备新乡贤角色担当所需的知识,但笔者从对乡村定向师范生的访谈中发现,当前培养院校的课程没有凸显乡土性,学生不能掌握服务乡村振兴的地方知识,这与新乡贤的培养理念存在较大差距:

> 定向培养的小学教育专业和普通的小学教育专业的培养方案基本一致,课程体系和内容基本都是一样的,尽管在教学规模、课时、授课老师上和普通小学教育师范班在某些细节上略有不同,但是总的来说,定向班和普通班的课程设置差别是不大的,有轻微变动,不构成很大的影响。让我感到疑惑的是,我们班"定向"的特殊性好像没有体现出来。所谓"定向",就是以后要回到定向县安排到乡村学校教学,也就是毕业以后就成为一名乡村老师了。但是在课程设置上,我们学院几乎没有给乡村定向师范生熟

---

① 郑霏鹏,王飞,王海平.推进新时代地方师范院校特色发展[J].中国高等教育,2022(1):53-55.
② 肖正德.乡村教师新乡贤角色担当支持条件的问题考察与系统构建[J].教育发展研究,2021,41(8):69-77.

悉乡村教育的机会。乡村学校是怎样的、有什么特殊性？乡村小学生这个群体有什么特点？对于以后应该怎样教学，我没有什么头绪。虽然说"桥到船头自然直"，以后工作了，到乡下能够慢慢领会，但我是抱着在大学就应该学到一些对以后工作能够有帮助的东西的想法的。既然"定向班"作为一个特殊的班级被分出来，课程设置也应该有意识地做一些改动，但又和其他班级差不多。这是我们定向班学生都比较疑惑的问题。(S3)

根据乡村定向生师范生对培养方案的描述，当前培养院校对乡村定向师范生的人才培养方案针对性不够，和非定向的师范生基本共用一套培养方案。有的培养院校虽然制订了专属于定向生的培养方案，但面向乡村教育的特点并不明显，定向师范生同质化的培养方案与定向师范生的培养目标脱离。对此，有高校提出：

> 各个地方要发挥基础教育改革的特色、优势，我们培养高校在培养过程中，也会考虑将我们普遍性的培养思路和各地基础教育所要求的个性化的思路融合起来。(T16)

"离农"的现实困境是培养院校在定向师范生培养方案设计中遇到的难题，同质化的培养方案不适合乡村教师的培养目标。培养院校要加快调整和优化培养方案，更好地凸显地方教育特色，帮助乡村定向师范生担起乡村教育和乡村建设的双重责任。

3. 展望：聚焦卓越教师培养，职前职后一体化

以卓越教师的标准作为师范生培养的准则，聚焦高质量乡村教师定向培养，持续为乡村中小学补充卓越师资，是新时代培养院校的重要使命和不懈追求。[①] 对此，培养院校对新时代乡村定向师范生培养给予高度重视，将培养目标定位于培养卓越教师，力图为乡村教师队伍补充高水平的人才。为何要将卓越教师作为师范生的培养目标，Y师范大学教育学院副院长给出了这样的解释：

> 有的老师、领导会误认为师范生哪里来的卓越，离合格教师都还差得很

---

① 杜伟,任立刚.开展卓越教师培养的探索与思考[J].中国高等教育,2011(Z2):72-73.

远呢！从师范生招聘入职新教师,到成为当地比较有影响力的老师,这条路很长,我想这样理解也没有错,但是我们教育部高瞻远瞩,为什么会提出培养卓越教师的目标？因为我们的教师教育发展到今天,发生了一个革命性的变革,那就是从数量不足到数量充足,那么在数量充足的前提下,我们还是满足于数量吗？显然不是这样了,我们的培养目标也从数量转向了质量。(T19)

乡村定向师范生培养既然加了"定向"两个字,培养院校就应当展现其与非定向师范生不同的培养方式,体现出乡村定向师范生的特殊性,满足高质量培养的新需求,努力将定向师范生培养成为具有杰出能力的乡村中小学教师。在卓越教师的培养过程中,培养院校提倡在职前培养环节引入和应用职后教育资源,尽可能为定向师范生创造参与教师职后培训的多种机会,建立健全师范生"职前职后一体化"的教师教育体系,体现出人才培养连贯性的特点。X师范学院坚持将"职前职后一体化"作为设计培养方案的新思路:

> 我们要聚焦问题导向,以"职前职后一体化"的思路来设计我们的培养方案。进入21世纪以后,我们在研究教师教育的时候,提出"职前职后一体化",就是过去的教师培养大学只管在校培养过程,不管毕业之后的职后培养,然后县区教育局负责在职老师的职业培训,也有教研员帮助这些新老师发展专业,没有太多借助大学的资源,因此这两者之间是分割的、分离的。我们认为无论是中国的经验还是国际社会的经验,这样的教师教育改革是值得商榷的,是值得进一步研究的。所以理论界提出了"职前职后一体化"的想法。乡村定向师范生其实从录取的那一天开始,县教育局就考察过他们,都跟他们签了协议,其实就是教育局招聘的准教师。虽然这些老师在大学四年中比较多的时间在高校里学习,但是其实也是县教育局已经录用的老师了,所以教育局应该把定向生作为准老师来看。在乡村定向师范生的培养中,特别有意义的就是一定要按照"职前职后一体化"的思路,来研究乡村定向师范生的成长路径。(T16)

在乡村定向师范生的培养过程中,培养院校要创新工作机制,打破传统封闭式的师范生培养体系,努力协调县教育局、教研机构及中小学的职后培训资源,全面参与卓越教师的培养,打造"职前职后一体化"的卓越教师培养机制。

四、分析与讨论

政策主体以已有的知识和经验主观建构政策认知,由于执行主体知识和经验的不同,使其在政策认知上表现出差异性,这不仅有可能会使其在政策执行过程中产生偏离政策目标定位的偏差行为,还有可能会在不同程度上改变政策执行的形态。笔者的调查显示,浙江省乡村教师定向培养政策的执行过程总体上符合政策的基本价值取向,取得了一定成效,但各政策执行主体大多以自身利益和价值判断作为政策执行的依据,选择性地执行乡村教师定向培养政策,从而导致政策执行出现了分散式的局面。由此可见,政策主体的认知差异或是因为自身水平不足在而产生认知缺陷,或是因为立场不同而产生认知分歧,这些都是影响政策执行效果的重要因素。[①] 笔者根据浙江省教育厅、县教育局和培养院校对政策执行认知的调查反馈,围绕政策执行中的招生、培养、就业及职后发展环节存在的问题,从政策认知的角度分析阻碍政策有效执行的原因。

(一)招生:遴选和准入机制不完善,政策执行范畴不一致

从 X、Y、M、N 四所培养院校定向师范生的生源整体情况看,无论是生源的数量还是质量,都能基本满足政策的目标要求,但也有学校在培养过程中注意到了一些并不适合成为教师的学生。乡村定向师范生培养的最终指向是使其发展成为一名优秀乡村教师,招生环节作为乡村定向师范生培养的"入口"环节,若是无法筛选出真正适合从事乡村教育事业的定向师范生,那么在今后的培养过程中就会存在风险。定向师范生的招生是县教育局按照教育厅下达的招生计划文件和招生指标,制订契合当地需求的招生方案,并由教育局自行组织面试。调查结果显示,教育局在面试时只是简单考查考生的形象和表达能力,并没有全方位地考查考生的综合素质、职业认知、教学潜质、心理健康等,最

---

① 丁煌.政策执行组织机制及其防止对策[M].北京:人民出版社,2002:111.

终仍以高考分数决定录取名单。《浙江教育报》的编审从师范生的面试标准、高校参与度等环节中存在的问题做出思考：

> 培养过程中发现有些学生不适合做教师，入学了以后发现个别定向生有人际交往障碍，有个学生不爱跟人说话，除了跟他自己的老师说一点话，跟别人都不太说话，这样的定向生以后做老师不一定非常合适，但是教育局面试招进来的时候培养高校是不知道的，可能也没有经过很严谨的面试，所以这是有问题的。

可见，当前乡村定向师范生的招生环节还有待完善，遴选和准入机制不完善的原因如下：第一，省教育厅站在教育资源均衡分配的立场上，在下达各类招生专项计划的时候考虑了各县区的招生需求和名额分配，但没有给出具体的招生标准。第二，培养院校在招生环节角色缺位，在考生进入学校就读前对考生的实际情况并不了解，没有形成对考生的准入标准和机制。第三，县教育局受自身能力和专业素养限制，在开展定向师范生遴选工作时只能基于自身已有经验进行非专业化考查，出现"招分不招人"现象。县教育局作为招生环节的执行主体，需要具备较强的组织整合能力与资源汲取能力，邀请省教育厅专家参与制订乡村定向师范生遴选方案，协同培养院校完善乡村定向师范生准入机制。就执行主体对政策的认知而言，执行主体的认知活动与其对政策文本中的信息选择存在密切的联系，执行主体认知图式中现存的知识与经验决定了对认知图式的操作过程具有方向性和选择性，他们选择的信息大多是与自身所需要执行的目标相关的内容，而那些与执行认知目标不相关的信息则不会进入政策主体的认知活动范围。[①] 政策主体对政策信息的选择性接收会导致其对乡村定向师范生的招生存在一定的认知缺陷，认为定向师范生的招生应由县教育局全权负责，政策主体间没有形成合作意识。个体认知过程实际上是范畴化的思维活动，[②]政策主体根据政策信息有选择地设定了政策认知活动范畴，而县教育局组织整合能力不足，在政策执行时

---

① 丁煌.政策执行组织机制及其防止对策[M].北京：人民出版社,2002:112.
② 霍春龙.认知分歧与内群偏私：公共政策绩效损失问题研究[J].兰州大学学报（社会科学版），2016,44(2):61-67.

缺乏有效经验,自主设置的标准又难以契合政策本身的目标定位,这也就导致在招生环节中各县的标准难以统一,达不到政策原有的目标高度。

(二)培养:监督和考核机制不到位,政策执行主动性不足

X、Y、M、N四所地方师范院校对定向师范生培养工作做了充分的准备,总体上妥善处理了浙江省定向师范生政策要求与本校自身发展的关系,但从目标群体和县教育局的反馈来看,培养院校对定向师范生培养的针对性有待进一步加强。第一,培养方案没有体现出乡村定向师范生培养的特殊性,乡土文化特色不足,对定向师范生乡土情怀培养的重视程度不足,与同专业非定向师范生培养同质化。第二,学生自主选科方向与地方紧缺学科需求不匹配,学校虽以"一专多能"为培养目标,但学生"兼科"能力弱,面对多门主科教学时显得束手无策。第三,培养院校开设的课程体系庞大且复杂,虽开设了音、体、美课程,但课时较少,对学生实际的技能考核不到位。总体上看,县教育局相关负责人认为当前对师范生的培养目标与实际岗位需求匹配度有待进一步提高,不能完全满足乡村基础教育发展的需求。培养院校虽有意识地针对定向师范生进行了课程改革,但课程设置重形式、轻实效,反而引来师范生对课程设置合理性的怀疑,对此,有乡村定向师范生无奈地表示:

可能因为是全科小学教育专业,所以学校给我们的课程安排里还有音乐、美术这样的课程,对于之前没有任何艺术基础和艺术天分的我而言,绘画还可以应付一下,但唱歌实在是跑调。说实话,尽管班主任一直告诉我们可以身兼多职,包括音、体、美学科,但是我觉得没有进行专业系统的学习,又不是艺术专业的学生,就算是赶鸭子上架,我也根本没办法去成为这些学科的教师。我其实对于这些课程的安排有一些疑问,如果是单纯的陶冶情操,提高一下我们的艺术素养,我可以理解;但如果是作为教师学科教学技能来训练,我觉得仅仅安排一学期的课,还不足以让我们掌握相关技能。(S1)

从访谈中可以深深地感受到培养院校在定向师范生培养方案制订和课程安排上还存在一些不尽如人意的地方。出现问题的原因有以下三个:第一,浙

江省教育厅对培养院校的要求表述较为宏观，没有建立第三方考评机制，由培养院校自行展开乡村定向师范生培养探索，缺乏对培养过程的监督和考核。第二，县教育局有选择培养院校的自主权，县教育局根据当地教育发展的实际需求提出培养要求，选择承担定向培养任务的院校，但没有与培养院校协同制订具体的培养方案并进行持续优化，缺乏对乡村定向师范生培养质量的考核标准，因此县教育局对培养院校和培养方案的选择实际上处于被动状态。第三，培养院校对乡村定向师范生的培养仍处于探索阶段，尽管部分培养院校对乡村定向师范生采取单独管理、单独培养的方式，但从培养方案的具体内容来看，基本参照了同专业非定向师范生的培养方案，在具体细则上没有做出针对性的调整。浙江省教育厅和县教育局在培养过程中的角色缺位，使培养院校的相关行为缺乏约束，导致政策在执行过程中监督乏力，造成培养过程落实不规范、不到位的情况。[①] 政策主体只有在具备一定知识和掌握相应理论时才会自觉地对乡村定向师范生政策执行中的培养过程进行监督和考核，可见，政策主体的能力水平不足造成了他们对自身认知活动范围的不全面。就浙江省教育厅和县教育局而言，受到政策主体专业水平和能力素养的限制，在乡村教师定向培养政策执行过程中遇到困境的时候，会出现选择性执行的现象，加上缺乏对乡村教师定向培养政策执行的监督考核机制，导致政策执行主动性不强。[②] 就培养院校自身而言，毕业生的就业情况是反映高校培养质量的重要指标之一，而乡村定向师范生在入学前就已经签订了就业协议，保障了他们的就业去向，在这种情况下，高校的培养质量一般不会对乡村定向师范生的就业情况产生太大影响，导致培养高校在政策执行中变革培养模式和机制的积极性不高，这也不利于政策效能的实现。

（三）履约：淘汰和退出机制不完备，政策执行受利益驱动

就业关系到每一位乡村定向师范生的切身利益，也是检验乡村教师定向培

---

① 曹晶晶.地方师范大学师范生免费教育政策执行状况研究[D].长春：东北师范大学,2017：24-26.
② 宁国良,邓瑞芬.执行主体选择性执行公共政策的心理因素分析[J].湖北社会科学,2009(7)：28-30.

养政策成效的重要指标。乡村定向师范生在入学前就与县教育局签订了就业协议,县教育局作为师范生就业的重要责任主体,在促进其顺利就业方面均做出了积极的尝试和努力,但仍然存在一些问题:第一,在培养过程中发现,一些学生因兴趣转向、个人性格、能力结构、心理健康等问题不适合从教,但乡村教师定向培养政策无论在省级、县级层面均没有建立合适的退出或淘汰机制,缺乏过程性的人才培养质量评价。第二,就业协议规定乡村师范生要服从县区教育局工作安排,服务期内不得报考公务员、其他事业单位工作人员和脱产攻读研究生,不得调离本县教育系统或提出辞职,若未按要求到岗就位则按违约处理,这一过程中,实质上乡村师范生在入学之前就让渡了毕业之后的自主择业权。无论是因客观因素不能胜任教师岗位,还是因个人因素不能到岗,县教育局对不能履约的师范生都作违约处理,对违约所要付出的代价,L县的一名定向师范生表示:

> 我们县和浙江其他县区的乡村定向师范生相比,合同的违约赔偿金金额比较少,但是违约的代价是比较大的,违约三年内不能报考公务员,被记入社会失信人员档案,并且根据过往定向生的经历,如果违约可能会存在教育局扣留档案的情况,也就是说如果违约的话,再找其他工作也很难了,所以我既没有违约的想法,也不敢违约。(S9)

县教育局在制定乡村定向师范生的就业协议时,对师范生不能履约的后果做出了明确的规定,但缺乏具体的淘汰和退出机制。公共政策的执行不可避免地会关乎各政策主体间的利益均衡问题,"一刀切"的违约处理办法势必会造成政策执行主体和目标群体间的博弈。我国义务教育形成了"以县为主"的管理体制,县级政府获得了县区教育发展的实际控制权,所制订的政策执行方案往往以符合县区教育利益为前提。[①] 对于县教育局而言,定向师范生一旦违约不能到岗,不仅会造成乡村学校岗位缺口,而且县教育局对其的培养成本也会因此而损失。县教育局站在维护自身利益的角度,尚未建立完善的淘汰和退出机

---

① 金强. 县级政府教育政策执行力研究[D]. 重庆:西南大学,2016:161.

制,仅以简单增加违约成本以限制乡村定向师范生违约情形的发生。对于乡村定向师范生,当其无法承担违约责任时,为避免承担较大的经济赔偿和其他违约后果,在个人利益驱动下被动进入乡村中小学,即便入职了,也未必就是乡村教育真正需要的有能力、有情怀的人才,不能真实反映出乡村教师定向培养政策的执行效果。政策执行主体需要对政策文本的内容和价值追求有正确的理解,尤其是对利益矛盾的化解形成正确的认知,才能依据既定政策目标采取积极的政策行动,保证政策获得预期的执行效果。[①] 乡村教师定向培养政策本质上是为乡村教育补充优质师资,旨在培养一批真正有能力、有奉献精神、愿意扎根乡村的师范生,而不完备的淘汰与退出机制无法为乡村教育留下适合的人才,违背了政策的初衷。由于政策认知活动的反映、选择、整合及理解过程具有明显的主体性特征,政策主体在执行过程中会存在主观局限性,影响政策执行的成效,况且政策执行主体和目标群体对履约情况的认知分歧往往是因为其主观的利益和价值倾向改变了认知结构,从而使政策执行走样。

(四)职后发展:专业成长规划不明晰,主体间行动选择冲突

教育政策是一种有目的、有组织的动态发展过程,[②]根据现实发展需求及时调整和完善政策是政策持续发展的重要保障。在城乡义务教育均衡发展进程中,乡村教育发展对教师的综合素养要求越来越高,但现有政策实施办法对乡村定向师范生进行学历提升有一定限制,增加了师范生违约风险的发生。[③] 浙江省为打造高质量发展建设共同富裕示范区,对调整和优化人才结构提出了更高要求。乡村教师定向培养政策在扩大优质教育资源供给、缩小城乡教育差距的基础上,需进一步提高人才培养质量。对此,省教育厅教师工作处负责人提出要进一步探讨定向师范生的学历提升问题,明晰其专业成长规划:

在教育局层面和培养高校层面,可以考虑支持乡村定向师范生进一步深

① 丁煌.浅析妨碍政策有效执行的主体认知缺陷及其完善途径[J].中共长春市委党校学报,2004(3):47-51.

② 孙绵涛.教育政策学[M].武汉:武汉工业大学出版社,1996:22.

③ 刘海滨.风险评估视角下师范生免费教育政策研究[D].长春:东北师范大学,2015:123.

造,攻读研究生。目前,我省教师定向培养基本都是培养本科学历教师。从全省来看,在初中、高中,研究生学历的教师比例是偏低的,我省教师队伍建设"十三五"规划中提出的"初中、普通高中和中职教师的研究生学历比例分别不低于8%、20%和20%"的目标还没达到,现在我省"十四五"的教师队伍建设规划提出高中教师的研究生学历比例要达到22%,这个目标也没有达到。如果定向师范生有意愿并提出要继续深造,建议县教育局可以支持他们去读研,跟他们签订补充协议。(T1)

当前对乡村定向师范生的职后学历提升问题,不同政策主体间还未形成共识,对其专业成长规划存在一定的政策主体立场差异,究其原因,主要是各政策执行主体均出于自身角度和价值立场考虑问题,没有形成政策执行合力。第一,省教育厅站在实现城乡教育共同富裕和"十四五"教育事业发展规划的立场,提出让定向师范生攻读深造研究生的建议,但对于如何做好顶层设计未给出详细的方案,没有切实推动建议的落实。第二,县教育局站在快速补充乡村教师资源的立场,希望定向培养的师范生能够尽快到岗,助力乡村学校和乡村教育,对其攻读研究生持谨慎的态度,缺乏主动提出在就业协议上增加补充条款的内驱力。第三,培养院校站在教师教育人才培养和提升教育质量的立场,支持乡村定向师范生进一步深造攻读研究生,但不具备调整乡村定向师范毕业生定向就业政策的权限。政策执行主体因选择冲突而引起非合作行为,导致乡村定向师范生的专业成长规划不够清晰,职后发展问题有待进一步探讨。

乡村教师定向培养政策是一项持续且长效的工作,满足乡村定向师范生的专业成长需求,才能够使他们在职后有更好的发展,更有利于推动乡村教育高质量发展。在高质量乡村教师定向培养的背景下,省教育厅和培养院校从教育发展和人的全面发展角度考虑,认为政策目标需站在新的高度,关注乡村定向师范生的职后专业成长,提高人才培养规格。然而,人才高质量培养的优势及政策所蕴含的价值取向常常要经过一定的时间才能显现出来,县教育局为了尽快满足当前紧缺教师的岗位需求,需要追求短期内的利益而可能会放弃长期利益,难以全面正确分析乡村教师定向培养政策所蕴含的长期利益,对政策的价值全面性和持续性缺乏正确认知。[1] 可见,对乡村定向师范生的职后发展需求,政策执行主体站在各自不同的立场,一方面存在利益认知分歧和决策行动选择的冲突,另一方面又未能达成积极的沟通与合作,这正是限制政策有效执行的重要因素。[2]

第二节 乡村教师定向培养政策执行成效的调查研究

一、问题提出

乡村教师定向培养政策的实施,为乡村学校输送了优质师资,有效缓解了城乡教师资源配置结构性失衡问题,在一定程度上提高了乡村教师队伍质量。前面已分析过乡村教师定向培养政策的执行过程,有必要从政策目标群体的角度分析政策执行成效,调查政策目标群体对该政策执行的总体评价和态度。目标群体对乡村教师定向培养政策的执行评价在很大程度上体现了该项政策的实际效果,可作为检验政策、完善政策的重要依据。曹晶晶提出,目标群体对政策执行的态度和行为是影响政策最终效果的重要因素,政策能否达到预期目标,在很大程度上受到目标群体对政策的认可和接受程度的影响。[3] 闫妍认为,目标群体对于教育政策的需求程度和理解程度影响着教育政策的执行,目标群体的需求程度越高、理解程度越深刻,政策执行效果越佳;反之,则政策效益的实现越差。[4] 詹琳琳认为,在具体的政策执行过程中,目标群体对于政策文本、价值、目标等的理解可能

---

① 丁煌.浅析妨碍政策有效执行的主体认知缺陷及其完善途径[J].中共长春市委党校学报,2004(3):47-51.

② 金强.县级政府教育政策执行力研究[D].重庆:西南大学,2016:161.

③ 曹晶晶.地方师范大学师范生免费教育政策执行状况研究[D].长春:东北师范大学,2017:10.

④ 闫妍.地方免费师范生政策执行研究[D].石家庄:河北师范大学,2015:32.

存在偏差,最终会产生不同的执行效果。[①] 调查在校乡村定向师范生及定向培养的在职乡村教师对政策执行及成效的评价,有助于探究政策执行中存在的问题及原因,有利于提升乡村教师定向培养政策的执行效能。

二、研究设计

为了实证量化描述浙江省乡村教师定向培养政策执行成效情况,笔者在前期文献阅读、政策执行过程考察、开放式问卷调查和问卷初测的基础上,以浙江省 8 所高校正在培养的在校定向培养师范生和已经毕业的定向在职教师为调查对象,分别形成两份自编的调查问卷《浙江省乡村教师定向培养政策执行调查问卷(在校乡村定向师范生)》和《浙江省乡村教师定向培养政策执行调查问卷(定向培养的在职乡村教师)》。

《浙江省乡村教师定向培养政策执行调查问卷(在校乡村定向师范生)》共 5 个维度、78 个题项,遵循报考、招录、培养、履约、成长等逻辑设计,主要分个人基本情况、报考动机、学习动力与培养过程、履约与个人专业发展、对政策认知与评价等维度,全面了解在校师范生对政策执行过程的认知与评价。

《浙江省乡村教师定向培养政策执行调查问卷(定向培养的在职乡村教师)》共 5 个维度、60 个题项,从定向培养的在职乡村教师的基本情况,工作状况、生活状况、对现状的客观评价、对政策实施的满意度主观评价等 5 个维度展开,采用单选题和李克特 5 点计分法相结合的方式收集数据,力求真实反映定向培养的在职乡村教师对政策执行结果的评价。

本书采用分层抽样、随机抽样和整群抽样相结合的方式对在校乡村定向师范生共发放问卷 1500 份,实际回收 1430 份,其中有效问卷 1306 份,问卷回收率为 95.3%,有效率为 91.3%;对定向培养的在职乡村教师共发放问卷 1000 份,实际回收 930 份,其中有效问卷 814 份,问卷回收率为 93%,有效率为

[①] 詹琳琳.史密斯过程模型下的 J 市小学课后服务政策执行问题研究[D].曲阜:曲阜师范大学,2021:27.

87.5%,具体样本特征见表 4-4 和表 4-5。

表 4-4　在校乡村定向师范生问卷调查对象基本情况统计

题项	类别	人数/人	百分比/%	题项	类别	人数/人	百分比/%
性别	男	409	31.3	民族	汉族	1104	84.5
	女	897	68.7		少数民族	202	15.5
	合计	1306	100		合计	1306	100
年级	大一	342	26.1	所学专业	小学教育	330	25.2
	大二	446	34.5		汉语言文学	189	14.5
	大三	201	15.4		数学与应用数学	146	11.2
	大四	317	24.0		科学教育	27	2.1
	合计	1306	100		历史学	56	4.3
担任过主要学生干部	是	865	66.2		计算机科学与技术	55	4.2
	否	441	33.8		学前教育	276	21.1
	合计	1306	100		思想政治教育	150	11.5
获得过奖学金	是	650	49.7		地理科学	36	2.8
	否	656	50.3		高中物理学	41	3.1
	合计	1306	100		合计	1306	100
家庭经济困难	是	541	41.4	政治面貌	中共党员(含预备)	334	25.6
	否	765	58.6		共青团员	581	44.5
	合计	1306	100		群众	391	29.9
生源地	县城(含县级市)	93	7.1		合计	1306	100
	乡镇	337	25.9	独生子女	是	561	43.3
	农村	876	67.0		否	745	56.7
	合计	1306	100		合计	1306	100
家庭经济水平	富裕	102	7.8	父亲/母亲学历	初中及以下	552/426	42.3/32.6
	较好	223	17.1		高中(中专)	346/305	26.5/23.4
	一般	650	49.8		大专	249/350	19.0/26.8
	贫困	331	25.3		本科及以上	159/225	12.2/17.2
	合计	1306	100		合计	1306	100
父亲职业	农民	287	21.9	母亲职业	农民	341	26.1
	工人(含农民工)	430	33.0		工人(含农民工)	357	27.3
	专业技术人员(律师、医生、教师等)	104	8.0		专业技术人员(律师、医生、教师等)	55	4.2
	国家公职人员	71	5.4		国家公职人员	16	1.2
	个体私营	151	11.5		个体私营	116	8.9
	公司职员	85	6.5		公司职员	55	4.2
	公司领导/管理者	33	2.5		公司领导/管理者	30	2.3
	军人	16	1.2		军人	0	0
	自由职业者	90	6.9		自由职业者	206	15.8
	其他	39	3.1		其他	130	10.0
	合计	1306	100		合计	1306	100

表 4-5 定向培养的在职乡村教师问卷调查对象基本情况统计

题项	类别	人数/人	百分比/%	题项	类别	人数/人	百分比/%
性别	男	267	32.8	民族	汉族	643	79.0
	女	547	67.2		少数民族	171	21.0
	合计	814	100		合计	814	100
年龄	24 岁以下	152	18.7	教龄	1 年以内	144	17.7
	24～30 岁	359	44.1		1～6 年	326	40.1
	31～45 岁	198	24.3		7～12 年	251	30.8
	45 岁以上	105	12.9		12 年以上	93	11.4
	合计	814	100		合计	814	100
文化程度	中专	80	9.8	政治面貌	中共党员(含预备)	254	31.2
	大学本科	622	76.5		共青团员	82	10.1
	硕士研究生及以上	112	13.7		群众	478	58.7
	合计	814	100		合计	814	100
独生子女	是	324	39.8	婚姻状况	未婚	284	34.9
	否	490	60.2		已婚	494	60.7
	合计	814	100		离异	35	4.5
生源地	县城(含县级市)	74	9.1		丧偶	1	0.1
	乡镇	178	21.9		合计	814	100
	农村	562	69.0		—	—	—
	合计	814	100		—	—	—
家庭经济水平	富裕	60	7.4	父亲/母亲学历	初中及以下	382/435	46.9/53.4
	较好	240	29.5		高中(中专)	226/186	27.8/22.9
	一般	365	44.8		大专	131/126	16.1/15.5
	贫困	149	18.3		本科及以上	75/67	9.2/8.2
	合计	814	100		合计	814	100
父亲职业	农民	203	25.0	母亲职业	农民	243	29.9
	工人(含农民工)	320	39.3		工人(含农民工)	307	37.7
	专业技术人员(律师、医生、教师等)	58	7.1		专业技术人员(律师、医生、教师等)	33	4.1
	国家公职人员	26	3.2		国家公职人员	10	1.2
	个体私营	46	5.7		个体私营	42	5.1
	公司职员	54	6.6		公司职员	65	7.9
	公司领导/管理者	15	1.9		公司领导/管理者	9	1.1
	军人	9	1.1		军人	1	0.2
	自由职业者	46	5.6		自由职业者	49	6.0
	其他	37	4.5		其他	55	6.8
	合计	814	100		合计	814	100

三、数据处理

使用 SPSS 27.0 软件对调查结果进行数据整理与分析,统计方法包括描述性统计、t 检验和方差分析等。其中，对两份问卷中用李克特 5 点计分法的维度进行了信度和效度检验。在校师范生的政策认知与评价、在岗教师现状客观评价和政策实施的满意度评价三个部分的主成分分析 KMO 值分别为 0.910、0.881、0.899，Bartlett's 球形检验的 sig 值均为 0.000，说明三个维度具有良好的结构效度；同时，三个维度的内部一致性检验 Cronbach's α 系数分别为 0.940、0.880、0.885，表明三个维度具有较好的信度，能够可靠、稳定地反映被试的认知水平，也为后续的统计分析奠定了基础。

四、研究结果

政策执行的最终效果与目标群体有紧密联系，目标群体对政策的认可度越高，政策目标越容易实现。目标群体即在政策执行过程中受教育政策影响和作用的个体、群体或组织，浙江省乡村教师定向培养政策的目标群体主要为在校的乡村定向师范生和定向培养的在职乡村教师。[①] 对乡村定向师范生的在校情况和定向培养的在职乡村教师职后发展情况进行调查研究，了解目标群体对政策的认可程度，对完善政策及提升政策效能有重要意义。

（一）乡村定向师范生的基本学情及政策成效评价

1. 乡村定向师范生的基本学情

从近年来乡村定向师范生招生情况来看（见表 4-6），浙江各地对小学全科教师需求最大，中学紧缺学科及高中复合型学科的需求逐年提升，欠发达县区对定向师范生的需求量逐年扩大。第一，小学全科教师的需求最大。省教育厅发布的政策文件中提出，小学全科教师和高中"双学科"复合型教师定向计划面向全省实施，而中学紧缺人才仅面向经济欠发达的山区 26 县及 5 个海岛县实施。从浙江省各县 2020　2022 年的招生计划可以看出，小学全科教师的招生计划人数普遍偏多，需求缺口较大，2020 年及 2021 年衢州市开化县和宁波市象

---

① 闫妍.地方免费师范生政策执行研究［D］.石家庄:河北师范大学,2015:31.

山县的计划招收人数达到了 30 人以上。第二,中学紧缺学科及高中复合型学科的招生计划进一步开放。浙江省的相关政策文件中指出,中学紧缺学科招录面向省内经济欠发达地区开放,从数据中可以看出,浙江省山区 26 县和 5 个海岛县对中学紧缺学科及高中复合型学科的需求量普遍很大,教师队伍结构性矛盾突出。除山区 26 县及 5 个海岛县外,部分经济发达县区同样也需要补充中学紧缺学科教师,其中宁波奉化区 2021 年的 30 个招生计划数中面向中学紧缺学科及高中复合型学科的名额有 25 个,2022 年开放了 20 个招生计划数给中学紧缺学科和高中复合型学科。第三,浙江省内经济欠发达县区的招生比例逐年攀升。从数据中可以看出(见表 4-7),山区 26 县及 5 个海岛县的招生比例从 2020 年占所有县(市、区)招生计划数的 62.7% 增加到 2022 年占总数的 68.7%,浙江省经济欠发达县区对教师的需求量很大,并且涵盖小学、初中、高中所有学科,可见经济发展、地理位置、教学环境等对教师队伍的稳定性影响甚大,对于这些地区而言,如何"留得住"这些乡村教师的问题尤为突出。

表 4-6 2020—2022 年浙江省各县(市、区)乡村定向师范生的生源分布 单位:人

县(市、区)		2020 年				2021 年				2022 年			
		学前	小学	中学紧缺	高中复合	学前	小学	中学紧缺	高中复合	学前	小学	中学紧缺	高中复合
桐庐县		—	11	—	20	—	7	—	2	—	7	—	2
淳安县	山区 26 县	4	—	—	—	—	5	3	3	—	6	4	8
建德市		10	10	—	—	—	10	—	—	—	10	—	—
临安区		—	10	—	—	—	—	—	—	—	—	—	—
余杭区		—	4	—	—	—	—	—	—	—	—	—	—
奉化区		—	13	10	4	—	5	15	10	—	—	10	10
鄞州区		—	—	—	—	—	10	—	—	—	—	—	—
象山县		—	30	—	—	—	30	—	15	—	20	—	25
慈溪市		10	15	—	—	5	10	—	10	5	5	2	5
洞头区		—	2	—	1	—	2	—	—	—	2	—	2
苍南县	山区 26 县	—	20	16	14	—	20	20	—	—	20	15	5
泰顺县	山区 26 县	—	6	6	8	—	14	10	6	—	—	—	—
永嘉县	山区 26 县	—	—	—	—	—	5	4	3	—	—	—	—
文成县	山区 26 县	—	11	4	5	—	10	5	7	—	11	6	3
乐清市		—	—	—	—	—	10	—	2	—	10	—	2

续表

县(市、区)		2020 年				2021 年				2022 年			
		学前	小学	中学紧缺	高中复合	学前	小学	中学紧缺	高中复合	学前	小学	中学紧缺	高中复合
嘉兴市		—	3	—	3	—	—	—	1	—	—	—	—
海盐县		—	—	—	—	—	—	—	—	—	2	—	1
海宁市		—	3	—	2	—	5	—	—	—	5	—	—
平湖市		—	5	—	3	—	5	—	2	—	25	—	5
桐乡市		—	—	—	—	—	6	—	1	—	2	10	—
德清县		—	5	—	—	—	10	—	—	—	10	—	—
安吉县		—	10	—	—	—	10	—	—	—	20	—	—
上虞区		—	5	—	—	—	10	—	2	—	10	—	2
嵊州市		—	—	—	2	—	—	—	—	—	2	—	2
磐安县	山区 26 县	—	2	—	4	—	—	—	—	—	—	—	—
兰溪市		—	—	—	—	—	8	—	2	—	6	—	4
浦江县		—	2	9	5	2	2	11	8	—	—	—	—
衢江区	山区 26 县	—	—	—	—	—	5	—	—	—	7	2	1
常山县	山区 26 县	—	8	4	2	—	8	—	2	—	8	—	3
开化县	山区 26 县	—	30	6	9	—	30	5	5	—	15	8	7
龙游县	山区 26 县	—	6	—	—	—	2	2	2	—	2	1	1
江山市	山区 26 县	—	8	7	10	—	20	16	2	—	20	18	2
舟山市		—	—	—	—	—	—	—	8	—	5	—	5
定海区	海岛县	—	6	9	—	—	4	6	—	—	2	10	—
普陀区	海岛县	—	7	3	—	—	5	5	—	—	5	15	—
岱山县	海岛县	—	8	8	4	—	14	7	4	—	8	8	4
嵊泗县	海岛县	—	2	—	—	—	2	3	4	—	2	4	3
台州市		—	—	—	—	—	—	—	4	—	—	—	4
三门县	山区 26 县	—	12	4	4	—	7	2	6	—	7	2	3
天台县	山区 26 县	—	12	11	7	—	16	9	10	—	13	12	10
仙居县	山区 26 县	—	10	4	5	—	5	—	15	—	5	6	7
温岭市	—	—	20	—	5	—	23	—	2	—	9	—	7
玉环市	海岛县	—	2	9	7	—	2	6	8	—	4	6	5
莲都区	山区 26 县	—	6	—	—	—	6	—	—	—	6	—	—
青田县	山区 26 县	—	10	6	2	—	5	—	10	—	5	6	14
缙云县	山区 26 县	—	5	42	13	—	5	39	16	—	5	39	16
遂昌县	山区 26 县	—	10	7	8	—	9	7	8	—	10	6	9
松阳县	山区 26 县	—	8	4	—	—	8	7	5	—	4	6	6
云和县	山区 26 县	—	13	—	—	—	7	5	13	—	10	4	6
庆元县	山区 26 县	—	6	—	—	—	—	1	5	—	4	1	1

续表

县(市、区)		2020 年				2021 年				2022 年			
		学前	小学	中学紧缺	高中复合	学前	小学	中学紧缺	高中复合	学前	小学	中学紧缺	高中复合
景宁畲族自治县	山区 26 县	—	8	12		—	6	8	6	—	3	10	7
龙泉市	山区 26 县	—	5	6	9	—	5	4	4	—	10	6	9
合计		796 人				818 人				770 人			

表 4-7　2020—2022 年浙江省山区 26 县及 5 个海岛县定向师范生招生情况

招生	2020 年	2021 年	2022 年
人数/人	499	533	529
总数/人	796	818	770
占比/%	62.7	65.1	68.7

就各培养院校 2019—2021 年的招生录取情况而言(见表 4-8),乡村定向师范生的准入门槛逐年提高,培养质量也不断提升。第一,从"入口关"看,定向师范生的生源质量逐年提升。从 2019—2021 年的乡村定向师范生的招录情况来看,受教师地位提升、待遇提高等方面的影响,定向师范生招生政策吸引了一大批高分考生报考,录取分数线逐年提高,在乡村定向师范生招生的"入口关"保证了定向师范生的生源逐步优质化。大部分招生专业,如小学教育(师范)、汉语言文学(师范)、英语(师范)、数学与应用数学(师范)的录取分数线都超出特控线,甚至有部分学生放弃进入省外"双一流"高校而选择成为省内地方师范院校的乡村定向师范生。杭州师范大学 2020 年录取最高分为 653 分、2021 年录取最高分为 656 分,生源质量的提高也能确保各培养院校对于优质师资的培养质量。第二,从培养过程看,对培养院校的培养质量要求日趋严格。结合浙江省教育厅发布的培养招生计划可以看出,对定向师范生的培养做出了从重"数量"到重"质量"的转变。丽水市多个县区在选择培养高校时,更倾向于把乡村定向师范生的培养任务交给省内培养质量更高的师范院校,如浙江师范大学,从而提高培养质量。

表 4-8　2019—2021 年浙江省乡村定向师范生招生录取分数

招生单位	2019 年		2020 年		2021 年	
一段线	595		594		495	
特控线	—		—		589	
分数	最高分	最低分	最高分	最低分	最高分	最低分
浙江师范大学	648	570	651	589	661	589
杭州师范大学	645	597	653	594	656	589
湖州师范学院	629	584	640	587	632	578
温州大学	622	555	637	566	640	575
浙江海洋大学	602	539	—	548	—	572
衢州学院	—	566	603	576	608	572
台州学院	620	561	—	567	635	597
丽水学院	611	566	624	577	606	580

2.乡村定向师范生的报考动机

为满足山区海岛县和高中学校的实际教学需要,2012 年浙江省启动了本科层次的小学全科教师及中学紧缺学科教师定向培养,2018 年启动了高中"双学科"复合型教师定向培养计划,乡村教师定向培养计划已全面实施。为此,了解学生是基于何种目的报考乡村定向师范生是政策实施需要关注的一个重要方面。本调查研究显示,报考乡村定向师范生的主要原因依次为"获得稳定的教师编制"(29％)、"热爱教师职业和教育事业"(26.6％)、"减轻家庭经济负担"(26％),这说明当前考生对乡村定向师范生的认识是多样的、原因是复杂的,报考的功利性目的比较突出。

从男女比例看,结果显示,男生更倾向于从经济角度考虑选择"减轻家庭经济负担"(38％),而女生多从个人兴趣、就业现状等角度考虑选择"热爱教师职业和教育事业"(28.7％)、"获得稳定的教师编制"(28％),但性别因素对报考选择的原因在统计学上无显著性差异($P=0.088, sig>0.05$)。

从学生的生源地看,农村生源学生占样本总数的 67％,这说明乡村定向师范生的主要生源来自农村,也有利于这些学生毕业后回到乡村,反哺乡村教育。进一步分析发现,生源所在地为农村的学生报考定向师范生的主要原因为"减轻家庭经济负担"(38.1%)。而生源所在地为县城和乡镇的学生报考的主要原因为"获得稳定的教师编制"(39%)。因此,生源地对于学生报考动机有显著性差异($P=0.008,sig<0.05$)。

从家庭经济状况来看,75.1%的乡村定向师范生的家庭经济状况属于中等及以下水平,且这部分学生中报考乡村定向师范生的主要原因为"减轻家庭经济负担"(40.1%)。而家庭经济状况为较好和富裕的学生报考乡村定向师范生的主要原因是"获得稳定的教师编制"(30.8%)。统计结果也显示,家庭经济水平对学生报考乡村定向师范生的原因有显著性差异($P=0.000,sig<0.05$)。

从报考的决策主体看,报考乡村定向师范生并不仅仅是考生的个人决策结果,而主要是家庭、朋友等群策群力的结果。报考决策主体的数据结果显示,仅13.3%的考生"自行决定",而"父母或亲人""老师建议""共同商量"三者占比之和高达81%。值得注意的是,父母亲的学历和职业在报考决策中起到了关键性作用,以父亲的学历和职业为例,考生中父亲学历为"高中/中专"及以上且职业为"专业技术人员(律师、医生、教师等)""国家公职人员""个体私营"或"公司领导/管理者"的家庭,报考决策主体均为"父母或亲人"(32%)和"共同商量"(41%),这和笔者预想的这类家庭的父母对政策认识更理性、对孩子的职业规划更明晰相一致,也说明这类家庭是乡村教师定向培养政策的坚实支持者。

因此,对于地方政府而言,在制定乡村定向师范生的政策时要更契合本地情况,从现实角度制定政策,从而提高政策对考生的吸引力。本研究表明,乡村教师定向培养政策在吸引学生方面已发挥了一定的积极作用,尤其是有编制的教师岗位契合社会各界对子女的职业期待、有保障的就业机制规避了失业风险、有学费补偿的措施减轻了家庭经济负担等因素成为学生报考的重要原因。调查结果也显示,针对"回家乡当乡村教师"这一选择,有71.3%的学生给出了积极正面的评价,具有自身的内在动力驱动作用,这与政策实施的初衷不谋而合,从侧面论证了经过10多年的运行,乡村教师定向培养政策的确起到了吸引学生到乡村发展、振兴乡村教育的目的。

3.乡村定向师范生的学习动机及职业认同

自 2012 年浙江省实行乡村教师定向培养政策以来,乡村定向师范生在校期间的学习状况一直是研究者关注的焦点之一。本书以乡村定向师范生在校期间的学习目标、学习动力、职业认同、履约意愿等为观测指标,分析其在校学习的总体状况。

只有树立正确的学习目标,才能唤起较强的学习动力,继而保持高度的学习自觉和学习韧性。因此,乡村定向师范生树立正确的学习目标,是产生和维持学习动力的重要前驱因素,对他们的学习活动起到了至关重要的导向作用。表 4-9 显示,就学习目标而言,60.5%的学生树立了"努力学习"这一学习目标,这说明在校师范生学习目标总体是积极向上的,但也有 15.1%的学生对学习目标持无所谓的态度,这值得我们警惕。就学习动力而言,动力的前三项分别是"报答父母养育之恩,给父母争光"(30.0%)、"提高自身素质,增强就业竞争力"(21.1%)、"获得老师和同学的认可,让别人尊重自己"(18.1%),这说明在校师范生学习动力比较务实,凸显了当代大学生关注个人因素和家庭因素的特点,为后续引导他们形成关注社会因素的学习动力奠定了基础。同时,题项"我的学习动力比较强"均值为 3.91 分,也印证了在校师范生具有较强的学习动力。

为进一步揭示在校乡村定向师范生学习目标和学习动力的个性化差异,研究者对被试的年级、政治面貌、担任学生干部经历、生源地等因素进行了差异性统计分析。卡方检验结果显示,在校乡村定向师范生的学习目标和学习动力在大学四年中呈现 U 形曲线,大一得分最高、大二有所降低、大三最低、大四有回升,且大一得分显著高于大二、大三得分($P=0.000, sig<0.05$)。同时,政治面貌和学生干部经历在乡村定向师范生的学习目标和学习动力方面也发挥了显著作用,具体为政治面貌为"中共党员(含预备)"的得分显著高于"群众"和"共青团员"($P=0.000, sig<0.05$),"担任过主要学生干部"的学生得分显著高于没担任过的学生($P=0.000, sig<0.05$)。

表 4-9　乡村定向师范生学习状况描述性统计分析

观测指标	题项	人数/人	百分比/%
学习目标	努力学习，提升能力	408	31.2
	努力学习，争取评奖评优	383	29.3
	通过考试，不挂科，顺利毕业	198	15.2
	学好学坏无所谓	197	15.1
	其他	120	9.2
	合计	1306	100.0
学习动力	获得专业知识，为祖国教育事业添砖加瓦	208	15.9
	报答父母养育之恩，给父母争光	392	30.0
	获得老师和同学的认可，让别人尊重自己	236	18.1
	提高自身素质，增强就业竞争力	276	21.1
	热爱本专业	194	14.9
	合计	1306	100.0
职业认同	"回家乡当乡村教师"是有社会意义和价值的选择	535	41.0
	"回家乡当乡村教师"是个人兴趣的选择	499	38.2
	如果有更好工作，就不会选择"回家乡当乡村教师"	138	10.6
	"回家乡当乡村教师"是很多因素导致的无奈选择	86	6.5
	其他	48	3.7
	合计	1306	100.0
履约意愿	毕业后会按照协议回到县以下农村小学任教	1136	86.9
	毕业后不会按照协议回到县以下农村小学任教	78	6.0
	毕业后不确定是否按照协议回到县以下农村小学任教	92	7.1
	合计	1306	100.0

　　表 4-9 结果显示,79.2%的在校师范生对"回家乡当乡村教师"持肯定性态度,86.9%的在校师范生表示"毕业后会按照协议回到县以下农村小学任教",这充分说明绝大部分处于职业生涯准备阶段的在校师范生对乡村定向教师的职业认同度较高,确保了后续他们从事教育活动的信念。进一步分析发现,在校师范生的职业认同感(总平均分为 3.49 分)和师范生履约意愿(总平均分为 4.11 分)两者高度相关($r=0.86,P=0.000,sig<0.05$),即职业认同感越高,履约意愿越高。

4. 乡村定向师范生对政策的评价状况

"政策认知是人们对政策系统和政策过程的认知、判断和评价,是认知者、被认知者和情景等因素交互作用的心理过程,是人们对政策系统功能、作用、结构、关系等的认识。"[①]作为乡村教师定向培养政策的主要目标群体,在校的乡村定向师范生对该政策的认知与评价及其在实践中对政策的态度和行为是影响政策执行效果的重要因素,也是最终判定该政策是否有效的重要尺度。本书从"对政策本身的评价""对县区执行政策的评价""对高校执行政策的评价""政策对自身发展影响的评价"等4个维度来考察基于在校师范生视角的政策认知评价状况,得分越高则评价越高。

研究结果表明,在校师范生对乡村教师定向培养政策的评价从高到低依次为"对高校执行政策的评价"(总平均分为4.41分)、"政策对自身发展影响的评价"(总平均分为4.22分)、"对政策本身的评价"(总平均分为3.53分)、"对县区执行政策的评价"(总平均分为3.40分),这表明在校师范生对该政策的总体评价比较积极,呈现出与自身关系越密切,评价得分越高的趋势。

表4-10的方差分析结果显示,政治面貌、担任学生干部经历、是否获得过奖学金、家庭经济水平、生源地等人口统计学变量在4个维度上呈现出显著性差异,而性别、年级、独生子女状况等人口统计学变量则无显著性差异。具体而言,政治面貌为中共党员(含预备)、有担任学生干部的经历、获得过奖学金的在校师范生在4个维度上得分均显著高于对照组,这与现实情况相符合,这些学生是乡村教师定向培养政策的直接受益者,对政策的评价尤其是对高校执行政策的评价更容易引起他们情感的共鸣。进一步分析发现,具有上述特点的学生在对乡村定向教师的职业认同和履职意愿上均获得了较高的得分,即题项"毕业后到农村学校任教是一件光荣的有意义的事情"总平均分为3.68分,题项"我愿意毕业后到协议规定的乡村学校任教"总平均分为3.77分。

---

① 张国庆.现代公共政策导论[M].北京:北京大学出版社,1997:48.

表 4-10　乡村定向师范生对政策评价的方差分析结果

题项	选项	对政策认知与评价（M±SD）			
		对政策本身的评价	对县区执行政策的评价	对高校执行政策的评价	政策对自身发展影响的评价
性别	男	3.71±0.7	3.87±0.1	3.98±0.9	3.49±0.7
	女	3.66±0.9	3.94±0.6	4.14±0.9	4.04±0.4
	t 值/F 值	$t=2.2$	$t=-2.7$	$t=-4.1$	$t=-3.9$
年级	大一	3.86±0.8	3.84±0.8	3.96±0.3	3.92±0.8
	大二	3.85±0.9	3.80±0.8	3.95±0.8	3.90±0.6
	大三	3.80±0.9	3.77±0.8	3.89±0.5	3.84±0.4
	大四	3.85±0.4	3.85±0.8	3.91±0.8	3.95±0.8
	t 值/F 值	$F=0.7$	$F=0.9$	$F=0.8$	$F=0.7$
政治面貌	中共党员（含预备）	4.18±0.7	4.12±0.7	4.21±0.6	4.18±0.6
	共青团员	3.92±0.8	3.90±0.7	3.97±0.8	3.92±0.6
	群众	4.03±0.8	4.00±0.8	4.05±0.8	4.11±0.8
	t 值/F 值	$F=10.2^{***}$	$F=15.3^{***}$	$F=11.1^{***}$	$F=18.4^{***}$
担任学生干部经历	是	4.03±0.8	4.14±0.8	4.94±0.9	4.77±0.8
	否	3.64±0.9	3.75±0.8	3.91±0.9	3.84±0.8
	t 值/F 值	$t=4.9^{***}$	$t=5.0^{***}$	$t=4.4^{***}$	$t=5.7^{***}$
获得过奖学金	有	4.10±0.4	4.00±0.4	4.14±0.5	4.11±0.5
	无	3.71±0.6	3.88±0.6	3.94±0.6	3.91±0.6
	t 值/F 值	$t=5.7^{***}$	$t=6.0^{***}$	$t=7.1^{***}$	$t=5.0^{***}$
独生子女	是	3.13±0.5	3.03±0.4	3.83±0.5	3.69±0.4
	否	3.29±0.5	3.33±0.4	3.89±0.5	3.89±0.4
	t 值/F 值	$t=-3.4$	$t=-4.2$	$t=-5.1$	$t=-4.4$
家庭经济水平	富裕	3.76±0.9	3.70±0.9	3.89±0.9	3.87±0.8
	较好	3.88±0.9	3.87±0.8	4.11±0.8	3.87±0.8
	一般	4.15±0.7	4.14±0.7	4.29±0.9	4.19±0.9
	贫困	4.22±0.7	4.19±0.7	4.54±0.7	4.37±0.7
	t 值/F 值	$F=48.6^{***}$	$F=36.5^{***}$	$F=82.6^{***}$	$F=47.7^{***}$
生源地	县城（含县级市）	3.25±1.0	3.20±0.8	3.85±0.8	3.77±0.8
	乡镇	3.14±0.8	3.12±0.8	3.68±0.8	3.60±0.8
	农村	4.05±0.8	4.14±1.3	4.66±1.1	4.30±1.0
	t 值/F 值	$F=29.7^{***}$	$F=19.9^{***}$	$F=69.4^{***}$	$F=64.4^{***}$

注：*表示 $P<0.05$，**表示 $P<0.01$，***表示 $P<0.001$。

同时，表 4-10 中的结果也表明，不同家庭经济和生源地学生对政策认知评价有显著性差异,进一步经事后检验发现,家庭经济水平的四个维度在得分上呈现出两极化特点,家庭经济水平为"贫困"和"一般"的学生对政策评价较高(其中"贫困"水平的学生评价最高),家庭经济水平为"富裕"和"较好"的学生对政策评价较低(其中"富裕"水平的学生评价最低),两极呈现显著差异,但同一极内部无显著差异。同理,就学生的生源地而言,生源地为农村的学生在四个政策维度上的得分要显著高于其他两个生源地(生源地为"县城"或"乡镇")。其原因是多方面的,笔者认为,家庭经济水平为"贫困"或"一般",生源地为农村的在校定向师范生对政策的诉求较少、对政策的期待较低,现行的政策特点(如就业保障、教师编制、费用补贴等)能较好地满足他们的内在需求,故他们能对政策整体成效做出积极的评价。

(二)定向培养的在职乡村教师职后发展及政策成效评价

从定向培养的在职乡村教师基本情况统计(见表 4-5)可知,定向培养的在职乡村教师以女教师居多(67.2%),而男教师仅占 32.8%,男女教师数量的严重失衡应该引起政策制定者的高度重视;从年龄上看,24~30 岁的教师占大多数(44.1%),说明定向培养的在职乡村教师队伍比较年轻;从教龄上看,12 年以内的教师占到了 88.6%,这与多地教师服务期为 10 至 12 年相吻合;乡村教师的文化程度以本科生为主(76.5%);大多数教师已经成婚(67.7%)且自我评价家庭经济条件一般及以上(较好或富裕)的占 81.7%;从教师的生源地看,绝大部分乡村教师来自农村(69.0%),这符合精准实施定向培养的乡村定向师范生培养政策。

1. 定向培养的在职乡村教师工作现状

第一,定向培养的在职乡村教师的教学工作量比较大。调查结果显示,58.8%的教师表示教学工作量占工作总量的 1/2 至 2/3,37.8%的教师每学期承担 1 至 2 门课的教学工作,27.9%的教师承担 3 至 4 门课的教学工作,甚至有9.1%的教师承担着 4 门课以上的教学工作。乡村学校教师的课时量超出城市教师[①],备课、上课、批改作业这些常规工作过多挤占了教师外出考察、从事教科

---

① 钟秉林.支持乡村教师给教育一个坚实的支点[N].光明日报,2015-06-30(14).

研的时间,乡村教师的工作量是超负荷的,他们在生理和心理上都承载着较大的压力。长此以往,乡村教师没有精力进行自我提升,只能故步自封,在专业发展上落后于城市教师。

第二,定向培养的在职乡村教师的培训进修机会少。在国家建设教育共同富裕的时代背景下,加强对乡村定向教师的在岗培训对改善我国乡村教育发展滞后、教师队伍建设不力的实际情况具有十分重要的意义,是改善乡村教师师资数量不足、质量不高的重要途径。本研究以"近五年"为统计周期,调研了乡村定向教师在岗培训进修情况。

通过表 4-11 的统计数据发现,2018—2022 年,乡村定向教师大部分是以省市级培训、校内培训、岗前培训为主;累计接受培训的时间以 30～60 天居多(44.7%),影响他们参加培训或进修的主要原因以没有时间、没有政策居多,分别占 44.4% 和 19.1%。当前,教师职后培训或进修的方式愈发多元,不仅有国家级培训、省市级培训、校内培训三种,但调研所得的信息表明,乡村定向教师主要参与上述三种培训,这不能满足教师职后发展的需要,乡村定向教师的职后培训要有一定的针对性,需在培训过程中更多凸显他们的学科特点和培养模式。

表 4-11　定向培养的在职乡村教师培训进修情况统计

观测指标	题　项	人数/人	百分比/%
近五年来您参加过的培训、进修	岗前培训	573	70.4
	校内培训	708	87.1
	省市级培训或进修	451	55.4
	国家级培训或进修	279	34.3
	国内访问学者或出国培训、进修	48	5.9
	其他	145	17.8
近五年来您接受的培训时间累计天数	10 天以下	74	9.1
	10～30 天	142	17.4
	30～60 天	364	44.7
	60～80 天	170	20.9
	80 天以上	64	7.9
	合计	814	100.0

续表

观测指标	题项	人数/人	百分比/%
影响您接受培训或进修的主要因素	没有经费	88	10.8
	没有时间	362	44.4
	没有政策	156	19.1
	学校不支持	79	9.7
	其他	130	16.0
	合计	814	100.0

2. 定向培养的在职乡村教师生活现状

乡村教育是我国教育事业发展的短板,乡村教师是乡村教育发展的核心。就浙江省而言,乡村教育是全省教育的重要组成部分,是推进全省教育现代化建设进程中必须重点关注的焦点。多年来,浙江省委、省政府高度重视乡村教师队伍建设工作,认真贯彻《乡村教师支持计划(2015—2022年)》等文件,将建设高素质乡村教师队伍作为重要的政策议程,给浙江广大乡村教师带来了希望。结合已有的研究成果和本研究的实证调查,乡村教师定向培养政策在执行过程中确实取得了一定的积极成效,但也暴露了一定的问题。

第一,乡村定向教师的工资收入水平有所提高。《中华人民共和国教师法》规定,"教师是履行教育教学职业的专业人员""教师的平均工资水平应当不低于或高于当地公务员的平均工资水平,并逐步提高",对此浙江省先后制定实施《关于实行农村教师任教津贴的通知》《关于建立农村特岗教师津贴的通知》等支持措施。浙江省乡村教师待遇保障工作被教育部评为全国乡村教师队伍建设优秀工作案例,初步形成了"越是偏远、越是艰苦,待遇越高"的政策导向。调查结果显示(见表4-12),被调查对象中有88.3%的教师认为自己的工资收入在当地属于"中等及中等以上水平"。

表4-12 定向培养的在职乡村教师工资收入状况

观测指标	题项	人数/人	百分比/%
您觉得您的工资收入在当地属于什么水平	中等以下水平	96	11.7
	中等水平	439	54.0
	中等以上水平	279	34.3
	合计	814	100.0

　　第二,定向培养的在职乡村教师的住房保障得到改善。自 2012 年浙江省实行乡村定向师范培养政策以来,已有 70％的毕业生扎根农村学校任教,成为当地教师队伍的生力军。地处偏远区域的乡村教师,受到交通和自然环境等因素的影响,对生活居所的需求尤为迫切,且会直接影响他们的工作动机和工作热情。调查结果显示(见图 4-1),62.9％的乡村定向教师的现有住房为自购房,17.7％的教师和父母同住,12.3％的教师自行租赁住房,7.1％的教师住在单位提供的住房中。这可能是由于浙江省乡村定向教师属于本地生源培养,教师们有较高的地域认同和身份认同,在父母的支持下更便于在当地购房。

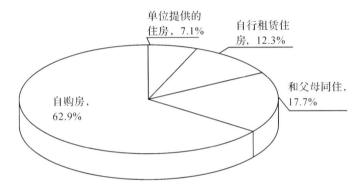

图 4-1　定向培养的在职乡村教师现有住房类型统计

　　进一步调查乡村定向教师现居住的房屋建筑面积(见图 4-2)可发现,41.3％的教师住房面积为 91～120 平方米,38.6％的教师住房面积为 51～90 平方米,11.4％的教师住房面积为 50 平方米及以下,仅有 8.7％的教师住房面积为 121 平方米及以上。同时,对教师购置房屋的经济困难程度的调研发现,78.4％的教师表示购置房屋有困难,完全没困难的教师仅占 6.7％。这说明,尽管乡村定向教师的工资待遇水平近年来有了比较明显的提升,但面对高昂的房价,仍然"心有余而力不足",无法凭借自身工资来满足购房需要,尤其是浙江各地区房价的持续攀升和乡村教师对生活水平的追求,导致乡村教师的实际支付能力与房款之间存在较大的差距。

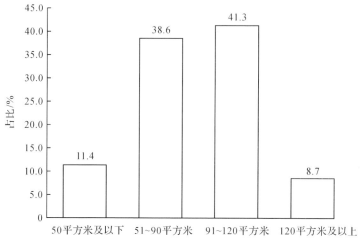

图 4-2　定向培养的在职乡村教师住房面积统计

第三,定向培养的在职乡村教师的医疗保障得到落实。乡村教师生活条件艰苦、物质水平有限,确保他们老有所养、病有所医是实现乡村教师"留得住"的必要措施。浙江省完善的医疗保障水平长期位于全国前列,地方各级政府积极筹措发展资金,大力开展医疗体制改革,保障基层卫生医疗服务体系,使广大乡村教师能享受规定范围内的医疗保障,解除了医疗的后顾之忧。

调查结果显示(见表 4-13),94.1%的乡村定向教师表示能享受事业编制的医疗保障待遇,86.5%的乡村定向教师表示如果生病住院,自己的医疗保险能有效落实,这一比例远高于其他省份的同类调查数据。同时,进一步对上述两类观测指标中"不清楚""否"选项的人群进行分析,发现选这两个选项的教师集中在教龄为 1 年以内的教师群体,这可以解释为这些年轻教师身体健康,并未了解过医疗保障体系,从而产生了认知偏差。

表 4-13　定向培养的在职乡村教师医疗保障状况

观测指标	题项	人数/人	百分比/%
您是否享有事业编制的医疗保障待遇	是	766	94.1
	不清楚	33	4.0
	否	15	1.9
	合计	814	100.0

续表

观测指标	题项	人数/人	百分比/%
如果生病住院,您的医疗保险是否能有效落实	是	704	86.5
	不清楚	75	9.2
	否	35	4.3
	合计	814	100.0

第四,定向培养的在职乡村教师业余生活单调、工作压力大。我国学者马惠娣认为,休闲的目的不在于提供物质财富或使用工具与技术,而是人类构建一个意义的世界,守护一个精神家园,使人类的心灵有所归依。[①] 为此,业余休闲生活在一定程度上映射了当前乡村定向教师的精神追求,是衡量他们精神生活品质的重要指标,科学、健康、文明的业余休闲生活有助于丰富乡村教师个人生活,调节个人生活节奏和放松疲惫的身心。

调查研究结果显示(见图 4-3),乡村定向教师每日业余休闲时间在 2 小时以内、2～4 小时、4～6 小时、6 小时以上的比例分别为 32.8%、42.5%、14.1%、10.6%。从这些数据可以看出,大部分乡村定向教师的业余休闲时间比较稀缺,

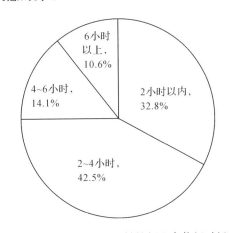

图 4-3　定向培养的在职乡村教师业余休闲时间统计

业余休闲时间在 4 小时以内的教师超过 70%。由此可见,乡村定向教师的业余休闲时间得不到根本性的保障,一是由于当前乡村教师工作负担比较重,业余休闲时间被大量工作所占用;二是由于互联网时代的到来,工作与生活的边界越来越模糊,老师们随时处于工作待命的状态,真正属于自己的业余休闲时间少之又少。

调查研究结果也显示(见图 4-4),在"业余休闲时间的主要安排"题项中,乡

① 马惠娣.休闲:人类美好的精神家园[M].北京:中国经济出版社,2004:59.

村定向教师的选择依次为"刷剧、看电视电影、打游戏等个人放松"(37.2%)、"照顾家庭,陪伴家人"(28.7%)、"麻将打牌聚餐等社交活动"(13.8%)、"读书和学习等自我提升"(10.7%)、"书法绘画摄影等陶冶情操"(8.2%)及"其他"(1.4%)。进一步统计发现,年龄在30岁以下、婚姻状态为未婚的青年教师业余休闲时间的主要安排以"刷剧、看电视电影、打游戏等个人放松"为主,占总人数的70%左右,这一现象应该引起研究者的充分关注。

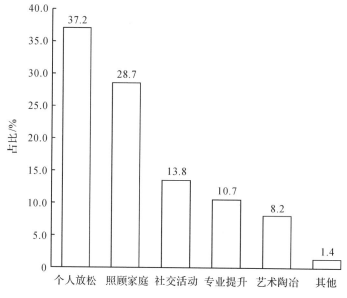

图 4-4　定向培养的在职乡村教师休闲时间的安排统计

　　基于此,笔者认为乡村定向教师业余生活呈现出以下特点:第一,乡村教师业余休闲的时间比较稀缺;第二,乡村教师对业余休闲生活的价值和意义认识不到位;第三,乡村教师业余休闲生活参加的活动种类单一,缺乏健康高雅的活动;第四,单身未婚乡村教师的业余生活比已婚教师质量差,且得不到应有的重视。业余休闲生活质量不仅关系到乡村教师的个人生活质量,还会影响乡村教师的个人发展和专业成长,尤其是对于刚刚踏上工作岗位的年轻教师而言,业余休闲生活不只是纯粹地放纵自我、寻找快乐、消磨时光,而是要学会积极地享用业余休闲时间,使其不仅能达到舒缓个人工作压力、摆脱身心疲劳的目的,还要培养自己科学健康高雅的生活方式,不断充实自己的精神世界,达到工作与休闲的"比翼双飞"。

3.定向培养的在职乡村教师对政策执行的评价

(1)定向培养的在职乡村教师工作现状总体评价。为深入剖析乡村定向教师的工作现状,本书通过教师自评的方式对涉及工作的诸多方面(教学工作量、专业匹配度、科研任务、行政事务、工资待遇等)进行量化评分。调研结果显示(见图4-5),从教师的工作现状条件看,"教学工作量大"(总平均分为 4.25 分)位列第一,接下来是"学校学术氛围不浓"(总平均分为 4.21 分)、"教学和科研经费短缺"(总平均分为 3.89 分)、"行政事务多"(总平均分为 3.88 分)、"职称晋升困难"(总平均分为 3.71 分)、"教学科研设备落后"(总平均分为 3.55 分)、"进修与继续教育机会少"(总平均分为 3.14 分)、"工资待遇低"(总平均分为 3.01 分)、"考核方式僵化陈旧"(总平均分为 3.01 分)、"科研任务重"(总平均分为 2.90 分)、"人际关系紧张"(总平均分为 2.70 分),以及排在最后的"专业匹配度低"(总平均分为 2.14 分)。分数越高,表明工作现状的困难程度越高。

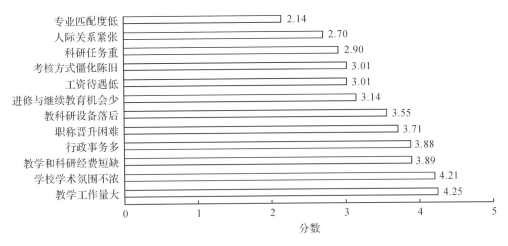

图 4-5　定向培养的在职乡村教师工作现状符合度评价统计

(2)定向培养的在职乡村教师对职业认可程度不高。定向培养的在职乡村教师作为政策的直接利益相关者,是政策实现"留得住"的关键环节,他们是否愿意扎根在乡村从教直接关系到政策的最终落地。乡村定向师范生拥有终身从事乡村教育的职业信念、拥有对这份职业的高度认同感,是确保这支队伍稳定的重要因素。调研结果显示(见表4-14),目前大部分乡村定向教师对本职业的认同度还不高,具有比较明显的功利性目的,即"可以拥有一份稳定的工作和收入"占比达48.6%,远超"自己对乡村教育的追求"的占比16.1%,这一现象应该引起政策制定者的重视。并且,数据也表明乡村定向教师在协议服务期满后,继续留在农村工作的原因中,出于对教师职业热爱的仅占23.8%,而综合了家庭、编制等各类因素选择留在农村的占48.2%,有25.7%的教师表示不会继续留在农村工作。

表4-14 定向培养的在职乡村教师职业认可程度的统计

观测指标	题项	人数/人	百分比/%
您认为自己选择现在的工作的主要原因	国家优惠政策和学校环境优美	128	15.7
	可以拥有一份稳定的工作和收入	396	48.6
	自己对乡村教育的追求	131	16.1
	权宜之计,无奈之举	113	13.8
	其他	46	5.8
	合计	814	100.0
在协议服务期满后,您继续留在农村工作的可能性及原因	会,自己本身热爱这份职业	194	23.8
	会,是综合各方面的因素考虑(如家庭、编制等)	392	48.2
	不会,想办法去城里工作	93	11.4
	不会,感觉自己不适应这份职业(压力大、任务重等)	116	14.3
	其他	19	2.3
	合计	814	100.0

进一步分析定向培养的在职乡村教师协议期满后的留任影响因素,其中生源地是否为农村发挥了关键性的作用,数据统计结果显示,生源地为"农村"的教师比"县城"或"乡镇"的教师在协议期满后留任的意愿显著提高($F=29.8$,$P=0.000$,$sig<0.05$)。也就是说,定向培养政策有力地抓住了"谁更容易留下"这个关键性问题,通过招收生源地计划县(市、区)户籍学生,实现了招生和就业的对等输送,生源本土化机制促成了协议的自动实施和持续有效;并且,培养的高校也呈现"本土化"特点,实行因地制宜、体现特色的精准培养模式,减少了人员的不确定性。

为此,笔者认为教师职业信念教育要贯穿于培养的全过程,多方位、多角度营造热爱教育事业的文化氛围,使他们树立先进的教育理念,热爱乡村教育事业,具有长期从事乡村教育的职业追求,为将来扎根乡村教育打下牢固的基础。同时,要通过各种途径时刻关注在岗的乡村定向教师,建立在岗培训机制,倾听他们的职业困惑、解决他们的职业难题、提升他们的职业认同感,尤其是针对教龄较短的新教师。

(3)定向培养的在职乡村教师对政策满意度的评价。政策满意度主要是指乡村定向教师对政策实施过程和结果的满意程度,分政策执行有效度和政策实施满意度两个方面。具体而言,政策执行有效度分为定向招生、定向培养、定向分配三个指标,政策实施满意度分为高校培养、县区职责、所在单位三个实施主体。统计结果显示,乡村定向教师对政策执行有效度的总平均分为 3.88 分,对政策实施满意度的总平均分为 4.11 分,这表明乡村教师定向培养政策总体执行有效,乡村定向教师对政策总体满意。通过对人口统计学变量的差异性检验发现,不同性别、不同民族、不同年龄、是否独生子女、不同文化程度的被试,其满意度不存在显著性差异;而被试不同的婚姻状况对政策的满意度有显著性差异($F=47.1$,$P=0.008$,$sig<0.05$),事后检验发现"已婚"被试群体显著高于其他另外三类婚姻状况的被试;被试不同的教龄对政策的满意度也有显著性差异($F=61.4$,$P=0.000$,$sig<0.05$),事后检验发现教龄在"7～12 年"和"12 年以上"的教师满意度显著高于教龄在"1 年以内"和"1～6 年"的。

本书进一步基于定向培养的在职乡村教师视角,对政策的执行有效度评价与政策实施满意度评价进行了 Pearson 相关性分析(见表 4-15),发现两者呈现出显著的两两正相关,具体为:政策执行有效度与政策实施满意度两者呈现显著正相关;政策执行有效度内部三个指标(定向招生、定向培养、定向分配)之间呈现两两显著正相关;政策实施满意度内部三个指标(高校培养、县区职责、所在单位)之间呈现两两显著正相关;政策执行有效度的三个指标与政策实施满意度的三个指标之间呈现两两显著正相关。

表 4-15　基于定向培养的在职乡村教师视角对政策执行
有效度与政策实施满意度的相关性分析

项目		M±SD	政策实施满意度				政策执行有效度			
			总满意度	所在单位	县区职责	高校培养	总有效度	定向分配	定向培养	定向招生
政策执行有效度	定向招生	3.77±0.1	0.50**	0.41**	0.59**	0.74**	0.56**	0.47**	0.74**	1
	定向培养	3.91±0.1	0.49**	0.37**	0.79**	0.88**	0.59**	0.59**	1	—
	定向分配	4.01±0.7	0.39**	0.56**	0.59**	0.81**	0.59**	1	—	—
	总有效度	3.88±0.7	0.77**	0.59**	0.40**	0.85**	1	—	—	—
政策实施满意度	高校培养	4.20±0.3	0.41**	0.50**	0.59**	1	—	—	—	—
	县区职责	3.21±0.8	0.41**	0.53**	1	—	—	—	—	—
	所在单位	3.73±0.4	0.45**	1	—	—	—	—	—	—
	总满意度	4.11±0.4	1	—	—	—	—	—	—	—

注: * 表示 $P < 0.05$, ** 表示 $P < 0.01$, *** 表示 $P < 0.001$。

由此笔者得出以下观点:第一,浙江乡村教师定向培养政策实施"三定向"是一个整体性政策,即定向招生、定向培养和定向分配三者有机组合、相互影响与制约,三者之间既有培养过程上的先后顺序,又有培养效果上相互影响的动态平衡。第二,乡村教师定向培养政策涉及政府、高校、单位、个人等四个主体之间的互动配合,协同发力。省、县政府是政策的制定、完善和督办主体,以全局站位统领政策推行的各个环节;高校作为乡村教师定向培养政策的培养主体,以打造新时代高素质、专业化、创新型教师队伍为目标,切实将乡村定向师范生培养成为"四有好教师"的标杆;所在单位,即乡村中小学,则是乡村定向师范生后续培养和发展的主体,不断推进乡村定向教师队伍群体的专业培养质量提升,确保政策执行落地生根、开花结果;学生作为乡村教师定向培养政策的受益主体,以做党和人民满意的好老师的自觉性,积极践行并弘扬高尚师德,将自己的真才实学应用到乡村教育中去。

五、分析与讨论

自 2012 年实施乡村教师定向培养政策以来,浙江省乡村教育发展迅速,乡村学校师资数量短缺、结构性失衡等问题在一定程度上得以缓解。浙江省教育厅因地制宜地调整和完善政策,逐步提高政策文本的针对性与科学性,以保障政策有效执行。各县在省教育厅政策文件的指导下，依据县域发展规划需求逐年申报培养计划，拓宽了乡村学子向上求学的途径，也保证了与优质乡村定向师范生源的精准对接。县教育局立足于省教育厅的有关通知，深度调研当地教师补充需求，在集思广益后制定颇具各地特色的政策文本，一定程度上满足了目标群体对政策的需求，也便于政策的顺利执行。培养高校积极参与师范生定向培养过程，充分理解和解读政策内容，对乡村定向师范生进行专项培养，推动乡村定向师范生教学能力和岗位适应力的提升。总体而言，浙江省乡村教师定向培养政策已基本确立起积极的品牌效应，在全省范围内有较强的号召力，总体执行成效明显，政策设计与经济体制相适应，培养模式符合乡村教育的需要，制度安排与实际需求的匹配性较高。与此同时，该项政策在执行过程中仍存在一定的不足，就目标群体对政策的评价反馈而言，目标群体的准入机制、政策偏好、报考动机、学习动机及专业发展仍存在改善空间，目标群体虽是政策执行中的被动接受者，但其行为及态度都会影响政策执行进程，需对其问题背后的原因进行讨论分析。

（一）准入机制不完善：招生遴选条件片面化

定向招生是整个定向师范生培养计划的第一步，只有招收乐教、善教、愿教的高中毕业生才能保证乡村教师的培养质量。乡村教师定向培养政策的多重优势虽吸引了优质的生源，为乡村教师队伍注入了新鲜活力，但准入机制的不完善导致委托高校培养的部分毕业生无法适应教师工作，难以满足乡村学校的教学需求。第一，浙江省各县在招生时虽采用面试和笔试结合的方式，但在实际过程中，笔试成绩占比很大，面试环节并未对定向师范生的职业认知、教学潜能、教育情怀、性格特点等方面进行考量，主要依据高考成绩来决定是否录取，部分真正具备乡村教育情怀及教学能力的学生无法参与定向培养计划。第二，定向师范生整体招生情况存在严重的男女比例不均衡现象，女生数量是男生的两倍多，乡村学校男女教师性别比例失衡问题比较明显。

造成定向师范生招生环节出现问题的原因有很多，教育行政部门对政策的重视程度、设定的招生规模、相应的人才标准都会对实际招生产生影响。第一，省教育厅对该项政策的重视程度有待加强。浙江省教育厅在实施乡村教师定向培养政策时让渡出较多的权限,缺少对全省各地师资补充的统筹规划,对各地师资补充需求情况不够了解,所设定的招生计划人数不足以满足各地实际需求,多地乡村学校教师仍处于供不应求的状况。第二,浙江省定向师范生招生规模不大且不太稳定。2021年浙江省定向招生计划人数为818人,2020年减少至770人,随着报考人数越来越多,实际招生人数却不增反减,准入门槛逐年提高,不少渴望扎根乡村、胸怀教育理想的高中毕业生被排除在外。第三,缺少科学合理的人才衡量标准。站在均衡教育资源分配的立场上,在县教育局申报培养需求,省教育厅下达招生计划时仅规定了各县的招生名额及专业需求,并未制定完善的乡村定向师范生培养标准,在对师范生进行招生考试时,缺乏对应的考察标准,难以做到科学录取。

(二)政策偏好不明显:优先定向山区26县的特征不显著

教育事业作为公共事业,需由政府在确保公益性和公共性的基础上,协调国家整体性的教育目标及社会公众的普遍需求,发挥其改善民生的重要作用。教育政策在面对资源短缺、学校竞争、弱势群体时都会做出一定的价值选择,这些选择便体现了政策主体的价值偏好,为了确保教育公平的实现,政策制定者会更多地考虑到弱势群体的诉求。[①] 聚焦到浙江省的教育事业发展,浙江的山区26县及5个海岛县实际上处在省内教育事业发展的不利地位,在乡村教师定向培养政策文本中体现出优先支持山区、海岛县定向教师招录的政策偏好。实际上,2020—2022年山区26县和海岛县定向师范生招生数占全省定向师范生招生数的比重最高值为68.7%,可见,乡村教师定向培养招生中山区海岛等欠发达县区定向生源数并未显著高于非欠发达县区的定向生源。此外,从表4-4、表4-5的基本情况可以发现,农村生源及家庭贫困子女的占比也不突出。不难发现,从乡村和欠发达县区定向招生、定向就业的政策偏好还体现得不够明显。

---

① 王举.论教育政策的价值基础[D].上海:华东师范大学,2013:81.

就政策的制定及实施过程而言,浙江的乡村教师定向培养政策缺乏整体性统筹与专项针对性政策,在具体实施过程中又欠缺对相关政策的宣传指导,导致了政策偏好特征不突出。第一,乡村定向师范生招生分布零散。2020—2022年浙江的乡村教师定向招生培养通知中规定,小学全科教师及高中双学科复合型教师均面向全省52个县招生,中学紧缺学科教师针对山区、海岛县招生,招生总名额较少,师资分布较为零散,针对性还不够明显。第二,缺乏对欠发达县区定向教师招生和培养的扶持和倾斜,仅在招生文件及提案回复中表示优先培养山区、海岛县乡村教师,尚未出台面向这些地区的针对性政策,难以体现出省教育厅对欠发达地区教师队伍建设优先发展的重视程度,县教育局在具体实施过程中也缺少政策支持,执行动力不强。第三,政策宣传力度不足。目标群体对政策的认知程度会影响政策是否能顺利执行,只有确保目标群体充分认识理解政策实施方案,才能调动其积极性,主动执行政策。[1] 通过对在校乡村定向师范生的调查发现,多数师范生是通过高考志愿报考资料简单了解到该政策,缺少其他了解渠道,且对山区、海岛县的政策宣传方式与其他各县差异不大,未体现出优先性。第四,政策执行资源不足。政策的顺利执行需要配备相应的执行资源,具体包括人力资源、财力资源、信息资源等。[2] 从浙江的乡村教师定向培养政策的执行过程来看,多项资源主要由县教育局自行提供,省教育厅的支持力度还不够,在一定程度上制约了该项政策的广泛开展。

(三)报考动机功利化:受外界因素影响较大

乡村定向师范生作为该项政策的目标群体,对政策的态度和动机是影响政策效果的重要因素。调查结果显示,报考动机为获得稳定的教师编制的学生占29%,占比最高;为减轻家庭经济负担的学生占比排第三,被调查者选择成为定向师范生的原因受就业及经济保障因素的影响较大,学生报考的最大动因不是对乡村教育事业的爱,而是将其作为缓解家庭经济负担,获得稳定工作的权宜

---

①　陈振明.政策科学[M].北京:中国人民大学出版社,2003:262.
②　曹晶晶.地方师范大学师范生免费教育政策执行状况研究[D].长春:东北师范大学,2017:39.

之计,报考动机功利性明显。学生受外部利益诱惑较大,内在动机较弱,对教师身份的认同感不高,对政策缺乏正确的认知。

政策执行环境是影响政策成败的重要因素,受就业环境和乡村定向师范生自身家庭环境的影响,乡村定向师范生报考动机趋向功利化。第一,就业环境日趋严峻。高中毕业生在填报志愿时无疑会将就业情况作为考虑因素,受疫情冲击影响,大学毕业生就业形势不如以前,而定向师范生政策保证了毕业生稳定就业,教师职业的工作稳定且福利待遇较好,社会认同度较高,高中毕业生容易被吸引。第二,家庭环境制约选择。研究表明,有26%的学生报考定向师范生是为减轻家庭经济负担,生源地为农村,家庭经济条件中下的学生对政策的接受意愿更强烈,对于家庭条件相对较差且非独生子女学生来说,乡村教师定向培养政策能为其补贴大学期间的学费、助学金,为家庭减少了较大的开支,且毕业后便可获得稳定的工作和收入,便于其尽早反哺家庭,承担家庭经济责任。第三,自主选择意识薄弱。除政策环境会对目标群体产生影响外,目标群体自身的主观想法也影响其价值选择,目标群体对政策的关注情况会影响其对政策的反应。① 高考后的学生多处于未成年或刚成年的青少年阶段,心智未完全成熟,无法完全明确自己将来的职业规划和人生选择,调查研究表明,仅有13.3%的考生是"自行决定"报考,报考决策主体中"父母或亲人""老师建议""共同商量"三者占比之和高达81%,多数毕业生都是依据父母或亲人、老师的建议报名,较少考虑自身的兴趣偏好与职业理想。

(四)学习动力不稳定:对教师职业的认同感偏低

学习动机是影响学习成果的重要因素,由外部学习动机和内部学习动机构成。乡村定向师范生学习状况调查统计显示,有将近40%的乡村定向师范生没有清晰目标,学习目标仅停留在"通过考试,不挂科,顺利毕业"或"学好学坏无所谓"的层面上。就学习动力而言,仅14.9%的学生是出于热爱本专业而产生学习动力,自我内驱力明显不足,在对定向师范生进行差异性统计分析后发现,

---

① 韦春艳,王琳.公共政策执行中的公众参与[J].理论月刊,2009(1):68.

在校师范生的学习目标和学习动力在大学四年中呈 U 形曲线,大一得分最高、大二有所降低、大三最低、大四有所回升,多数学生的学习动力十分不稳定,学习懈怠期明显,容易受到外界环境的影响。

影响定向师范生学习动力的原因是多种多样的,既有外部因素也有内部因素。第一,定向师范生就业稳定,有岗有编。外部学习动机即获得奖励、逃避惩罚等学习活动之外的诱因产生的学习动力,定向师范生在签订定向培养协议时,已经确立了明确的就业方向,规避了多数大学生毕业时面临的就业风险,师范生没有了就业压力,容易安于现状,学习动力弱化,在学习过程中的情感投入、努力程度都会大打折扣。① 第二,培养高校的乡村定向师范生培养体系不成熟。乡村教师相对于普通教师具备一定的特殊性,优质乡村教师应是能够承担乡村发展、助力乡村振兴的新乡贤,②但多数高校仍处于培养探索阶段,并未形成针对乡村教育的体系化培养模式,课程设置、教学安排,实习规划等方面仍有改善空间,在乡村教师的价值观培育、乡土情怀塑造等方面仍有缺失。第三,部分乡村定向师范生缺乏对教师身份的认同。乡村定向师范生的内在学习动机,即师范生自身对学习的兴趣、价值追求产生的动机,调查结果显示,仍有超过 20% 的毕业生将回家乡当教师视作无奈之举,对在乡村执教的认同感和愉悦感不高,这类学生的学习动力易被主观情绪消磨。第四,缺乏监督评价机制。对政策执行情况进行实时监测,有利于及时掌握政策进程,保障政策顺利进行。浙江省定向师范生政策在实施过程中,省教育厅将权力下放至县教育局后并未设置相应的监督程序检验其工作成效,县教育局在与培养高校联合培养时,缺乏完善的沟通渠道,对师范生的在校情况了解不深,无法全程掌握其学业表现,监督评价机制的缺失会使政策效果大打折扣,在政策执行出现偏差时难以及时纠正。

（五）专业发展受限制：乡村教师队伍建设受阻

在城乡义务教育均衡发展的进程中,乡村教育对教师素养的要求越来越

---

① 林智慧,任胜洪.小学全科教师培养的难为与可为——基于 G 师大小学教育专业毕业生的访谈文本分析[J].广东第二师范学院学报,2021,41(6):46-56.

② 李晶晶,李家恩.全科师范生乡情课程模块建设管窥[J].中国教育学刊,2019(11):94-95.

高,教师专业水平将直接影响到教师的教学效果。为建设高质量的教师队伍,除了以定向培养方式输送优质师资外,还需在职教师积极提升自我,发展专业能力。浙江省支持在职教师的学历提升,鼓励乡村教师攻读硕士学位,打造高质量的乡村教师队伍。乡村定向教师培训进修情况显示,定向培养的在职乡村教师培训进修机会较少,且培训方式仍限制于国家级培训、省市级培训、校内培训者三种,多数乡村教师在就业后便专注于教学工作,少有机会学习先进教育理念及教育方法,个人的教科研能力难以得到有效提升。

定向培养的在职乡村教师的时间成本、从教信念、政策环境都不足以支撑其提升专业能力。第一,定向培养的在职乡村教师教学任务超负荷。浙江省部分县区的乡村教师数量依然不足,一位教师需兼顾多门学科的教学任务,在完成日常的教学工作之外,教师没有精力参与专业培训,与城市教师的差距会逐渐拉大。第二,长期从教意愿不稳定。目标群体的需求程度在很大程度上影响着教育政策执行的效果,目标群体对教育政策的需求度越高,教育政策执行效果越佳。[①] 农村学子对该项政策的需求程度普遍较高,政策所带来的经费补助及就业保障可以帮助他们改善家庭生活,这类定向师范生扎根乡村的决心比较坚定,将乡村教育作为自己的终身事业,能够有意识地寻求提升自我的机会。从招生生源占比情况可知,每一年都有超出 30% 的城市生源,经调研发现,在读的定向师范生和在职乡村定向教师大多不愿长期在农村偏远地区任教,目标群体的稳定程度不高,增加了乡村教师队伍建设的不确定性。第三,配套保障制度缺失。任何政策的执行都是在非真空状态下进行的,需与外部环境互相作用以维持自身的平衡,在职教师的职后发展除受教师自我主观意识的影响,还需政府为其配备相应的配套保障制度以维持其运行。本调查研究显示,多数定向培养的在职乡村教师很难有时间、经费、政策及学校支持其接受培训和进修,且其参与培训的方式相对固化,对定向培养的在职乡村教师的支持力度还有待加大。

---

① 陈振明.公共政策学——政策分析的理论、方法和技术[M].北京:中国人民大学出版社,2004:434.

第五章　乡村教师定向培养
政策执行中的问题透视

　　乡村教师定向培养政策自实施以来的取得了明显的成效,在一定程度上缓解了乡村教师短缺状况、增加了乡村教师数量、提高了乡村教育的质量。但基于前文对乡村教师定向培养政策执行过程的考察和对政策执行成效的调查,笔者发现乡村教师定向培养政策在执行过程中还是存在一些困境,执行效果与政策目标之间仍存在一定差距。本章系统分析乡村教师定向培养政策执行中出现的问题,回溯根源,分析成因,以期乡村教师定向培养政策能够发挥更好的政策效能。本章主要从政策执行目标、执行主体角色、政策执行机制、政策执行资源、政策执行环境等角度展开,探讨乡村教师定向培养政策执行中存在的问题并分析成因。

第一节　笼统与偏离:政策执行目标之困

　　浙江的乡村教师定向培养政策目标具有县域驱动定向培养、聚焦小学全科培养、重视乡村教师队伍建设等特点,但也存在因省级统筹规划欠缺而致使整体性目标表述不清晰,因培养质量标准缺失导致目标细节模糊甚至遗漏,因相关配套制度建设不全引起政策目标适应性不足,因多方主体定位偏差致使培养目标呈现去乡土化的严重问题。

一、省级统筹规划缺失致使整体性目标表述不明

乡村教师定向培养政策的有效执行,首先应建立在政策顶层设计明晰的基础之上,而省级层面在乡村教师定向培养政策目标阐述方面,却出现了专项政策文件缺失、省域特色不明、职责分工不清等问题。第一,缺少针对乡村定向师范生培养的专项文件。浙江省自 2012 年开始实施乡村教师定向培养政策,但未出台省级专项政策文件,乡村教师定向培养政策均是在相关综合性政策、就业政策中以碎片化形式出现,缺乏整体性统领。第二,乡村教师定向培养相关政策文件中的目标表述缺乏省域特色。文件对政策目标的描述与其他省域的目标区分度不大,缺乏对浙江特色、浙江需求的全面准确体现。第三,政策文本中缺少对各执行主体权责的划分。乡村教师定向培养除了涉及教育、发展与改革、财政、编制等部门,还需要统筹各县教育局、培养高校、乡村学校等主体有效推进,但《浙江省政府关于做好中小学教师定向培养招生工作的通知》(简称《招生工作通知》)中仅提出需由各地教育行政部门协调人事、财政、编办等相关部门推进定向培养,并未对各主体的职责进行清楚界定,模糊不清的规则会导致各部门在执行过程中的动力和协同不足,甚至导致自由裁量权的滥用。

造成以上问题的原因主要在于缺乏省级层面统筹规划,对乡村教师定向培养的重视程度有待提升。首先,教育系统是一个复杂程度很高的系统,其整体性、关联性、层次性、动态性和统一性特征非常明显,教育决策主体必须以系统性和复杂性的思维方式去科学地确认教育政策问题、确定教育政策目标。[1] 因此,政策目标的准确性和科学性将在很大程度上影响政策执行的最终效果,若不能结合当地资源准确规划,则会导致政策宏观目标的场域脱嵌。省教育厅作为乡村教师定向培养政策的决策主体,应在国家公费师范生教育政策的基础上,依据本省实际需求对政策进行分解和细化,最终整合设置涵盖国家层面和

---

[1]　王举.论教育政策的价值基础[D].上海:华东师范大学,2013:129.

省级层面的政策目标。① 但对国家层面及浙江层面的政策目标进行分析发现,省级层面少有设置聚焦于本地的差异化目标,导致目标文本呈现较为笼统,各县在自主探索定向师范生培养方案的过程中,缺乏系统性指导。其次,各相关利益主体在执行政策的过程中,并非盲目被动地落实方案,而是在工具理性思维的驱动下,各主体都谋求自身利益的最大化。在彼此利益发生冲突时,便会运用各自的自由裁量权使自己的利益最大化。因此,政策制定者必须规范自由裁量权的使用,防止过分追求不同主体价值追求而影响整体政策的进程。② 但实际上,省级文件中未明确各方主体权责,未完全发挥统领协调作用平衡各主体间的利益关系,各方主体在政策执行过程中缺乏沟通协调和统一目标,影响了政策的实施成效。③

二、培养质量标准不清晰导致目标细节制定模糊

在制定教育政策的整体性目标后,需将目标分解细化,展开有针对性的细节阐述,而省级层面政策文件的目标表述中存在多处细节制定模糊甚至遗漏的问题。《招生工作通知》仅明确了乡村教师定向培养类别,并未对各类乡村教师的名额指标、培养模式、培养经费等细节做出规定。在名额指标和专业需求上,主导权在各县教育局根据当地教师补充情况、教育发展规划,制订乡村教师定向培养需求方案;在培养模式上,培养高校和用人单位协同制订方案、落实计划、定向就业;在培养经费上,市、县(市、区)财政给予定向师范生全额或部分补贴支持。整体来看,主要政策执行在县教育局和培养高校,省级层面缺乏对培养规模、培养模式、培养经费等问题的设计与规划,对细节的阐述并不到位,县教育局在落实政策的过程中缺乏指导性,容易出现生搬硬套、缺乏约束的情况。

浙江省级层面及各县级层面的政策文本中普遍缺失了对违约责任这一具

---

①　冯莉.省域教师教育政策比较研究[D].锦州:渤海大学,2021:20.
②　毕进杰.从工具走向价值:教育政策执行的理性回归[J].现代教育管理,2019(10):71-76.
③　裴海.利益相关者视角下的免费师范生就业政策问题研究[D].重庆:西南大学,2015:71.

体问题的规定,各县在探索的过程中也没有考虑当地实际发展水平,照搬了其他地区的违约处置方式,导致约束力度不足,学生违约成本过低,无法保障乡村定向师范生的履约。

导致目标细节制定模糊的主要原因在于乡村教师培养质量标准不清晰。价值取向对目标确定起着导向作用,教育政策中的价值取向,即教师教育政策主体在制定教师教育政策过程中价值选择的总体趋势和价值追求的一贯倾向,具体表现为用什么样的价值标准来确立什么样的价值目标。[①] 2012 年,教育部印发了《幼儿园教师专业标准》《小学教师专业标准》《中学教师专业标准》三则试行标准,教师专业标准是国家对合格中小学教师专业素质的基本要求,是中小学教师培养、准入、培训、考核等工作的重要依据。教师专业标准是教师专业发展的核心,自 20 世纪中叶至今,教师的专业标准经历了从结构功能向教师教育再到学科本科取向的嬗变过程,体现在专业知识标准、专业技术标准、专业伦理标准、专业学科标准等四个基本维度。[②] 依据教师专业标准来审视乡村教师定向培养的过程,发现由于城乡地区差异较大,城市学校和乡村学校对教师的需求有所不同,浙江的乡村教师定向培养政策对乡村定向师范生的专业水平和实践能力缺乏相应的标准要求,政策指向要培养小学全科教师、中学紧缺学科教师、高中的双学科复合型教师,但并没有明确提出上述三种教师类型的内涵及专业标准。在对目标进行描述时,只在传统教师培养定位的基础上进行微调,对乡村教师定向培养教师的三种类型的描述显得不够严谨,难以厘清乡村定向师范生和普通师范生在培养定位上的区别。与此同时,省教育厅对定向培养的在职乡村教师的追踪服务管理、就业履约也缺乏相应的标准约束,乡村定向师范生在校学习期间缺少独特化的引导和培养,乡村定向师范生和普通师范生的培养定位同质化,缺少约束乡村定向师范生提升专业能力的规格标准。

---

① 曲铁华,崔红洁.我国教师教育政策价值取向变迁的路径与特点——基于 1978—2013 年政策文本的分析[J].现代大学教育,2014(3):70-76.

② 王帅.教师专业发展:标准、内容与向度[M].北京:科学出版社,2018:13-45.

三、配套制度建设不全引起政策目标适应性不够

教育政策的执行并不是一个理想化的进程,实施政策目标的过程中往往会出现一些不确定的外部因素,政策理想能否转化为政策现实,既需要在政策执行过程中对政策目标进行不断调适,也需要在制定目标时以发展的眼光审视教育的未来发展。[①] 因此,乡村教师定向培养政策目标的制定需具备一定的灵活性,不仅要契合当前乡村教育发展的实际状况,还要充分考虑到后续政策实施的可行性,对可能出现的问题进行预测和规避,实现静态和动态的平衡。当前,浙江省乡村教师定向培养政策目标实施中出现的主要问题为服务年限固化、退出机制不健全、学历提升动力不足。第一,现有规定中,乡村定向师范生毕业时一般会有两种去向:一是履约到定向县区的乡村学校从教;二是未履约,则交纳违约金,有可能被计入诚信档案。但针对定向培养后实际能力不匹配教师职业的定向师范生及个人兴趣、求职意愿转变的定向师范生,并没有设置合理的退出机制。第二,浙江省的乡村教师目标培养层次主要为本科学历,毕业后就立即投身乡村教育,难以满足部分乡村定向师范生的学历提升需求,也为优秀高中毕业生报名定向培养增添了顾虑。第三,乡村教师定向培养协议规定的服务年限普遍较长,个别县区甚至规定服务年限为 15 年,在一定程度上会让部分优秀高中生源望而却步。以上问题阻碍了乡村教师定向培养政策的执行,导致执行效果与预期目标不符。

政策目标的适应性不够,最主要的原因在于并未充分考察定向师范生政策实施所面临的环境状况,从而导致相应的配套补充制度建设不全。政策环境包括影响教育政策的一切环境要素的总和,在制定政策目标时,并未放眼全过程考察环境要素,教育政策的灵活性、前瞻性不足,缺少应对各项突发环境要素的

---

① 王举.论教育政策的价值基础[D].上海:华东师范大学,2013:86.

配套制度。[①] 第一,缺少合理的准入与退出机制。定向招生是政策执行的第一步,招生是为了选拔出真正热爱教育事业且有能力从教的学生,虽采用了高考成绩与面试结合的方式选拔,但在实际选拔的过程中,面试过于简单,缺少对学生职业取向、性格特点、从教意愿等方面的考察,弱化了面试的价值,难以真正发挥选拔人才的作用。[②] 乡村定向师范生在校学习期间,培养院校缺少系统化、科学化的针对性评价体系对乡村定向师范生的学业和能力水平进行评价,在发现学生并不适合教师职业后也没有合理的退出机制,这与培养优质乡村教师的目标有一定差距。第二,缺少系统的专项培养机制,定向培养是政策执行的第二步,现有培养机制多指向培养本科层次教师,但不少优秀乡村定向师范毕业生和乡村教师都有考研深造的需求,培养高校和地方教育局也希望有高学历水平的师资补充进入当地教师队伍,教师定向培养机制未能有效拓展到研究生教育阶段,既不利于吸引优质本科生源,也不利于当地教师队伍建设与基础教育发展。第三,缺少灵活的竞争机制与教师流动机制。有编有岗的培养模式容易引发部分定向师范生的学习动力下降,固定不变的服务期限容易降低乡村教师的工作积极性,现有的就业机制过于安逸稳妥,缺乏竞争机制及流动机制,难以对乡村定向师范生进行动态管理、全程考评,降低了乡村定向师范生的能动性。

四、主体定位偏差使培养目标呈现去乡土化现象

乡土文化是不同于城市文化的文化形态,乡村教育与城市教育也有各自的独立特征,因此,乡村定向师范生的培养需契合乡村教育的实际需求,增强培养目标的实践取向以使乡村定向师范生迅速融入乡村教育环境。[③] 总体而言,乡村教师定向培养目标的实践导向较弱,相关课程设置缺乏乡土性,乡村定向师

[①] 吴云勇,姚晓林.中国教育发展的政策环境影响与未来改革的总体要求[J].现代教育管理,2021(5):69-76.

[②] 崔玉汝,杜晓燕.师范生公费教育政策分析——基于理性选择制度主义的视角[J].煤炭高等教育,2021,39(2):10-17.

[③] 谢治菊.转型期我国乡土文化的断裂与乡土教育的复兴[J].福建师范大学学报(哲学社会科学版),2012(4):156-161.

范生进入乡村教学、生活的适应力不足。第一,乡村定向师范生的课程设置与农村学校实际需求明显脱节,小班化教学是乡村学校的常态,多数高校却并未设置相关课程,学生的培养计划、课程安排与同专业普通师范生区分度不大。第二,对乡村定向师范生价值观养成教育的重视程度不足,培养高校很少设置有关乡村文化、乡村教育的课程,缺少培养乡村定向师范生对乡村教育的认同感和归属感。[①] 第三,政策目标中缺乏对乡村定向师范生实践能力的培养,定向师范生毕业后进入乡村学校任职,快速适应乡村学校环境是定向师范生发挥作用的重要前提,部分乡村定向师范生在入职前并不了解当地乡村学校,岗位适应能力不强。

造成上述问题的主要原因是多方政策主体对乡村定向师范生的定位出现偏差,对各自责任的意识不明确。首先,各方主体的目标需求不同。不同政策主体有不同的教育利益需求,从而产生了不同的价值追求,浙江省教育厅是该项政策的决策主体,也是执行主体,县教育局、培养高校为执行主体,各主体的价值追求有一定偏差。[②] 浙江省教育厅的目标定位在于定向培养乡村教师,缓解城乡教育差距,而对培养高校而言,现存的教师教育体系仍是城市教师教育,乡村定向师范生在乡村任教的服务期仅为过渡阶段,服务期满后,部分乡村教师仍会回到城市任教,并未坚守乡村教育。[③] 因此,部分培养高校的乡村教师定向培养体系不具有明显的乡村指向性,在目标设置上还是以服务城市为主,对乡村定向师范生的乡土性塑造不到位。其次,省教育厅、县教育局并未充分发挥各自在统筹规划、过程监督、支持保障等方面的作用。省教育厅仅下发各项文件,具体招生和就业事宜由各县教育局负责,缺少对各县区的专题调研及对培养高校培养过程的定期监督;县教育局在制订招生计划时,缺乏与培养高校的深度对接,在具体的培养过程中,也鲜有对乡村定向师范生的具体指导与管

---

① 周兴平,程含蓉.浙江省农村小学全科教师定向培养计划实施调查[J].上海教育科研,2018(6):5-8.

② 孟卫青.教育政策分析:价值、内容与过程[J].现代教育论丛,2008(5):38-41.

③ 孙庆玲.专家把脉破解乡村教师"尴尬"[N].中国青年报,2017-10-30(9).

理,并未充分发挥协同培养的作用。最后,乡村学校对政策的依赖性较强,自主性不高。部分乡村学校过度依赖政策支持,在整个培养过程中参与度极低,成了完全被动的接受者。乡村学校作为乡村定向师范生职前教育实习、职后教育实践的关键场所,并未充分发挥乡村教育实践的场域优势,展开与培养高校的深度合作,不利于真正培养出面向乡村的优质教师。

第二节 模糊与冲突:执行主体角色之困

一、政策主体意识不足致使执行架构松散

从系统论的角度看,乡村教师定向培养政策执行主体之间形成了一个教师教育组织体系,这个教师教育组织架构是由一定数量、一定功能的要素构成,并通过一套合理的行为规范调整各个执行主体之间的关系,以确保系统稳定、和谐运转。[①] 政策执行主体之间的科学性联系、相互作用的方式便是组织体系的架构。教师教育组织体系稳定运转需具备以下条件:一是各个执行主体之间具有共同的目标。就乡村教师定向培养政策执行而言,虽然各个执行主体会在某些具体问题上产生部分偏差,但在涉及乡村定向师范生培养的重大问题上要确保目标一致,共同为了提高乡村教育质量和补充乡村教师而努力。二是主体间的利益互惠。虽然各个执行主体间存在着利益平衡,但都在为争取最大的公共教育利益而努力。三是主体间的相互依存。各个执行主体间由于各种差异会产生冲突,但它们相互依存、缺一不可。基于此,乡村师范生政策执行主体就构成了教师教育组织体系,在合作运转的过程中,各个执行主体间遵守一套合理的行为规范,确保组织稳定发展。但现实情况是,由于缺乏合理长效运行机制,这个教师教育组织体系的架构比较松散,进而带来执行主体间政策认知的分

---

① 李克勤.高校组织结构的和谐与失谐及其管理策略[J].高等教育研究,2011,32(11):20-23.

歧。第一,运转过程缺乏严密的联系机制。据调查,乡村定向师范生的实习工作由定向县教育局来进行简单安排,定向县区的乡村学校与定向师范生培养院校之间的对接不够顺畅;同时在实习过程中,由于缺乏联系机制,培养院校难以准确了解乡村定向师范生的实习情况。第二,缺乏激励机制,乡村中小学教师的参与度较低。乡村中小学教师是教师教育组织体系的主要实践者,其参与程度是教师教育改革完成度的重要影响因素,教师职业特殊性决定了其内在收益胜过外在收益,如果教师无法感受到育人所带来的成就感,而只关注这个职业所带来的外在利益,那么他们很难有积极主动参与政策执行的动力。[①] 只有在职乡村中小学教师对乡村教师定向培养政策产生积极的认同感,他们才能更好地执行该项政策。但从调研结果来看,乡村中小学教师对此项政策的认同感并不高,参与度较低,原因在于政策执行过程中激励机制的缺失。

二、政策设计不健全引发执行主体权责偏差

在公共政策执行领域,"顶层设计"是指站在最高层面统筹资源、设计解决问题的方案,在实现目标过程中,对各个层次、各个目标进行统筹规划,各司其职、相互配合,以期目标的高效实现。"自上而下"的模式是我国教育政策执行的基本模式,这是第一代公共政策执行的基本途径,主要由省教育厅发起,通过行政命令指挥控制,将政策文件下发至各个县教育局。省教育厅作为省级政策的顶层设计者,理应发挥统筹协调作用,但从调研实践来看,目前乡村教师定向培养政策的省级层面的目标定位设计还不够清晰,导致最终政策执行效果欠佳。第一,各执行主体间存在权责偏差。由于省级层面的顶层设计目标不清晰,未能明确执行主体具体目标任务与分工,各方权责比较模糊,进而导致各方未能形成具体的协同路径。[②] 政策主体拥有政策赋予的执行权利,同时也承担

①　陈群.卓越教师的培养模式与实践路径[J].中国高等教育,2014(20):29-30.
②　闫丽霞.UGS协同视野下卓越教师培养的教学与技能训练改革研究[J].教育理论与实践,2017,37(11):30-32.

着相应的责任与义务,乡村教师定向培养政策涉及多个执行主体,每个主体都承担着一定的责任,但责任是一个整体,每个部分的责任性质不同,所以不能简单将责任进行量化分配。在无法明确各项权利、量化各项责任义务的情况下,若出现交叉现象,主体间可能相互推诿,致使政策效果欠佳。第二,省级财政未安排专项的财政经费支持,加重了欠发达县区的财政负担,一定程度上影响了面向乡村和欠发达县区的定向教师培养,降低了政策执行效果。浙江省乡村定向师范生的补助费用全部由定向县区的县级财政来承担,而各个县区的财政收入存在一定差异,财政收入相对少的欠发达县区难以保证乡村教师定向培养的经费支持,久而久之,乡村教师定向培养工作的积极性也会降低,不仅加重了县级政府的财政负担,也影响了乡村教师定向培养的质量。

三、主体对政策的认知水平影响政策执行效果

研究发现,各县区对乡村教师定向培养政策执行的质量很大程度上取决于县区教育局的负责人,县区教育局的负责人在政策执行中的个人色彩明显。由于县区教育局负责人的个体素养存在差异,对政策的理解和认知也不同,这些差异导致了各个县区教育局对政策执行有差别。某些县区教育局的负责人认为实施乡村教师定向培养政策能推动乡村教育发展和乡村教师队伍建设,那么这些县区教育局对乡村教师定向培养政策执行的细化程度就比较高,会加大经费投入,提高乡村定向师范生的招生数量;反之,若县区教育局的负责人认为乡村定向师范生并非当地教师的主要补充力量,更认可市场化的教师招聘,那么当地教育局要么就不实施乡村教师定向培养政策,要么在实施乡村教师定向培养政策时力度不大。研究发现,县区教育局的乡村教师定向培养政策的执行方式和程度存在较大的差异,一方面与实行乡村教师定向培养政策的年限有很大关系,另一方面县区教育局政策执行的主要负责人对政策的具体细化执行有很大的影响。如衢州江山市在乡村定向师范生培养的过程中主动性和积极性很高,形成了乡村教师定向培养工作"五线谱":一学期一实践、一假一培训、一生一手册、一年一考核、一届一综评。个别县区教育局几乎没有实质性参与定向

师范生培养过程管理的现象。从前期访谈、调查中发现,省教育厅、县级教育局对于乡村教师定向培养政策的宣传还不全面,大部分乡村定向师范生是在报考志愿之前才听说该项政策。政策宣传不够全面,解读不够具体。一项政策能否得到有效落实,与目标群体对此项政策的了解与认可程度有关,而相关部门的政策宣讲程度影响着群体的认可程度。[①] 各级教育行政部门未进行多种渠道宣传,同时也从侧面反映出师范生在报考之前对于政策具体内容了解不够全面,在入学后发现与自己预期存在差距,这便会削弱乡村定向师范生学习的积极性。

四、管理运行规则不详致使合作成效受限

在我国,大学与中小学属于不同教育行政部门的管辖范围。大学作为高等教育院校,由中央和省两级进行管理,且以省政府的管理为主。定向区县的乡村中小学则由当地县区教育局直接管理。[②] 中小学与高校之间不同的管理体制使两者之间不存在垂直管理、指挥命令的上下级关系,而是各自遵循相对独立的规章制度,自主运行。因此,乡村教师定向培养政策执行过程中,两者更多是基于利益关系而相互合作,仅仅依靠县区教育局在两者中间起到沟通者的作用,未明确建立合作机制,使执行主体在合作中无法明确权责界限而发生冲突,合作效果甚微。问题产生的原因大致分为以下两点:一是未建立相对明确的管理制度。在乡村定向师范生培养中,单纯依靠各个执行主体间的管理经验及为数不多的交流,没有一套相对标准与完善的管理制度,将导致各方合作不顺畅。二是缺乏相关制度和规则来指导并实施各主体间的协同培养机制。深化教师教育改革,建立协同培养机制,已经成为培养高校、教育行政部门和中小学校协同培养教师的共识,这为执行主体间的合作奠定了基础,但目前缺乏一定的工作机制。合作共识并不能完全避免多方合作时的利益冲突,还需要引导和约束

---

① 周琴,等.教师专业发展视域下的师范生免费教育[M].北京:科学出版社,2013:115.
② 王莉.教师教育共生性合作:动力机制、困境、对策[J].中小学教师培训,2015(3):5-9.

行为主体的机制,才能有效提高主体间的合作效果,提升乡村教师定向培养政策的执行成效。

第三节　分割与乏力:政策执行机制之困

一、政策执行过程中组织协同机制不够健全

公共政策的执行离不开健全的政策执行组织机构、机构的职责权限、政策实施细则和工作要求。乡村教师定向培养政策执行中产生的偏差,也暴露了执行机构的组织架设和职责明确问题,尤其是政策执行过程中的组织协同性不强、协同机制不够健全。省教育厅、县区教育局、培养院校及中小学等不同主体之间的协同实质上是割裂、脱节的,这样单向式的培养模式不仅弱化了人才培养的成效,更造成了各执行主体教育资源的虚置与浪费。省级及县区教育行政部门一般都没有设置专门的工作小组来协同推进乡村教师定向培养的相关工作,在县级层面主要依靠县区教育局的人事科来执行,乡村教师定向培养是一项复杂的系统工作,涉及县区级政府对乡村教师定向培养政策再制定、乡村定向师范生的定向招生、协同培养、定向就业、经费拨付、编制岗位安排等工作,因而乡村教师定向培养政策不仅与县区教育局有关,而且与多个行政部门职责关联,比如县委编办、人力资源和社会保障局、财政局等。具体而言,县区教育局是乡村教师定向培养政策在县级层面执行的牵头和责任部门,不仅要进行县域内乡村教师定向培养政策实施办法与细则的制定,要负责县区级乡村教师定向培养政策执行的各项程序,还要沟通其他单位以保证各个环节通畅;县委编办、人力资源和社会保障局、财政局则分别承担着进行教师编制安排及提供财政经费等职责。目前来看,各县区将乡村教师定向培养政策执行主要由县教育局的人事科承担,若仅由县教育局一个科室牵头的确难以协调其他单位和部门,工作效率低下。此外,仅由县教育局人事科来执行县级层面乡村教师定向培养政

策,还将带来专业性的问题,政策执行除了定向招生和定向就业等环节之外,最重要的乡村定向师范生培养环节,单靠行政力量来保证培养质量犹如"隔岸观火",更需要教师专业发展机构的参与,如县教师研训中心、县教师教育研究院等来协同参与,以保证乡村定向师范生的质量。

二、政策执行中呈现出"摸着石头过河"的现象

由于省级层面缺乏细化的单行实施办法指导,县区级政府及其教育行政部门在政策执行各个环节上只能"摸着石头过河"。县区教育局在乡村定向师范生的面试环节招生标准模糊、培养环节退出机制不明确、就业环节的服务年限存在争议、违约赔付标准及学历提升问题等有待进一步优化和完善。从招生环节来看,目前浙江省内各县区的招生因缺乏具体的办法指导,各地的招生面试标准不一,有的县区以高考成绩作为主要考量标准,面试和体检仅仅作为"招生流程"的程序性工作。开展乡村定向师范生培养时间比较长的县区已经出台了基本的面试考核规则,联合培养院校协同招生,把好"入口关"。从培养过程来看,部分县区对乡村定向师范生的培养过程"放任自流",认为这个环节主要责任在培养高校,部分县区已经过"放任自流"的阶段,发现乡村定向师范生的培养需要地方政府协同,县区教育局遂主动参与乡村定向师范生在校的培养过程,某种程度上,这可以将新教师的职前职后培养有效衔接起来,促成教师教育职前职后一体化。各地在面临乡村定向师范生的退出问题时采取的措施也有差异,部分乡村定向师范生在进入高校深入学习后,发现自己不适合做教师或后悔选择成为教师,因而希望退出,各地对乡村定向师范生违约的普遍应对措施是要求其缴纳违约金,但是各地违约金的数量存在一定的差异,有的县区认为学生退还补助的金额即算支付违约金,而有的县区认为仅仅退还培养经费不足以降低学生退出的风险,因而选择设定更高额的违约金。从就业环节来看,各县区的"摸着石头过河"的差异主要体现在乡村定向师范生刚入职后的就业地区和在乡村学校的服务年限。部分县区在乡村定向师范生毕业后直接将其安排至乡村学校任教,也有部分县区认为直接安排他们至乡村学校任教不利于

乡村定向师范生职业成长与整体乡村教育水平的提高,因而选择先让他们在城区学校任教学习 2 至 3 年,然后再将其安排至乡村学校任教。对于乡村学校服务年限,大部分县区的规定为 6 年,但有个别县区的规定达 15 年之久,由此也产生了一些新的问题和争议。虽然这些都是各县区不断摸索和探寻的过程,但是县区教育行政部门的执行过程是否合理,是否有据可循,是否能真正促进乡村定向师范生成长和乡村教育发展,抑或只是县区教育行政部门"一刀切""图方便"的做法,规避这样的争议还需从根本上制定更为明确的政策。

政策缺少省级层面的顶层设计,带来了县级层面执行过程中的偏差。政策、制度及实施办法的清晰性和完整性是政策实施的有力保障。目前,浙江省乡村教师定向培养工作还难以从政策、制度和实施办法层面,对乡村定向师范生的政策执行加以支持和保障。首先,相较于其他省,浙江省教育厅层面没有细化的政策文件及实施办法。山东省、湖南省、云南省等省份都开展了乡村教师定向培养工作,并从省级层面出台了相关的政策,但是浙江省教育厅开展此项工作主要以行政通知的形式推动,多属于宏观描述和方向性指引,缺乏具体说明和详细实施办法,在乡村定向师范生的培养目标的确立上不够清晰,在培养标准制定上不够明了,在内容规定上不够完整,缺乏具体的执行路径及方法的指导。"自上而下,县级为主"的执行方式若缺乏政策顶层设计与详细的实施办法,将带来县级层面的规范性缺失,县区级政府自由发挥可能带来政策执行的失真。其次,目前的实施办法存在一定的缺陷,主要表现在准入机制、退出机制及乡村定向师范生攻读研究生的规定、服务年限规定等方面。实施乡村教师定向培养政策的首要环节是乡村定向师范生的录取,这一环节所遴选的乡村定向师范生的能力水平也直接决定了乡村教师的质量,但是就目前来看,乡村定向师范生生源的录取环节缺乏清晰具体的遴选机制。如果仅以成绩作为遴选标准,那么将会出现进入师范专业的部分学生在个人综合素养等方面并不完全符合教师的专业标准、对乡村教育事业的热情不高等问题,因而需要进一步明确各县区招生面试遴选的标准。在乡村教师定向培养过程中建立合理的退出制度,从一定程度上讲是一种负向强化,能够避免对乡村教育缺乏热情的师范生进入教师行列,无论是对师范生或者是培养单位而言都是及时止损的办法。[①]
目前乡村定向师范生出现不履约的情况,各县区的处理方式一般是根据协议书
约定支付违约金,但是各地对违约金的赔付标准不一,缺乏比较明确的标准,各
地随意性比较强。就乡村定向师范生学历提升的问题,制度层面存在一定的冲
突,一方面规定了乡村定向师范生的定向就业,另一方面要各地着力提升教师
队伍的学历水平,各县区也是因为缺乏统一的执行标准而造成了做法不同的
现象。

三、政策执行中县级层面责任重、财政压力大

浙江省乡村教师定向培养政策执行"自上而下,县级自主"的方式,省级财
政不安排培养经费列支,县级层面承担了各自县域内的乡村定向师范生培养成
本,每年此项目的预算及列支金额均由县政府自主决定。省级层面未在财政上
给予相关支持与保障,县级乡村定向师范生的培养规模、成效与县级政府层面
对乡村定向师范生的财政支出意愿和财政支出能力直接挂钩。换言之,如果县
级层面的行政部门对乡村教师定向培养政策执行意愿不强,将直接导致此项工
作推进乏力;若县级层面的行政部门对该政策执行意愿强烈,但是县级政府的
财政经费紧张,也可能导致此项工作难以展开。一方面,乡村教师定向培养政
策属于公共政策供给,虽然在"省直管县"体制改革下县级财政具有较大的自主
权,但是受"晋升锦标赛"影响,[②]在"省直管县"体制下,省级政府将 GDP 作为县
级政府的绩效考核指标,以此来决定县级政府官员的年度绩效考核、升迁及任
免等,地方官员为了自身利益最大化——晋升概率最大化,产生了"为增长而竞
争"的锦标赛,[③]采取诸如环境规制"逐底竞争"、土地低价出让、政企合谋、地方

---

①　高政,常宝宁.免费师范生教育存在的问题及其对策研究[J].国家教育行政学院学报,2014(7):
31-35.

②　周黎安.中国地方官员的晋升锦标赛模式研究[J].经济研究,2007(7):36-50.

③　傅勇.中国的分权为何不同:一个考虑政治激励与财政激励的分析框架[J].世界经济,2008
(11):16-25.

保护及市场分割行为等"利我行为"，[①]将大量财政资金投入在短期内能见效的经济性公共品领域，而教育、社会保障等在长期内经济有促进作用的非经济性公共品的供给却难以顾及。[②] 因此，来自财政和政治双重上的激励导致了县级政府在公共支出上偏向于经济性公共产品领域，而忽视了公共服务的财政供给。另一方面，浙江省的乡村教师定向培养政策目标与定位，重点面向的是省内欠发达的 26 个县（区、市）和 5 个海岛县，然而这些县区自身经济发展水平明显低于其他县区，县区财政压力更大，并且其县域内乡村教师数量缺乏问题比较突出，乡村教师定向培养的需求量也更大，如果省级财政不投入，仅仅依靠县级财政投入，势必将导致经济落后县区财政经费投入压力增大，甚至形成恶性循环。县域经济水平低、财政收入差导致地方教育水平尤其是乡村教育水平低，乡村教师数量少，因而需要培养大量的乡村定向师范生来补充乡村教师队伍，提升乡村教育质量，但是这笔不菲的财政经费支出，若没有相关财政经费支持，无疑会让本就欠发达的县区更加"雪上加霜"。财政经费的短缺是导致省内部分山区县和海岛县未开展乡村教师定向培养工作或者未大规模开展乡村教师定向培养工作的直接原因。

四、政策执行中缺乏对实施过程的监测评估

任何一项政策都需要通过实践检验并不断修补完善，乡村教师定向培养政策也不例外。有效的乡村教师定向培养政策评估机制是加强乡村教师定向培养政策执行效果的关键，而政策评估机制的重点则在于政策评估的制度化，以确保在政策执行中及时发现问题、解决问题。教育政策评估制度化是指有关教育行政部门就政策构建起一套完整的政策预测评估、执行评估和结果评估系统，其能有效地克服教育政策只顾制定而忽视政策修订和完善的积弊。[③] 浙江

---

① 肖育才.中国式分权、基本公共品供给偏向与城乡居民收入差距[J].四川大学学报（哲学社会科学版），2017(4):22-28.

② 刘瑞明，白永秀.晋升激励与经济发展[J].南方经济，2010(1):59-70.

③ 白贝迩.师范生免费教育政策评估研究[D].西安:陕西师范大学，2016:34.

省自 2012 年实施乡村教师定向培养政策,至今已有 10 余年,随着乡村教育的发展和教师教育形势的不断变化,乡村教师定向培养政策缺少系统的评估,没有根据新形势进行调整,部分具体政策问题没有得到及时的完善。虽然浙江乡村教师定向培养政策执行了 10 余年,但是对浙江乡村教师定向培养政策的相关研究成果数量却不多,已有研究也以高校的学术研究为主,许多专家学者就乡村教师定向培养政策执行中出现的问题提出了建议和解决方案,其中不乏真知灼见,但遗憾的是,这些研究成果和结论并未得到足够的重视,各地的乡村教师定向培养政策执行仍缺乏整体性指导。此外,对于省内乡村教师定向培养政策执行的监督和评估较少,目前省级层面主要以县区政府的需求为导向推动此项工作,而对于县区政府政策执行成效及执行监督不足,省级层面对县级层面此项工作开展情况的了解主要通过座谈会及工作报告,主要以"统筹者"和"需求解决者"的身份出现,其评估者和监督者的身份是缺位的。乡村教师定向培养政策执行主要采取自上而下的方式,因而还需要省级层面对政策的执行进行评估,深入了解政策执行主体的政策认知水平和执行情况,以更好地发挥政策的实效。

第四节　短缺与低效:政策执行资源之困

一、政策文本碎片化易引发政策执行偏误

笔者分析发现,浙江省乡村教师定向培养政策文本资源存在有待改进之处。一是乡村教师定向培养政策话语多嵌入在其他教师教育政策文本中,呈现出碎片化的特点,缺乏系统而明确的专项的乡村教师定向培养政策文本。在服务年限、资金补助及编制保障等方面,难以为定向师范生提供充分的、灵活的、人性化的政策支持。二是存在政策执行偏误。县级政府发布的乡村教师定向培养政策文件中,仅给出了定向师范生培养目标的宏观规划,对于政策的执行

有"拿来主义"倾向,这导致了政策内容空泛,同时对于政策执行的定量表述不够、可行性与操作性不足,易使政策执行主体的行为偏离预期目标。[①] 三是缺乏科学灵活的乡村定向师范生流动和退出机制。乡村教师定向培养就业协议中仅对乡村定向师范生在乡村学校的服务年限及违约赔偿做出约定,未对其流动和退出做出规定。若对此处理不当,则可能引发乡村定向师范生内心对乡村教师定向培养政策的不理解,使其教学积极性下降,继而造成乡村教育质量下滑或乡村教师的流失。乡村教师定向培养政策内容的碎片化分布易造成政策执行主体的偏差行为,致使政策执行难以达到预期目标。

二、人力资源配备不当造成政策执行过程阻滞

乡村教师定向培养政策执行过程中人力资源及机构配备有待优化,主要体现在政策执行者的角色错位和政策执行者之间缺乏必要的沟通与协调,这可能会影响乡村教师定向培养的质量,造成政策执行过程的阻滞。

政策执行者的角色错位影响了政策执行成效。浙江省乡村教师定向培养工作由省教育厅、县教育局、培养高校和乡村中小学为执行主体,调查发现,乡村定向师范生的招生工作是由县教育局人事部门负责的,县教育局人事部门对乡村教师定向培养招录面试环节的理解不够深刻。这种面试既不同于中小学教师招聘面试,也不同于中小学教师资格考核的教育教学实践能力面试,乡村教师定向培养招录面试的对象是高中毕业生,应重在考察其基本素养、教育教学能力潜质、教师专业发展潜力和对乡村教育文化认同等。而目前乡村教师定向培养招生面试过程缺乏相关培养高校或县区教师研训机构的教师教育专业人员参与,招生面试的角色预期错位或者模糊都会致使乡村定向师范生的生源质量难以保证,影响后续乡村定向师范生培养的质量。

---

① 张竺鹏.农村劳动力转移培训:问题与对策[J].教育研究,2006(8):55-59.

政策执行者之间沟通协调不当造成政策执行阻滞。[①] 乡村教师定向培养的招生面试环节由县教育局人事部门具体负责,然后委托高校进行培养,乡村定向师范生培养方案基本上由培养院校自主制订和实施,而县教育局与培养院校对于乡村定向师范生后续的培养工作缺乏必要的协调与沟通,县教育局也缺少与定向师范生的交流指导,同时县教育局也缺乏对乡村教师定向培养质量的监督与管理体制,这会造成政策执行过程出现阻滞。调研中发现,乡村定向师范生希望能与县教育局保持沟通,同时希望县教育局能参与到后续的培养工作中。此外,乡村教师定向培养仅由培养高校负责,缺少县区教师研训机构的教师教育专业人员参与,如定向县区的教研员、优秀乡村中小学教师等,这导致对乡村定向师范生的培养过程缺乏来自定向县区必要的实践性指导与监督,影响乡村定向师范生的培养质量。

三、县级财政承担全部经费导致定向培养体量小

浙江省定向师范生在校期间的学费、住宿费和生活费,原则上由市、县财政给予全额或部分补助,各县补助金额为 1.2 万~8 万元不等。浙江省目前还有部分地区实行无补助资金政策,如宁波市的鄞州区、象山县、舟山市等地仅提供事业编制,不提供补助资金。在财政经费保障方面,据调查,我国多数省份都为促进乡村教师定向培养政策的落实设置了专项资金,培养经费由省级财政负担,为乡村定向师范生在校学习期间免除学费,免缴住宿费,并补助生活费。河南省实行"两免一补"政策,规定地方公费师范生在校培养期间免除学费、住宿费,并补助生活费,所需费用由省财政承担。山东省公费师范生的培养经费由省财政按每生每年10000元的标准拨付培养高校,委培生的培养经费由地方财政给予学费、生活费等补助。部分地区所需培养经费由省与市县财政共同承担,如湖南省公费定向师范生在校学习期间的学费、住宿费、教材费和军训服装

[①] 丁煌.政策执行阻滞机制及其防治对策——一项基于行为和制度的分析[M].北京:人民教育出版社,2002:158-164.

费免缴,所需费用由财政公费承担,省级项目计划所需培养经费由省与市县财政按 7：3 的比例分担,市州项目计划所需培养经费由市县财政承担。

由于浙江省级财政未安排乡村教师定向培养的专项经费,如果经费全部由县级财政承担,容易造成各县教育行政部门对乡村教师定向培养的积极性不高。从浙江省乡村教师定向培养招生规模很小就可以看出,这并不利于政策的持续开展,也会直接影响政策的执行效果。在乡村教师定向培养政策执行的初期,学费补助金等福利制度很大程度上会影响高中毕业生报考乡村定向师资培养计划的积极性。诚然,浙江省各地的经济发展水平总体上在全国处于比较靠前的位置,经济相对发达县区对乡村定向师范生无财政经费补助的做法,在短期内,由于定向就业的优势,仍有很多人为了稳定教师编制而选择乡村定向教师培养计划;但长期来看,这对于吸引优质生源、调动县级教育行政部门的政策执行的积极性、补充高质量的适教乐教的乡村教师来说,还是存在一定的负面影响。

四、政策工具组合与联动效应的发挥有待增强

多种政策工具的系统组合和有效配置能够发挥政策的联动效应,实现预期目标。综合分析浙江省乡村教师定向培养政策,虽然浙江省乡村教师定向培养政策中运用了多种政策工具类型,但各类政策工具的使用仍存在不足之处,主要表现在以下五个方面:

第一,命令性政策工具仍有待完善。就乡村定向师范生的违约而言,浙江各县区要求乡村定向师范生毕业后在乡村的服务期限不少于 6 年,如违约需缴纳违约金 8 万元,或承担一定的违约责任。由于浙江省各地的发展水平有差异,故各个县区的情况也有所不同,有的县区规定乡村定向师范生服务期限为 12～15 年,此外违约金数额也有所不同。政府对乡村定向师范生做出这一命令性规定旨在留住教师,但经调查发现,这一命令性政策存在不足之处:若规定乡村定向师范生的服务期限长、违约代价大,这在一定程度上会减少乡村教师的流失,但同时存在乡村定向师范生在校学习动机不足、从教热情下降、教学质量难以保证的风险,这与发展乡村教育的初衷背道而驰;若服务年限太短、违约代

价小则可能造成乡村教师的流失,同样无法实现政策的预期目标。调研发现,目前关于乡村定向师范生违约这一命令政策有明显的工具理性意味。工具理性注重政策实施成效,重在关注乡村定向师范生的上岗及违约情况,而价值理性注重定向师范生培养的质量和过程,重在关注定向师范生综合素质的培养及教育情怀的培育,[①]以地方需求为导向的乡村定向师范生培养会弱化教育的意义及人的需求多样性。[②] 在定向师范生培养过程中,还应关注其情感及需求变化,这是价值理性的要求。在政策执行过程中,部分定向师范生在上岗就业一段时间后,可能发现自己完全不喜欢或不适合教师职业,但违约要付出的代价太大,使其只能被迫履约,这可能会使其对乡村教师定向培养政策产生不满,从教热情降低,一定程度上导致乡村教育质量下降,同时这与价值理性要求关注教师的需求变化是相悖的。因此,乡村教师定向培养政策中的命令性工具仍需进一步优化和完善,才能促进政策目标的达成。

第二,激励性工具的使用较为单一。政策中激励性工具的使用以工具理性为主,缺乏价值理性,工具理性更注重行为的效率与结果,而价值理性更重视行为本身的价值与追求,政策执行的过程应注重两者的统一,以货币激励的方式可能会在短期内取得良好的政策效益,但忽视了乡村教师和乡村教育的长期发展。[③] 各级政府应丰富现有的激励性工具,促进教师专业发展,如鼓励乡村定向师范生在培养期、服务期内报考硕士研究生,支持其专业发展和终身发展,实现教师对自身价值的追求。多样化的激励工具会扩大乡村定向师范生生源,进而通过筛选提升生源质量,激发乡村定向师范生投身于乡村教育事业的热情,扩充乡村优秀教师队伍。

第三,规劝性政策工具使用不足。通过分析浙江省关于乡村定向师范生的政策文本、梳理与乡村定向师范生的谈话资料,发现浙江省乡村教师定向培养

---

① 许红敏,王智秋.乡村教师定向培养的政策执行分析——基于《乡村教师支持计划(2015—2020年)》实施的考察[J].当代教育论坛,2022(2):122-123.

② 刘东方,杨思帆.我国教师教育研究的热点领域与知识基础——基于 2001 年以来 CSSCI 学术论文的知识图谱分析[J].教育理论与实践,2019,39(13):37-40.

③ 毕进杰.从工具走向价值:教育政策执行的理性回归[J].现代教育管理,2019(10):71-76.

政策的规劝性内容和宣传平台有待丰富。调查发现,由于宣传力度不够及宣传途径单一,民众多是从地方政府出台的政策文件或是与他人的交谈中了解乡村教师定向培养政策,但政策文件中关于乡村教师定向培养的内容介绍过于简单。一方面,这易造成民众不理解乡村教师定向培养政策或对其了解程度不深及对其重要性认识不足,进而影响到乡村定向师范生的生源。另一方面,高中毕业生可能并不真正了解乡村教师定向培养政策,盲目报名后发现自己并不适合教师职业,这可能会导致之后乡村定向师范生的违约情况增加,政策执行无法取得良好的效果。

第四,能力建设工具的使用有待改进。首先是能力建设工具的使用单一化,浙江省政策中能力建设工具的使用局限于对教师的能力培训和专业技能提升。其次是浙江省对于定向师范生的培养缺乏乡土气息和县域特色,调查发现,浙江省各县对定向师范生的培养内容主要针对其专业知识及教学能力的提升,而对其所定向服务学校的教育情况及乡村教育的特殊性都鲜有涉及,这可能会使乡村定向师范生对于自己未来所从事的职业及环境持有一种模糊性和不确定性的感受,不利于乡村定向师范生学习动机的激发及其职业成长,同时可能造成乡村定向师范生毕业上岗后无法适应定向学校的教学环境,从而影响其从教质量。

第五,系统变革工具的缺失。系统变革工具的缺失主要体现在政策中对执行机构的责任不明晰、赋权不明确,浙江省级和县级层面的实施办法中鲜有对政策执行主体的责任划分。由于浙江省乡村教师定向培养是以省教育厅主导,以县域为执行主体,这意味着县级政府及其教育行政部门对于乡村教师定向培养政策的执行发挥着重要作用,但文件中并未细化相关县级政策执行主体的责任。在乡村教师定向培养政策执行的实际过程中,县级教育行政部门仅在定向师范生的招生和就业环节发挥主要作用,却很少参与定向师范生的培养环节。执行机构责任的不明晰可能会造成定向师范生的培养过程缺乏监管,导致培养的乡村定向师范生综合表现不合格或难以胜任乡村学校的教学岗位。

第五节　制约与挑战:政策执行环境之困

教育政策的执行是一个不断变化的过程,在教育政策执行的过程中,它不断受政策环境的影响而发生变化。① 理想的政策环境将促进政策的执行;相反,不利的政策环境会阻碍政策的推行与实施。就浙江省乡村教师定向培养政策的环境分析来看,政策大环境非常理想,但是微观政策环境还有待提升;经济环境总体向好,但是省级财政支持不足,政策推行受县域经济发展影响大;整体文化环境良好,但乡土文化环境有待进一步优化。

一、政策执行的微观政策环境营造不足

浙江乡村教师定向培养的整体政策环境优越,省委、省政府及省教育厅出台了多项支持乡村教育发展的政策。《中共浙江省委浙江省人民政府关于全面深化新时代教师队伍建设改革的实施意见》《浙江省乡村教师支持计划(2015—2020 年)实施办法》《浙江省教师教育攀登计划(2019—2022 年)》等政策,为发展乡村教育、加强乡村教师队伍建设营造了理想的政策环境,但是整体的政策都比较宏观或者中观,相对而言,促进乡村教师定向培养政策执行的微观政策环境营造不足。

乡村教师定向培养政策的微观政策环境有待加强,主要体现在:一方面,省级层面缺乏对乡村教师定向培养政策执行的政策环境营造。在浙江省推广乡村教师定向培养政策的 10 余年中,无论是浙江省建设高质量共同富裕示范区、长三角区域高质量一体化还是乡村振兴战略,都是站在国家级或省级战略高度,从宏观或中观层面指出建设乡村教师队伍是乡村教育、乡村振兴、教育高质量发展及共同富裕政策的重要内涵,虽然这些政策都为浙江省乡村教师定向培

---

① 范国睿.教育政策的理论与实践[M].上海:上海教育出版社,2011:138-139.

养政策执行提供了良好的政策环境,但是由于综合性政策内涵丰富,乡村教师定向培养仅仅是其中一项工作,在省级层面缺乏专项的乡村教师定向培养政策及实施办法。另一方面,省教育行政部门对乡村教师定向培养政策的解读和宣传有待加强。对乡村教师定向培养政策解读不够深入,各级政府与教育部门缺少探究、解读实施乡村教师定向培养政策的区域优势、战略定位、发展目标及不同阶段的主要任务。对乡村教师定向培养政策宣传不够全面,缺乏对乡村教师定向培养政策的全面宣传,各级政府及教育行政部门、培养院校较少向社会各界尤其是高中学生及其家长开展乡村教师定向培养政策的宣讲,政策宣讲力度不足。

浙江乡村教师定向培养微观政策环境营造不足的原因主要有:第一,各级教育行政部门高质量发展乡村教育的主动性还有待提升。一方面,要强化各级教育行政部门对乡村教师定向培养政策执行的督导职责。系统性的乡村教师定向培养政策的评价内容体系、督导评价机制与问责制度尚不完善,乡村教师定向培养政策专项文本与配套政策文本不够体系化,导致各县区在培养乡村定向生过程中缺乏统筹指导。另一方面,乡村教师定向培养政策顶层设计不足。乡村教师定向培养作为一项地方教师教育改革,需要省级层面的顶层设计和总体规划。然而在政策执行中,系统性不够、顶层设计不足致使政策执行中缺乏整体关联性与具体可操作性,导致对乡村教师定向培养的政策条文、理论阐述、具体安排、典型成果等政策解读程度不高,向社会各界宣传的力度不够。第二,省级教育行政部门对乡村教师定向培养的重视还不够。一方面,省级教育行政部门过度依赖县级教育行政部门,乡村教师定向培养政策执行过程中县级教育行政部门发挥着主导作用;另一方面,在省级乡村教育发展及乡村教师队伍建设相关政策中,鲜见对乡村教师定向培养政策实施的具体指导与未来规划,未能有效发挥省级层面的统筹规划作用。

二、政策推行受县域经济水平影响大

在乡村定向教师培养政策执行中,省级财政未安排专项经费支持,县级财政承担了乡村定向教师培养的主要经费。从浙江省乡村教师定向培养政策执行的经济环境来看,由于乡村定向教师培养主要经费由县级财政列支,因而县域的经济水平直接影响了本地区对此项政策的支持程度。一方面,梳理浙江省下发的关于乡村教师定向培养的文件可以发现,其中明确将财政责任落实到了县级层面,规定考生在培养期间的学费、住宿费和生活费等,原则上由县区财政给予全额或部分补助。另一方面,因各县经济发展状况有差异,因而在具体执行层面,县级政府对乡村定向教师培养工作的财政支持存在较大差异。在实施乡村教师定向培养政策的各县区当中,有的地区财政支持力度较大,如上虞区每位乡村定向师范生的经费补助高达 46000 元;有的地区财政支持力度较小,如常山县、定海区等地每位乡村定向师范生经费补助为 20000 元;有的地区无财政经费支持,如淳安县、建德市、象山县、慈溪市等地乡村定向师范生的学费及生活费需自理,县教育局不提供补助。县级财政主要承担乡村定向师范生培养的经费,其主要原因在于浙江省实行"省直管县"财政体制改革,我国基础教育主要实施"县级自主"的财政机制,在双重财政体制机制背景下,这意味着浙江乡村教师定向培养政策的财政支持主要来自县级财政,政策执行的财政压力主要由县级政府承担。浙江省山区 26 县(市、区)与海岛 5 县等欠发达县区的财政压力较大,对乡村教师定向培养的财政支持能力有限。

县域经济发展水平的差异导致乡村教师定向培养政策执行成效差异显著。浙江省乡村教师定向培养政策的目标定位聚焦于山区 26 县(市、区)与海岛 5 县区域范围内的乡村教师定向培养。然而目前,实施浙江省乡村教师定向培养政策的众多县域之间的经济发展水平存在差异,导致政策执行成效收益差距显著,主要体现在:一方面,欠发达县区的乡村教师定向培养政策执行成本风险高。省内欠发达地区经济发展水平低,在乡村教师定向培养政策执行过程中需要通过一定额度的经济补偿,如免学费、奖励补助金、给予生活补贴等,才能调动当地学生报考乡村定向师范生的积极性。然而欠发达的县区经济发展水平低,财政经费比较紧张,又需要依靠财政扶持来吸引考生填报乡村定向师范生,在乡村定向师范生培养完成后还有可能出现部分毕业生违约的现象,与经济发达县区相比,省内乡村教师定向培养政策在欠发达县区执行的成本风险较高。另一方面,较发达县区的乡村教师定向培养政策执行收益大。省内较发达县区经济发展水平高,在乡村教师定向培养政策执行过程中,部分发达县区已开始实施无补助政策,然而这些较发达县区即便对乡村定向师范生不给予经费补助,每年县域内填报定向师范生的考生数量仍不减反增,可见在省内经济发展水平高的县区,乡村教师定向培养政策执行的成效收益高。其主要原因有:其一,各县域的经济水平差异导致省内不同县区间乡村教师定向培养政策执行成效存在差异。经济发达县区的经济增长速度快,群众生活幸福指数攀升,社会各界对教师职业的认可度提高,几乎无须凭借外部经济补贴的驱动就能吸引一批学生报考乡村定向师范生,政策执行收益高、风险小。其二,经济水平发达的县区基础建设、教育、医疗等基础保障好,乡村定向师范生更倾向于在经济水平发达的县区工作,因而经济发达县区的政策对人才更具有吸引力,定向培养后的违约率风险较低。

三、乡土文化环境与政策融合度不够

尊师重教的社会文化风气有利于提高教师的社会地位与人们对教师的认可度,为乡村教师定向培养政策执行营造良好的环境。虽然浙江省域内教师的地位逐年提升,但是社会公众对乡村教师职业仍存在一些偏见,需要进一步营造与建设尊师重教氛围。这主要体现在:一方面,社会公众对教师行业存在偏见。不少人认为教师的工作很轻松,工作时间只有几节课,且有充足的寒暑假。然而,事实上教师需要不断积累沉淀教学方法、教学经验,花费很多时间撰写教案、批改作业、研读文本、探索教学改革等。另一方面,社会公众对乡村教师群体存在污名化现象。有人认为乡村教师就是教学水平低下、学历低、教学观念落后、知识结构陈旧等,乡村学校的教师教学水平比不上城市学校的教师。事实上乡村教师队伍在不断完善,青年教师与全科教师比例不断增加,教师自身教育教学技能水平也在不断强化。

乡土文化环境与乡村教师定向培养政策融合度需进一步加强。乡土文化环境建设是决定乡村定向师范生是否能"下得去、留得住"的关键外部环境。虽然当地政府在乡土文化环境建设上投入了很多人力和物力，但是乡土文化环境建设范围广、见效慢，每个地区和县域又存在区域差异，主要表现在乡土文化高地的环境仍未形成。乡土文化发展仍未扭转现代性、城镇化文化侵蚀的局面，未能使乡土文化蓬勃发展。乡民对乡土文化的自信心、乡村定向师范生对乡土文化的认同度还是处在一个低位，因而仍存在乡村定向师范生在就职前或者就职初逃离乡村学校的现象。造成乡土文化环境建设欠缺的原因在于：其一，乡土文化建设缺乏资源保障与竞争能力。相较于城市的精神文明建设，乡村的乡土文化建设明显缺少工作部署、宣传政策、社会综合治理管理与群众性文化活动等，城乡文化发展水平不均衡，乡土文化建设仍有大量发展空间。其二，乡土文化建设主体的缺失。乡村人口单向流出导致乡土文化建设主体缺失，制约了乡土文化的发展。乡土文化建设主体包含乡村青壮年、常年居住于乡村的村民及乡村干部群体。然而近年来，乡村人口不断单向流出，导致现有的村民以学龄儿童、中年妇女与高龄老人为主，而这些群体的乡土文化建设能力较弱。乡土文化建设主体的缺失最终导致乡土文化环境建设有所欠缺。其三，城市文化对乡土文化产生冲击。在传统文化变迁发展的过程中，城市文化对乡土文化产生了全方位的冲击。随着城乡贫富差距的拉大，以及文化荒漠化、城乡反差程度的加深，城市文化逐渐成为社会文学创作与文艺作品的主要题材，占据了文化主导地位和话语权。面对城市文化强有力的冲击，乡土文化被迫融入更多现代都市快节奏的城市文化，人们因此对乡土文化的纯粹内涵与现实价值产生怀疑，渐渐丧失乡土文化自信，乡土文化逐步被边缘化，从而导致乡土文化环境的建设陷入了困境。

第六章　乡村教师定向培养政策
执行的改进策略

浙江省乡村教师定向培养政策已实施 10 余年,通过定向招生、定向培养、定向就业的方式为乡村教育的薄弱地区输送了优质乡村教师,缓解了乡村教师队伍的结构性不足,缩小了城乡教育差距,为浙江省全面实现乡村振兴、走向共同富裕奠定基础。乡村教师定向培养政策在取得明显成效的同时,也暴露出一些问题。前几章在对该项政策进行历史变迁及现实考察的基础上,对政策的理论基础、目标标准、资源环境、主体模式等方面进行了系统性分析,总结了该政策执行过程中存在的问题及不足,本章将在此基础上形成针对性的政策执行改进策略,主要从组织搭建、理念统整、政策完善、强化培养、建立评价、保障实施等六个方面提炼政策改进策略。

第一节　组织搭建:建立教师定向培养组织体系

在乡村教师定向培养政策的实践过程中,浙江省教育厅、县教育局、培养院校及中小学均扮演着十分重要的角色。认准角色定位,厘清各方的价值作用,各司其职,加强合作交流,是教师教育联盟顺利运转的关键。省教育厅作为"自上而下"政策执行的顶层设计者,理应以省教育厅为核心,积极联系其他部门及主体,建立省级机构、专职机构来形成专业化的政策研制组织。培养院校具有丰富的师范生培养经验,在师范生培养时应发挥关键作用,构建以培养院校为中心的专业化创新协同培养组织。而师范生的培养,实践平台是不可或缺的重要资源之一,县教育局应利用自身优势,为平台的搭建建立教育实践支持组织。从政策的研制到人才培养模式的构建再到实践平台的搭建,各主体密切合作,形成乡村教师定向培养"U－G－I－S"四位一体协同联合培养模式和运行机制,主要表现出"培养院校主导、教育行政部门协调、乡村中小学校深度参与、教师发展机构依托"的特征,整合相对分散的培养力量,促进四方主体职能的相应转变和主体效能的提升,协同推动乡村教师定向培养提质增效。

一、创建以省教育厅为中心的专业政策研制组织

发挥省教育厅顶层设计的引领作用,建立以省教育厅为中心的政策研制组织,保障政策制定的专业化、科学化。"顶层设计"可以在各项改革中加强整体性谋划,对各个层次、各个目标进行统筹规划,执行主体间相互配合,以期目标的高效实现。"自上而下、以县为主"的模式是我国基础教育政策的基本模式,同时也决定了省教育厅在政策制定中占据着核心位置,换言之,省教育厅充当着顶层设计者的角色。

第一,建立省级机构,加强协调指导。建立以省教育厅为中心的领导协调机构,定期召集教师工作处、基础教育处、相关县教育局、教研员、培养高校及定向县区中小学教师等相关人员召开政策制定、工作部署推进的工作领导小组会议;重点分析乡村教师定向培养工作的推进情况,总结各县区的优秀做法,广泛研讨,以便为各县区工作的展开提供明确指向。与此同时,省教育厅作为顶层设计者,指导、协调好县教育局积极参与乡村教师定向培养工作。第二,组建专职机构,使管理体制专业化。县教育局作为乡村教师定向培养的执行主体,不仅要针对当地教育发展实际情况与乡村教师的需求类型向省教育厅进行申报,还要根据当地教育事业发展规划、教师队伍建设规划来与省教育厅共同确定招生计划。县教育局作为该项工作信息集中交会的枢纽,在具体实施的过程中,这些工作集中于县教育部门人事科。招生环节是培养前端,就业环节则是培养后端,但县教育局很少参与培养中端环节,这样难以保障政策执行效果。县教育局要推动各部门协同合作,人事科组织招录、定向就业,应推动县区教师教育

院或教师研训机构积极加强与培养高校的协同,参与乡村定向师范生培养过程,安排专职师训人员,负责乡村教师定向培养的各项工作,提升乡村教师定向培养职前职后一体化协同。第三,加强专项考核,落实县级政府的培养责任。发挥省教育厅教育督导部门的作用,结合省教育厅制定的工作任务,量化考核指标,为县级层面政策主体在政策执行过程提供重要的导向,进一步发挥各县教育部门政策执行的主动性。

二、构建以高校为中心的专业创新协同培养组织

乡村教师定向培养质量与培养目标出现"鸿沟",表现为乡村教师定向培养职前教育和职后教育的脱节,培养院校、定向县区的教师研训发展机构和乡村中小学缺乏深度融合等问题,要在传统 U—G—S 联合培养的基础上,吸纳定向县区的教师研训发展机构(institution of teacher training)的资源和支持,整合各级教师研训机构和教研部门、乡村中小学及培养院校的理论与实践资源,构建"培养院校主导、教育行政部门协调、乡村中小学校深度参与、教师发展机构依托"的 U—G—I—S 四位一体协同联合培养模式和运行机制,将推进乡村教师定向培养、引领中小学教育教学创新、助力乡村教师专业发展等进行一体化设计与规划,建立以培养院校为中心,发挥协同培养组织的群体优势、组合效应、规模效应,促进乡村教师定向培养更好地发展。[①]

第一,多渠道整合教师教育资源,改善人才培养质量。由于培养院校具有较为丰富的师范生培养经验,并且拥有雄厚的师资力量,能够追踪各项最新研究成果,把握当前教育热点问题,所以在人才培养方面具有独特优势。基于此,不同培养院校间相互沟通交流,能够高效整合资源,有效调整培养方案。资源整合不仅是同类型单位之间的沟通交流,更是不同类别主体间的优势互补,以培养院校为中心,结合目前人才培养需求,联合各级教育行政部门、县教师研训机构和教研部门及中小学,形成人才培养、科研资源的有效组合,有利于提高乡

---

① 刘薇.黑龙江省 G—U—S 教师教育联盟运行机制研究[D].哈尔滨:哈尔滨师范大学,2016:14.

村定向师范生的培养质量。第二，打造实践教学平台，共建实践基地。教师的专业实践能力指的是教师能够运用自身已有的知识、技能去解决日常教学中产生的问题，而教师实践平台是师范生和一线优秀教师交流学习的重要渠道，让他们将自身所学的理论知识与教学实践不断交流、融合，从而提高教学技能，形成教学风格，所以，打造师范生的实践平台显得尤为重要。[①] 乡村定向师范生实践平台的打造需要以培养院校为中心，不断与县教育局、中小学深化合作，与乡村中小学加强对乡村定向师范生的培养及评价考核。第三，开展联合教研，共同研讨乡村教育和乡村学校的教育教学问题。以培养院校为中心，与县教育局、中小学进行联合教研，共同研制培养方案、共同开发课程、共同开展教学。培养院校作为联合教研的组织者，可以采用座谈、研讨等多种形式来进行多方联络，共同研讨制订乡村定向师范生的人才培养方案，与县教师研训机构、教研部门、中小学协同开展课程及教学案例的研发。除此之外，还可通过邀请定向县区教研员及优秀教师开展讲座、专题报告等方式参与乡村定向师范生的日常教学，共同提高乡村定向师范生的质量。

三、建立以县教育局为中心的教育实践支持组织

在终身教育视角下，在教师专业发展的不同阶段，教师教育主要包括教师的职前培养、入职教育及在职培训等阶段。教师职前与职后发展的一体化培养至关重要，在县级层面，应建立以县教育局为中心的涵盖教师研训中心、教师教育研究院、教育科学研究中心等的县域教师教育实践组织，提高定向师范生培养质量，实现职前与职后培养一体化目标。

第一，整合县域教师教育研究力量。以县教育局下设的县级教师研训机构为核心，整合教师教育的相关资源，选调拥有大量教研经历的教研员及对教育事业充满热情的优秀教师，积极开展乡村定向师范生职前与职后培训，努力提高乡村教师队伍整体质量，加强与乡村中小学的教科研交流合作，拓宽乡村定

---

① 刘磊，傅维利. 实践能力：含义、结构及培养对策[J]. 教育科学，2005(2)：55-57.

向师范生的实习渠道,并建立起学生实习档案,协助中小学对学生实习进行鉴定,并以研训机构的优秀师资为乡村在职教师开展讲座等形式来加强协同。第二,建立基础教育研究中心。为了开展教育理论与实践的研究,统筹优秀的科研力量,成立基础教育研究中心,并将研究中心设置在师范院校中,依托师范院校厚重的基础教育研究氛围,联合相关院校学者及基础教育改革发展的研究者、中小学中优秀师资形成组合效应,不断研究并解决当前教育前沿热点问题,为基础教育的发展提供合适的建议。积极围绕乡村教育,尤其是乡村基础教育、乡村教师队伍建设等主题开展相关研讨会。第三,加强乡村学校基础设施建设,搭建优质实践平台。县教育局加大乡村中小学基础设施建设力度,为乡村教师留任和乡村定向师范生的实习提供良好的教学环境。将教育实践融入乡村师范生日常的学习之中,为其搭建信息化、现代化的实践平台,通过教育信息化的方式为乡村定向给师范生提供多样性、针对性的实践机会和内容。①

第二节　理念统整:以"新乡土性"整合培养实践

"新乡土性"是培养乡村教师的"根",引领未来的乡村教师服务乡村,振兴乡村。"新乡土性"的理念不同于"乡土性",它既继承了"乡土性"内涵价值,又结合了时代特征,焕发新生。有必要对"新乡土性"进行时代内涵的挖掘与阐释,引领其价值回归。就"新乡土性"对培养未来乡村教师的意义而言,需要将"新乡土性"融入乡村教师定向培养政策诸要素中,更需要将"新乡土性"作为乡村教师定向培养质的规定性。

一、阐释并引领"新乡土性"的时代意涵及价值回归

在社会转型发展过程中,"乡土性"也不断呈现出新的特征,被赋予新的内

---

① 罗曼.复杂性理论视域下U—G—S教师教育共同体的构建——基于教师教育创新实验区建设的实践与思考[J].高教学刊,2020(12):21-24.

涵,表现为"新乡土性"。对于"新乡土性",一方面需研究阐释"新乡土性"的时代意涵,另一方面需分析"乡土性"对乡村教育的价值及作用,梳理"乡土性"与乡村教师教育发展之间的联系,以"新乡土性"观照乡村教师定向培养工作,进而促进乡村教育的发展。

第一,研究阐释"新乡土性"的时代意涵。"乡土性"一词是乡土社会理论根据 20 世纪上半叶的经验现实,从社会结构和文化功能的维度对中国乡村社会基本性质的理论概括。[①] 费孝通先生对乡土中国进行的经典论述是乡土理论的主要视角,乡村社会生活变迁缓慢,农民经年累月地重复着同样的生活,以种田为生,双手双腿插入土中,土的凝固与乡的封闭共同促成了原生态的乡土性。[②]改革开放以来,现代化和城市化的发展造成了城乡二元结构的分化,作为"传统性"之一的"乡土性"不断被"现代性"冲击,甚至遭遇被消解的危机。但经济发展对乡村的影响也不能一以蔽之,虽然乡村在一定的时间内相比城市处在劣势地位,但乡村在经济发展中也不断变迁,呈现出新的面貌。国家提出乡村振兴战略,乡村取得了快速发展,"乡土性"在新时代中已然呈现出新的特点并发展为"新乡土性",有必要从学术研究角度梳理"乡土性"如何随着乡村社会的变迁而发展,挖掘"乡土性"的当代价值,继承与发扬其精华,从理念层面对"新乡土性"进行内涵阐释,以凸显其在新时代的价值意蕴。此外,就浙江省而言,浙江省城乡差距比较小,乡村经济比较发达,美丽乡村建设也取得了一定成效,与其他省份相比,浙江农村的"乡土性"更具地方特色,因而需要在高质量发展建设共同富裕示范区的背景下,对"新乡土性"呈现的地方特点进行新的诠释。

第二,澄清"新乡土性"与乡村教育、乡村教师队伍建设及乡村定向师范生培养的内在关联与作用机理。20 世纪 20 年代的"师范教育下乡运动"是"乡土性"与乡村教育融合的开端,以陶行知为代表的一批爱国教育家根据乡土中国的特点,期望通过改良乡村教育来实现"救亡图存"。从培养师资和普及教育的

---

① 陆益龙.后乡土性:理解乡村社会变迁的一个理论框架[J].人文杂志,2016(11):106-114.
② 熊凤水.流变的乡土性:内核机理与理论对话[J].安徽大学学报(哲学社会科学版),2013,37(2):139-144.

角度出发,陶行知创办了乡村师范学校,并考虑到当时的师范学校设立在城市,不利于培养适应乡村社会发展的乡村教师,提出了"乡村师范学校应设在乡间"的主张,师范教育自此走向农村,奠定了师范生培养中根植乡土的特色。[①] 此外,在"师范教育下乡运动"中,师范教育与"乡土性"的融合不仅在于培养具有"乡土性"的乡村教师,更是倡导通过乡村教师的培养来反哺乡土,促进乡村的发展。新中国成立后,师范教育与"乡土性"的关系依然密切,中等师范免费教育通过统筹分配,在一定程度保障了乡村教师的供给,乡村教师在乡土中浸润,受乡土滋养,反哺乡村教育,可以说,中等师范学校培养的毕业生,长期支撑着乡村基础教育。但随着市场经济发展和基础教育改革,1997年师范教育收费制度开始实施,定向分配淡出师范生的就业舞台,自此师范教育开始逐渐呈现"去乡土化"趋势,师范教育也开始游离乡土。一直到2007年教育部直属师范大学实行师范生免费教育政策,师范生免费教育再次被重视,但是国家层面的教育部直属师范大学的师范生免费教育政策并未真正意义上实现师范教育与"乡土性"的密切联结,免费师范生后又称公费师范生,他们的就业多由省级层面统筹安排,大多数公费师范生并未真正回归乡村、服务乡村。随着乡村振兴战略及乡村教育受到高度重视,各地也开始自主探索与乡村结合紧密的师范教育模式,逐渐形成乡村教师定向培养政策,真正推动了师范生来自乡村、重识乡土、回归乡土,这是在新的历史阶段乡村社会与师范教育的再次紧密融合。可以说,师范教育与"乡土性"的关系具有一定的历史发展性,有必要从理论层面分析"新乡土性"与乡村教育、乡村教师队伍建设的内在关联与作用机理。

二、将"新乡土性"融入浙江乡村教师定向培养政策

面向未来,应将"新乡土性"理念融入浙江省的乡村教师定向培养政策中,一方面应明确将培养"新乡土性"的乡村定向师范生列入政策目标与标准,加强

---

① 马多秀,朱明侠.陶行知的乡村教师本土化培养教育思想及其启示[J].现代教育论丛,2018(1):85-89.

各个层面执行主体对政策目标与标准中"新乡土性"的认识;另一方面加强政策资源对实现"新乡土性"的倾斜,确保政策执行过程中"新乡土性"的达成。

第一,明确将培养"新乡土性"的乡村定向师范生列入政策目标与标准中。政策目标与标准作为政策执行要达到的目标和效果,应具有明确性,乡村教师定向培养政策应明确将培养什么规格的乡村教师。"新乡土性"是乡村定向师范生成长为合格的乡村教师的重要指标之一,应在乡村教师定向培养政策的目标与标准中明确提出"新乡土性",以此作为乡村定向师范生培养质的规定,规范乡村定向师范生的招生、培养、就业、管理等方面的政策执行,减少执行偏差,保障精准育才。将"新乡土性"写入乡村教师定向培养政策的目标与标准,在培养过程中应接受乡土性的教育,在培养结束后应回归乡村、扎根乡村、振兴乡村教育,应加强各个层面执行主体对政策目标与标准中"新乡土性"理念的认识。无论是各级教育行政部门抑或是培养院校、乡村中小学,都应全面理解和认知"新乡土性"的重要性及价值意涵,并以此优化政策执行全过程。

第二,加强"新乡土性"理念的运用与落实。不仅是乡村教师定向培养政策,即便是乡村定向师范生职后专业发展政策,也要聚焦"新乡土性",保持乡村定向师范生的职前教育与职后教育的内在培养理念一致。长期以来,有关教师评价政策在对待城乡教师上基本上采取同质化的评价标准及评价手段,对城乡差异考虑不足,使乡村教师独具的"乡土性"在教师专业发展及教师评价体系中被忽略。因此,需要改进当前乡村教师评价体系,结合乡村教师的"新乡土性",构建起乡村教师特色发展与支持政策。因城市和乡村在办学条件、教育资源、社会环境等方面都存在一定差距,在乡村教师的教育评价政策上,应适当向乡村教师倾斜。若只采用城乡教师一致的标准进行评价则有失公允,应基于乡村现实情况及乡村教师独特的"乡土性",积极探索出体现"新乡土性"导向的乡村教师评价政策,将乡村教育建设、乡土文化传承等评价要素纳入评价指标中,重视乡村教师在课程与教学中对当地乡土文化、乡土资源的开发利用,推动"新生代"乡村教师扎根乡土社会,认同乡土文化,助力乡村教育,让乡村教师真正变成"乡里人"。实施分层分类的评价制度,针对乡村教育、乡村教师的特点完善评价指标,鼓励其将"新乡土性"作为其特色予以发扬,在各类评价指标中增设乡村教师专项,拓宽新生代乡村教师的专业成长通道。

三、将"新乡土性"作为培养乡村定向教师的质的规定

"新乡土性"是乡村定向师范生区别于其他普通师范生的本质属性,培养院校应将"新乡土性"确立为乡村教师定向培养的质的规定。"新乡土性"一方面体现在培养的乡村定向师范生的能够成长为"下得去、留得住、教得好、有发展"的乡村教师,另一方面体现在培养的乡村定向师范生成为"基于乡土、立足乡土、回归乡土、反哺乡土"的"新乡贤"及乡村振兴的建设者。

第一,明晰培养差别。培养院校应明确乡村定向师范生与普通师范生间质的差别,将培养具有"新乡土性"的乡村教师作为乡村教师定向培养质的规定。乡村定向师范生成为一名乡村教师,肩负着乡土文化赓续、发展乡土教育的使命,表现为"乡土性"的价值回归及"新乡土性"的生成,因而高校聚焦"新乡土性"的理念开展乡村定向师范生的培养方案制订,在培养过程中注意乡村定向师范生与普通师范生的区别,在普通师范生专业教育的基础上把握乡村定向师范生独特的"新乡土性"特质,开设具有"乡土属性"的课程,为乡村定向师范生能"下得去、留得住、教得好、有发展"打下坚实的基础,有目的地为其搭建融合乡土的实践平台,在其在读期间加强其与定向县区乡村小学及教育局的联系,增强其乡土黏性,使其立志"基于乡土、立足乡土、回归乡土、反哺乡土"。

第二,凸显培养理念。培养院校要明确,其所培养的定向师范生是能够承担乡村建设、乡村发展,助力乡村振兴的"新乡贤"。乡村教师需要自觉担当乡贤角色,传承地方文化知识、教化民众、参与乡村治理,这既是一种乡村教师培养的传统,也是新时代实施乡村振兴战略对乡村教师培养所赋予的重要期待。[①]对于乡村定向师范生作为未来"新乡贤"的期待,需要培养院校在对其进行专业

---

① 肖正德.乡村振兴战略中乡村教师新乡贤角色的现实问题与建设策略[J].教育科学研究,2021(12):89-92.

性教育的基础上发挥公共性教育的作用,培养院校首先应该树立将乡村定向师范生培养成为具有公共治理意识的"新乡贤"的理念,并以此指导乡村教师定向培养工作,在乡村定向师范生培养过程中适当安排乡村公共治理、乡村公共教育的课程,明确乡村教师的职业特殊性与培养公共治理意识的必要性,提高乡村定向师范生的乡村治理意识,强化乡村定向师范生的"新乡贤"身份认同与使命担当,坚定乡村定向师范生参与治理乡村、参与乡村社会事务的信念,以推动在乡村定向师范生入职后能顺利成为乡村的"新乡贤",助力乡村振兴与乡村教育发展。

第三节　政策完善:科学优化教师定向培养政策

政策文本决定了政策的执行方向,规定了政策的执行内容,完善可行的政策是保障政策落地、提升政策效益的重要前提。因此,政策制定者需建立各级政策制定的民主审议制度以确保其规范性,广泛论证政策文本表达以保证其明确性,对各级政策实施细则进行充分说明以提升其精细性,依据政策内容强化政策工具的优化组合以增强其科学性,最终制定完备的文本内容以指导政策的实施。

一、规范化:建立各级政策制定的民主审议制度

为确保乡村教师定向培养政策文本的科学性、规范化,需建立起相应的民主审议制度,动员社会各界全程监督,积极表达意见。民主审议即公民间遵照特定对话伦理所进行的交往行为,表现为平等的交互主体间以达成理解为目标的沟通,民主审议有利于公共理性的形成,公民通过语言交往行为形成以公共理性为基础的意见,可经由制度化的民主审议立法程序形成民主政治意志。[①]

---

① 杜霁雪,杜泓.论民主政治下的民主审议与公共理性[J].法制与社会,2009(6):182-183.

普通公民缺乏有效参与民主审议的渠道和表达意见的平台,多数公民处于失语状态,难以针对教育政策进行有效的舆论监督,民众与政策代言人间的沟通讨论不足,严重影响了民主审议的质量,导致乡村教师定向培养政策不一定完全契合实际需求。因此,充分发扬民主,扩大乡村教师定向培养政策的社会基础,是持续推进乡村教师定向培养政策健康发展的关键。[1]

第一,建立各政策主体之间畅通的交流机制。需畅通自上而下的信息发布渠道及自下而上的意见表达渠道,落实对政策的知情权和话语权,增进民众与各级政府、县教育局和省教育厅多方的沟通了解,也可召开听证会,及时对公众的疑惑做出回应,适当拓宽公众的表达渠道,以线上线下结合的方式收集群众意见,规范网络政治沟通途径。

第二,遵循民主审议的基本原则。民主审议过程中体现的平等、自由、公开、开放等规范原则,为公共审议的形成提供了实质性条件。[2] 一是需保障审议主体的平等权利,提升审议过程的开放性,确保任何审议主体都有同等权利对乡村教师定向培养政策的制定提出建议。二是需给予各审议主体适度的讨论空间,有关主体都可以参与讨论,献言献计,质疑现有的政策并得到回应。三是需确保审议过程及结果的公开性,乡村教师定向培养政策的实施是为了实现更大的公共利益,理应保障各主体的充分知情,便于民众及时监督、公开审视,通过不同政策主体的理性协商缩小分歧,制定能够得到广泛理解和适用的政策文本。

二、明确化:广泛论证政策文本,明确其内容表达

只有保证政策文本表达的清晰性,才能将政策要领准确传递,确保政策得到切实的贯彻。理想化的政策文本需要附加对政策详细而明确的说明,或至少

---

① 肖海燕,彭虹斌.民办教育新法新政执行的调适研究——基于史密斯政策执行过程模型的分析[J].高教探索,2020(4):85-90.

② 杜霁雪.如何民主审议[J].辽宁行政学院学报,2010,12(9):50-52.

为目标冲突的解决提供实质性的标准。^① 目前,乡村教师定向培养政策缺少专项政策指导文件,文本内容表述比较模糊,各执行主体在实际操作过程中缺乏具体化的政策指引,难以完全贯彻落实政策内容,政策执行过程中容易出现偏差。因此,在广泛论证的基础上制定准确清晰的政策文本,是保证乡村教师定向培养政策执行成效的重要前提。

第一,需提升乡村教师定向培养政策文本表述的清晰性。出台专项指导文件,在深度调研定向师范生的实际招生、培养、就业状况后,形成具有浙江特色、符合浙江需求的政策文件,结合定性和定量的描述方式科学实际地指明发展方向,避免各执行主体对政策文本的误读。

第二,明确划分各部门职责。各政策执行者在实施过程中有一定的自由裁量权,但若失去了约束,便会导致"公权滥用"和过分追求各自主体利益,因此,应在政策文件中明确各方主体权责,规范各方自由裁量权的使用,从而加大组织管理与监管力度,形成完备的责任追究机制,规范政策执行者的裁量行为。^②

第三,政策决定需兼顾各利益主体的利益需求,展开充分的讨论协商。乡村教师定向培养政策涉及教育局、培养高校、乡村学校、师范生等主体,即使教育改革决策具有道德正当性与社会合法性,也还是需要在决策最终形成之前通过多种民主方式展开充分讨论,广泛听取各方意见和建议。^③ 省教育厅及县教育局应广泛听取各利益相关者的意见与建议,在广泛论证的基础上做出协调,将政策规划与利益相关者的诉求结合,促进各利益相关者达成共识,最终推动各主体积极参与乡村教师的定向培养。^④

---

① 黄维民.论公共政策的科学化与民主化[J].西北大学学报(哲学社会科学版),2001(2):145-150.

② 毕进杰.从工具走向价值:教育政策执行的理性回归[J].现代教育管理,2019(10):71-76.

③ 吴康宁.教育改革成功的基础[J].教育研究,2012,33(1):24-31.

④ 李和平,郭婧.困境与破局:高水平民办高校的发展之路——基于新制度主义的视角[J].浙江树人大学学报(人文社会科学),2021,21(6):12-20.

三、精细化：对各级政策实施细则进行充分说明

在出台整体性政策方案后，浙江省教育厅及各县教育局都需对其进一步补充和完善，以利于政策的有效执行。浙江省各县区经济水平、教育质量、师资储备、教育规划有所差异，若直接照搬省级政策文本或其他县的实施细则，则易导致政策水土不服，难以落地。因此，在落实乡村教师定向培养政策时也需充分结合当地需要，在遵从国家及省教育厅政策指导的基础上，根据实际不断地细化和调整政策，确保政策可行。

第一，不断完善政策实施细则。应全程监督乡村教师定向培养政策的执行情况，及时补充政策缺失部分，依据实际需求对政策进行细化，对招生办法、培养模式、就业机制等具体问题进行指导，完善各项保障机制。

第二，政策目标需逐渐细化。政策文本中对目标的表述多泛化模糊，定位趋同。乡村教师定向培养的政策目标不能仅停留在宏观层面，县教育局需充分调研，考虑县域的实际情况及各主体的实际需求，有针对性地制定分解目标，从而提升政策执行的可操作性。

第三，各县教育局需因地制宜，完善实施办法。各县教育局应充分发挥积极性和创造性，结合当地教育发展水平、教师队伍发展规划等对多项指标进行分解，将政策实施办法具体化，特别是要对农村教师学习深造、准入退出机制等关键问题补充实施细则，减少政策执行过程中的阻力。

四、科学化：依据政策内容优化政策工具的组合

政策工具的选择与使用对于政策的高效执行至关重要，对其进行优化组合，方能实现政策效益的最大化。政策工具即各方主体尤其是政府为了实现和满足人民群众对于公共物品或公共服务需求所采取的各种方法、手段和实现机

制,或为了满足人民群众需求而进行的一系列的制度安排。① 选择适合的政策工具是顺利实现政策目标的基本保证,也是提高政策执行成效的重要措施。② 浙江省乡村教师定向培养政策已实施了 10 余年,在实践过程中仍暴露出不少问题,乡村定向师范生的激励性政策工具有待丰富,规劝性工具力度不足,能力建设工具较为单一,系统变革工具缺失……追根溯源,这些问题的源头都指向政策文本本身,是政策内容的不完善导致了政策工具功能未能得到有效发挥。因此,制定政策文本时需明确政策问题,系统分析相关影响因素,将各种政策工具进行优化组合以发挥作用。

第一,政策制定者需准确把握政策问题的实质。乡村定向师范生培养过程中出现的问题与其他领域的问题相关联,这就需要在制定政策时对政策进行系统性的分析,只有明确把握政策问题实质,才能选择匹配适切的政策工具,制订科学的实施方案,提高政策的实施成效。

第二,政策制定者需系统解析政策工具的特性。政策工具的选择与使用是一个复杂的过程,影响工具选择的因素较多,浙江省乡村教师定向培养政策是在省教育厅统一要求下,由培养高校和县教育局作为主要执行主体,各地发展条件、管理者主观偏好、地方管理机构权威等因素都会影响政策工具的选择,需全面分析影响因素,尽可能平衡各方需求,才能有效解决公共问题。③

第三,政策制定者需科学组合和运用政策工具。每一种政策工具都有其优势及适用性,也有一定的不足和特殊性,只有对多样的政策工具进行优化组合,才能使政策工具充分适合政策执行。一是需发挥激励工具的正向作用,注意激励的适当性和正向引导性,除在政策文本中继续强化免除学费、杂费并提供补助等激励措施外,还可通过设立专项奖学金、朋辈教育等方式在培养过程中对乡村定向师范生进行激励,引导乡村定向师范生奋发学习,培育其乡村教育情怀。二是需强化规劝工具的使用,在政策文本中明确表达对优秀乡村定向师范

---

① 陈振明.政策科学教程[M].北京:科学出版社,2015:55.

② 丁煌、杨代福.政策工具选择的视角、研究途径与模型建构[J].行政论坛,2009(3):21-26.

③ 李宁.乡村教师生活待遇政策执行研究[D].长春:东北师范大学,2019:119.

生、优秀乡村教师的高度需求,强调政策的内在价值,以此强化乡村定向师范生的自我认同感、荣誉感和责任感。三是需丰富能力建设工具的类型,省教育厅应给予县教育局政策倾斜,鼓励各县区因地制宜,制订具有乡土特色、符合乡村需要的乡村教师队伍建设规划,以提升政策执行的有效性。

第四节　强化培养:追求高质量的乡村教师培养

浙江省乡村教师定向培养存在对乡土性重视不足、与非定向普通师范生培养方案同质化、协同培养落实不到位等问题,为有效解决培养中出现的问题,应以高质量乡村教师培养作为持续性的政策追求。以"新乡土性"重构定向师范生培养方案,聚焦定向师范生的过程性培养和提高,重视优质资源的适度倾斜,持续性探索创新定向师范生的培养模式。

一、以"新乡土性"重构定向生培养方案

乡村定向师范生的人才培养方案是培养院校落实定向师资培养总体要求、设置开展教学活动、安排组织教学任务的规范性文件。"乡土属性"是乡村定向师范生区别于同专业普通师范生的本质属性,高校培养乡村定向师范生的目的是满足乡村教育发展的需求,弥补乡村教师数量短缺,提升乡村教师质量。因此,在培养乡村定向师范生的过程中,应该紧紧围绕这一要求做好人才培养,切实将"新乡土性"融入乡村定向师范生的培养方案之中。

第一,明确"新乡土性"的培养目标,指导乡村教师定向培养工作。乡村定向师范生的课程设置、教育实践安排、师资配置甚至教材使用等均应紧紧围绕"新乡土性"开展,最终培养成"基于乡土、立足乡土、回归乡土、反哺乡土"的"下得去、留得住、教得好、有发展"的乡村教师。

第二,在课程设置上开设具有"新乡土性"的乡村定向师范生特色课程。培养院校在开设通识课程、学科专业课程、教师教育课程之外,还要依据乡村定向

师范生的独特性，为其量身开设蕴含"新乡土性"的课程，进行乡土教育以巩固乡村定向师范生的"新乡土性"。"新乡土性"课程可以围绕乡土文化、乡村教育等方面展开并形成课程群，就乡土文化类课程群来说，可以开设乡土地理、乡土历史、乡土自然、乡土民俗文化等课程，让乡村定向师范生在系统深入地了解乡土的过程中，厚植对乡土的认同感。就乡村教育类课程群来说，可以开设富有特色的乡村社会学、乡村教育发展史等相关课程，还可针对具体的教学开设乡村教育信息化、乡村儿童心理发展与研究、乡土资源开发等课程，尤其是开设乡土资源开发课程，既是对乡村定向师范生进行乡土化教育的过程，也是教授他们如何发掘与活化乡土教学资源形成乡村特色教学、传承和弘扬乡土文化的过程。除了理论类的课程外，也要开设一定的乡土实践课程，如乡村教育与调查、乡村服务综合实践、乡土文化学习与体验等课程，经常性开展义务支教、送教到村等活动。

第三，在教育实践设置上扎根乡土，开展教育实践活动。"从乡土中来，到乡土中去"是"新乡土性"乡村定向师范生的一个显著特点，因而在培养院校安排乡村定向师范生参与教育实践过程时也应突出这一点，乡村定向师范生的教育实践包括教育见习、教育实习及教育研习，培养院校可以做出统筹安排，实行"3+1"的模式，即乡村定向师范生前三年在校进行相关理论学习及教学技能训练，在第四年开展分散教育实习，培养院校加强与定向县区教育局或乡村中小学的协同，将乡村定向师范生的教育实习安排到定向县区的乡村学校，让乡村定向师范生在入职前就熟悉乡村中小学的基本状况，提早适应乡村教师所要承担的各项工作。

二、聚焦定向师范生的过程性培养和提高

乡村教师定向培养政策在培养高校执行的重要环节就是制订乡村定向师范生的培养方案，培养院校要聚焦乡村定向师范生的过程性培养，全面提升培养质量。在乡村定向师范生培养期间，应着力提升师范生的教学技能和职业素养，加强师德养成教育，树立扎根乡村、服务乡村教育事业的理想信念，为日后

成为优秀的乡村教师打下坚实的基础。

第一，科学精准地研制乡村定向师范生的培养方案。乡村定向师范生培养应面向乡村中小学教育发展和乡村教师队伍优化，为乡村学校培养一批专业能力强、综合素质高、一专多能、有奉献精神的本土化优秀教师，让他们成为乡村教育振兴的生力军。[①] 因此在制订乡村定向师范生的培养方案时应重视在地化培养，为乡村定向补充紧缺师资。

第二，进一步深化课程与教学改革。课程是实现培养目标的重要载体，是影响乡村定向师范生培养质量的重要因素。[②] 为实现一专多能和在地化培养需求，需要加强课程的综合性，体现课程的"向农性"。一是培养院校应对应乡村教师的岗位需求，优化学科专业课程，加强学科间的横向联系，搭建跨学科的课程学习平台，提升"一专多能"的综合教学能力。[③] 二是培养院校应引进乡村教师教育特色课程，联合定向县区教育局及乡村中小学开设富有特色的乡村教育课程，培养定向师范生扎根乡村的教育情怀，增强定向师范生的从教信念，帮助定向师范生入职后更快适应乡村教育。三是培养院校应考虑课程体系的系统性和合理性，调整和优化各门课程的课时比例，体现课程设置的"专"和"精"。

第三，全方位、多层次开展实践教学。乡村定向师范生的高质量培养离不开实践教学，乡村定向师范生在研习、实习等实践过程中能够切身体验到乡村教育的特殊性。培养院校可联合县教育局和乡村学校，共同建立定向师范生实践基地，共同指导乡村定向师范生教育实践，展开全方位、多层次、系列化的实践教学活动，促进师范生熟悉乡村教育，培育乡村教育情怀。

第四，确立评价标准，加强技能训练。严格的专业技能考核评价能够激发学生的学习动力，夯实学生日常的基本功训练，有效保证教育教学基本技能的养成。乡村定向师范生技能训练应以集中课程实验实训、教师教学技能训练、

---

① 李晶晶,李家恩.全科师范生乡情课程模块建设管窥[J].中国教育学刊,2019(11):94-95.

② 孙德芳.小学教师本科培养的中国道路[J].中国教育科学(中英文),2020,3(4):60-70.

③ 钱小华,冯鸿,赵丽.乡村振兴背景下乡村教师定向培养改革研究[J].阿坝师范学院学报,2022,39(2):97-102.

小学跟班学习训练等多种方式,构建多维互动的教育技能训练体系。^① 一方面要通过教师教育技能课程,帮助师范生提升教师口语表达、规范汉字书写、熟悉班主任工作等;另一方面,要建立严格的师范生技能考核标准,邀请中小学教师共同考核师范生教育教学技能,提升技能训练的实效。

第五,建立健全师德养成教育体系。培养院校要进一步建立健全师德养成体系,完善乡村定向师范生师德养成的教育内容,降低定向师范生的违约风险。一是结合乡村定向师范生未来的就业环境,帮助其树立坚定的职业理想。二是创造条件加强乡村定向师范生与乡村学校的联系,提高其从教热情。三是培养乡村定向师范生的基层服务意识,培养其吃苦耐劳的奉献精神。^②

三、注重优秀师资与教育资源的适度倾斜

乡村教师定向培养是一项系统工作,它需要一支优秀的指导教师队伍,提供能够满足乡村定向师范生培养需要的教育资源、经费投入等基本条件,保障乡村教师定向培养工作高质量持续推进。^③

第一,吸引定向县区优秀中小学教师参与乡村教师定向培养。培养院校可与定向县区教育局建立定向师范生培养协同制度,遴选定向县区的优秀教师参与定向师范生的课程主讲,以开设线上或线下专题讲座、同步课堂、公开课展示等方式参与乡村教师定向培养。培养院校聘请乡村中小学名师建立"名师工作室",聘请基础教育一线的优秀师资到培养院校的课堂,为乡村定向师范生提供优秀的校内外师资。

第二,合作建立优质教育教学实践基地。培养院校可联合县教育局在当地建立教育实践基地。培育乡村定向师范生的乡村教育情怀,校地协同推行"乡村定向师范生乡村教育情怀养成教育三阶段":大一暑假回访乡村学校、乡村教

① 舒志定,李茂森.全科型小学教师培养的浙江经验[M].杭州:浙江教育出版社,2021:64.
② 钱小华.免费师范生师德养成教育研究——以成都师范学院为例[J].成都师范学院学报,2015,31(10):17-19.
③ 舒志定,李茂森.全科型小学教师培养的浙江经验[M].杭州:浙江教育出版社,2021:135.

师,初步建立乡村教育情怀;大二暑假深入所在县区乡村进行调研,撰写调研报告,深入了解家乡教育文化;大三提早参与县教育局暑期师德师风教育,尽早融入当地教育,增进乡村教育情怀。各县教育局为乡村定向师范生确定实习、研习学校与师范生成长实践基地,县教育局和乡村中小学以不同方式参与师范生的培养,乡村定向师范生不仅能够在培养院校接受专业化的学习,还能够在当地的中小学参加教育实践,在实践中成长。

第三,将互联网与乡村教师定向培养深度融合。互联网与乡村教育的融合为乡村基础教育发展带来了新契机。一是为乡村定向师范生构建高品质的网络学习空间,打造高质量的信息化课堂,开设现代教育信息化课程,助力师范生信息化教学能力的成长。二是开设微课设计与应用、多媒体课件制作等比赛,加强师范生借助互联网和多媒体的教学技能训练,提升信息化教学的能力与方法。

四、持续性探究创新定向师范生培养模式

为了乡村教师定向培养政策能高效执行,浙江省内的各培养院校在培养目标上立足"专业",走向"卓越";培养内容兼顾基础性与全科性,统筹理论性与实践性;培养方式多元,分段培养、依托多种活动培养;培养过程有多主体参与。各培养高校也形成了各具特色的定向师范生培养模式,如浙江师范大学的"互联网＋教师发展学校"培养模式、杭州师范大学的"浙派名师＋三维六环"培养模式、温州大学的"博爱雅艺"全科型教师培养模式、湖州师范学院的"多轮驱动"培养模式等模式,这些培养模式为定向师范生的培养提供了新思路。但当前培养院校的培养模式仍然存在着教师发展机构在协同培养过程中缺位、培养目标和培养内容中的乡土性不足、乡村定向师范生在培养过程中的退出机制不明确、乡村定向师范生的职后培养难跟踪等问题。因此,要持续创新乡村定向师范生培养模式,以实现高质量乡村教师定向培养。

第一,建立健全更紧密的校地共育合作机制。县级教师发展中心是培养院校与中小学合作的重要纽带,也是实现教师专业发展的重要基地。县级教师发

展中心在定向师范生的培养过程中要发挥"中间人"的作用,应当将当地中小学的优质师资与培养院校的教育资源进行良好的衔接,发挥融合式的多主体协同育人机制。在传统 U—G—S 三位一体协同培养机制的基础上,引入了定向县区的教师研训发展机构,构建"培养院校主导、教育行政部门协调、乡村中小学校深度参与、教师发展机构依托"的 U—G—I—S 四位一体协同联合培养模式和运行机制。教师研训发展机构的入场打破了以往理论型教师占主导的师资结构,扩充了实践教学资源,为乡村定向师范生在学习过程中获取丰富的乡村理论知识与实践经验提供便利的渠道,保证乡村定向师范生能够获取扎实的乡村教育理论知识,同时也能获得高质量的实践指导。

第二,建立退出机制和优化乡村教师教育体系。培养有能力、有情怀的优秀乡村教师并确保其能够如期服务乡村中小学,是乡村教师定向培养政策取得成功的关键所在。一方面,培养院校有职责和义务为乡村教育选拔适合从教的优秀人才,对从教意愿低及经考察不适合从教的学生,可以允许其退出。另一方面,乡村教师定向培养作为乡村教师的补充渠道,培养院校应注重培育定向师范生的乡村从教意愿,加强在地化培养。

第三,完善职前职后一体化培养机制。教师教育一般分为职前培养和职后培训两个阶段,但两者之间常常处于脱节状态。培养院校应完善职前职后一体化培养机制,强化师范生的实践能力,定期组织高校专家和优秀中小学教师为乡村中小学送教活动,使职前培养和职后培训能够相互衔接。可采取"顶岗实习"的方式,让定向师范生全过程参与乡村中小学的教学工作,提高其岗位适应能力。要持续追踪乡村定向师范生职后发展情况,定期开展专业培训,促进乡村教师队伍稳定和优质发展。

第五节　建立评价:创设"以评促建"的提升机制

政策评价作为政策执行过程的一个重要组成部分,对于检验政策的科学性,衡量政策执行成效,调控政策执行资源,及时修正、调整或终结政策等有着重要意义,有效的评价体系能推动政策的顺利执行,促进政策的发展与变革。[①]为使浙江省乡村教师定向培养政策实施取得高效,需建立完善的评价体系:一是要由专业人员牵头建立第三方评价机制,确立相应的评价标准,对各类主体的政策执行状态进行评价。二是针对乡村定向师范生研制评价体系,对乡村定向师范生教育信仰与关键能力的养成过程及成效进行评价。三是建立以评价为依据的持续性改进机制,监测各类政策执行主体的行为并督促其行为的持续改进。只有建立健全乡村教师定向培养政策的长效评价机制,才能促进政策高效执行,达成为乡村学校输送优秀教师的预期目标。

一、建立对各类主体进行评价的第三方评价机制

浙江省乡村教师定向培养政策执行主体包括省教育厅、县教育局、培养院校与乡村中小学,由于乡村教师定向培养政策涉及主体较多,对各主体的评价应由专业人员进行,教育部普通高等学校人文社会科学重点研究基地——北京师范大学教师教育研究中心长三角分中心立足于长三角地区,针对长三角地区教师教育人才培养质量提升和区域化教师教育协同发展开展专业研究,同时承担教师及管理人员培训工作,可委托该中心开展第三方调研,对浙江省乡村教师定向培养政策执行现状进行评价。

第一,对各级教育行政部门政策执行情况进行评价。省教育厅主要负责遵循国家教育方针,出台乡村教师定向培养政策;各县教育局基于省教育厅的政策,依据地方实际情况制定县区定向师范生培养实施办法。一方面,采用文本分析法评价政策文本内容,主要评价乡村教师定向培养政策文本的系统性、明晰度、可操作性、契合度等。采用比较法分析浙江省与其他省份对乡村定向师范生的经费划拨情况,以及各县对定向师范生的资金补助情况。另一方面,从现有的人力资源及机构配备情况出发,评价专业的机构和辅助人员配置情况。

---

① 孙绵涛.教育政策学[M].北京:中国人民大学出版社,2009:201.

第二,评估培养院校乡村定向师范生的培养质量。对培养院校政策执行成效进行评价,应从其现有的资源配置,对乡村定向师范生培养过程及毕业生的质量出发。一方面,分析培养院校所制订的培养方案是否科学合理。另一方面,基于乡村定向师范生的学业成绩与综合能力表现来评价培养院校的培养质量,这是培养院校培养质量最为直接的体现。定期对定向师范生进行问卷调查和访谈,依据定向师范生对培养院校的满意度等指标评价培养院校的培养质量。

第三,完善乡村定向师范生的培养质量评价体系。优质生源和有效的评价指标是提升培养教师质量的重要条件,因此应提高生源质量,完善定向师范生的评价指标,制定关于乡村定向师范生培养质量的综合评价体系和评价指标,建立对乡村定向师范生培养的全过程质量监测与评估,促进高质量的乡村教师定向培养。[①]

二、构建定向生教育信仰与关键能力的评价体系

探索构建面向乡村定向师范生关键能力的评价体系,有助于激发定向师范生的内在学习动机,提升乡村定向师范生的培养质量。定向师范生是政策执行的主要目标群体,其培养质量是政策取得成效的核心,是否具备关键能力是衡量乡村定向师范生能否成为合格教师的标志。

第一,采取质性方式评价乡村定向师范生的教育信仰。乡村定向师范生的教育信仰是指定向师范生极度信服与尊崇教育,是其在追寻教育本真的过程中形成的一种心理状态和精神诉求,定向师范生的教育信仰包括教育情怀、教育理性、教育意志和自我身份认同,定向师范生教育信仰的形成是指其在教育理性的基础上,在不断升华教育情怀、坚定教育意志的过程中实现自我身份认同,

---

① 朱燕菲,吴东照,王运来.综合评价视域下地方乡村定向师范生培养的质量省思[J].中国教育学刊,2021(12):85-90.

最终将其转化到稳定持久的教育行为的过程。① 由于乡村定向师范生教育信仰的形成是一个复杂的过程,故采用质性方式对其进行评价。一是建立定向师范生教育信仰的成长档案袋,细化评价指标,记录其行为表现。二是要完善定向师范生教育信仰的评价制度,强化对定向师范生教育信仰的激励机制,将之纳入定向师范生培养的全过程,对其教育信仰水平进行常态化评价。三是采用自评的方式,依据教育信仰评价体系组织定向师范生开展自评,记入定向师范生的成长档案袋。

第二,建立定向师范生教师关键能力的评价体系。定向师范生的关键能力包括学科素养、教学能力、班级管理、综合育人、沟通合作等,对定向师范生关键能力的评价应采用综合性、累积性的评价方式。一是评价方式多样化,除了依据学业成绩,还可通过学科竞赛、教育实践等活动表现进行综合评价。二是参与评价的主体多元化,以培养院校为评价主体,鼓励更多主体参与评价,定向师范生实习学校一般是定向县区的乡村学校,即用人单位,用人单位应对定向师范生实习期间的表现做出综合评价,将评价结果反馈给培养院校,以协助其完善培养工作。②

三、建立以评价为依据的持续性改进与创新机制

政策评价的重要功能是推动政策的持续推进,建立以评价为依据的持续性改进机制,需基于科学的政策评价方法。乡村教师定向培养政策的评价可以通过多主体判断法评估政策执行过程,同时建立相应的评估与监测机制,以推动政策的持续改进和优化。③

第一,采用多主体判断法评估政策过程。调动各主体运用判断法参与政策评估,确保评估结果的科学性。判断法按主体不同可分为专家判断,管理者判

---

①　田友谊,张书.论教师的教育信仰:价值、结构及生成机制[J].江汉学术,2014,33(6):22-28.

②　王卿蕾.五年一贯制农村定向师范生核心素养发展困境与对策[J].豫章师范学院学报,2021,36(4):86-90.

③　帕顿,沙维奇.政策分析和规划的初步方法[M].孙兰芝,等译.北京:华夏出版社,2001:356.

断和参与者判断,在乡村教师定向培养政策中对应第三方评价机构,各级教育行政部门、培养院校和乡村定向师范生。① 第三方评价机构人员专业知识强,同时是政策的局外人,能科学、客观地评价政策执行主体的行为,因此应推动对整个政策执行过程的评估。由于教育行政部门参与政策执行过程,掌握政策执行信息并且熟悉政策执行情况,故能充分评估政策执行效果,发现政策执行的问题并及时改进,但其评价带有一定的主观性,因此对其评估结果需由专家予以审查。定向师范生既是乡村教师定向培养政策的受益者,也是政策活动的目标群体,对政策成效有着直接感受,因此要重视乡村定向师范生的意见与建议,分析他们对政策效果的评价。

第二,健全政策执行过程的监督评估机制。监督机制能使政策执行主体反思与调整行为,从而推动政策的持续有效进行。一是要保证第三方评价方机构的独立性,第三方评价机构应秉持客观公正的原则,评估监测各政策执行主体的行为,及时指出各主体的政策偏差行为并督促其改进。二是需健全定向师范生培养质量评估体系,第三方评价机构应定期与各政策执行主体沟通,同时通过用人单位及时了解已入职的定向师范生的在岗表现,从而掌握乡村教师定向培养情况,推动乡村教师定向培养的高质量执行。

第六节　保障实施:改善政策环境及提升政策效能

政策的高效执行需要相关的保障措施,为了提升乡村教师定向培养政策的执行效能,需要在政策环境、财政投入、进退机制、培养模式、就业管理等方面改善政策执行的环境,以提升培养院校对乡村定向师范生的培养质量,为乡村学校输送优质的定向师资。

---

① 褚宏启.教育政策学[M].北京:北京师范大学出版社,2011:237-238.

一、加强社会监督，营造公平公正的政策环境

政策是吸引广大学子报考定向师范生并积极投身农村教育事业的重要保障，然而由于浙江省针对定向师范生培养工作中的各环节并未细化，现有的政策与部分定向师范生的流动意愿出现矛盾。① 对于定向师范生招录、培养、就业及培训期间各项政策的颁布与实施，需要各级政府与广大社会公众共同进行监督，打造公开、公平、公正的政策环境，以减少乡村教师定向培养政策执行过程中出现的偏差。

第一，建立定向工作实施督查机制。《浙江省免费师范生定向就业实施办法》指出，各地各部门要充分认识实施乡村教师定向培养政策的重要意义，省教育厅要联合人力社保厅、省编办、省财政对各地乡村教师定向培养政策执行进行督查。一是要成立专门的政策监督机构，机构的级别要高于并且独立于政策执行机构之外，以确保其监督的力度。二是由该机构牵头带领各部门成立督查小组，在明确政策目标、执行程序后，定期前往各个培养院校及各地中小学进行巡查，对政策的执行情况做出详尽的监测与督查，将数据与信息进行归纳总结，将存在的问题及时反馈给政策的制定主体和执行主体，及时规避可能出现的政策执行偏差。

第二，提高公众参与意识，加强社会监督。引导社会机构、团体及个人为政策的高效执行提出建议，各级教育行政部门要及时公布政策信息，新闻媒体要加大对乡村教师定向培养政策的宣传力度，不能仅以经费补助等为噱头吸引广大民众的注意，还要对政策的目标、内容、实施的流程等方面做出详细的解读与宣传，同时介绍专家、学者对政策实施的观点，让公众更深入地理解政策实施的重要意义，让政策深入人心。同时要引导广大民众共同参与，对存在的问题提出建议，欢迎广大民众对政策执行过程进行监督。

---

① 朱燕飞,王运来,吴东照.类型化视角下地方公费师范生农村任教意愿的多维分析与对策审视〔J〕.大学教育科学,2022(1):69.

二、建立"以县为主,省县共担"的财政机制

财政投入是乡村教师定向培养政策实施的重要影响因素,如何科学合理地管理与分担培养经费,是做好定向培养工作的基础保障。就目前各地乡村教师定向培养的实施情况来看,定向培养项目的培养经费、学生生活补助、学费代偿费、到岗退费等产生的费用,大多由省级财政予以保障,同时也有部分地区由市财政或县财政共同承担培养经费。目前,浙江省乡村定向师范生在校期间产生的学费、住宿费和生活费等,原则上由各县区的财政部门给予全额或部分补助。尽管浙江省教育厅在《浙江省政府关于做好中小学教师定向培养招生工作的通知》中明确指出各地教育行政部门要根据当地教育事业及教师队伍的实际情况来确定乡村定向师范生的培养需求方案,但培养经费也是至关重要的因素,对于欠发达的山区 26 县(市、区)及 5 个海岛县来说尤为明显。承担经费的重心下移至县区会在一定程度上影响部分县区对定向师范生的申报积极性与申报计划数,同时也会影响各县教育局对于农村教师补充渠道的选择。[①]

为了保障乡村教师定向培养工作的顺利开展,需要完善定向师范生培养经费的保障体制,建立"以县为主,省县共担"的财政投入机制,从而减轻各县区的财政压力,有效规避各县区的消极执行。各县区作为乡村教师定向培养政策的直接受益者,理应承担一定比例的经费投入责任,但由于很多县区是经济欠发达的山区及海岛地区,建议按照实际情况适当降低地方县区的财政投入比例。借鉴湖南省乡村教师定向培养计划所需培养经费由省与市县财政按 7∶3 的比例分担的情况,浙江省可以根据各县区的农村教师补充需求,按照由县级财政承担主要责任,省级财政按比例承担部分培养经费的原则,优化财政投入的机制,财政经费投入向山区 26 县(市、区)及 5 个海岛县地区倾斜,也可以设立乡村教师定向培养专项培养补助经费,以减轻欠发达县区的财政压力,从而保障乡村教师定向培养工作的高效实施。

---

① 李静美.农村小学教师定向培养研究——以湖南省为例[D].长春:东北师范大学,2018:4.

三、完善准入机制并建立退出及淘汰机制

造就一支数量充足、素质优良、适农性强、扎根乡村的教师队伍是新时期我国乡村教育高质量发展的根本和关键。因此,为了保证优秀定向师范生能够"下得去、留得住、教得好、有发展",就要明确定向培养不是"包分配",要在源头及培养过程中进行考核,选拔出最适合、最优秀的未来乡村教师。

第一,优化准入机制,把好入口关。招生方式简单,容易增加考生报考的盲目性,部分考生被工作稳定性及学习期间的经费补贴所吸引,忽视了自己对乡村教育认同感及对教师职位是否胜任。一是在考生填报志愿时,各县教育局、培养院校要向考生和家长阐明乡村定向师范生的权利和义务,保障政策的宣传力度及招生信息的对称性,做细招生的入口工作。二是增设专家面试环节,把志向兴趣、乡土情怀、适教潜能作为选拔考生的重要依据,科学遴选出高质量的生源。①

第二,建立淘汰和退出机制,保证高质量培养。订单式培养虽然能够准确应对乡村教师队伍建设的症结,针对性强,但在一定程度上抑制了定向师范生在校的学习积极性。一是可建立乡村定向师范生培养期考核制度,动态评估定向师范生的学习状态及从教乡村的意愿,对定向师范生的专业学习成绩及思想状况进行评估,增设自主退出、筛选淘汰、动态调整等专业环节,筛选出不适合或不愿意从教、学习动力不足、在乡村学校从教意愿低的定向师范生,在其退还已享受的补贴后允许其退出乡村教师定向培养,并在培养院校对应的专业中补充符合条件的定向师范生。二是建议设置覆盖全过程的淘汰机制,倒逼定向师范生保持学习积极性。制定科学的考核标准,设置一定的淘汰率,及时淘汰不适合的学生,转入培养院校的其他专业学习,以严谨的退出与淘汰机制确保乡村定向师范生的培养质量。

---

① 朱燕飞,吴东照,王运来.综合评价视域下地方乡村定向师范生培养的质量省思[J].中国教育学刊,2021(12):89.

四、探索创建省级定向硕士研究生培养模式

当前,提升教师队伍的学历水平已成为加快乡村教育现代化发展的重要趋势。调研发现,部分定向师范生不太认同定向协议中"毕业当年及在服务年限内,不得脱产考研究生"的规定,对提升学历水平有需求,相关政策可能也需要进一步完善。

第一,创建地方高校乡村定向师范生本硕一体培养模式。鉴于部分定向师范生有提升学历的需求及部分欠发达县区对教师队伍学历提升的要求,培养院校与县教育局可以在培养的第四学年调查定向师范生的考研意向。[①] 在确定本县的乡村定向师范生中的考研人数后,县教育局要与立志考研的定向师范生签订补充协议,培养院校坚持连续培养的原则,使定向师范生本科培养与研究生培养相互衔接;同时,县教育局调整当地教师编制情况,让未能考取研究生的定向师范生在本科毕业后回乡就业。

第二,探索教育硕士联合培养新机制。根据浙江省"十四五"教师队伍建设规划对教师队伍学历的要求,探索"培养院校—县教育局—地方中小学"三位一体,合作定向培养教育硕士的模式,在省教育厅的统筹指导下,加快启动省域定向培养教育硕士师资的专项计划。培养院校可创新培养模式,整体提升定向培养教育硕士的培养质量,各县教育局联合当地中小学选派优秀名师对定向培养教育硕士的实践教学进行指导,建立教育硕士培养实践基地,实行双导师制度,保障教育硕士定向教师专业素质的养成,为乡村教师队伍整体素质的提高注入新的生机与活力。

五、建立以需求为导向的县域驱动模式

乡村学校师资队伍的学科结构性短缺、县区师资分布上不均衡的问题依然

---

① 仲米领,秦玉友,于宝禄.农村教师学历结构:功能议题、现实困境及优化路径[J].中国教育学刊,2021(11):82.

存在,在浙江当前的乡村定向师范生就业管理中,并没有对定向师资跨县调配或者跨市调配进行探索。省内部分经济欠发达县区由于经济发展、地理位置、教学环境、生源质量等因素的限制,区域内乡村教师流动意愿较强,师资难以满足紧缺学科教学的需求,而对教师需求量相对较小的县区有时会难以"消化"定向师资,因此省内部分县区师资地区分布的结构性短缺供需矛盾亟须解决。

第一,根据县区需求在服务期内进行同市跨县调配定向师资。各县教育局对未来三年县域经济发展、师资结构、未来教育发展等方面定期进行调研分析,掌握教师队伍现状及需求,并将其作为定向培养的乡村教师跨县调配的重要依据,按照适当增减、整合优化的原则,及时对市内各县区的定向教师进行岗位调配。各县教育局及时公布对紧缺学科教师的需求量,鼓励师资数量相对充盈、师资力量相对雄厚的县区内定向培养的教师到师资队伍紧缺的县区。盘活存量,用足总量,最大限度地调动市内各县区的教师资源,以更好地实现市域内优质教师的均衡发展。

第二,建立以县为主的定向师资市域调配动态机制。各县教育局定期深入调查分析当地生源变化情况、教师队伍需求现状及乡村中小学发展状况,对以县为主的紧缺学科教师需求量进行统计,并据此制订符合当地实际情况的定向师资调配方案。省教育厅按照总量控制、优化结构、统筹调配的原则,根据各市学校发展状况、学生规模数量、生源变化等,综合考虑师资充裕地区教师队伍发展的情况与市域内教师分布不均衡的现状,科学研判各市域内的定向师资需求,做好中小学定向师资的跨市统筹调配工作,推动定向师资在城乡之间、市域之间的动态调整,进一步解决乡村教师地区分布结构性不均衡的问题,推动省内经济欠发达县区的乡村教育持续健康发展。

第七章　乡村教师定向培养政策
执行改进的行动研究

为了提升政策改进策略的实践价值,本章立足于培养高校这一政策执行主体,以浙江省 H 高校为开展行动研究的单位,进行政策改进的实践探索。H 高校是浙江省乡村教师定向培养政策执行主体之一,而笔者是 H 高校教师教育学院小学教育专业定向师范生培养改革工作的负责人。本章将乡村教师定向培养政策执行作为一项行动研究来开展,验证有关改进策略的实践效果,积累教育政策改进的实践证据,以期能更好地实施乡村教师定向培养政策。对于政策改进的实践研究,限于笔者的身份和能力,难以从政策执行的多主体身份出发进行政策改进实践,比如浙江省教育厅、县区教育局、乡村中小学等,主要还是立足于培养高校这一政策执行主体开展探索,未能从整体上对该政策执行全过程进行优化和改进的实践探索研究。不过,在政策改进的实践环节,笔者还是主动对接省教育厅教师工作处,积极与本校合作的定向县区教育局交流沟通,虽立足培养高校这一主体采用行动研究的方式,但尽可能地加强与各级教育行政部门的协同,力图聚焦于乡村教师定向培养政策执行的部分环节进行实践探索。

第一节　H 高校乡村教师定向培养政策 执行改进的总体设计

一、研究对象

H 高校是浙江省地方本科师范院校,其乡村定向师范生培养专业为小学教育专业。在百年师范教育传承的基础上,H 高校小学教育专业始终坚持以小学教师培养为主体,以培养优秀师资为目标,面向小学、熟悉小学、研究小学、服务小学。[①]

第一,H 高校小学教育专业有 20 多年的办学历史,既积累了一定的经验,也取得了一定的成效。1999 年,H 高校在中等师范教育基础上创办了小学教育专业,2002 年开始招收小学教育本科生。小学教育专业于 2003 年被立项为省重点建设专业,于 2009 年被立项为第四批国家特色专业,2011 年被确立为省教育体制改革"全科小学教师培养"试点,2012 年被立项为省"十二五"优势专业,2013 年被列为省"三位一体"招生专业和第一批录取专业,2015 年为省"十二五"重点建设教师培养基地专业,2016 年被列为省"十三五"优势专业,2017 年申请到省"十三五"师范教育创新工程项目,2018 年增列教育学一级学科和教育硕士学位点,2019 年成为省一流本科专业,2020 年通过了教育部师范类专业第二级认证。

第二,H 高校小学教育专业的专业定位是全面贯彻党的教育方针,坚持立德树人根本任务,遵循学校"明体达用"卓越应用人才培养总要求,立足浙江、面向全国,建立综合培养、学有专长的"2+1+1"培养模式,坚持"重师德""强师能""厚基础""崇儒雅"的全过程培养,培育师德素养高尚、知识结构合理、专业能力全面的全科型小学教师。"明体达用"是指能够将通晓经义和经世致用有

[①] 舒志定,李茂森.全科型小学教师培养的浙江经验[M].杭州:浙江教育出版社,2021:1.

机结合起来,做到学有所成、学以致用,作有为之士。"2＋1＋1"培养模式是指 2
年全科基础、1 年分科(自主选科)、1 年综合实践的培养模式。

第三,H 高校自 2019 年开始招收乡村定向师范生,主要是小学教育专业。
小学教育专业本科生招生人数分别为:2019 年招 172 人,2020 年招 196 人,
2021 年招 208 人,其中乡村定向师范生分别为:2019 年招 28 人,2020 年招 55
人,2021 年招 63 人。在高考投档分数线上,2019 年平均投档分为 603 分(一段
线为 595 分),2020 年平均投档分为 615 分(一段线为 594 分),2021 年平均投
档分为 608 分(特控线为 589 分),可见 H 高校小学教育乡村定向师范生主要是
在一段线或特控线以上招录。

第四,H 高校在小学教育专业学生培养上有着比较完备的师资队伍(见表
7-1)。H 高校依托小学教育专业,设置了小学教育学系,专任教师有 45 人,其
中有副高以上职称教师 29 人,有博士学位教师 28 人。从专任教师中选出系主
任 1 名、书记 1 名、副主任 2 名、副书记 1 名,协同开展小学教育学系日常教学管
理工作。设专业负责人 1 名,为博士、二级教授、博士生导师;设专业执行负责
人 1 名,由小学教育学系主任担任;每个小学教育专业班级配置班主任老师 1
名、联系辅导员老师 1 名。

表 7-1　小学教育系专任教师基本情况

	职称	正高	副高	中级及以下
职称结构	数量/人	7	22	16
	比例/%	15.6	48.9	35.6
	平均年龄/岁	52.1	49.9	37.1
学历结构	学位	博士	硕士	学士
	数量/人	28	15	2
	比例/%	62.2	33.3	4.4

二、研究过程

本研究从 2019 年 6 月开始实施,共分为三个阶段:第一阶段从 2019 年 6 月至
2020 年 6 月,是探索性实践阶段;第二阶段从 2020 年 7 月至 2021 年 6 月,是调整

改革实践阶段;第三阶段从 2021 年 7 月至 2022 年 6 月,是规划提升实践阶段。在本实践探究中,为了科学揭示问题和成效,逐步提升实践效果,推动实践的深化,基本按照行动研究的范式展开。第一阶段,聚焦于如何专门化地开展乡村定向师范生的培养;第二阶段,聚焦于如何激发乡村定向师范生的学习积极性;第三阶段,聚焦于如何遵循乡村定向师范生的特质进行高质量培养。全部研究过程都在不断地"发现问题—解决问题—发现新问题—解决新问题—总结经验",进而启发后续的改革与实践。每一个阶段的研究实施包括问题的提出及行动目标、拟定的关键措施、行动研究的开展、对行动的反思。

三、资料收集

在行动研究实施过程中,首先综合运用观察、访谈、个人档案袋分析等策略,结合教师日常观察、期中学生座谈、期末座谈、年度访谈和座谈等方式,全面而持续地收集乡村定向师范生的师生关系、同伴关系、成绩信息、学习表现、科研创新、兴趣专长、活动参与、职业理想等方面的资料信息。其次对有关信息资料进行分析和讨论,进而对每一阶段行动实施的成效进行全面而具体的探究,再具体分析本轮行动的成效和存在的问题,揭示本轮行动中问题的原因。最后确认在下一轮行动中应该确立什么更高的追求,应该确立什么新的目标,尤其是在下一轮的行动中应该坚持发扬什么,以及应该对哪些方面的行动进行改革和调整。

本章的研究是在 H 高校教师教育学院重点推进乡村教师定向培养工作的基础上开展的,是一项综合性的教育改革实践,有着较为全面、较为多元的参与主体,涉及小学教育学系负责人、专任教师、班主任、辅导员等,他们共同参与,各主体之间形成了一定的合作关系,并且形成了一定的工作反思的自觉。笔者既是小学教育学系专任教师,也是小学教育专业 T 班的班主任,还担任教师教育学院行政领导职务,在行动研究实施过程中,能够保证充分引领并全程参与到行动计划的制订、行动过程的推进、行动效果的研讨、下一轮行动改革等重要的宏观和微观的事项当中。一方面有人力和智力的充分支持,另一方面有持续性的行动效果的反馈支持,这些都将保证能够全面而有效地收集研究资料。

第二节　H 高校乡村教师定向培养政策
执行改进的行动过程

H 高校在乡村教师定向培养政策执行过程中不断尝试和探索。为了有效提高质量、突破问题,H 高校将政策执行改进作为一项行动研究计划来开展。三年的行动实践过程经历了初步探索、调整改革与规划提升三个阶段,对这三个行动阶段进行回顾和梳理,很好地呈现了浙江乡村教师定向培养政策执行过程中应该关注的方向和问题。

一、第一阶段:初步探索(2019.6—2020.6)

(一)研究问题及目标

小学教育乡村定向师范生培养是 H 高校省级一流专业建设点——小学教育专业的重要人才改革工作。在乡村振兴战略背景下,乡村教师定向培养政策关系着未来高素质人才面对乡村教育能否"下得去""教得好""留得住",对此,H 高校教师教育学院领导、专任老师对此都有着深刻的认识。在此基础上,H 高校小学教育学系结合本专业发展实际,力求在行动实践和持续改革中不断提升小学教育乡村定向师范生的培养质量。在研究的第一阶段,H 高校主要聚焦三个问题——该确立什么样的培养目标、该运用什么样的培养方式、该如何保证小学教育定向师范生的培养质量,来制定探索性实践的目标。

1. 小学教育乡村定向师范生的培养目标

作为具有小学教育专业长期办学经验的单位,H 高校在小学教育师范生的培养上已经形成了较为稳定的培养目标,尤其是在长期的办学实践中,已经形成了较为广泛的内部认同。因而在小学教育乡村定向师范生培养上,其培养目标与普通类型的小学教育师范生有没有不同、需不需要不同、应该如何做到不同? 这些问题不仅是小学教育乡村定向师范生培养的起点问题，也是最为核心的问题。对此，我们通过查阅有关研究资源、研究成果，了解国内乡村定向师范生的培养实际，同时调研和学习省内其他较早开展乡村定向师范生培养的单位的做法，以期从中汲取经验。

2. 小学教育乡村定向师范生的培养方式

从非定向的小学教育专业师范生的常规培养来看，H 高校形成了"2＋1＋1"的培养模式，即 2 年全科基础、1 年分科（自主选科）、1 年综合实践。乡村定向师范生的培养是不是沿袭这样的培养模式开展，有没有独特的定位和特别的需求，需不需要进行培养模式的改革？对于这些问题，很难有确定的答案，对此我们要思考和探讨在乡村定向师范生的培养上有没有必要进行创新尝试，能不能承担创新实践中的责任和风险，或者按照既有的培养模式执行符不符合乡村定向师范生培养的要求。

3. 保证小学教育乡村定向师范生的培养质量

小学教育专业是 H 高校的重点特色专业，无论是从招生录取还是社会口碑来看，在省内均具有较大影响力，也是不少优秀学子和家庭所向往的专业。因而，小学教育师范生的总体生源质量较高，乡村定向师范生由于其免费特质、定向就业特质，受欢迎程度更高，因此小学教育乡村定向师范生的生源质量总体形势更好。对此，从学校层面到教师教育学院，到小学教育学系再到各位老师，都期望能够把这批学生培养好，尤其要保证过程性培养的质量和水平，保证每一名乡村定向师范生都能够学好本领，未来成为一名优秀的乡村小学教师。如何保证乡村定向师范生的培养质量，如何让乡村定向师范生的学习整体更优，是本行动研究中最为关键问题之一。

（二）采取的关键措施

基于对以上三个关键问题的思考和研究，行动研究者们决定在乡村定向师范生的培养上坚持小学全科教师的目标，实施单独编班教学的方式，重点推进师范生的教育实践提升其教师专业技能水平。

1. 小学全科教师培养

笔者经过走访和调查,发现省内多数培养院校在小学教育乡村定向师范生培养上,与普通的小学教育师范生培养没有太大的差别,其中心工作主要聚焦于培养师范生的师范性。在长期的小学教育专业办学中,H 高校确立的小学教育专业师范生培养目标是"全面贯彻党的教育方针,坚持立德树人根本任务,传承学校明体达用的人才培养总要求,结合新时代基础教育改革发展和小学教育师资需求,立足浙江、面向全国,提升学生的综合素养、教育研究能力和教学实践能力,培养师德素养良好、专业知识结构合理、专业能力全面的全科型小学教师"。归根结底,小学全科教师培养是核心目标,这一目标的确立具有其现实的合理性。第一,全科型小学教师培养是小学教育专业的普遍追求。在全国范围内,小学教育专业师范院校大都主张培养全科型小学教师。因为小学教育阶段的教学更为强调知识的广博性,尤其是小学教师需要具有开展跨学科教学的能力,这样对于小学生开阔学习视野、提升学习兴趣、开展探究性学习有着重要的意义。第二,乡村教育的师资现状决定了小学全科教师具有适切性。乡村教育的突出问题是满岗缺编,尤其是音、体、美、科学等专业师资招聘相对有难度,对此,就需要小学教师有能力承担多学科的教学任务。因而,小学全科教师培养具有现实的适切性。

2. 单独编班教学

H 高校对乡村定向师范生的培养非常重视,小学教育学系秉持全科型小学教师培养的方向,为了做好小学教育乡村定向师范生的培养,决定对 2019 级小学教育乡村定向师范生实施单独编班、小班教学。2019 级 28 名小学教育乡村定向师范生独立编班,与其他 4 个小学教育专业普通班级为并列平行班级。在管理上,安排一名青年博士担任班主任,负责统筹班级同学的各项学习和生活事务;安排一名辅导员负责班级思想政治教育和日常事务管理;同时安排一名系副主任指导该班级的重要事务。对这批定向师范生进行单独编班的目的在于:

第一,对乡村定向师范生培养进行专项建设。小学教育乡村定向师范生培养本质上不同于普通小学教育师范生培养,属于教师教育的创新培养类型,该类型师范生培养的提出本身就有其独特性。对此,作为培养单位需要对其进行专项开展、专门实施、专业培养,基于这方面的考虑,单独编班、小班教学是必然选择。

第二,便于乡村定向师范生之间沟通与合作。作为同类型的乡村定向师范生相互之间会有更多的共性,相互之间也具有共同对话与合作的可能性;除此之外,同类型师范生之间也更具有可比性,有利于在竞争性学习中奋发向上。

第三,专项教学改革工作开展更加便利。由于对小学教育乡村定向师范生的培养缺乏经验,很难预测在培养过程中出现的特殊状况,或者各主体提出的特殊要求,为了能够灵活应对不可控因素,单独编班教学是一种比较妥当的选择。

3.重视教育实践

在尚不明确小学教育乡村定向师范生究竟该如何进行专项培养的情况下,有一个最普遍的共识,也是基本的要求,即这种类型的师范生首先要保证其师范属性。师范生的师范性的关键体现便是其教师基本技能,尤其强调对小学教育乡村定向师范生的普通话、三笔字、简笔画、朗诵、口令与队列、多媒体课件制作等基本技能的训练。在班主任老师的指导下,班级同学每一个学期都在持续开展这方面的训练和考核,形成了较为良好的师范生技能训练的学习风气。与此同时,还组织开展了拜师学教活动,为乡村定向师范生配备优秀小学教师作为实践教学的指导老师。这些学生与实践导师之间建立师徒制学习关系,不定期前往实践导师所在学校观摩课堂、观摩教研,在时间允许的情况下协助实践导师完成有关教学任务,以更加深入地理解小学、理解小学教师、理解小学教育,为未来身份转型提早打下坚实的基础。

二、第二阶段:调整改革(2020.7—2021.6)

(一)研究问题及目标

基于对上一阶段行动效果的反思,下一阶段乡村定向师范生的重点工作便是如何促进小学教育乡村定向师范生更积极主动地学习，不断追求卓越，以及如何进一步提升小学教育乡村定向师范生的培养质量。

1. 提高小学教育乡村定向师范生的学习动力

学习本身不可替代。学习是师范生个人的事情，师范生专业素养的发展需要通过自身的努力来实现，因此激发乡村定向师范生的学习动力非常重要。如何改进师范生学习动力不足的问题，需深入了解定向师范生对在校学习的看法和对未来职业的期待。在第一阶段的研究中发现，定向师范生职业方向的确定性使之在学习上过于安逸，乡村定向师范生中出现了不需要有太高的职业追求或太高的专业追求的倾向，部分乡村定向师范生倾向于认为，仅仅合格完成高校学业任务就足以应对未来的职业挑战。此外，从培养高校的角度来看，对这批乡村定向师范生是加重其学业压力，还是仅仅保证其顺利毕业定向就业，还存在不确定性。对于这些基本问题，我们经过研讨和论证，认为任何专业方向的学生都应该主动学习、努力学习，都应该有更高的职业期待。

2. 小学教育乡村定向师范生培养方式改革

学生学习动力不足是否与当前的培养方式存在密切的关联？比如在编班、授课教师选择、教育教学方式的使用、日常管理等方面，是否可以考虑通过编班方式的调整来改变其学习环境，激发其竞争意识；是否可以通过教育管理方式的改变，充分利用多方资源加入乡村定向师范生培养，建立对定向师范生的多方监管；是否可以通过授课教师队伍的改变来提高他们的学习兴趣？针对这些问题，我们经过充分研讨认为，有必要进行培养方式的改革和调整。

3. 提升小学教育乡村定向师范生的培养质量

第一阶段的小学教育乡村定向师范生培养，让我们更进一步认识到这种类型师范生的独特性，即整体上这批乡村定向师范生的学业基础好，但大多学习动力不足。是保证顺利毕业还是有更高追求，作为定向师范生培养单位，我们一致认为不应仅仅满足于基本完成上级教育主管部门下达的培养任务，更要充分发挥学校学科建设和专业发展优势，把定向师范生培养好，使之走向基础教育岗位之后能充分发挥其作用,未来成长为优秀乡村教师。于是下一阶段改革实践的重心就是如何在提升定向师范生学习动力的基础上,不断提升培养质量。

（二）采取的关键措施

基于对前述三个问题的思考和分析,在第二阶段的改革实践中将核心工作聚焦在如何通过培养方式的改革来提升乡村定向师范生的学习动力,提升培养质量。于是我们又进行了一些新的改革实践。

1. 混合编班教学

考虑到在独立编班的情况下,乡村定向师范生之间会有学习情绪上的消极影响,即形成了一种非竞争性的学习氛围,同学们在学业上普遍认为考试通过或考试合格就可以了,只要不影响毕业后正常就业,没有必要对学业要求太高。因此,他们在学习过程中缺乏积极向上的竞争性心理。较之于定向师范生班级,小学教育普通班级的同学普遍更努力,学业竞争更激烈,同学们不仅在课程学习上更加努力,而且在各种实践活动的参与上也更加积极。为了给乡村定向师范生营造竞争性的学习环境,调动其学习的积极性,行动研究者们决定对新一届乡村定向师范生调整编班方式,于是将 2020 级乡村定向新生 55 人分散编班到 2020 级小学教育的 4 个普通班级中。混合编班意味着,一方面乡村定向师范生与非定向师范生的培养方案一致,即在课程教学、教育实践、考核评价、教育管理等方面都是一致的,按照同等培养、同等评价的原则开展;另一方面乡村定向师范生与非定向师范生的毕业要求一致,即在培养过程中重点关注其专业知识、专业能力和专业情感的培养,无论是否定向就业,都保证其毕业后能够在就业、考研等任何选择上都具有足够的能力。混合编班的好处在于,一方面淡化了乡村定向师范生因就业确定而产生的自满心理。在混合班中,定向师范生看到其他同学都刻苦上进,积极参与各种实践,会在无形之中受到影响而积极学习。另一方面授课教师对同专业师范生一视同仁,为了师范生的专业发展而不断敦促其刻苦学习。授课教师会从班级总体水平、师范生专业发展水平的角度去评价每一位同学的学习状况,这样对于定向师范生的学习要求随同普通师范生而提高。

2.开展协同管理

考虑到乡村定向师范生学习动力不足的关键原因在于定向就业,定向就业使其缺乏为了更好地择业而努力学习的动机,仅培养单位发力来激发定向师范生学习积极性仍然缺乏力度,依旧不能够保证从根本上激发其学习动力。因而,行动研究者们决定开始走访定向师范生定向县区的教育局,具体了解县区教育局对乡村定向师范生的毕业要求。因为一直以来,浙江省关于乡村定向师范生的培养并没有明确的标准和要求,县区教育局同样未提出乡村定向师范生培养的具体标准。通过与县区教育局的沟通和交流,形成对乡村定向师范生明确的、有一定难度的毕业要求,使之不得不努力。此外,还希望县区教育局参与到对定向师范生的学业监督中来,尤其是建立生源单位与乡村定向师范生的日常交流机制,建立对乡村定向师范生学习状况的反馈管理机制,使乡村定向师范生在用人单位和培养院校的共同监督、要求之下努力学习。在对 3 个县区教育局进行走访之后,笔者开始探索建立与县区协同管理的合作机制。

三、第三阶段:规划提升(2021.7—2022.6)

(一)研究问题及目标

基于对前两个阶段行动效果的反思,并且在对浙江省乡村教师定向培养政策执行情况进行全面研究的基础上,H 高校第三阶段乡村教师定向培养政策实施的重点工作同样立足于培养质量的提升:如何凸显乡村定向的属性和特质,以及如何充分调动各方培养力量深化校地共育,既提升乡村定向师范生培养质量,又保证乡村教师定向培养政策的未来效果,从根本上提升乡村教师定向培养政策执行的效果。

1.小学教育乡村定向师范生培养目标再定位

前两个阶段的教育行动显示,小学教育乡村定向师范生的培养不应该趋同于一般意义上的小学教育师范生,加之对乡村定向师范生的研究,我们需要追求和凸显乡村定向的特殊性,支撑乡村教育振兴及提高乡村振兴的针对性。于是,如何凸显乡村定向师范生的特殊性,如何确保乡村定向师范生的培养能够满足乡村教育振兴和乡村振兴的需求,如何确保乡村定向师范生未来能够扎根乡村、奉献乡村、积极建设乡村等问题尤为关键。对此,通过对乡村定向师范生理论和培养实践的梳理和研究,围绕乡村定向特质和小学教育专业特质重新定位小学教育乡村定向师范生培养目标。

2. 小学教育乡村定向师范生的专门培养

实践中,将小学教育乡村定向师范生的培养与普通小学教育师范生的培养混在一起,不仅不能调动乡村定向师范生的学习积极性,一定程度上,也会阻碍乡村定向师范生自我定位的明晰,造成专业认知的错乱。是否及如何建构小学教育乡村定向师范生的专门培养机制,以何种形式的教育和管理提升小学教育乡村定向师范生的专业认知、促进其专业自觉,在实践中如何推进小学教育乡村定向师范生的专门培养等,对于凸显和保证小学教育乡村教师定向培养政策的特殊性和价值性有着重要意义。对此,要对小学教育乡村定向师范生进行再定位,对其具体的培养实践进行再调整,尤其是要充分调动各方力量对培养工作的参与。

3. 不断提升小学教育乡村定向师范生的培养质量

小学教育乡村定向师范生培养不仅仅是政策执行的问题,更关系到乡村学校师资队伍建设、乡村教育振兴和乡村振兴的社会大局,一定程度上具有推动社会进步、服务国家战略的跨时代价值。因而,在具体的培养实践中,高质量的培养是该政策执行过程中达成预期效果的核心保证。作为培养高校,对于该类型师范生的培养,不应该只是作为学校教育的常规工作,以一套常规的教育实践流程来推进。因而,如何突破师范生培养的常规模式,如何在推陈出新、追求卓越的基础上变革乡村定向师范生培养,是不断提升小学教育乡村定向师范生培养质量的重要保证。对此,结合前面培养定位的再调整,组织研究组重新研制管理和培养制度、研制培养方案,深入培养与管理实践的内部进行变革,进而组织专家学者论证和修订。

(二)采取的关键措施

乡村定向师范生与非定向师范生的培养需求有不同,然而混合编班却在很大程度上同化了乡村定向师范生的培养,这样一种培养实践很难说没有问题。对此,笔者从乡村定向的角度考虑,首先想到了定向县区的教育需要,即如何更好地满足解决定向县区的乡村教育问题、满足定向县区的师资诉求。于是经过到定向县区教育局、乡村小学的走访与座谈,了解到乡村学校、乡村教师之于乡村不只是教育的问题,乡村教师对于乡村优秀传统文化有着传承和再造、对于乡村文明风尚示范起着引领的作用。对此 H 高校决定从培养定位、实践和保障等层面对进一步推动乡村教师定向培养政策高质量落实进行再规划。

1. 以"新乡土性"凸显乡村定向特质

乡村定向师范生的独特之处在于其贯穿在"定向招生、定向培养、定向就业"整个过程的文化特质。乡村既是起点也是归宿,因而在乡村定向师范生的全部专业成长过程中都离不开"乡村"二字。然而,乡村的独特性何在? 从外貌看,当前的乡村与一百年前、五十年前、二十年前甚至十年前的乡村都有着巨大的不同。从内蕴看,乡村有其数千年的文化传统,有的仍在传承,有的已然断裂。如果说有根基性的传统,那么就应该是费孝通先生所说的乡土性。"中国社会的基层是乡土性的",城市或更上社会形态是在乡土社会基础上发展演变而来,正是这样,乡村保存了乡土性的核心特质。"乡下人离不了泥土,因为在乡下住,种地是普遍的谋生办法。"[①]在快速现代化的大背景下,受现代化的影响和冲击,当前乡村已不再采用刀耕火种式的原始生产方式,现代的乡村已经融入了现代化的耕作方式和生活方式。浙江作为我国现代化水平较高的省份,这一点尤为突出。对此,传统意义上的乡土性已经不适合揭示乡村文化的内涵,而应是立于传统之上并融入现代文明的"新乡土性"。其不仅蕴含对优秀乡土文化、习俗的继承性内容,还将现代

---

① 费孝通.乡土中国 [M].武汉:长江文艺出版社,2019:4.

科技、民主、公平、创新精神、共同富裕、命运共同体等文化价值观融入其中。

2. 重新修订培养方案单独编班教学

把"新乡土性"作为乡村定向师范生培养的重要文化精神,首先需要在培养方案中集中体现出来,因此,培养目标、毕业要求、课程设置、教育实践等内容都需要进行再论证和再规划。在培养目标上,不仅要培养全科型乡村小学教师,尤其要聚焦对乡村、乡村教师的认同和期待,对乡村教育、乡村社会寄寓深厚情感和理想。在毕业要求上,不只是掌握教师的基本知识和技能,还体现在提升乡村教育的情怀,以及对乡村文化传承和创新、对新时代美丽乡村建设的支持和实践能力。在课程设置上,除了在专业主干课程中融入对乡村教育、乡村文化的理解,还要在选修课中增设乡村教育专题、乡村建设专题、乡村文化生活专题等课程。在教育实践中开设"乡村教育与实践"系列教育研究活动,组织乡村定向师范生到乡村学校见习、实习和研习,帮助乡村定向师范生及早认识、了解、适应乡村教育生活。在培养方式上,再次拨返编班方式,将 2021 级定向师范生进行单独编班,每个班级约 30 人,全面落实基于新培养方案的培养实践。

3. 重视乡村教育实践

在教育实践中,除了规划开展到乡村中去的教育见习、实习和研习活动,开展乡村教育与实践的教育研究活动,还安排专人负责和对接该项工作,以确保年度乡村教育实践有计划、有深度地开展。其中包括研制乡村教育实践具体方案、小学教育系负责人对接县区教育局联系乡村学校、指派有经验的带队老师、设计有针对性的教育实践评价机制等。要将乡村定向师范生的教育实践与非定向普通师范生分别开展,加强校地协同,确保教育实践的效果。

4. 建立三方评价机制

教育政策的执行情况离不开各方的效果检视。为保证各方执行力度,尤其是保证乡村定向师范生的培养质量,推动建立高校、县区教育局、乡村小学相互协同、相互独立的三方评价机制。高校主要对学生的学业质量进行把关评价,包括学校常规评价和毕业前评价;县区教育局主要组织进行定向师范生的入职前考核评价,以此作为对定向师范生进行分配的标准;乡村小学主要在协同开展教育见习、研习和实习过程中负责对师范生的技能水平、教师修养等进行阶段性评价。确保乡村定向师范生每一阶段的培养工作都有标准、有质量,以期通过评价敦促培养单位、培养参与者努力做好培养工作,敦促乡村定向师范生努力进行专业学习。

5.建立多元保障机制

为保障各项措施、各个环节推行的质量,还要围绕人力、物力、财力、时间、实践等层面进行制度建设,以提供全方位的保障。在人力上,搭建以学院负责人、小学教育学系负责人和骨干教师为主的智力团队,在各项工作中保证专人负责、分工明确。在物力上,确保乡村定向师范生有足够充分的学习空间、实训空间和活动空间。在财力上,基于省一流专业建设经费和校级重点专业建设经费,保障乡村定向师范生各项培养工作的经费支持。在时间上,有专门的系部负责人、班主任、辅导员老师对接乡村定向师范生,保证定向师范生在各个时间段的困惑都有人帮助解答,并且充分利用寒暑假时间,专门组织乡村定向师范生开展教育研究。在实践上,在生源地乡村学校中遴选建立教师发展学校作为定向师范生的实践基地,遴选有经验的优秀实践导师指导教育实践,尽力使生源地教育局以最优质的教育资源服务于乡村定向师范生的教育实践。

第三节　H高校乡村教师定向培养政策执行改进的行动成效

一、第一阶段行动研究的初步成效

(一)师范生的专业认知和身份认知

基于全科型小学教师培养的基本目标,第一阶段行动研究的重点是引导师范生形成对小学教育专业基本的专业认知，理解小学教育专业的培养目标、毕业要求和职业愿景；与此同时，引导其理解乡村定向师范生的专业化身份，不断提高自身的专业素养，为未来成为一名优秀的乡村教师打好专业基础、做好心理准备。

在行动初期，主要开展基于专业认知的入学教育。2019 年 9 月，第一批小学教育乡村定向师范生入学后，学院首先开展了为期一周的入学教育，帮助他们对学校、学院、专业的基本情况，未来学期任务的安排等方面进行全面的了解。在专业教育上，小学教育学系管理团队就专业定位、培养方案等事项进行专题培训、解读和答疑；就专业实习、专业研习情况进行专题解读和答疑；就专业见习、毕业论文情况进行解读和答疑；就师范生技能训练问题进行专题讲解和答疑。

在行动中期，主要推进开展凸显师范生特质的身份认知教育。第一，重视教育基础课程的开设。尤其是"教育学基础""教育心理学"等教育基础课程由具有丰富教学经验的老教授来授课，注重从教育基本理论的教学中使师范生更深入地理解教师身份、理解教育教学，强化师范生的教育基本理论。第二，重视专业基础教育。重视"高等数学""现代汉语""音乐基础""美术基础"等学科基础课程的开设，配备副高以上职称的优秀师资开设有关课程，夯实师范生的专业基础，保证全科型教师的培养。第三，班主任定期召开班会督促学习。为了明确乡村定向师范生的阶段性学习任务，促进同学们进行合作学习，班主任至少每个月组织一次班会，布置下一阶段学习任务，鼓励同学们积极参加校内外组织的各项大学生活动，同时对师范生的学习和生活疑惑进行答疑。

在行动后期，持续提升师范生的专业技能。根据统筹安排，团队从大一开始就开展小学教育专业师范生的师范生技能训练。除了"教师口语""规范汉字书写"等课程的专门开设，在班主任老师的带领下从第一学年就开展普通话和教师口语训练、三笔字、读书报告等方面的教育指导和任务布置，要求师范生定期完成阶段性学习任务，并提交学习成果，由班主任组织考核并反馈。与此同时,还通过师范生"园丁杯"技能竞赛来进行奖励性评价,以鼓励师范生追求卓越技能。除此之外,还在大学一年级下半年组织开展教育见习活动。2020年,受疫情影响,2019级小学教育乡村定向师范生实施的是线上见习。我们在线上对接了两所小学,开展班级管理、家校沟通、专业发展等方面的专题讲座,并在线直播小学语文、小学数学、小学英语等方向的课程。

(二)研究资料收集和效果反馈

基于前期的规划,在第一阶段的行动研究实施过程中注意通过班主任、任课教师的观察,结合对师范生学业成绩分析、师范生座谈,从中了解行动效果。

为了从授课教师和班主任的角度了解乡村定向师范生的学习情况,在第一年培养结束后,我们邀请相关专业基础课程的授课老师和班主任老师围绕同学们一年来的学习情况进行座谈,座谈中的主要评价概要见表7-2。从中可以发现,乡村定向师范生存在学习积极性不高的问题。

表 7-2　任课老师和班主任意见反馈

老师	反馈意见(概要)	关键词	一般特征
L 老师	教育学基础课的学习中规中矩,但总体学习热情不高,很少主动回答问题	中规中矩、热情不高	学习积极性不高
X 老师	文学课的学习总体上还好,但是学习态度不太积极,总体感觉课外阅读量不够	态度不积极、阅读量不够	
A 老师	从高等数学课程上看得出,理解力可以,但是参与讨论的积极性不高	理解力好、积极性不高	
J 老师	规范汉字的练习比较认真,但也有分化,有些同学甚至交更多的作业,有些同学偷懒	认真、偷懒、分化	
Z 老师	音乐基础课同学们状态很好,不过提问题的同学少	状态好、提问少	
S 老师	作为班主任,总体感觉同学们比较"佛系",虽然我经常叮嘱同学们要积极参与各种活动,但是他们参与得很少	不积极	

从乡村定向师范生一年来的学业状况看(见表7-3),与小学教育普通师范生所在的平行班级相比,乡村定向师范生成绩绩点占年级前10名的比重略低,

考试挂科率比平行班级低，一定程度上说明乡村定向师范生总体基础较好，但特别优秀的不多。在获奖、科研、竞赛等方面，小学教育乡村定向师范生的参与率低于其他小学教育师范生，这在很大程度上也说明了小学教育乡村定向师范生的学习积极性存在一定的问题。而他们在参与社团、参与社会服务上的比重略高，体现了乡村定向师范生在兴趣发展和服务社会上比非定向生要更主动。

表 7-3　H 高校 2019 级乡村定向师范生学业情况统计

项　目	定向生人数/人	占定向生比例/%	在非定向生中的占比/%
成绩绩点排同年级专业前 10 名	1	3.6	5.7
获校级及以上奖	12	42.9	57.1
参与社团	14	50.0	45.0
参与科研项目	6	21.4	35.0
参与竞赛	5	17.9	60.0
考试挂科	1	3.6	5.7
参与社会服务	6	21.4	20.0

为探究一年来的乡村定向师范生培养工作对定向师范生究竟有何影响，我们也随机访谈了 8 名乡村定向师范生，其中 6 名为女生、2 名为男生。8 名师范生总体上对学习环境、班主任老师、授课教师都持满意态度，对未来职业充满期待。在对问题"结合一年来的学习谈谈您对小学教育专业的认识"的回答上，他们都能够认识到小学教育专业是专门培养小学教育教学、管理、研究等方面的专业人才，受访同学的职业期待都是以小学教师为主，部分同学也期望在职业发展中有机会兼任小学管理人员。在对问题"根据一年来的学习谈谈您对小学教育乡村定向师范生的理解"的回答上，大部分定向师范生都清楚毕业之后要去乡村小学就业，但对于具体服务期是几年，都不能够准确回答。被问到"愿不愿意全部职业生涯在乡村小学任教"时，仅 1 位女同学明确表示愿意，有 4 位女同学都是在犹豫之后表示不确定，2 位男同学明确表示不愿意。在对问题"结合平时同学们的交流，谈一谈一年来的学习感受和建议"的回答上，8 名同学的反

馈意见见表 7-4,从中可以发现:乡村定向师范生大都觉得高校学业任务重,可自主支配时间少,他们都想走进小学,更多地进行教学实践。

表 7-4　H 高校 2019 级师范生访谈意见反馈

学生	反馈意见(概要)	关键词	一般问题
学生 A	学习任务比较繁重,作业太多,缺少自主支配的时间	学业任务重、作业多、自主支配时间少	作业太多,学业任务重,自主支配时间少;理论多、实践少,想去小学实践
学生 B	专业课作业太多,没有时间自主阅读,很想到小学去看看	作业多、自主支配时间少,想去小学实践	
学生 C	作业太多,做不完,很想去小学见习	作业多、想去小学实践	
学生 D	大部分时间在做作业,缺少自主支配的时间	作业多、自主支配时间少	
学生 E	希望有些专业课的教学方法能够灵活一些,不要只讲理论	理论多、教法不灵活	
学生 F	理论学习的课程太多,有些枯燥	理论多	
学生 G	希望后面的见习能够到小学去	想去小学实践	
学生 H	希望顺利毕业,不要有太大的压力和负担	压力大	

(三)对第一阶段行动的分析

根据对行动效果的分析,可以发现,一年来小学教育乡村定向师范生的培养工作既取得了一定的成效,也存在一些迫切需要改善的问题,有些实践举措需要继续推进,有些实践举措还需要进行调整。

第一,乡村定向师范生的专业基础知识较为扎实,师范生基本技能得到了有效训练。乡村定向师范生的总体基础较好,因而在正常的大学学习过程中基本上都能够完成既定的学习任务并考核合格。教育基础课程、学科基础课程等课程的重点开设,保证了乡村定向师范生基本专业知识的学习和基本技能的训练。因而,在小学教育师范生的师范性的培养上是有效的,需要继续坚持,接下来对乡村定向师范生的培养还需要推进专业知识的深化学习和专业技能的持续训练。

第二,乡村定向师范生学习积极性不高,原因在于确定的就业保障使之缺乏竞争活力。无论是教师的访谈,还是从学生学业优秀率、学校各种竞赛活动的参与度、对高校学习的看法等层面,都不难发现乡村定向师范生在学业上的自我要求并不高,缺乏追求卓越的行动和积极性,这将影响乡村定向师范生的学业上限和职业发展上限,不利于其锻造不畏艰难的品质,也不利于其终身学习。这一现象发生的原因很明确:乡村定向师范生不仅明确了就业去向,而且已经确定了只要正常毕业就能够有教师编制的保障,这使乡村定向师范生没有毕业后到处找工作、参加师资招聘考试等压力。乡村定向师范生的确定性就业去向也使之在脑海中形成这样一种观念:学得再好也是回乡村小学工作。从这个层面来看,乡村定向师范生的培养,亟须调动师范生的学习积极性。乡村定向师范生需要感受并融入普通师范生所处的竞争性学业环境当中。

二、第二阶段行动研究的初步成效

(一)师范生的专业认知和学习动力

在对第一阶段的行动实践进行反思的基础上,研究发现:一方面需持续加强乡村定向师范生的专业素养教育;另一方面还需要通过培养方式的改革和调整来激发乡村定向师范生的学习动力。

在行动初期:第一,对 2020 级新生进行混合编班。2020 年 9 月,对混合编班的小教师范生统一开展入学专业教育。与第一轮实践中的入学教育一致,对学校、学院、专业的基本情况,以及未来学期任务的安排等方面进行全面的了解。尤其是强调无论是小学教育非定向师范生还是定向师范生,都应当以不断提升自身的师范素养为重点追求。第二,与 3 个县区教育局建立常态联系,开展协同管理。选择 D 县、A 县和 P 县 3 个县教育局作为试点,在多次走访、开会研讨的基础上,与 3 个教育局之间建立了开展协同管理的合作机制,包括对乡村定向师范生学业发展的监管、毕业标准的监管、就业去向的管理等,逐渐在高校、教育局与乡村定向师范生之间建立常态交流和沟通机制。

在行动中期:第一,加强对乡村定向师范生的专业素养教育。对 2019 级定向班师范生,继续推进各种专业课程的学习,安排优秀青年教师授课,鼓励授课老师创新教学方法,鼓励学生积极参与到课程教学当中。与此同时,引导授课老师提出更高的课程学习的要求,以促进定向师范生更加积极地学习。对于2020级混合班的定向师范生,鼓励其积极参与各种教育实践活动,包括学生会、社团、科研项目申报、各种学科竞赛等,鼓励其加强与非定向师范生的合作。第二,生源地教育局加强专业成长的目标管理,提出建立淘汰机制。为了进一步激发乡村定向师范生的上进心,3个生源地的教育局除了参与对定向师范生在校学习的管理,还共同提出乡村定向师范生专业发展的标准和要求,进一步明确毕业标准。探索建立淘汰机制,即并不保证乡村定向师范生100%无条件定向就业,要依据乡村定向师范生的专业排名、综合学业水平,对于综合评价靠后的乡村定向师范生视情况就业或者根据综合评价取消定向就业,以敦促乡村定向师范生努力学习。

在行动后期:第一,有序推进乡村定向师范生向生源地教育主管部门进行年度学业反馈和汇报。3个教育局安排了专人,一方面对接乡村定向师范生本人的汇报工作,听取乡村定向师范生的诉求;另一方面对接培养院校班主任,从班主任的视角了解这些师范生的具体情况和学业任务。第二,走访了解乡村定向师范生生源地教育局的诉求和忧虑。组织人员走访生源地教育局,了解他们在与乡村定向师范生对接过程中发现的问题和担忧,了解他们的新诉求,在此基础上优化培养方案,以进一步加强与生源地教育局的合作,促进乡村定向师范生的培养。

(二)研究资料收集和效果反馈

基于行动研究规划,在第二阶段的行动研究实施过程中就借助班主任、任课教师的观察,结合对师范生学业成绩的分析、师范生座谈,分析行动效果。

从班主任和授课老师的视角看,据2019级乡村定向班级的班主任老师反馈,在加强与县区教育局的协同管理以后,有3个县区的教育局与乡村定向师范生建立了常态联系,这3个地方的定向师范生每个学期都会向生源单位汇报年度学业情况。在 3 个县区的教育局都提出了重视教师技能训练和考核要求的情况下,相关定向师范生都会有计划地进行自主训练,在教育见习中,这些同学对教育实践的积极性很高,很认真地观摩各种类型的小学课堂,并做详细记录、写感想,有明显的进步。2020 级混合编班后,通过对任课老师和班主任的访谈,了解到"定向师范生总体上学习积极性低于非定向生,与入学相比成绩排名有退步",说明混合编班也没有明显提高乡村定向师范生的学习积极性(见表 7-5)。

表 7-5　2020 级任课老师或班主任的意见反馈

班主任/授课教师	反馈意见(概要)	关键词	一般特征
L 老师	教育学基础课程中,定向学生的课堂参与的积极性不够高	不够积极	定向师范生总体上学习积极性低于非定向生,与入学相比成绩排名有退步
X 老师	文学课上定向和非定师范生的表现差别不大	差别不大	
A 老师	高数课程定向师范生回答问题的积极性不够高	不够积极	
C 班主任	乡村定向师范生高考毕业入学成绩在班级总体靠前,但一年来总体上退步了	基础好、学业退步	
Q 班主任	有几名乡村定向师范生在班级中成绩靠后,参与各种活动的积极性不高	成绩靠后、积极性不高	
W 班主任	乡村定向师范生与普通师范生虽在同一个班级中,但还是不同,他们多数学习竞争意识不强,总体上比入学的时候有退步	竞争意识不够	
M 班主任	两种类型的学生没有明显差别,成绩靠后的有定向生也有非定向生	差别不大	

从师范生学业情况基本信息来看,与小学教育专业普通师范生相比,2020级乡村定向师范生成绩绩点占年级前 10 名的比例较低,获校级及以上奖总数略低,参与科研项目、竞赛的比重都低得多,但在考试挂科率上低于普通师范生(见表 7-6)。具体来看,考试挂科率低很大程度上说明乡村定向师范生总体基

础较好,能够应对各种难度的知识学习。在其他学业项目上占比重低说明乡村定向师范生总体学习积极性低于非定向师范生。参与社团和社会服务比重略高于非定向师范生,说明定向师范生更关心自己的学习兴趣,服务意识更好。

表 7-6　H 高校 2020 级乡村定向师范生学业情况统计

项目	定向生人数/人	占定向生比重/%（总人数 55 人）	普通师范生人数/人	占普通师范生比重/%（总人数 130 人）
成绩绩点排同年级专业前 10 名	2	3.6	8	6.2
获校级及以上奖	20	36.4	50	38.5
参与社团	35	63.6	80	61.5
参与科研项目	15	27.3	50	38.5
参与竞赛	11	20	56	43.1
考试挂科	3	5.5	12	9.2
参与社会服务	20	56.4	40	30.8

我们分别访谈了 2019 级学生 B、D、F、H 共 4 位同学,其中有 2 名男生、2 名女生,2020 级学生 I、J、K、L、M、N 共 6 位同学,其中有 2 名男生、4 名女生。从对乡村定向师范生的访谈来看,2019 级 4 位同学对学习环境、班主任、授课教师总体都持满意态度;2020 级 6 名师范生总体上对班主任老师、授课教师也都持满意态度,但对学习环境持基本满意态度;两个年级的同学都对未来的职业充满期待。问到"愿不愿意全部职业生涯在乡村小学任教",两个年级的 10 位同学中仅有 1 位女生和 1 位男生明确表示愿意,5 位女生在犹豫之后,表示不确定;3 位男生明确表示不愿意。在问到"结合平时同学们的交流,谈一谈一年来的学习感受和建议"时,定向师范生的回答见表 7-7。2019 级学生希望能够返回生源地区开展教育实习,同时有人对能否适应乡村教育存在担忧。2020 级学生和往年的大一新生一样,感受到学业压力大、任务重。此外,他们对于混合编班培养存在困惑,尤其是不能够理解乡村定向的特殊性,也难以形成与非定向师范生之间的合作关系,并建议将乡村定向师范生单独编班。

表 7-7　H 高校 2019、2020 级师范生访谈意见反馈

学生	反馈意见（概要）	关键词	一般问题
学生 I	学业压力大，每个学期的作业都很多	作业多、压力大	定向师范生感受到学业压力大，希望有区别性地培养
学生 J	不太清楚我们的毕业要求和班上其他非定向同学有什么区别	差异不明显	
学生 K	非定向同学大都很努力，我觉得很有压力，但我其实更想学习自己感兴趣的东西	压力大	
学生 L	如果我们所有定向同学都在同一个班级，应该更有利于相互合作与分享	单独编班	
学生 M	我觉得与非定向同学之间缺乏共同话语，我们的学习节奏不一致	缺乏共同话语	
学生 N	对我们定向生的培养应该与非定向同学不同	差异不明显	
学生 B	我希望后面的实习能够回家到家乡学校，也好提前适应	回乡实习	希望回乡实习，存在一定的职业焦虑
学生 D	希望学院能够为我们回家乡实习提供条件	回乡实习	
学生 F	我不清楚能不能在乡村学校教好，希望能有更多教学训练的机会	不自信	
学生 H	我非常希望毕业后能够分到基础更好的学校，有点担忧被分配到比较差的学校	就业焦虑	

（三）对第二阶段行动研究的分析

第二阶段行动的实施主要面向两个年级，针对 2019 级的大学二年级乡村定向师范生主要是强化技能训练，尝试建立培养高校与县区教育局协同管理制度；针对 2020 级的大学一年级乡村定向师范生，在开展校地协同管理的同时，进行了混合编班，以期在非定向师范生的影响下激发乡村定向师范生的学习动力。

1. 乡村定向师范生学习动力激发效果不明显

从混合编班的实际效果来看，并没有达到预期的目的。乡村定向师范生的学业竞争意识总体上仍然没有非定向师范生强，不仅如此，乡村定向师范生与非定向师范生也没有像预期的那样能够合作分享、深度交流。其原因也很明显：第一，乡村定向师范生的自我定位不同于非定向师范生。虽然采取了混合编班，但是乡村定向师范生基于确定性的就业安排，大都认为自身与非定向师

范生是不同的。尤其是他们认为,在当前如此激烈的教师招聘环境下,非定向师范生需要通过努力竞争来获得更好的学业评价,为未来的就业奠定基础,而乡村定向师范生则没有这个必要。第二,乡村定向师范生的学习期待不同于非定向师范生。面对未来职业上的不同境况,乡村定向师范生希望通过学校学习来满足毕业后的回乡工作,在专业学习上希望内容更聚焦、氛围更宽松;由于非定向师范生的职业不确定,其希望通过学校学习满足未来多元择业的需要,因而能够接受竞争性的学业及其压力,也能够接受更广泛的知识学习。第三,两类师范生缺乏共同话语。自我专业定位和学习期待都不同,在很大程度上制约着乡村定向师范生和非定向师范生在学业上的对话与合作,无论是课堂小组学习还是活动实践,两种类型师范生之间的合作并不多。

2.乡村定向师范生的定向特质未能充分体现

无论是乡村定向师范生对混合编班的疑惑,还是对乡村定向师范生培养方案的讨论与反思,都不难发现既有的乡村定向师范生培养模式并没有很好地围绕、追求或体现这类学生的特殊性。将乡村定向与非定向师范生进行趋同培养,不仅不能够唤起和激发乡村定向师范生的身份自觉,也很难保证其入职后能够在乡村教育中发挥重要作用,甚至会使其难以适应乡村教育。因此,乡村定向师范生的培养不仅仅是培养会教学的乡村中小学教师,而要从对乡村教育的独特属性、迫切需求、发展趋势和对乡村振兴的时代任务的契合性和支撑性角度思考乡村教师的定位和培养。乡村定向师范生培养不仅是教师专业知识、技能和情感培养的问题,尤其关键的是要聚焦到"乡村"上。从各级各类教育的资源分配、目标指向来看,当前的教育呈现出诱导学生向城市聚集的倾向,城市教育也更加鼓励学生毕业后在城市就业,服务于城市建设。乡村教育也有着相同的教育文化,出现了农村教育的培养目标异化为"离农"而非"为农"。[①] 在这样的境况下,如何保证乡村定向师范生在乡村教育中除了"下得去""教得好",还能"留得住"? 因此,乡村定向师范生对乡村

---

① 任强.逆天与顺天:农村教育文化的阙失与复归[J].中国教育学刊,2020(3):81-86.

教育事业、乡村文化传统、乡村未来发展的情感寄托尤为重要，对乡村定向师范生的培养尤其不能忽视乡村特质。

三、第三阶段行动研究的初步成效

（一）基于"新乡土性"的师范生专业认知和身份认同

在行动初期，行动研究者们多次组织修订乡村定向师范生培养方案，尤其是在确定将"新乡土性"作为核心精神的基础上，要将该精神融入培养体系当中。首先在培养目标上体现"新乡土性"的精神品格，师范生要有适应和发扬"新乡土性"的能力。其次在课程中，基于现有教师资源和结构开发和建设体现"新乡土性"的主干和特色课程，开展融合性课程，在各专业主干课中融入乡村文化、乡村教育研究的教学内容；开设专门课程"浙江省乡村教育改革与发展专题""乡村教育体验与实践"等。对 2021 级新生班级再次实施单独编班；在入学教育中就邀请乡村研究、乡村教育研究的专家进行乡土文化、乡村教育的专题讲座，培养其乡土情感。对 2020 级、2019 级学生具体制定和规划开展乡村教育实践和研究。

在行动中期，对 2021 级的大学一年级学生的课程教学，重点推进乡土文化课程的教学和乡村教育实践。要求全部专业主干课程根据实际情况和可能性，融入乡村文化传统与现代、乡村教育传统与现代的内容，让乡村定向师范生认知、理解和认同乡村文化、乡村教育。对于 2020 级的大学二年级乡村定向师范生在增设乡村文化、乡村教育相关选修课的基础上，指定其去选修。将协同管理的县区教育局数量由 3 个扩展到 12 个，涵盖所有定向生源县区。在与定向县区教育局协同管理的基础上，加强协同育人。对于 2020 级、2019 级乡村定向师范生，明确他们返乡教育见习和实习的计划。2020 级的春季见习和 2019 级的秋季见习都在定向区县教育局的协同支持下，明确返乡见习和实习的安排。2019 级学生回乡完成 2 周的见习，2020 级学生回乡完成 1 周的见习。

在行动后期，2022 年 6 月，组织 2021 级乡村定向师范生开展暑期社会实践,由专任教师带队,指导制定详细的乡村教育调查研究计划,指导撰写研究报告和调研反思。2019级、2020级乡村定向师范生,由教育实践带队老师组织完成乡村教育见习报告,撰写见习心得、职业理想和发展规划。2022年7月,邀请省教育厅、定向县区教育局、代表性乡村学校共同召开乡村定向师范生高质量培养反思研讨会,一方面进一步从观念上强化各方对乡村定向师范生培养的重视程度,推进各方全力落实乡村教师定向培养政策的执行;另一方面进一步深化各方在乡村定向师范生培养上的合作,就乡村定向师范生高质量培养进行观点整合、资源整合、实践整合和制度整合。

(二)研究资料收集和效果反馈

基于行动研究规划,在第三阶段的行动研究实施过程中借助班主任、任课教师的观察,结合对师范生学业成绩分析、师范生座谈、定向县区教育局和学校访谈,从中分析行动效果。

第一,从学业上看,2021级定向师范生的第一年学业情况与非定向师范生相比较,成绩绩点排同年级专业前10名的比重相当,说明在优秀率上两种类型师范生几乎相当;在获校级及以上奖、参与科研项目、参与竞赛等方面的比重相对较低,说明定向师范生在竞争性学业的参与上积极性相对较低;在考试挂科上的比重略低,说明定向师范生总体学业基础更好。参与社团、参与社会服务比重较高,说明定向师范生更关心学习兴趣,服务意识更强(见表7-8)。

表7-8　H高校2021级乡村定向师范生学业情况统计

项　目	定向生人数/人	占定向生比重/%	在非定向生中的占比/%
成绩绩点排同年级专业前10名	3	5	5
获校级及以上奖	25	41.6	57.1
参与社团	45	75	60
参与科研项目	15	25	35
参与竞赛	10	16.7	60
考试挂科	2	3.3	5
参与社会服务	20	33.3	23

第二,从班主任教师的座谈看,召集三个年级定向班的班主任进行座谈,主要围绕对定向师范生的长期观察谈一谈对其的总体认识和评价,班主任总体上认为乡村定向师范生的基础可以,学习积极性比非定向师范生略低,但是他们的学习心态好,普遍对教育实践的兴趣更强。此外,也有班主任谈到可能定向师范生愿意花更多的时间自由阅读和关注教育实践,因而在教育问题的思考上有一定的深度(见表 7-9)。

表 7-9　三个年级任课老师和班主任的意见反馈

老师	反馈意见(概要)	关键词	一般特征
P 班主任 (大一年级)	新生班级同学们都很有活力,一年来学习积极性还可以,心态很好	有活力、心态好、积极	学业心态好,对教育实践感兴趣
R 班主任 (大一年级)	新生班级同学关系比较和睦,学习上都中规中矩,能够认真完成各门课的任务要求,心态还可以	同学关系好、心态好、中规中矩	
C 班主任 (大二年级)	成绩相对稳定,学习状态和一年级比没有太大变化,对教育见习很积极	变化不大、积极见习	
Q 班主任 (大二年级)	总体成绩变化不大,个别同学略有波动,学习状态没有多大变化,在教育见习上的确很认真	变化不大、积极见习	
W 班主任 (大二年级)	定向师范生的学习活动主要是看兴趣,他们对于教育实践的兴趣更大	乐于教育实践	
M 班主任 (大三年级)	三年来,同学们的学习状态可能看起来没有非定向班级积极,但是他们对于教育问题的理解和想法深刻,普遍对教育实践很感兴趣	有一定的教育理解、对教育实践感兴趣	

第三,从学生座谈来看,我们对 3 个年级共 15 位同学进行集中座谈,其中有 2019 级学生 3 人、2020 级学生 6 人、2021 级学生 6 人。总体上各个年级的同学对班主任都比较满意,认为班主任较为负责任,也在生活和学业上给出了很好的指导;在对任课教师的评价上,同学们普遍反映对在课程中加上的乡村文化、乡村教育的内容比较感兴趣,能让他们更好地认识和理解乡村。在教育实践方面,3 个年级的同学都比较认同回到家乡参与教育实践,有个别同学认为乡村教育见习的收获没有达到自己的预期,没有获得很好的教育实践训练。在对"毕业后愿不愿意回到乡村学校从事教学工作"这个问题的回答上,2021 级同学

都很肯定地表示愿意到乡村学校工作,同时还认为中国未来的发展关键要看乡村,乡村也有城市无法比拟的优势,当前中国的乡村有着新的乡土特质,回到乡村、乡村学校去工作很好。2020 级有 2 位同学表示不太愿意去乡村小学工作,有机会的话还是希望去城市主城区学校。问到"为什么不愿意去乡村学校"时,他们给出的主要原因是"乡村学校不利于职业发展,主城区学校资源更好,更有利于个人职业发展"。从这一点来看,对乡村定向师范生与普通师范生混合编班一定程度上干扰了乡村定向师范生培养的目的。

第四,从县区教育局座谈来看,2022 年 7 月,乡村定向师范生高质量培养反思研讨会共有 12 个县区教育局和 12 所乡村学校的领导参加。在座谈会上,一方面,与会人员就各方在乡村教师定向培养政策执行中的看法和态度进行了交谈。针对县区教育局,就"您怎么看待乡村教师定向培养政策的制定和实施"这一问题,各县区教育局都认为乡村定向师范生是补充和提升乡村师资的重要政策,是乡村教育振兴的重要支持,认为没有参照的实践范本,在进行着探索性实践。县区教育局最大的担忧是乡村定向师范生的履约问题,希望高校进一步加强这契约精神教育。就"您觉得乡村定向师范生应不应该返回生源地开展教育实践"这一问题,县区教育局和乡村小学都一致赞同乡村定向师范生应该多到乡村参加实践,多深刻感触乡村教育和乡村文化,同时也提出,乡村定向师范生也要有进行更高质量教育实践的机会,这样才能把更高质量的教育带回乡村。针对乡村小学,就"您在支持开展乡村定向师范生的教育实践中发现他们有哪些优点和缺点"问题,乡村小学负责人普遍赞赏乡村定向师范生的学习能力和专业基础,认为乡村定向师范生的专业潜力很大。在谈到缺点的时候,与会人员指出乡村定向师范生缺乏对乡村教育和乡村的深刻认知,在解决问题的时候不能很好地结合乡村教育的实际提意见和想法,存在理想与现实脱节的现象。另一方面,座谈会还就增强乡村教师定向培养政策执行的四方合作提出了设想,形成了共识,为深入开展以"新乡土性"为精神特质的浙江乡村教师定向培养提供支持。

（三）对第三阶段行动研究的分析

第三阶段教育行动和两个阶段相比,在明确乡村定向师范生的身份属性、满足其教育实践的期待、提升教育实践的成效上取得了明显的效果。当然,其间也暴露出一些新的问题,需进一步强化各政策执行方的合作与应对。

1."新乡土性"增强了乡村定向师范生的身份认同

第三轮行动调整和实践,很大程度上深化了乡村定向师范生的培养,尤其是其实践追求。以"新乡土性"作为阐释现代乡村文化、乡村精神文明、培养乡村定向师范生的文化根基,推进乡村定向师范生认知、理解乡村,深化其对乡村的情感和期待,促使其认同现代乡村文化、认同现代乡村,是乡村定向师范生愿意去乡村,能够在乡村中教好学生,愿意扎根乡村的关键。实践显示,"新乡土性"的文化浸润,在很大程度上帮助了乡村定向师范生有效地认识并理解现代乡村的传统、现状和前途,让乡村定向师范生对现代乡村有了一定的期待和信心。面对城市与乡村的差异和选择,乡村定向师范生更加能够理解乡村教师身份的特殊性和荣耀,更加认同乡村教育的价值和意义,更加认同乡村定向师范生的身份属性,愿意为乡村教育发展、乡村振兴贡献自身的力量。在实践中以"新乡土性"培养定向师范生的核心精神,需要高校教师理解现代乡村、理解"新乡土性"的意涵,懂得如何更好地将该精神内核融入不同的培养环节之中。然而,在这一问题上的前提性保障还不够,部分高校教师、城区中小学教育见习指导老师不够理解乡村文化精神,对于将"新乡土性"全面浸透到教育实践中还存在一定的困难。对此,除了高校政策执行方案的修订,还需要与教育行政部门进一步整合教育资源,集中开展专题培训和辅导。

2.与教育局、乡村学校的深度合作增强了教育实践的效果

强化在教育实践上的合作也是这一轮教育行动取得一定效果的重要保障。在对乡村定向师范生的多次访谈中都不难发现,多数乡村定向师范生对乡村教育有亲近的期待,他们很期望到乡村学校开展教育实践,在第三阶段教育行动中很好地推进了这项工作。H高校加强了与县区教育局、乡村学校的合作,从遴选学校、实践导师等方面开展具体工作,顺利推进乡村定向师范生到乡村学校见习和开展实践研究。这一方面拓展了高校、县区教育局和乡村学校的合作

范畴。不仅是乡村定向师范生的管理合作,更深入到培养层面,助推三方在乡村定向师范生培养的能力标准方面形成共识。另一方面使乡村定向师范生的培养更加适应乡村教育的需要。通过回到乡村学校开展教育实践和研究,让乡村定向师范生更直观、深刻地了解乡村教育,培养解决乡村教育问题、促进乡村教育发展的能力。

3.需要建立对乡村定向师范生各政策主体的评价

从加强和深化乡村教师定向培养,推进乡村教师定向培养政策执行的过程中可以发现,并非各方对乡村教师定向培养政策执行都具有很高的积极性和主动性。高校作为培养单位,关键工作是培养,但倘若高校在乡村定向师范生培养上没有较高的定位,那么在政策执行中也仅会完成人才培养的常规工作。县区教育局作为生源单位,如果对于本地区乡村教育没有充分的认识和期待,在指标估算、培养计划等层面的设计就很难符合县域教育实际。乡村小学作为用人单位,既非重点教师发展学校,也非教育实践的主流场所,在乡村教师定向培养政策执行上似乎没有关系,因而有些县区教育局、乡村学校对于乡村教师定向培养政策本身认识不到位,在政策执行中敷衍了事、积极性不高,没有主动性和创造性,当高校推动开展多方合作以提升乡村定向师范生培养质量的时候,各方的态度和积极性并不一致。从根本上来看,主要是缺乏对各方在乡村教师定向培养政策执行上的行动和效果评价。无论是高校、县区教育局、乡村学校还是省教育厅,乡村教师定向培养政策执行的关键保证还需要有外部监管,这种监管不仅仅是对"做"与"没做"的监督,更要体现对做得更好的认可和奖励,以调动各方的积极性,使之创造性地执行乡村教师定向培养政策。

第四节　H高校乡村教师定向培养政策
执行改进的实践反思

基于H高校对乡村教师定向培养政策执行的行动实践,从行动研究的角度全面立体地印证了,在乡村教师定向培养政策执行过程中,需从四个角度深入反思:乡村教师定向培养政策执行不能脱离"乡村定向",乡村定向师范生的培养需要更宽松的教育环境,乡村教师定向培养政策执行需要各方力量协同推进,乡村教师定向培养政策执行需要在实践中持续创新。

一、乡村教师定向培养政策执行不能脱离"乡村定向"

乡村教师定向培养政策的出台意味着师范生培养的新探索、新举措、新实践。该政策有其内在的目的性和指向性,决定了乡村教师定向培养政策并非一般意义上的教育政策变革,需要遵循其内在的理念和实践逻辑。"乡村定向"即为乡村教师定向培养政策的重要特质和关键遵循。从一般意义上来看,师范教育的目的在于师资的培养,师范教育毕业的师资其服务空间是包含城市和农村在内的全部区域。然而,乡村教师定向培养政策则不同,其明确指出以培养乡村教育师资为目的,该类型的师范生在毕业后肩负投身乡村教育发展、乡村文化振兴的历史使命,需要回到乡村中贡献智慧。因而,乡村教师定向培养政策是在乡村振兴、共同富裕社会大背景下聚焦乡村教育、乡村文化发展和振兴的重要政策决议。在该政策的执行、完善、评价等环节都需要遵循"乡村定向"的本质属性。

"乡村"相对于"城市"而言,首先,乡村指向的是一个特殊的空间范畴。乡村与城市在空间上有明显的地理边界,表现为乡村空旷无垠、绿树成荫,城市高楼林立、霓虹闪烁;乡村人口小范围聚集、相对离散,城市人口大范围聚集、相对集聚;乡村房屋以宅基地为边界,城市住房以公摊空间为边界;乡村主营农林畜牧,城市主营工商金融服务等。其次,乡村指向的是一个在政治经济上等都较为薄弱的区域和群体。为何要培养乡村定向师范生,本质上是由乡村的发展面貌和现实需要所决定的。提及乡村与城市的区别,两者在政治、经济层面的差距最为明显。乡村无论是在政治权利还是经济总量上都处于弱势。最后,乡村本质上是一个特殊的文化集群。表面上乡村全方位落后于城市,但本质上乡村也有城市无法比拟的内在优势。中国的乡村是中国政治、经济制度和传统文化的发祥地,数千年来的积淀和发展,使乡村不仅保存和继承了中华优秀传统文化,还创造性地弘扬着当代优秀文化,形成了特殊的文化集群。

乡村作为薄弱的政治经济体,同时也是特殊的空间范畴和文化集群。"乡村定向"的关键便是要凸显对乡村特质的遵循。基于此,需要至少从三个方面审视乡村教师定向培养:第一,要从乡村教育振兴的实际需要审视乡村教师定向培养。乡村定向师范生是乡村教师的储备力量,肩负着未来振兴乡村教育的重要使命。乡村定向师范生需要理解乡村教育、热爱乡村教育、知晓乡村教育的问题和前途,需要以适切的教育本领应对和突破当代乡村教育发展的瓶颈,推动乡村教育的实质飞跃。第二,要从乡村文化振兴的需要审视定向师范生的培养。乡村教师同时也是新时代的乡贤,肩负着乡村优秀文化传统的创造性传承的使命,是推进乡村建立文化自信的重要力量。乡村定向师范生需要扎根乡村文化、熟悉乡村文化、研究乡村文化,需要具有对乡村文化进行筛选、传承、交流、创新的能力。第三,要从乡村振兴的更高定位来审视乡村定向师范生的培养。要把乡村定向师范生作为未来乡村振兴重要的人力和智力资源,培养愿意扎根乡村建设、奉献乡村建设的乡村振兴生力军。

二、乡村定向师范生的培养需要更加宽松的教育环境

从乡村中来,到乡村中去,是乡村教师定向培养政策的重要特质。乡村定向师范生的职业发展寄托在其专业之上,定向培养、定向就业意味着乡村定向师范生的职业方向从被高校录取那一刻就已经确定。从现实需要来看,乡村教育需要真正能够"下得去、教得好、留得住、有发展"的新时代教师,需要具有扎实专业能力、能够研究和应对乡村教育问题的教师,具体而言,对乡村定向师范生能力素质的培养更加重要。因而,高等院校在培养乡村定向师范生的过程中应该更加关注师范生的能力发展,尤其要更加关注其实践能力和应对问题的能力的发展。为了保证师范生有足够的时间发展研究能力和实践能力,应当避免以考试为导向的课程学习和考核,同时以更宽松的教育环境减轻师范生的考试压力。

宽松的教育环境不同于20世纪70年代发端于日本的宽松教育①,不是盲目地以削减课程或教学的学习来缓解学生的学业压力,其重点在于学生学习环境的营造,即在保证既有学习任务的基础上不鼓励盲目地学习,而是鼓励师范生围绕自身学习兴趣和研究兴趣,把更多的时间用在对乡村教育真问题的钻研上。宽松的教育环境之于乡村定向师范生的培养有着重要的意义:一方面有利于乡村定向师范生将更多的时间和精力用在教育实践能力的发展上。乡村定向师范生不以盲目追求各科考试的高分为目的,将学业之余更多的时间用在作为乡村教师所必需的教育实践能力的培养上,追求更为实际的技能发展,不断自我充实。另一方面有利于乡村定向师范生将更多的精力投入到深入理解和研究乡村上。

对宽松的教育环境的营造,需要:首先提倡专业素质大于考试分数。无论是师范生的培养还是评价,都不能只关注其考试成绩、综合排名,应杜绝唯分数论的择优标准。要从乡村定向师范生综合素质发展的角度出发和思考,关注其教育基本能力、教育问题应对能力、对乡村教育的适应和变革能力等。其次要提倡合作研究大于学业竞争。不能一味强调和追求表面上对学业的努力和追求,更没有必要强调乡村定向师范生之间在竞争中发展学业。从当前及未来教育的发展来看,我们更需要教育实践者有更好的合作能力和统筹能力,要能有效调动各类教育资源,进而有效解决教育问题。最后要提倡拓宽视野。乡村定向师范生需要为乡村教育带去更大的活力和更开阔的视野,需要其有更多方面的涉猎。对此,各个层面的培养实践都需要为其提供时间和精力的保障,让其有可能做到这一点。

三、乡村教师定向培养政策执行需要各方力量协同推进

乡村教师定向培养政策的执行是一个相对较为复杂的过程,不仅仅是某一

---

① 臧佩红所著《日本近现代教育史》(2010年版)指出,宽松教育始于1977年8月公布并于1980年实施的《中小学学习指导纲要》,该纲要做出了精选基础性、基本性的教学内容,削减各门课程的授课时数等方面的规定,以实现宽松的学校生活。

执行主体的任务,也不仅仅是某一项任务的执行,而是多主体联动、多事项交错的,这里离不开多主体对该政策执行的协同参与。一方面,关于乡村定向师范生质的规定性并未形成统一的指导意见。无论是省级层面的政策文本还是县域要求、学校培养,各主体间在乡村定向师范生质的规定性上尚未形成统一明确的标准。尤其是各主体大都仅仅从一般意义上的师范生来理解乡村定向师范生,这显然是不妥的。另一方面,乡村定向师范生的培养需要聚集各方资源的共同支持。尤其是为了培养适应乡村教育发展、乡村文化振兴需要的高质量乡村定向师范生,不能将其作为书斋内的培养实践,而是需要为师范生创造更多的实践条件,助其发展。除此之外,为了该政策的有效执行,在定向师范生的职业发展、生活安置、扎根乡村教育等工作上,都迫切需要各方通力合作、协同推进。

乡村教师定向培养政策执行的各方主体,主要指省教育厅、县区教育局的职能部门、培养高校、乡村学校,应力求以上各部门实现通力合作、协同推进。通力合作、协同推进主要是指各政策执行主体首先要尽最大努力推进政策的执行。要明确意识到乡村教师定向培养政策的现实意义,明确该政策之于乡村教育及乡村发展的重要价值,要以自身最大的努力提供条件推进该政策的有效实施。其次要有分工意识、合作意识,最大限度地相互支持、相互监督。各主体要在明确政策执行责任的基础上通过各种方式履行好责任,尤其是加强履责过程中与其他主体的合作,包括听取各方意见、获取可能的支持等,进而做到协同履责。此外,还要关心政策执行全过程,对各执行环节进行监督和建议表达,保证各方在各个执行环节中的合作。

乡村教师定向培养政策执行需要加强各方协同。第一,需要建立协同实践的机制体制。依托教育行政部门进行协同实践的制度建设,各方加强协同,明确在协同实践中的责任和分工。要充分发挥教育主管部门调动教育资源的能力,尤其是发挥其他各方在实践中不断促进制度完善、制度供给的协商和建议作用;要充分发挥高校优质教育资源的作用,开展高质量乡村定向师范生的培养;要充分发挥乡村学校教育实践平台的作用,服务于乡村定向师范生的综合性实践。第二,要建立协同实践的评估方案。为了推进各方在协同实践上的参与,可以通过建立评估标准、开展奖励性评估的方式激励各方积极协同推进政策执行。

四、乡村教师定向培养政策执行需要在实践中持续创新

乡村教师定向培养政策是当代师范教育中的重要政策,是在全国范围内通过乡村教育振兴助推乡村振兴的重要路径,具有一定的时代意义和价值,该政策本身就具有创造性的特质。这也意味着在实践中不仅要推进乡村教师定向培养政策的顺利执行,还要基于更高的理想和追求不断推进该政策的高质量执行。乡村教师定向培养政策本身的初始性、发展性和探究性等开放特质,也都在各个层面决定着要在政策执行中不断地进行创造性的探究和尝试。也只有各政策执行主体进行创造性的实践探究才能保证该政策不落窠臼,才有可能最大限度地发挥该政策的潜在效果,也才有可能更深刻地展露政策的不足进而不断地丰富和完善政策。

所谓创造性地推进乡村教师定向培养政策,便是在各个执行环节不能仅仅把该政策的执行作为一项常规性工作,而要从求新、求实、求突破的角度思考如何做得更好。要总结师范教育政策的历史经验和特征,思考既往师范教育的不足和缺憾,思考突破一般意义上的师范教育的实践困窘。尤其是吸收借鉴全球范围内师范教育的优秀经验,结合现代乡村教师的追求和任务,开发和创造新的、更适切的实践模式、合作模式、制度框架,使乡村教师定向培养政策从传统师范教育政策实践中走出来,开拓更具有时代性、新颖性的政策执行。

创造性地推进乡村教师定向培养政策执行,首先需要充分掌握实践资料和经验。要全面收集有关政策执行的历史和现实经验,进行全方位的总结和反思,从中汲取经验进而立足地方实际进行思考,研制出符合地方需要的政策执行路径。其次需要把政策执行作为行动研究。乡村教师定向培养政策的执行充满探究性,对此要有充分的心理准备,不可能仅凭一套预定方案就能够"包治百病"。需要以行动研究的方式组织研究团队、进行研究规划、有效组织实践,在实践中不断反思问题、持续改进,要在持续性的实践探究中一点点地突破,不断地在细节上完善、优化,持续创新地开展乡村教师定向培养的实践。

参考文献

一、著作类

[1]安德森.公共政策制定[M].谢明,等译.北京:中国人民大学出版社,2009.

[2]鲍尔.政治与教育政策制定[M].王玉秋,等译.上海:华东师范大学出版社,2003.

[3]蔡华.传承与超越:我国小学教师公费定向培养制度改革研究[M].长沙:湖南师范大学出版社,2017.

[4]陈庆云.公共政策分析[M].北京:北京大学出版社,2011.

[5]陈振明.公共政策分析导论[M].北京:中国人民大学出版社,2015.

[6]陈振明.公共政策学——政策分析的理论、方法和技术[M].北京:中国人民大学出版社,2004.

[7]陈振明.政策科学[M].北京:中国人民大学出版社,2003.

[8]陈振明.政策科学教程[M].北京:科学出版社,2015.

[9]成有信.现代教育论集[M].北京:人民教育出版社,2002.

[10]崔运武.中国师范教育史[M].太原:山西教育出版社,2006.

[11]戴伊.理解公共政策[M].北京:中国人民大学出版社,2011.

[12]邓恩.公共政策分析[M].谢明,伏燕,朱雪宁,译.北京:中国人民大学出版社,2011.

[13]丁煌.政策执行阻滞机制及其防治对策——一项基于行为和制度的分析[M].北京:人民教育出版社,2002.

[14]段俊霞.城乡教育一体化的文化生态研究[M].成都:四川大学出版社,2018.

[15]范国睿,等.教育政策的理论与实践[M].上海:上海教育出版社,2011.

[16]范明林,张钟汝.当代中国公共政策实证研究[M].上海:上海大学出版社,2010.

[17]费尔克劳.话语分析:社会科学研究的文本分析方法[M].赵芃,译.北京:商务印书

馆,2021.

[18]费希尔.公共政策评估[M].吴爱明,等译.北京:中国人民大学出版社,2003.

[19]费孝通.乡土中国[M].北京:北京大学出版社,2012.

[20]冯锋,李庆均.公共政策分析:理论与方法[M].合肥:中国科学技术大学出版社,2008.

[21]福勒.教育政策学导论[M].2版.许庆豫,译.南京:江苏教育出版社,2007.

[22]格斯顿.公共政策的制定:程序和原理[M].朱子文,译.重庆:重庆出版社,2001.

[23]郭渐强,方放.公共政策分析[M].北京:北京大学出版社,2021.

[24]豪利特,拉米什.公共政策研究:政策循环与政策子系统[M].庞诗,等译.北京:生活·

    读书·新知三联书店,2006.

[25]何东昌.中华人民共和国重要教育文献(1949—1975)[M].海口:海南出版社,1998.

[26]胡晓风,金成林,张行可,等.陶行知教育文集[M].成都:四川教育出版社,2007.

[27]黄忠敬.教育政策导论[M].北京:北京大学出版社,2011.

[28]江西省档案馆.中国革命根据地史料选编(下册)[M].南昌:江西人民出版社,1982.

[29]蒋馨岚.传统与超越:师范生免费教育制度的价值研究[M].青岛:中国海洋大学出版

    社,2015.

[30]李静美.农村小学教师定向培养研究:以湖南省为例[M].长沙:湖南师范大学出版

    社,2020.

[31]李克勤.六年制本科农村小学教师定向培养的理论研究与实践范式[M].长沙:湖南师

    范大学出版社,2015.

[32]李大钊.李大钊选集[M].北京:人民出版社,1959.

[33]李楯.法律社会学[M].北京:中国政法大学出版社,1999.

[34]李钢.话语 文本 国家政策分析[M].北京:社会科学文献出版社,2009.

[35]李华兴.民国教育史[M].上海:上海教育出版社,1997.

[36]梁平,周庆行.政策科学与中国公共政策[M].重庆:重庆大学出版社,2009.

[37]梁漱溟.梁漱溟教育论著选[M].北京:人民教育出版社,1994.

[38]林南.社会资本:关于社会结构与行动的理论[M].张磊,译.上海:上海人民出版

    社,2005.

[39]刘铁芳.乡土的逃离与回归:乡村教育的人文重建[M].福州:福建教育出版社,2008.

[40]刘云杉.从启蒙者到专业人:中国现代化历程中教师角色的转变[M].北京:北京师范大

学出版社,2006.

[41]陆超.读懂乡村振兴:战略与实践[M].上海:上海社会科学院出版社,2020.

[42]马惠娣.休闲:人类美好的精神家园[M].北京:中国经济出版社,2004.

[43]马啸风.中国师范教育史(1897—2000)[M].北京:首都师范大学出版社,2003.

[44]苗春德.中国近代乡村教育史[M].北京:人民教育出版社,2004.

[45]帕顿,沙维奇.政策分析和规划的初步方法[M].孙兰芝,等译.北京:华夏出版社,2001.

[46]彭彩霞.中国基础教育课程政策三十年:1978—2008:基于政策语境视角[M].北京:中
    国社会科学出版社,2015.

[47]丘伯,等.政治、市场和学校[M].蒋衡,译.北京:教育科学出版社,2003.

[48]萨巴蒂尔.政策过程理论[M].彭宗超,译.北京:生活·读书·新知三联书店,2004.

[49]商应美.公费师范生就业政策执行研究——以一所部属师范大学六年毕业生追踪为例
    [M].北京:中国人民大学出版社,2022.

[50]舒志定,李茂森.全科型小学教师培养的浙江经验[M].杭州:浙江教育出版社,2021.

[51]斯图尔特,赫奇,等.公共政策导论[M].韩红,译.北京:中国人民大学出版社,2011.

[52]孙绵涛.教育政策论:具有中国特色的社会主义教育政策研究[M].武汉:华中师范大学
    出版社,2002.

[53]孙绵涛.教育政策学[M].北京:中国人民大学出版社,2009.

[54]孙绵涛.中国教育政策前瞻性研究——基于教育政策内容、过程、环境和价值的分析
    [M].北京:科学出版社,2018.

[55]陶行知.陶行知全集(第1卷)[M].成都:四川教育出版社,2009.

[56]田友谊.免费师范生教育信仰研究[M].武汉:华中师范大学出版社,2020.

[57]田正平,陈胜.中国教育早期现代化问题研究——以清末民初乡村教育冲突考察为中心
    [M].杭州:浙江教育出版社,2009.

[58]汪霞.嵌入与协同:公共政策执行动力源研究[M].北京:中国社会科学出版社,2015.

[59]王定华.中国教师教育:观察与研究[M].北京:人民教育出版社,2020.

[60]王华敏.免费教育师范生职业理想教育研究[M].北京:人民出版社,2015.

[61]王举.教育政策的价值基础:基于政治哲学的追寻[M].北京:科学出版社,2016.

[62]王坤庆,马敏.变革中的教师教育——华中师范大学免费师范生培养的理论与实践探索
    [M].武汉:华中师范大学出版社,2017.

[63]王培峰.特殊教育政策:正义及其局限[M].南京:南京大学出版社,2015.

[64]王帅.教师专业发展:标准、内容与向度[M].北京:科学出版社,2018.

[65]韦兰.公共政策导论[M].魏陆,译.上海:上海人民出版社,2014.

[66]韦默,瓦伊宁.公共政策分析[M].刘伟,译.北京:中国人民大学出版社,2013.

[67]吴立明.公共政策分析[M].厦门:厦门大学出版社,2006.

[68]吴遵民.教育政策学入门[M].上海:上海教育出版社,2010.

[69]薛正斌.乡村教师支持计划政策研究[M].北京:中国社会科学出版社,2021.

[70]希尔,休普.执行公共政策:理论与实践中的治理[M].黄健荣,等译.北京:商务印书馆,2011.

[71]谢明.公共政策分析概论[M].北京:中国人民大学出版社,2011.

[72]休斯.公共管理导论[M].3版.张成福,王学栋,等译.北京:中国人民大学出版社,2007.

[73]徐家良.公共政策分析引论[M].北京:北京师范大学出版社,2009.

[74]闫闯.乡贤文化视域下公费定向师范生教育研究[M].长春:吉林大学出版社,2021.

[75]杨志成.新中国基础教育政策价值取向流变[M].北京:教育科学出版社,2015.

[76]叶培红.文化乡村[M].石家庄:河北人民出版社,2019.

[77]英博,等.教育政策基础[M].史明洁,译.北京:教育科学出版社,2003.

[78]余子侠,郑刚.中国近代思想家文库:余家菊卷[M].北京:中国人民大学出版社,2013.

[79]袁振国.教育政策学[M].南京:江苏教育出版社,1996.

[80]袁振国.中国教育政策评论2001[M].北京:高等教育出版社,2004.

[81]战建华.公共政策学[M].济南:山东人民出版社,2011.

[82]张国庆.公共政策分析[M].上海:复旦大学出版社,2007.

[83]张国庆.现代公共政策导论[M].北京:北京大学出版社,1997.

[84]张国庆,等.公共政策经典[M].北京:北京大学出版社,2008.

[85]张金马.公共政策分析:概念·过程·方法[M].北京:人民出版社,2004.

[86]张骏生.公共政策的有效执行[M].北京:清华大学出版社.2006.

[87]褚宏启.教育政策学[M].北京:北京师范大学出版社,2011.

[88]中国教育年鉴(1949—1981)[M].北京:中国大百科全书出版社,1984.

[89]中国人民大学公共管理学院组.公共政策案例[M].北京:中国人民大学出版社,2010.

[90]周洪宇.教师教育论[M].北京:北京师范大学出版社,2010.

[91]周佳.教育政策执行研究——以进城就业农民工子女义务教育政策执行为例[M].北京:教育科学出版社,2007:65-69.

[92]周琴,等.教师专业发展视域下的师范生免费教育[M].北京:科学出版社,2013.

[93]朱崇实,陈振明.中国公共政策[M].北京:中国人民大学出版社,2009.

二、论文类

[1]白贝迩.师范生免费教育政策评估研究[D].西安:陕西师范大学,2016.

[2]班建武,余海婴.教育政策执行难的利益分析——以北京市流动儿童义务教育政策实施为例[J].教育科学,2006(3):10-13.

[3]毕正宇.教育政策执行模式研究[D].武汉:华中师范大学,2006.

[4]别敦荣,李家新.高等教育发展的中国道路[J].高等教育研究,2018(12):9-14.

[5]曹晶晶.地方师范大学师范生免费教育政策执行状况研究[D].长春:东北师范大学,2017.

[6]曹彦杰.师范为何下乡:民国时期乡村师范教育的兴起[D].上海:华东师范大学,2018.

[7]陈群.卓越教师的培养模式与实践路径[J].中国高等教育,2014(20):29-30.

[8]陈时见.师范生免费教育的培养模式探析[J].西南大学学报(社会科学版),2007(6):7-11.

[9]崔玉平,陆昱江.长三角高等教育区域化发展态势与行动路径[J].苏州大学学报(教育科学版),2022,10(1):44-56.

[10]邓凡.教育政策执行的网络模式研究[D].长春:东北师范大学,2011.

[11]丁煌.我国现阶段政策执行阻滞及其防治对策的制度分析[J].政治学研究,2022(1):28-39.

[12]房玲玲.师范生公费教育政策执行研究[D].长春:东北师范大学,2020.

[13]冯婉桢,吴建涛.在个人意愿与公共意志之间:免费师范生毕业意愿调查研究[J].教师教育研究,2011,23(3):56-60.

[14]付卫东,范先佐.《乡村教师支持计划》实施的成效、问题及对策[J].华中师范大学学报(人文社会科学版),2018(1):163-173.

[15]高慧斌.短板下的聚焦:乡村教师政策演变分析——基于《国家中长期教育改革和发展

规划纲要（2010—2020）年）》实施十年的思考[J].河北师范大学学报（教育科学版），
2021(2)：72-79.

[16]高庆蓬.教育政策评估研究[D].长春：东北师范大学，2008.

[17]高政，常宝宁.免费师范生教育存在的问题及其对策研究[J].国家教育行政学院学报，
2014(7)：31-35.

[18]顾明远.我国教师教育改革的反思[J].教师教育研究，2006(6)：3-6.

[19]郭顺峰，田友谊，郑传芹.乡村振兴背景下小学全科教师角色和功能的重新定位[J].当
代教育科学，2019(8)：52-56.

[20]何光全，廖其发，臧娜.师范生免费教育政策存在的问题及改进建议——基于实证调查
的分析[J].教育发展研究，2011(31)：39-44.

[21]贺东航，孔繁斌.公共政策执行的中国经验[J].中国社会科学，2011(5)：61-79.

[22]胡俊.免费师范生政策探讨[D].成都：四川师范大学，2009.

[23]黄维民.论公共政策的科学化与民主化[J].西北大学学报（哲学社会科学版），2001(2)：
145-150.

[24]黄小莲."师范生免费教育"政策的利益与风险[J].全球教育展望，2009,38(10)：66-71.

[25]黄忠敬.教育政策工具的分类与选择策略[J].国家教育行政学院学报，2008(8)：47-50.

[26]霍春龙.认知分歧与内群偏私：公共政策绩效损失问题研究[J].兰州大学学报（社会科
学版），2016,44(2)：61-67.

[27]霍东娇.中国百年师范教育制度变迁研究[D].长春：东北师范大学，2018.

[28]纪德奎，赵晓丹.文化认同视域下乡土文化教育的失落与重建[J].教育发展研究，2018,
38(2)：22-27.

[29]江净帆.小学全科教师人才培养规格厘定[J].中国教育学刊，2021(9)：93-97.

[30]姜超.教师交流政策执行机制研究[D].长春：东北师范大学，2017.

[31]姜超.乡村教师定向培养政策：价值、前提与风险[J].四川师范大学学报（社会科学版），
2022(5)：114-121.

[32]姜子云，刘佳，土聪颖.重构与重建：教师教育公共教育学课程建设的"乡土表达"[J].教
育发展研究，2021,41(21)：78-84.

[33]蒋蓉，李新，黄月胜，等.地方师范院校公费师范生乡村小学从教意愿调查[J].教育研究
与实验，2019(6)：29-34.

[34] 金强. 县级政府教育政策执行力研究[D]. 重庆：西南大学，2016.

[35] 阚阅. 以教育促进共同富裕：国际组织推动包容性增长的视角[J]. 教育发展研究，2022 (7)：11-20.

[36] 赖秀龙. 义务教育是均衡配置的政策分析[J]. 教育发展研究，2010(23)：42-47.

[37] 李广海，杨慧. 乡村振兴背景下乡村教师治理角色的重塑[J]. 中国教育学刊，2020(5)：75-79.

[38] 李金珊，叶托. 县域经济发展的激励结构及其代价——透视浙江县政扩权的新视角[J]. 浙江大学学报(人文社会科学版)，2010，40(3)：107-115.

[39] 李津石. 教育政策工具研究的发展趋势与展望[J]. 国家教育行政学院学报，2013(5)：45-49.

[40] 李晶晶，李家恩. 全科师范生乡情课程模块建设管窥[J]. 中国教育学刊，2019(11)：94-95.

[41] 李静美. 农村小学教师定向培养研究[D]. 长春：东北师范大学，2018.

[42] 李静美. 农村公费定向师范生"下得去、留得住"的内在逻辑[J]. 中国教育学刊，2020 (12)：70-75.

[43] 李克勤. 高校组织结构的和谐与失谐及其管理策略[J]. 高等教育研究，2011，32(11)：20-23.

[44] 李孔珍，李鑫. 新时代教育政策执行研究新思考[J]. 河北大学学报(哲学社会科学版)，2021，46(4)：99-106.

[45] 李孔珍. 我国基础教育政策执行：整体推进模式[J]. 中国教育学刊，2010(11)：14-17.

[46] 李梦琢，刘善槐，房婷婷. 县域教师交流政策的场域脱嵌与优化路径——基于全国13省50县的政策文本计量分析[J]. 教师教育研究，2021，33(3)：50-56.

[47] 李宁. 乡村教师生活待遇政策执行研究[D]. 长春：东北师范大学，2019.

[48] 李婷婷. 广西地方公费师范生教育政策执行问题研究[D]. 南宁：南宁师范大学，2020.

[49] 林一钢，张书宁. 进入21世纪以来我国乡村教师政策文本的话语分析[J]. 现代教育管理，2022(1)：66-74.

[50] 刘复兴. 教育政策价值分析的三维模式[J]. 教育研究，2002(4)：15-19.

[51] 刘海滨，杨颖秀. 师范生免费教育政策的新问题及改进建议[J]. 教师教育研究，2013，25 (3)：37-41.

[52]刘海滨.风险评估视角下师范生免费教育政策研究[D].长春:东北师范大学,2015.

[53]刘佳,方兴.定向就业师范生面临问题与有关政策探讨[J].高校教育管理,2016(2):
76-81.

[54]刘磊,傅维利.实践能力:含义、结构及培养对策[J].教育科学,2005(2):55-57.

[55]刘珊.农村学校定向音乐师范生培养研究[D].长沙:湖南师范大学,2021.

[56]刘玮.区域内义务教育优质均衡发展政策执行考察[D].南京:南京师范大学,2016.

[57]刘星.乡村振兴战略背景下乡村教师的专业成长:根本属性、特殊性及其路径[J].教育
理论与实践,2018,38(23):37-39.

[58]刘益春,李广,高夯."U-G-S"教师教育模式建构研究——基于教师教育创新东北实
验区建设的实践与思考[J].教师教育研究,2013,25(1):61-64.

[59]陆益龙.后乡土性:理解乡村社会变迁的一个理论框架[J].人文杂志,2016(11):
106-114.

[60]罗碧琼,蒋良富,王日兴,等.地方高校公费师范生培养模式创新:乡土意蕴与系统方法
[J].大学教育科学,2019(6):37-44.

[61]吕武.我国当前学前教育政策工具选择偏向及其影响——基于《国家长中期教育改革和
发展规划纲要(2010—2020)》以来的主要政策文本的分析[J].教育科学,2016,32(1):
77-81.

[62]马凤岐,谢爱磊.教育平衡充分发展与共同富裕[J].教育研究,2022,43(6):148-159.

[63]马雪松.理性选择制度主义的发生路径、内在逻辑及意义评析[J].社会科学战线,2020
(6):216-227.

[64]宁国良,邓瑞芬.执行主体选择性执行公共政策的心理因素分析[J].湖北社会科学,
2009(7):28-30.

[65]宁国良.论公共政策执行偏差及矫正[J].湖南大学学报(社会科学版),2000(9):96-98.

[66]庞丽娟,金志峰,吕武.全科教师本土化定向培养——乡村小学教师补充的现实路径探
析[J].教师教育研究,2017,29(6):41-46.

[67]庞丽娟.以中央财政直达机制培养补充乡村小学全科教师[J].教育研究,2022(3):
24-26.

[68]秦玉友,邬志辉.中国农村教育发展状况与未来发展思路[J].东北师大学报(哲学社会
科学版),2017(3):1-8.

[69]曲铁华,崔红洁.我国教师教育政策价值取向变迁的路径与特点——基于1978—2013年政策文本的分析[J].现代大学教育,2014(3):70-76.

[70]曲铁华,袁媛.我国师范生免费教育政策的百年历史考察[J].社会科学战线,2010(1):213-219.

[71]容中逵,刘卉.免费师范生政策及其实施的更进研究——与国防生政策的比较分析[J].教育发展研究,2012,32(18):13-16.

[72]商应美.免费师范生就业政策实施10周年追踪研究——以东北师范大学五届免费师范生为例[J].教育研究,2017,38(12):141-146.

[73]孙德芳.全科小学教师定向培养研究——免费师范政策执行的创生与改进[J].东北师大学报(哲学社会科学版),2018(3):161-165.

[74]孙德芳.小学教师本科培养的中国道路[J].中国教育科学(中英文),2020,3(4):60-70.

[75]孙科技.教育政策执行碎片化的整体性治理研究[D].上海:华东师范大学,2018:36.

[76]唐松林,丁璐.论乡村教师作为乡村知识分子身份的式微[J].湖南师范大学教育科学学报,2013(1):52-56.

[77]陶青,卢俊勇.免费定向农村小学全科教师培养的必要性分析[J].教师教育研究,2014,26(6):11-15.

[78]田友谊,丁月.免费师范生教育信仰的现状、影响因素与培育对策[J].教育研究与实验,2018(1):31-34.

[79]涂瑞武.教育政策文本分析及其应用[J].复旦教育论坛,2009(5):22-27.

[80]屠莉娅.从"文本的政策"到"行动的政策":课程政策在实践中的生成与演进[J].教育发展研究,2012,32(18):53-58.

[81]汪明帅,郑秋香.从"边缘人"走向"传承者"——回归乡土的乡村教师发展研究[J].教育发展研究,2016,36(8):13-19.

[82]王国红.政策执行中的政策规避研究[D].北京:中共中央党校,2004.

[83]王举.论教育政策的价值基础[D].上海:华东师范大学,2013.

[84]王强.我国卓越小学教师培养中的"全科"定位研究[J].教师教育研究,2022,34(2):96-104.

[85]王爽,刘善槐,房婷婷.面向2035的乡村教师队伍需求结构预测与建设规划[J].中国教育学刊,2021(10):1-7.

[86]王坦.论合作学习的基本理念[J].教育研究,2002(2):68-72.

[87]王艳玲.稳定乡村教师队伍的政策工具改进:以云南省为例[J].教育发展研究,2018,38 (2):28-34.

[88]王智超,杨颖秀.地方免费师范生:政策分析及现状调查[J].教育研究,2018,39(5): 76-82.

[89]王智超.教育政策执行的滞后问题研究[D].长春:东北师范大学,2009.

[90]韦春艳,王琳.公共政策执行中的公众参与[J].理论月刊,2009(1):68.

[91]魏善春.分科抑或全科:本科小学教师培养理念与课程建构省思——基于过程哲学的视 角[J].教师教育研究,2020,32(3):33-40.

[92]吴东照,王运来,操太圣,等.师范生公费教育的政策创新与实践检视[J].中国教育学 刊,2019(11):89-93.

[93]吴金群,廖超超.嵌入、脱嵌与引领:浙江的省市县府际关系改革及理论贡献——改革开 放40年的回顾与反思[J].浙江社会科学,2018(11):22-30.

[94]吴锦旗,陆秋林,秦广东.公共政策执行过程中的障碍性因素分析[J].湖北社会科学, 2008(3):26-29.

[95]吴康宁.教育改革成功的基础[J].教育研究,2012,33(1):24-31.

[96]吴小建,王家峰.政策执行的制度背景:规则嵌入与激励相容[J].学术界,2011(12): 125-134.

[97]吴云鹏.乡村振兴视野下乡村教师专业发展的困境与突围[J].华南师范大学学报(社会 科学版),2021(1):81-89.

[98]伍嘉冀.行政区划扁平化与新型县域治理:基于"省直管县"的经验证据[J].华东理工大 学学报(社会科学版),2022,37(1):111-119.

[99]肖正德,王振宇.农村小学全科教师"乡村属性"教学能力:价值、结构及培养路径[J].中 国教育学刊,2020(12):64-69.

[100]肖正德.乡村教师新乡贤角色担当支持条件的问题考察与系统构建[J].教育发展研 究,2021,41(8):69-77.

[101]熊凤水.流变的乡土性:内核机理与理论对话[J].安徽大学学报(哲学社会科学版), 2013,37(2):139-144.

[102]熊宗武.近代西方劳动教育本土化实践:内容、经验及启示——湘湖师范的探索理路

[J].教育学术月刊,2021(3):27-33.

[103]胥持文.地方师范大学师范生免费教育政策研究[D].重庆:重庆师范大学,2011.

[104]徐红.我国小学全科教师培养中的偏差及其矫正[J].教育发展研究,2021,41(Z2):
68-74.

[105]徐建平,王重鸣.创业精神的区域文化特征:基于浙江的实证研究[J].科学学与科学技术管理,2008,29(12):141-145.

[106]徐军伟.县域办学:浙江省高等教育第三次布局调整研究[D].厦门:厦门大学,2018.

[107]徐颖.乡村教师定向师范生乡村文化认同及其培养研究[D].扬州:扬州大学,2021.

[108]许红敏,王智秋.乡村教师定向培养的政策执行分析——基于《乡村教师支持计划
(2015—2020年)》实施的考察[J].当代教育论坛,2022(2):116-124.

[109]薛正斌.从史密斯模型反观乡村教师生活补助政策的偏差与矫正[J].教师教育研究,
2021,33(1):45-50.

[110]闫妍.地方免费师范生政策执行研究[D].石家庄:河北师范大学,2015.

[111]杨颖秀,王智超.免费师范教育政策的理想与现实冲突及建议[J].清华大学教育研究,
2007(3):49-53.

[112]叶飞.师范生免费教育政策的价值追求及其落实的思考[J].国家教育行政学院学报,
2008(11):50-52.

[113]衣华亮.转型期教育政策执行偏离的内涵与类型探析[J].江苏高教,2009(3):17-19.

[114]游旭群.重塑教师教育培养体系着力打造优秀乡村教师[J].教育研究,2021(6):23-28.

[115]喻本伐.师范教育体制的变化与师范生免费政策的存废[J].华中师范大学学报(人文社会科学版),2008(2):114-123.

[116]张虹.全科小学教师培养的地方经验及其反思[J].教育发展研究,2016,36(10):46-52.

[117]张琬璐.乡村定向师范生师协同培养模式构建研究[D].镇江:江苏大学,2019.

[118]张新文,张龙.乡土文化认同、共同体行动与乡村文化振兴——基于鄂西北武村修复宗族文化事件的个案启示[J].南京农业大学学报(社会科学版),2021,21(4):19-28.

[119]张源源,薛芳芳."前补偿"抑或"后激励"?——乡村振兴背景下定向师范生违约问题研究[J].华东师范大学学报(教育科学版),2022,40(6):44-56.

[120]赵宏玉,齐婷婷,张晓辉,等.免费师范生的教师职业认同:结构与特点实证研究[J].教师教育研究,2011,23(6):62-66.

[121]赵英,李顿.中部地区省级公费师范生学习动力实证研究——基于S校调查数据的分析[J].教育理论与实践,2020,40(34):43-47.

[122]植凤英,王璐.乡村振兴战略背景下乡村教师使命感的内涵结构、价值及培育[J].教育理论与实践,2021,41(13):46-50.

[123]钟启泉,王艳玲.从"师范教育"走向"教师教育"[J].全球教育展望,2012,41(6):22-25.

[124]仲米领,秦玉友,于宝禄.农村教师学历结构:功能议题、现实困境及优化路径[J].中国教育学刊,2021(11):82.

[125]周黎安.中国地方官员的晋升锦标赛模式研究[J].经济研究,2007(7):36-50.

[126]周兴平,程含蓉.浙江省农村小学全科教师定向培养计划实施调查[J].上海教育科研,2018(6):5-8.

[127]周晔,赵明仁.农村小学全科型教师的素养结构及培养方略[J].教师教育研究,2018,30(4):18-23.

[128]朱燕菲,吴东照,王运来.综合评价视域下地方乡村定向师范生培养的质量省思[J].中国教育学刊,2021(12):85-90.

三、报纸类

[1]鲍东远.师范生免费教育是尊师重教重要之举[N].中国教育报,2007-03-12(3).

[2]蒋国俊.全面深化教师教育改革培育新时代卓越教师[N].中国教师报,2022-05-11(1).

[3]金梁.浙江经济综合实力迈上新台阶[N].浙江日报,2022-06-14(3).

[4]李锋.乡村教师怎样真正回归乡土[N].中国教育报,2019-05-23(6).

[5]李伦娥.湖南免费定向培养万名师范生,拨两亿专项经费[N].中国教师报,2007-11-14(1).

[6]刘海滨,王智超.利用市场机制促使免费师范生高校就业[N].中国教育报,2012-05-08(3).

[7]仕强.促进长三角基础教育高质量一体化[N].中国社会科学报,2021-03-08(5).

[8]孙庆玲.专家把脉破解乡村教师"尴尬"[N].中国青年报,2017-10-30(9).

[9]童富勇.以名师塑造未来名师[N].浙江教育报,2016-05-06(1).

[10]王贤德.推进地方师范院校高质量教师教育建设[N].中国社会科学报,2022-06-24(4).

［11］徐展斌.浙江师范大学：五位一体培养"卓越教师"［N］.中国教师报,2016-11-09(15).

［12］钟秉林.支持乡村教师给教育一个坚实的支点［N］.光明日报,2015-06-30(14).

四、英文类

［1］Balamurugan K. A Critical Assessment of the Value of Top-Down and Bottom-Up Public Policy Implementation Theories，with Reference to the Case of Implementation of Passport Seva：A Governance Policy in India［J］. Journal of Public Administration,2021，67(4)：525-539.

［2］Ball S J，Maguire M & Braun A. How Schools Do Policy：Policy Enactments in Secondary Schools［M］. London and New York：Routledge, 2012.

［3］Charles O J. An Introduction to the Study of Public Policy［M］. 3nd. ed. Monterey：Brooks/Cole Publishing Company,1984；166.

［4］Cohen D K，Fuhrman S H & Mosher F. The State of Education Policy Research［M］. Mahwah：Lawrence Erlbaum, 2007.

［5］Datnow A，Borman G D，Stringfield S et al. Comprehensive School Reformin Culturally and Linguistically Diverse Contexts：Implementation and Outcomes from a Four-year Study［J］. Educational Evaluation and Policy Analysis,2003，25(2)：143-170.

［6］Dowding K. There Must Be End to Confusion：Policy Networks，Intellectual Fatigue，and the Need for Political Science Methods Courses in British University［J］. Political Studies，2010(1)：185-228.

［7］Goggin M L，Bowman A O M，Lester J P et al. Implementation Theory and Practice：Towards a Third Generation［M］. Glenview：Foreman/Little，Brown,1990.

［8］Gruber M J. The Integration of Local Actors in Policy Implementation：The Case of Organic Farming in Costa Rica［J］. Sustainability,2022,14(12)：7265-7265.

［9］Hill H C. Policy is Not Enough：Language and the Interpretation of State Standards［J］. American Educational Research Journal, 2001,38(2)：289-318.

［10］Hudson J Lowe S. Understanding the Policy Progress：Analyzing Welfare Policy and Practice［M］. Bristol：The Policy Press，2004.

［11］Johnson D C. Critical Discourse Analysis and the Ethnography of Language Policy［J］. Critical Discourse Studies，2011,8(4)：267-279.

［12］Kiesel C，Dannenberg P，Hulke C et al. An Argument for Place-based Policies：The Importance of local Agro-economic，Political and Environmental Conditions for Agricultural Policies Exemplified by the Zambezi Region，Namibia［J］. Environmental Science and Policy，2022(129)：137-149.

［13］Knill C. Public Policy：A New Introduction［M］. New York：Palgrave Macmillan，2012.

［14］Paul A S. Theories of the Policy Process［M］. Boulder：Westview Press，1999.

［15］Pressman J L & Wildavsky A B. Implementation：How Great Expectations in Washington Are Dashed in Oakland［M］. Berkley：University of California Press，1984.

［16］Sager F，Gofen A. The polity of implementation：Organizational and Institutional Arrangements in Policy Implementation［J］. Governance，2022,35(2)：347-364.

［17］Silva-Muller L. Payment for ecosystem services and the practices of environmental fieldworkers in policy implementation：The case of Bolsa Floresta in the Brazilian Amazon［J］. Land Use Policy,2022(120)：25-36.

［18］Spillane J P，Reiser B J，Reimer，T. Policy Implementation and Cognition：Reframing and Refocusing Implementation Research［J］. Review of Educational Research，2002,72(3)：387-431.

附　录

附录1:浙江省乡村教师定向培养政策执行调查问卷（在校的乡村定向师范生）

亲爱的同学:

您好！欢迎您参加此次问卷调查。为深入了解我省乡村教师定向培养政策执行情况,真实客观地反映作为政策目标群体(定向师范生)对政策执行过程的认知与评价,现进行问卷调查。此次问卷为匿名调查,调查结果用于学术研究,我们对您的回答将严格保密,不会对您造成任何影响,请根据您的实际情况和真实感受作答。

衷心感谢您的支持与和合作！

填写说明:请在符合您实际情况的选项前打"√"或用文字作答。

一、基本情况

1.性别:(　　) 　A.男　　　　B.女

2.民族:(　　) 　A.汉族　　　B.少数民族

3.年级:(　　) 　A.大一　　B.大二　　C.大三　　D.毕业年级

4.所学专业:(　　) 　A.小学教育　　B.汉语言文学　　C.数学与应用数学 D.科学教育　　E.历史学　　F.英语　　G.计算机科学与技术　　H.学前教育　　I.思想政治教育　　J.地理科学　　K.物理学

5.专业类别:(　　) 　A.自然科学类　　B.人文社科类　　C.艺术体育类

6.担任过主要学生干部:(　　)　　A.是　　　B.否

7.获得过奖学金:(　　)　　A.是　　　B.否

8.家庭经济困难:(　　)　　A.是　　　B.否

9.政治面貌:(　　)　　A.中共党员(含预备)　　B.共青团员　　C.群众

10.生源地:(　　)　　A.县城(含县级市)　　B.乡镇　　C.农村

11.独生子女:(　　)　　A.是　　B.否

12.家庭经济状况:(　　)　　A.富裕　　B.较好　　C.一般　　D.贫困

13.父亲的学历:(　　),母亲的学历:(　　)　　A.小学及以下　　B.初中
C.高中/中专　　D.大专　　E.本科　　F.研究生及以上

14.父亲的职业:(　　),母亲的职业:(　　)　　A.农民　　B.工人　　C.专业技
术人员(律师、医生、教师等)　　D.国家公职人员　　E.个体私营　　F.公司职
员　　G.公司领导/管理者　　H.军人　　I.自由职业者　　J.其他

二、报考意愿

15.您是通过什么方式了解乡村教师定向培养政策的?(　　　)

A.高中学校宣传　　B.志愿报考书籍　　C.亲戚朋友介绍　　D.媒体网络宣传

F.其他

16.您报考乡村定向师范生的决定,是由谁做出的?(　　　)

A.自主决定　　　B.父母或亲人　　C.老师建议　　　D.共同商量

E.其他

17.您报考乡村定向师范生的主要原因是:(　　　)

A.热爱教师职业和教育事业　　　B.获得稳定的教师编制

C.减轻家庭经济负担　　　D.其他

18.您如何看待"回家乡当乡村教师"这一选择?(　　　)

A.是有社会意义和价值的选择　　　B.是个人兴趣的选择

C.如果有更好工作,就不会选择　　　D.是很多因素导致的无奈选择

E.其他

19.如果再给您一次机会,您还会选择报考乡村定向师范生培养吗?（　　）

A.会　　　　　　B.不确定　　　　　C.不会

三、学习动力与培养过程

20.您追求什么样的学习目标?（　　）

A.提升能力　　　B.评奖评优　　　　C.顺利毕业　　　D.无所谓　　E.其他

21.课余时间,您比较感兴趣的是:（　　）(可多选,不超 2 项)

A.专业学习　　　B.社团活动　　　　C.学科竞赛　　　D.勤工俭学

E.娱乐休闲　　　F.特长爱好　　　　G.其他

22.您努力学好本专业的动机是:（　　）

A.获得专业知识,为乡村教育事业添砖加瓦

B.报答父母养育之恩,给父母争光

C.获得老师和同学的认可,让别人尊重自己

D.提高自身素质,增强就业竞争力

E.热爱本专业

23.您认为周围定向培养的同学是否因未来工作有保障而放松对自己的学业要求?（　　）

A.是,大部分同学放松自己　　　　B.否,同学们都很努力

C.有极少数同学放松学业

24.您目前学习中面临的最大的问题是:（　　）

A.学习目标模糊　　　　　　　　B.学习动机不足

C.学习内容过多　　　　　　　　D.不确定

25.您在专业课的学习上最突出的问题是:（　　）

A.专业知识脱离实际　　　　　　B.专业课设置冗杂

C.实践技能的占比不够　　　　　D.专业学习能力不强

26.您认为学校对于教育类课程设置理论课与实践课比重:（　　）

A.理论课比重过大,实践类不够　　　B.比重合适

C. 理论课比重过小,实践类太多　　　D. 不清楚

27.您认为定位为"小学全科"或"中学一专多能"是否合理?(　　　)

A. 不合理,做不到全科或多能　　　　B. 合理,根据乡村学校需求

C. 不确定

四、履约与专业发展

28.毕业后,您是否会按照协议要求回到县以下的农村小学任教?(　　　)

A. 会　　　　　　B. 不会　　　　　　C. 不确定

29.毕业后您可以接受定向分配到什么地区当教师?(　　　)

A. 县城(含县级市)　　　B. 乡镇　　　　　　C. 农村

30.您期望在什么地区当教师?(　　　)

A. 省会城市　　　　B. 地级市　　　　C. 县城(含县级市)

D. 乡镇　　　　　　E. 农村

31.您期望在工作二十年后成为什么样的教师?(　　　)

A. 正高级教师　　B. 特级教师　　　C. 校长　　　　D. 教研组长

E. 普通教师

五、政策认知与评价(填写说明:请根据您个人对这些表述的真实想法,在每个题目后面代表符合程度的数字下画"√")

题 号	题目	非常不符	不太符合	有点符合	比较符合	完全符合
32	高考报考之前,我对定向师范生政策不太了解	1	2	3	4	5
33	定向师范生政策解决了学费,减轻了家庭经济负担	1	2	3	4	5
34	进入培养院校后,我才对定向师范生政策有所了解	1	2	3	4	5
35	定向师范生政策降低了我和家人的就业压力	1	2	3	4	5
36	定向师范生政策的实施有助于补充乡村教师	1	2	3	4	5
37	定向师范生政策的实施有助于基础教育高质量发展	1	2	3	4	5
38	定向师范生政策的实施有助于实现共同富裕	1	2	3	4	5
39	定向师范生政策吸引了优秀学生从事教师职业	1	2	3	4	5

续表

题号	题目	非常不符	不太符合	有点符合	比较符合	完全符合
40	毕业后到农村学校任教是一件光荣且有意义的事情	1	2	3	4	5
41	我认为当中小学教师能够发挥我的才能	1	2	3	4	5
42	从事中小学教师职业,使我的生活充满激情与活力	1	2	3	4	5
43	我认为当中小学教师能够实现我的人生价值	1	2	3	4	5
44	我期待教师工资福利待遇以后会越来越好	1	2	3	4	5
45	我期待教师地位以后会越来越高	1	2	3	4	5
46	我期待国家政策和社会各界对教师越来越重视	1	2	3	4	5
47	我期待自己未来能成为一名优秀的教师	1	2	3	4	5
48	县区在执行定向师范生政策时对学费没有补助	1	2	3	4	5
49	与县区签订的定向培养协议书规定了最低服务期	1	2	3	4	5
50	县区在定向就业分配时主要依据在校成绩和教师技能	1	2	3	4	5
51	县区在委托培养期间会对综合能力进行定期考核	1	2	3	4	5
52	县区在委托培养期间建立了定向师范生的交流平台	1	2	3	4	5
53	县区会安排实践教师指导我们的教师教学技能	1	2	3	4	5
54	县区要求具备多个学科的教学能力和教师资格	1	2	3	4	5
55	学校给我们定向师范生单独编班	1	2	3	4	5
56	我的学习动力比较强	1	2	3	4	5
57	学校给定向师范生单独设置人才培养方案	1	2	3	4	5
58	学校给定向师范生开设乡土文化课程	1	2	3	4	5
59	学校安排定向师范生回定向就业的县区实习(见习)	1	2	3	4	5
60	学校邀请定向县区的优秀教师来校授课	1	2	3	4	5
61	定向师范生在校表现普遍要优于同专业普通师范生	1	2	3	4	5
62	"全科"或"一专多能"在学校培养中没有体现	1	2	3	4	5
63	定向师范生政策限制了我人生的其他选择和发展规划	1	2	3	4	5
64	如果不适合当教师,我觉得应该允许中途退出	1	2	3	4	5
65	我认为县区制定的违约金标准有点高	1	2	3	4	5
66	如果无违约责任,我希望能够解约	1	2	3	4	5
67	我愿意毕业后到协议县区规定的乡村学校任教	1	2	3	4	5
68	毕业后我会当乡村教师,但履约结束后我就离职	1	2	3	4	5
69	县区规定了定向师范生不能直接考研让我苦恼	1	2	3	4	5
70	我对乡村中小学的教育发展还不熟悉	1	2	3	4	5
71	我比较满足并且乐于投身乡村教育事业	1	2	3	4	5

续表

题号	题目	非常不符	不太符合	有点符合	比较符合	完全符合
72	我乐意向别人介绍我是乡村定向师范生	1	2	3	4	5
73	乡村教师承担乡贤角色有助于乡村振兴	1	2	3	4	5
74	我希望在服务期满后有政策支持录取为教育硕士	1	2	3	4	5
75	我会向更多的考生和家长推荐报考乡村定向师范生	1	2	3	4	5
76	我对我省乡村教师定向培养政策的态度比较乐观积极	1	2	3	4	5

77.您认为我省乡村教师定向培养政策的最大优势、最大短板分别是什么？

最大优势：

最大短板：

78.您对我省乡村教师定向培养政策有何建议和意见（政策本身/招生/培养/就业……）？

附录 2：浙江省乡村教师定向培养政策执行调查问卷（定向培养的在职乡村教师）

亲爱的老师：

您好！欢迎您参加此次问卷调查。为深入了解我省乡村教师定向培养政策执行情况，真实客观地反映作为政策目标群体（在职小学全科教师、中学紧缺教师、高中双学科复合型教师）对政策执行结果的评价，特进行此次问卷调查。问卷为匿名调查，调查结果用于学术研究，我们对您的回答将严格保密，不会对您造成任何影响，请根据您的实际情况和真实感受作答。

衷心感谢您的支持与合作！

填写说明：请在符合您实际情况的选项前打"√"或用文字作答。

一、基本情况

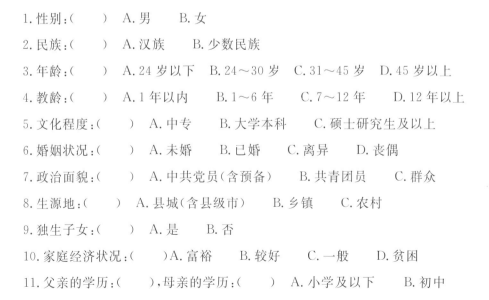

1.性别：(　　)　　A.男　　　B.女

2.民族：(　　)　　A.汉族　　　B.少数民族

3.年龄：(　　)　　A.24 岁以下　B.24～30 岁　C.31～45 岁　D.45 岁以上

4.教龄：(　　)　　A.1 年以内　　B.1～6 年　　　C.7～12 年　　　D.12 年以上

5.文化程度：(　　)　　A.中专　　B.大学本科　　　C.硕士研究生及以上

6.婚姻状况：(　　)　　A.未婚　　B.已婚　　C.离异　　D.丧偶

7.政治面貌：(　　)　　A.中共党员（含预备）　　B.共青团员　　　C.群众

8.生源地：(　　)　　A.县城（含县级市）　　B.乡镇　　C.农村

9.独生子女：(　　)　　A.是　　B.否

10.家庭经济状况：(　　)A.富裕　　B.较好　　C.一般　　D.贫困

11.父亲的学历：(　　)，母亲的学历：(　　)　　A.小学及以下　　B.初中

C.高中/中专　　D.大专　　E.本科　　F.研究生及以上

12.父亲的职业:(　　　),母亲的职业:(　　　)　A.农民　　B.工人　　C.专业技术人员(律师、医生、教师等)　　D.国家公职人员　　E.个体私营　　F.公司职员　　G.公司领导/管理者　　H.军人　　I.自由职业者　　J.其他

二、当前工作状况调查

13.您每学期承担的课程门数是:(　　　)

A.1～2门　　　　B.3～4门　　　　C.4门以上

D.管理和教学工作双肩挑

14.您每周实际授课时数是:(　　　)

A.每周 10 课时以下　　　　　　B.每周 10～20 课时

C.每周 21～30 课时　　　　　　D.每周 30 课时以上

15.您的教学工作量占您工作总量的比重大约是:(　　　)

A.1/3 以下　　　B.1/3～1/2　　　C.1/2～2/3　　　D.2/3 以上

16.您所在的学校是否安排资深教师或专家辅导您的教学工作:(　　　)

A.从来没有　　　B.几乎没有　　　C.有一些　　　D.经常有

17.参加工作以来您获得过的教学奖励有:(　　　)

A.国家或省级教学名师和教学奖励　B.县市级教学名师和教学奖励

C.校级教学名师和教学奖励　　　　D.未获得过任何教学奖励

18.您认为自己的教学质量水平:(　　　)

A.很高　　　B.较高　　　C.一般　　　D.较差　　E.很差

19.近五年来您参加过的培训、进修班有:(　　　)(可多选)

A.岗前培训　　B.国内访问学者或者出国学习

C.国家级培训　D.省市级培训　　E.校内培训　　F.其他

20.近五年来您接受的培训时间累计天数有:(　　　)

A.10 天以下　　B.10～30 天　　C.30～60 天　　D.60～80 天

E.80 天以上

21. 您认为影响自己参加培训、进修的主要因素有：（　　）

A. 没有经费　　　B. 没有时间　　　C. 没有政策　　　D. 学校不支持

E. 其他

22. 参加工作以来您的教科研成果情况是：（　　）

A. 既有课题,也有文章发表/专著出版

B. 只有课题　　　C. 只有文章发表/专著出版

D. 既没有课题,也没有文章发表/专著出版

23. 您认为自己选择现在的工作的主要原因是：（　　）

A. 国家优惠政策和学校环境优美　　　B. 可以拥有一份稳定的工作和收入

C. 自己对乡村教育的追求　　　D. 权宜之计,无奈之举

E. 其他

24. 在协议服务期满后,您会不会继续留在农村工作及原因：（　　）

A. 会,自己本身热爱这份职业

B. 会,是综合各方面的因素考虑（如家庭、编制等）

C. 不会,想办法去城里工作

D. 不会,感觉自己不适应这份职业（压力大、任务重等）

E. 其他

25. 您对这份教师职业将拥有美好未来的态度是：（　　）

A. 非常期待　　　B. 比较期待　　　C. 一般　　　D. 不太期待

E. 很不期待

三、当前生活状况调查

26. 您觉得您的工资收入在当地属于：（　　）

A. 中等以下水平　　B. 中等水平　　C. 中等以上水平

27. 您目前所居住的房屋建筑（含租住房屋或购置房屋）面积为：（　　）

A. 50 平方米及以下　　　　　B. 51～90 平方米

C. 91～120 平方米　　　　　D. 121 平方米及以上

28.您目前居住的房屋是：(　　　)

A.单位提供的住房 　　　　　　　　　B.自行租用的房子

C.和父母同住 　　　　　　　　　　　D.自购房

29.购置房屋对您来说是否有经济困难？(　　　)

A.完全没困难 　　　B.不太困难 　　　C.一般困难 　　　D.比较困难

E.很困难

30.您是否享有事业编制的医疗保障待遇？(　　　)

A.没有 　　　　　　B.不清楚 　　　　C.有

31.如果生病住院,您的医疗保险是否能有效落实？(　　　)

A.没有 　　　　　　B.不清楚 　　　　C.有

32.您每天业余休闲的时间大约为：(　　　)

A.2小时以下 　　　B.2~4小时 　　　C.4~6小时 　　　D.6小时以上

33.您业余休闲时间的主要安排是：(　　　)

A.刷剧、看电视电影、打游戏等个人放松

B.书法绘画摄影等陶冶情操

C.读书和学习等自我提升

D.照顾家庭陪伴家人

E.麻将打牌聚餐等社交活动

F.其他

34.您的压力主要来源是：(　　　)(最多选3个)

A.经济压力 　　　　B.工作压力 　　　C.婚恋情感

D.赡养父母和教育子女 　　　　　　E.人际交往 　　　　F.身体状况

G.社会治安 　　　　H.其他

35.总的来说,您对自己目前的生活状态的态度是：(　　　)

A.非常满意 　　　　B.比较满意 　　　C.一般 　　　　　D.不太满意

E.很不满意

四、您对现状的客观评价(填写说明:请根据您个人对这些表述的真实想法,在每个题目后面代表符合程度的数字上画"√")

题号	题目	非常不符	不太符合	有点符合	比较符合	完全符合
36	教学工作量大	1	2	3	4	5
37	科研任务重	1	2	3	4	5
38	行政事务多	1	2	3	4	5
39	工资待遇低	1	2	3	4	5
40	专业匹配度低	1	2	3	4	5
41	人际关系紧张	1	2	3	4	5
42	职称晋升困难	1	2	3	4	5
43	学校教学科研设备落后	1	2	3	4	5
44	考核方式僵化陈旧	1	2	3	4	5
45	学校学术氛围不浓	1	2	3	4	5
46	教学和科研经费短缺	1	2	3	4	5
47	进修与继续教育机会少	1	2	3	4	5

五、您对定向师范生政策执行的满意度评价(填写说明:请根据您个人对这些表述的真实想法,在每个题目后面代表符合程度的数字上画"√")

题号	题目	很不满意	不太满意	一般	比较满意	很满意
48	对高校在政策执行过程中的作用	1	2	3	4	5
49	对县区在政策执行过程中的作用	1	2	3	4	5
50	对所在学校在政策执行过程中的作用	1	2	3	4	5
51	对政策制定的初衷(补充乡村教师等)	1	2	3	4	5
52	对政策实施的最终结果(乡村振兴等)	1	2	3	4	5
53	对政策执行中的约束机制(履约规定、定期考核等)	1	2	3	4	5
54	对政策制定的招生方案	1	2	3	4	5
55	对政策制定的培养方案	1	2	3	4	5
56	对政策制定的就业方案	1	2	3	4	5
57	对政策给我个人发展带来的积极影响	1	2	3	4	5
58	对定向师范生政策的总体满意度	1	2	3	4	5

59.您认为我省乡村教师定向培养政策的最大优势、最大短板分别是什么?

最大优势:

最大短板:

60.您对我省乡村教师定向培养政策有何建议(政策本身/招生/培养/就业/职业发展……)?

后　记

本书是在我的博士学位论文的基础上修改完善而成的。之前在拜读诸君的博士学位论文时,我会格外认真地读一下后记,感受不同的心路历程。诸君的后记,或才情并茂,或思想深邃,或文字优美,或经历坎坷,足见写后记并不是一件简单的事情。随着研究的深入与书稿的反复修改,我仅有的一点才情也几乎被耗尽,更多的是焦灼、兴奋等交织的复杂情感。对于我这样一个即将步入"不惑之年"的研究者而言,实际上无论面对生活、面对未来抑或面对本书,仍然还有许多困惑。

作为曾经的桂子山"山民",漫步于山中,徜徉于书海,显得无比"奢侈",尤其是在参加工作多年之后,脱产以学生身份步入华中师范大学读博,对我而言,弥足珍贵。从博士论文完成到书稿付梓的前后,得到太多贵人的相助,我想唯有铭记、感恩,以这种心情写小记,虽做不到深邃高雅,即便平实,但肯定真切。

感恩我的博士生导师涂艳国先生,记得第一次拜访先生,我们一同漫步桂子山,途中先生告诉我,读博只有录取时欣喜一时,更多的时候可能会带着复杂的感受,只是我当时未解其中深意。论文从选题、结构设计到定稿,都得到先生的悉心指导,尤其是在论文写作阶段,在新冠疫情中,离开工作单位赴汉并非易事,我每次把稿子发给先生,先生都会及时指导,给出修改意见。在论文写作过程中,先生告诫我,要重视博士论文中的实践部分,不能仅限于对实践路径的策略构想,要进一步将理论与实践结合起来,开展准实验性质的教育实践研究比路径空想更有意义。先生的学术旨趣立意高远,先生的指点常使我豁然开朗。他的善良、包容,始终让我感念于心,先生对我的教诲,也远不止于论文,他为人胸襟宽广、温文尔雅、谦和低调,更是我做人立世的榜样。

感谢华中科技大学教育科学研究院的李太平教授及华中师范大学教育学院的王坤庆教授、杜时忠教授、岳伟教授、程红艳教授、田友谊教授、王帅教授等在我博士论文开题、预答辩、答辩过程中的认真指导。感谢在华中师范大学读博期间的各位授课老师,感谢范先佐教授、周洪宇教授、雷万鹏教授、郭元祥教授、陈佑清教授、申国昌教授、罗祖兵教授、王俊教授、蒲蕊教授,不仅让我学到知识,更领略到各位老师的学术品格和治学态度,感谢各位老师对我的学术启迪。感谢我的硕士生导师郑信军教授,郑老师始终关心我的学习、生活和工作,一直勉励我要重视学业。郑老师亦师亦友,大约有半年光景,老师身体抱恙我却不知,其间还常因学业和工作中的事项电话叨扰,郑老师总是不厌其烦地为我解惑,感恩良师。

本书是 2024 年度浙江省软科学研究计划重点项目"乡村振兴战略下浙江省乡村教师定向培养政策的执行机制、成效评估及优化研究"(项目编号:2024C25033)的研究成果,本书还得到湖州师范学院学术著作出版资助项目"乡村振兴战略下乡村教师定向培养政策执行研究"的资助,感谢浙江省科技厅和湖州师范学院的扶持。湖州师范学院作为我的工作单位,为我攻读博士学位及著作出版给予了全方位的支持。感谢湖州师范学院的许慧霞、刘剑虹、沈月娣、舒志定、刘世清、胡水星、王贤德、沈翔鹰、彭健、姜亦炜、王燕红、朱宇波等领导及同事的关心和帮助。感谢我指导的硕士生朱佳蕊、谢晨蕾、张品、娄佳青、周露露、王誉澄、周彦村等协助我开展访谈、调查、数据录入等有关基础工作。感谢浙江省教育厅教师工作处和各定向培养县区教育局的各位同仁对课题调研给予的帮助。

感恩父母给我最无私的爱,父母早已两鬓斑白,还常常要为我的各种境况提心吊胆,父母的爱,滋养我的生命,是我前行的最大动力。感谢我的妻子、女儿对我的莫大支持和鼓励,写作中我常常面对电脑,缺少了对妻子的陪伴和对女儿的养育,可谓为人夫、为人父均不称职。对家人,更多的是愧疚。然学海无涯,吾辈自当努力,在充满不确定的时代中,笃定前行。

需要说明的是,本书在撰写过程中,参考了大量的国内外研究者的学术成果,已尽可能在注释和参考文献中列出,如未能列举周全,敬请谅解,在此深表谢意。即便如此,限于能力和水平,书中难免有疏漏和不足之处,敬请读者批评指正。

任　强

2024 年春于浙江湖州